智汇城集团工程建设全过程系列丛书

日照权与行为尺度

——面向管理部门、技术单位和老百姓的日照百科全书

魏　正　余　乐　代新祥　王海鹏　著

武汉理工大学出版社

·武　汉·

内 容 提 要

本书围绕新型城镇化背景下日照管理、日照设计与居民日照需求矛盾日益突出等问题,运用国内外政策和做法研究、总结与分析、案例与案件分析、软件模拟等方法,以国内建筑日照维权案件为研究起点,以"领域研究—问题分析—价值重塑—理论重构—过程营造—策略形成"为技术路线,对案件成因进行分析,对各层级因素进行统计,进而深入研究立法、日照管理与监督、设计全过程。

面对不同需求的地域建筑气候、日趋复杂的建设环境和建筑环境,以及日益增强的居民维权意识,本书引入"日照权全生命周期"概念,针对社会不同群体进行日照权的保护与利用,从权益赋予阶段(立法行为)、计算量化阶段(设计行为)、建设实施阶段(管理行为)、监管保障阶段(维权行为)等四个阶段,四类行为,三种对象展开,通过问题和目标分析,明确规则、技术和行为的尺度,提出日照立法、日照管理、日照设计、日照维权的优化策略,是一本面向管理部门、技术单位和老百姓的日照百科全书。

图书在版编目(CIP)数据

日照权与行为尺度:面向管理部门、技术单位和老百姓的日照百科全书/魏正等著.—武汉:武汉理工大学出版社,2023.4

ISBN 978-7-5629-6733-0

Ⅰ.①日… Ⅱ.①魏… Ⅲ.① 日照-公民权-研究-中国 Ⅳ.①D921.04

中国国家版本馆 CIP 数据核字(2023)第 004911 号

日照权与行为尺度

项目负责人:王利永(027-87106428)		责任编辑:张　晨	
责 任 校 对:夏冬琴		版面设计:正风图文	
出 版 发 行:武汉理工大学出版社			
社　　　址:武汉市洪山区珞狮路 122 号			
邮　　　编:430070			
网　　　址:http://www.wutp.com.cn			
经　　　销:各地新华书店			
印　　　刷:武汉乐生印刷有限公司			
开　　　本:880 mm×1230 mm　1/16			
印　　　张:16.25			
字　　　数:437 千字			
版　　　次:2023 年 4 月第 1 版			
印　　　次:2023 年 4 月第 1 次印刷			
定　　　价:158.00 元			

凡购本书,如有缺页、倒页、脱页等印装质量问题,请向出版社发行部调换。

本社购书热线电话:027-87391631　87523148　87165708(传真)

厚德载物

日照是人类赖以生存的生态基础，随着城市更新和乡村振兴的逐步推进，日照环境愈加复杂。本书引入"日照权全生命周期"概念，从权益赋予阶段（立法行为）、计算量化阶段（设计行为）、建设实施阶段（管理行为）、监管保障阶段（维权行为）四个阶段，四类行为，三种对象展开，通过规则思考、技术研究、案例分析提出日照各参与方的行为尺度和日照管理、日照设计、日照维权的优化策略，是一本面向管理部门、技术单位和老百姓的日照百科全书。

日照权全生命周期如何平衡参与各方权益？

建筑设计如何考虑日照，管理部门如何优化日照审批、监管？

市民遭遇日照侵权时应怎样把控维权尺度？

翻开这本日照百科全书，相信读者朋友们会从中受到启发。

————魏正

集团简介
ABOUT THE GROUP

　　智汇城创立于2018年6月，于2020年1月升格为集团，总部设于武汉，下设湖北省全界面勘测设计有限公司、武汉海园景规划建设有限公司、武汉推手网络科技有限公司、武汉比木建筑科技有限公司、湖北优杜建设工程有限公司等多家专业企业，和武汉、襄阳、黄冈三个地区分公司，集团与武汉理工大学共建"城乡规划管控与技术服务实践中心"。集团目前在职人员300余人，其中博士1名，硕士50名。高级职称人员40余人，注册规划师，建筑师，测绘师，咨询工程师，电气、暖通等各类注册人员30余人。

　　集团专业从事空间规划、全过程咨询、全过程测绘、建筑设计、各专项设计与施工（EPC）以及智慧城市建设，为政府与企业提供"投资策划+地质勘察+空间规划+方案设计+项目审查+工程施工+营销交付+项目运营"八位一体的的系统解决方案。集团立足湖北，服务全国。

　　集团以"智汇，助力城乡美好生活"为目标，秉承"重前端，牢后端"的经营理念和"专业、专注、专一"的业务发展模式，将品牌与技术、时效与服务、标准与研发、资源与管理相融合，打造出一个"建标准、创品牌、造产品"的行业龙头。集团拥有城乡规划编制乙级、土地规划乙级、测绘乙级、建筑行业（建筑工程）乙级、风景园林工程设计乙级、建筑工程施工总承包三级、市政公用工程施工总承包、机电工程施工总承包等多项资质，为湖北城市规划协会、中国工程咨询协会、中国测绘学会、中国风景园林学会、中国图学学会等各类国内行业组织与社会团体的成员单位。

综合服务商　　城乡建设者　　生活运营家

集团微信公众号　　　集团抖音号　　　　集团视频号　　　商务企业微信

智汇城设计咨询集团有限公司　　　　　**湖北优杜建设工程有限公司**
湖北省全界面勘测设计有限公司　　　　**智汇城设计咨询集团有限公司武汉分公司**
武汉海园景规划建设有限公司　　　　　**智汇城设计咨询集团有限公司襄阳分公司**
武汉推手网络科技有限公司　　　　　　**智汇城设计咨询集团有限公司黄冈分公司**
武汉比木建筑科技有限公司

智汇城设计咨询集团有限公司
公 司 地 址：湖北省武汉市武昌区水岸国际1栋1706室
商务联系人：张宇 17786566361
企业邮箱：beicheng@zhc.email

本书编委会、编写组

EDITORIAL BOARD OF THIS BOOK

SUNSHINE RIGHTS

SUNSHINE RIGHTS

前　言

在新时代的背景下,我国城镇化、农业现代化进入了追求品质优先和美好生活的后半场,城乡发展方式从以数量增长为主转向以质量提升和结构优化为主,城乡建设参与者需要用更精细化、人性化、品质化的方法与态度,去规划、设计和营造人居环境。

本书从国内日照权益的社会矛盾着手,通过日照权益在国内发展的各个历史阶段和发展过程中的监管保障分析去探寻日照权全生命周期与行为体系,同时对国内外的日照立法和实施管控方式做差异化比较,分析出国内外日照立法的差异,结合我国的自身国情,为我国日照立法在不同时期、不同阶段、不同气候区域的研究寻找日照权益保障内容。通过管理者、设计师、居民三个视角,充分解读日照规范主要条文所保障的多方权益,深刻剖析为了保障多方的日照权益在规范设定中的重难点,以《湖北省建筑日照分析技术规范》作为深入解读的切口,解读了建筑日照标准、日照分析软件的技术参数、日照影响范围、日照分析次序和方法、有效的日照计算规则、日照影响的要素、日照分析必需的资料和要求。结合日照分析实践中的实际建设项目以及真实的日照维权案例,探寻解决方式。本书从日照权益与日照参与方价值重塑、建筑日照法制化完善策略、日照管理行为优化策略、日照评估与设计方法体系重构策略、居民日照维权尺度引导策略几个方面论述了保障日照权益的完善和优化策略。

本书以"日照权"为出发点,从与日照权益关联的日照时数出发对建筑日照的计算量化阶段、建设实施阶段和维权保障阶段的演变过程进行说明,提出一个"日照权全生命周期"的理论框架,在日照权全生命周期视角下,在权益赋予阶段、计算量化阶段以及建设实施阶段都可以对其建筑方案的日照分析成果进行可视化处理,可以防止、阻止以及解决日照纠纷,并提出"日照免责"举措。

本书最终得以顺利完成,与全体参编单位和人员的共同努力是分不开的,与主编、编委会、编写组成员的辛勤付出息息相关。在这里要特别感谢刘炜、王银国、陈华杰等3位同志,他们在写作过程中给出了不少的建议,提出了一系列可行的措施,为本书质量的提高提供了支持,在此向他们表示深深的感谢!

作　者

2022 年 10 月

作者简介

ABOUT THE AUTHOR

魏　正
Wei　Zheng

魏正：男，1984年11月出生，智汇城设计咨询集团有限公司创始人、董事长，高级工程师、高级碳排放管理师，注册城乡规划师、咨询工程师（投资），与武汉理工大学共建"城乡空间规划管理与技术服务实践中心"。现从事工程建设领域全过程服务、城乡开发与建设、智慧城市、智能制造等方面工作，已取得工程报建咨询系统、规房建筑面积测算系统、海绵城市设计系统、BIM智能设计与审查平台、推手、房器运营平台、建标汇行业平台等20余项软件著作权，申请海绵铺装材料、组合式储能器、碳达峰减排警用装置等多项专利，公开出版《建筑面积计算——全国建筑面积计算规范解读》个人专著，在《城市规划》《城市发展研究》《住宅产业》《科技进步与对策》等国内行业核心期刊和国际国内重要学术会议上发表论文30余篇，主持的工程项目和科研项目获得国家级、省级、市级优秀城乡规划设计奖20余项，参与编制《建设工程规划电子报批数据标准》（T/UPSC 0002—2018）、《湖北省建筑日照分析技术规范》（DB42/T 952—2014）等国家、地方标准规范文件。

作者简介
ABOUT THE AUTHOR

王海鹏
Wang Haipeng

作者

王海鹏，安徽省天长市人，工学硕士。现为东南大学先进制造方向博士生在读，高级规划师。曾参与城市设计管理办法编写，国家城市设计、城市生态修复、城市修补试点城市审查等工作，在《规划师》等杂志发表过多篇城乡规划、城市设计类文章。目前主要从事中观尺度城市设计管理相关研究和工作。

余 乐
Yu Le
作者

工作单位： 智汇城设计咨询集团有限公司
职 位： 副总经理、董事

代新祥
Dai Xinxiang
作者

工作单位： 湖北省全界面勘测设计有限公司
职 位： 董事长

编委简介

INTRODUCTION TO EDITORIAL COMMITTEE

编委简介
INTRODUCTION TO EDITORIAL COMMITTEE

目　　录

1

1 成书脉络

1.1 背　景

（1）我国城镇化发展进入新阶段

在新时代的背景下，我国城镇化发展进入了追求品质优先和美好生活的后半场，城市发展方式从以数量增长为主转向以质量提升和结构优化为主，城市建设将要用更精细化、人性化、品质化的方法与态度，去规划、设计和营造城市人居环境。

《国家新型城镇化规划（2014—2020 年）》提出，要优化城市空间结构和管理格局，按照统一规划、协调推进、集约紧凑、疏密有致、环境优先的原则，统筹中心城区改造和新城新区建设，提高城市空间利用效率，改善城市人居环境。

阳光直接照射到物体表面的现象，称为日照。晴天一天内阳光照射大地的时间，称为日照时间，其随纬度与日期的不同而变化，一般一天中低纬度地区日照时间较长，高纬度地区日照时间较短。由于天空中云雾、烟尘等的遮挡，地面实际接受直接太阳辐射的时间小于理想日照时间。日照时间是目前日照规范控制建筑的主要标准。日照时间标准的设定根据计时方式、地域差别和建筑类型等因素存在一定的差异。

随着社会与经济的发展、人们对居住场所观念的转变，新时代背景下行政主管部门对日照设计要求也在不断提高。2019 年住房和城乡建设部发布国家标准《民用建筑设计统一标准》（GB 50352—2019），提高了建筑日照标准，精化卧室和起居室、医疗建筑、教育建筑的建筑采光要求。

2022 年，中共中央办公厅、国务院办公厅印发了《关于推进以县城为重要载体的城镇化建设的意见》，其中明确要求要建立集约高效的建设用地利用机制，加强存量低效建设用地再开发，合理安排新增建设用地计划指标，保障县城建设正常用地需求。推广节地型、紧凑式高效开发模式，规范建设用地二级市场。显而易见，在以县城为重要载体的城镇化建设过程中，建筑日照的管理、设计、维权保障与用地规划、建设规划紧密贴合，不可分割。

习近平总书记说："我们的人民热爱生活，期盼有更好的教育、更稳定的工作、更满意的收入、更可靠的社会保障、更高水平的医疗卫生服务、更舒适的居住条件、更优美的环境，期盼孩子们能成长得更好、工作得更好、生活得更好。人民对美好生活的向往，就是我们的奋斗目标。"人民对更舒适的居住条件确实有了更高的要求，视线、日照、通风等要素与地段、配套等硬性指标一样，直接影响居住者舒适程度，也是影响住房环境、价值的重要因素。因此，良好的建筑日照环境是提升市民对城市规划管理的满意度，推动城市更新和转型发展、建设和谐宜居城市的重要支撑。

（2）建筑环境和形体的日趋复杂

改革开放以来，随着我国城镇化进程的不断推进，城市中建设用地面积逐年增加，统计数据显示,我国城镇化率从 1978 年的 17.92% 增长到 2019 年的 60.60%;1978—2019 年,全国城市数量从 193 个增加到 679 个,建制镇从 2176 个增加到 18744 个;城区人口在 100 万以上的大城市数量从 1978 年的 14 个提高到 2019 年的 91 个;1985 年建筑业房屋竣工面积 1.7 亿平方米,2019 年建筑业房屋竣工面积 40.24 亿平方米,房屋建筑面积增长了 22.67 倍。伴随着城市化的高速发展,城市建筑环境的矛盾也日趋复杂。

从政治经济的发展上看,党的十九大报告指出,我国经济已由高速增长阶段转向高质量发展阶段,要以供给侧结构性改革为主线,推动经济发展质量变革、效率变革、动力变革。我国经济高速增长阶段形成的产业结构正在发生深刻变化,建设用地作为经济发展的基本生产要素之一,其配置必须与产业结构的调整相适应。产业用地不能仅仅盯在新增建设用地上,必须深化供给侧结构性改革,通过盘活城镇低效用地、优化用地结构,为新兴产业发展释放空间,从而有力地促进高质量发展。

从建筑行业的发展上看,随着我国城市化进程的不断推进,城市集约程度也日益增强,高效利用城市建设用地、提高土地容积率成为必然趋势。然而,建筑高度的不断增加、建筑密度的不断提高固然能使土地利用率得到提高,但也会造成建筑间的相互遮挡,导致居民住房的日照时间减少。在众多的规划和建筑设计项目中,提高土地利用率和满足居民住房日照标准成为一对日益尖锐的矛盾。

从城市整体天际线的发展上看,城市的整体高度呈现出向上增长的趋势,城市风貌也越加现代化。具体到日照计算上则体现为建筑间距的要求更高,规范上的相关规定宜设定不同层高的建筑采取不同的计算方法,从而更好地适应时代的发展。同时建筑低层部分的日照状况需要得到规划部门的重视,在新时代的背景下,低层住户的日照难免会受城市环境的影响,规范的发展也应当关注这一类住户的日照权。

在城市化建设的推进过程中,建筑设计呈现多元化发展的趋势,建筑形体的发展也越来越复杂多变,这对于建筑日照计算具有重大影响。建筑形体的日趋复杂是与人民日益增长的美好生活需要息息相关的,近年来随着人们审美观念的变化,建筑形态也呈现百花齐放的趋势。

从功能性上看,如今的建筑形态越来越体现着多种功能结合的特点。建筑形体也不仅仅只是满足视觉需求,更多地满足节能减排、设施安装等其他功能。例如,作为武汉未来科技城的首个地标建筑,武汉新能源研究院工程由 B 塔楼和 C1—C5 裙楼组成,工程以马蹄莲为设计理念,寓意"武汉新能源之花",其中 B 塔楼造型为"马蹄莲花",C 楼造型为"绿叶"。整体造型似花瓣绽放,屹立在未来科技城中心(见图 1-1 武汉光谷未来科技城的仿生建筑"马蹄莲")。结合大面积的光伏发电板,不仅节水还省电,平均每天可节约用水 13 t,每年可节约用水 4800 t,节水率38%。主塔楼的花形朝向太阳,屋顶中心铺设有太阳能光伏发电板,中心花蕊顶部设有竖轴风力发电机,可提供约 48 万 kW·h 的年发电量,占该院年用电量的 14%。其外形不仅满足了视觉需求,同时满足了绿色建筑的相关需求。

建筑形体的多功能性已然是时代发展的大趋势。从结构上看,结构越来越能满足更复杂的建筑形体设计,给了设计师更大的发挥空间。随着高层住宅建设的快速发展,建设抗震规则合理的结构显得尤为重要,也促进结构设计师在结构上有了更多的创新。目前,我国主流的高层建筑结构体系有剪力墙承重体系、框架-剪力墙承重体系、钢结构承重体系等,建筑的平面布局及立面设计需较多地适应结构的需求,同时,更多科学的结构选型也为建筑设计提供更高的灵活性与多样性,这是当今建筑发展和提高所需要的。

图 1-1 武汉光谷未来科技城的仿生建筑"马蹄莲"

从地域性上看,近年来我国建筑的发展正逐渐摆脱遍地"国际式"的窘境,选择更加适合于本地的建筑形式。当代建筑地域性的表达是以传统地域性为基础,以现代性为趋向。以关注建筑地域性为基础,提高到文化的角度,以现代手法加以表现,这些已成为当代建筑地域性表达的趋势。

具体到日照规范的发展上看,不同城市在制定或修订日照规范时所需要考虑的必然将会更加全面,规范条文也应该更细化,从而在与城市环境的融合和城市建设之间探寻更精确的平衡点。

(3)居民维权意识的日益增强

"日照权"又称"自然采光权",对于"日照权"的解释,学者们通常采用王利明在《物权法论》中的定义:采光权(也称为日照权)是指不动产的所有人或使用人为获得日照而要求邻人限制其房屋或其他构造物的距离或高度的权利。目前,根据《中华人民共和国民法典》(下文简称《民法典》)第七章"相邻关系"中第二百九十三条规定:"建造建筑物,不得违反国家有关工程建设标准,不得妨碍相邻建筑物的通风、采光和日照。"

我国《民法典》及与日照有关的法律颁布后,我国相关法律体系逐渐完善,城市居民对自身住宅的日照权利愈发关注,也使得公民的法律意识和维权意识不断增强。为保护公民日照采光权,遏制规划建设侵权行为,在城市规划中应重视日照问题,进行日照干预,避免因日照不满足要求而导致土地资源浪费等一系列问题。

① 住房体制改革不断深入,商品房热销,购买数量增加

随着改革开放的深入和社会主义市场经济的发展,我国从1988年开始进行住房体制改革,从此,住房作为一种商品被推向了市场。到20世纪90年代末,全国范围内的住房体制改革基本完成,配合各项房地产开发建设的政策,住房体系的市场化在这一时期迅猛发展,我国城市化的进程明显加速,各地的新楼房如雨后春笋般拔地而起,城市建设呈现出一派欣欣向荣的景象。与此同时,国家在信贷支持等方面加大力度,通过积极宣传房改、降低贷款利率、发展信贷业务等手段刺激城市居民的住房消费,在短时期内,人们购买商品房的意愿和能力大大增强,人们的居住条件不断得到改善。

② 住宅商品化凸显其价值,相关权益成为关注焦点

住房制度改革之前,由于实行的是福利分房制度,人们不需要额外的经济支出就获得了居住用房,因此对于住房的价值没有什么具体的概念,也无法探究视线、日照、通风等相关因素对于住房的一系列影响。然而住房被商品化之后,住房被推向市场,其价值会根据市场规律通过住房的价格显现出来。例如,地段好、景观好、采光好、通风好的住宅会受到人们的追捧,价格自然也水涨船高,人们对其价值也会逐渐认可。由此看来,视线、采光、通风等关系到居住者舒适程度的相关因素与地段、配套等硬性指标一样,逐步成为影响住房价值的重要因素。特别是采光,一旦受到其他建筑的遮挡,其影响往往会持续几十年甚至永久,而不像景观、通风等可以通过后期的一些措施来进行补救,市场上经常可以看到同一小区同一户型,由于楼层较低、采光不足、舒适性差,而在价格上产生惊人的差距,这种差距无时无刻不在向人们传达一个信息,采光对于住房价值的影响很大,所以人们对于采光权益的关注也就不足为奇了。

③ 日照的量化属性使其成为居民维权的重点

对于视线、采光、通风等百姓所关注的居住权益逐一进行分析,视线、通风没有严格意义上的衡量标准,即使可以测量也需要使用专业仪器,而采光可以通过日照时间来衡量,人们可利用最简单的手表等工具,依据感官进行较为准确的测量,从而推断出自己的居住空间在日照方面的权益是否受到了侵害。

另外,在法律层面,日照是唯一规定有明确量化指标的环境因素。随着时代的发展,人们法律意识逐渐增强,人们越来越重视对于自身权益的维护,而日照由于其特殊属性逐步成为居民维权的重点,从数量不断增加的"日照维权"案例中便可见一斑。

1.2 学术价值

对建筑日照标准开展研究,能为规划审批提供科学直观的管理依据,提升居民的居住环境与生活品质,节约宝贵的城市建设用地。

(1) 提高城市管理的科学决策水平

传统的建筑日照计算是将复杂的建筑简化后进行计算,本身有一定的经验误差,且在审批过程中存在人为因素的影响,导致管理模式的不规范。目前,建筑日照通过日照软件分析,模拟太阳运行轨迹,计算获得的日照时数消除了一些人为因素的影响,提高了计算结果的准确性,但由于各种日照软件的计算要求、建模深度等因素不一致,依然会对计算结果产生影响。因此,应对日照法规和日照标准进行研究,建构建筑日照分析技术体系,统一日照技术要求,提高日照分析结果的准确性,从而优化城市管理水平,使日照法规的编制更加科学合理。

(2) 改善居住环境与生活品质

住宅作为人们居住和休息的场所,良好的日照资源是其基本需求,充足的日照有益人们的生理健康和心理健康。随着人们对居住环境和品质的要求逐渐提高,城市建设将以更精细化、品质化的方法去进行规划和设计,营造良好的城市人居环境。因此,日照分析计算科学化有利于降低日照纠纷隐患,能够起到提供一个良好的日照环境的保障作用,有利于改善居住环境,提高生活品质。

（3）促进城市土地的集约化利用

随着居民维权意识的增强，日照纠纷案件逐年增加，建筑日照法规和城市日照管理中存在的问题逐渐显现。本书旨在通过对我国建筑日照法规体系和日照项目编制体系的建构，探寻最佳的日照评估模式，运用日照分析计算模拟出最佳试行方案，并将日照分析成果进行可视化处理，从而提高城市空间利用率，达到节约城市建设用地的目的。

1.3 研究范围与内容

1.3.1 研究范围

本次研究范围覆盖22个省、5个自治区和4个直辖市等大部分区域，气候条件分为七大建筑气候分区，具体城市气候类型划分如表1-1所示。

表1-1 我国建筑气候区划分

气候区	代表城市	城市气候类型
I	哈尔滨、沈阳、长春、呼和浩特、大同等	寒冷城市
II	北京、天津、太原、石家庄、郑州、银川、济南、西安等	温和城市
III	武汉、重庆、上海、成都、长沙、温州、杭州、南京等	湿热城市
IV	广州、厦门、福州、泉州、海口、汕头、香港、台北等	炎热城市
V	昆明、贵阳、大理、攀枝花、西昌等	温和城市
VI	拉萨、西宁、康定、格尔木等	温和城市
VII	乌鲁木齐、喀什、吐鲁番、哈密、和田等	干热城市

综合考虑各省份日照相关规范的可获取性及研究实践导向性，主要研究的省市如表1-2所示。

表1-2 主要研究的省市

省/自治区/直辖市	城 市
黑龙江省	牡丹江、哈尔滨、佳木斯、大庆
吉林省	长春、吉林
新疆维吾尔自治区	乌鲁木齐
辽宁省	沈阳、鞍山、本溪、抚顺、大连、锦州、丹东、辽阳
内蒙古自治区	鄂尔多斯、呼伦贝尔、巴彦淖尔、呼和浩特
北京	
天津	
河北省	石家庄、唐山、衡水、沧州、廊坊、邯郸、张家口
山西省	大同、长治、太原、吕梁、晋中、朔州

续表 1-2

省/自治区/直辖市	城 市
青海省	西宁
宁夏回族自治区	银川
山东省	烟台、潍坊、青岛、泰安、菏泽、禹城、德州、济南、日照、聊城、滨州、济宁
甘肃省	兰州
河南省	许昌、安阳、濮阳、鹤壁、驻马店、郑州
江苏省	溧阳、常熟、盐城、无锡、昆山、南京、苏州、高邮、淮安、常州、连云港、扬州、泰州
安徽省	芜湖、合肥、滁州、铜陵、淮南、马鞍山、安庆
陕西省	西安、榆林
上海	
四川省	成都、阆中
湖北省	武汉
浙江省	杭州、宁波、瑞安、台州
西藏自治区	拉萨
重庆	
江西省	南昌、衢州
湖南省	长沙、郴州、湘潭
贵州省	贵阳
福建省	福州、厦门
云南省	昆明
广东省	东莞、广州、深圳
广西壮族自治区	南宁
海南省	海口

1.3.2 研究内容

本次研究围绕新型城镇化背景下日照标准与居民需求矛盾凸显等问题,基于我国日照相关法律法规及政策文件,利用文献研究、归纳总结、矛盾分析、案例分析和软件模拟等方法,以全国建筑日照维权案件为研究对象,对案件成因进行分析,对各层级因素进行统计,为优化建筑日照管理提供依据。本书研究内容包括以下5个部分:

(1)建筑日照和日照权

对日照权和日照行为尺度进行定义,以日照权为出发点,从日照权益赋予过程分析入手,分析我国建筑日照法规的特点,从日照权益关联的日照时数出发对建筑日照的计算量化阶段、建设实施阶段和维权保障阶段的演变过程进行说明,提出一个"日照权全生命周期"的理论框架。

(2)我国建筑日照法规编制与管理

通过回顾我国建筑日照法规编制历程,对国家法规、行业部门规范与地方法规进行归纳统计，分析我国建筑日照法规体系；通过对建筑日照分析的全过程进行梳理，从数据采集、计算参数的设置、计算方法的运用和日照技术软件的选择等方面，分析我国建筑日照分析技术体系；基于区域日照分区控制、地块日照设计方法和建筑日照评估模式，分析我国建筑日照项目管控体系。

（3）我国建筑日照法规编制与管理中主要问题的分析

基于对我国建筑日照维权案件的统计，分别从公示阶段和建成阶段收集典型性案件，对建筑日照维权案件的成因进行分析，找出公示阶段和建成阶段中存在的问题，反映出我国建筑日照法规编制与管理的实际执行情况。

（4）我国建筑日照法规编制与管理优化策略

通过建筑日照维权案件的成因分析，对日照法规编制与管理提出 5 条优化策略：土储阶段日照方案法定化、日照分区控制区域化、日照分析报告规范化、日照分析成果科学化和日照奖励与赔偿机制。

（5）武汉市建筑日照法规编制与管理优化

通过对武汉市建筑日照现行法规进行分析，提出日照分区控制和公共日照区域两种管理优化策略。通过参与实际建设项目方案，将提出的策略与实际项目相结合，利用众智日照软件和天正日照软件对项目建模，通过日照分析计算，解决实际项目中存在的问题。

1.4 研究方法和路线

1.4.1 研究方法

本书通过收集国家、省市日照相关法律法规及政策文件等，采用文献研究法，全面了解国家、省市日照规范编制历程，利用矛盾分析法、归纳总结法等对各层级规范内容进行对比解读，总结出建筑日照计算的关键要素，并通过案例分析法、软件模拟法，为文献研究法、矛盾分析法、归纳总结法提供有力补充，以保证研究的科学性。

（1）文献研究法

本书收集和整理了全国关于建筑日照法规、城市管理条例、管理技术规定等方面的文献和书籍，分析各层级规范编制历程，找出我国日照管理中存在的问题，提出优化策略。

（2）归纳总结法

本书通过对国内外各层级规范进行多角度对比分析，对其内容的条理性进行解读，结合我国现行日照标准实施状况，归纳总结出建筑日照计算参数，从而提出优化我国日照法规的策略。

（3）矛盾分析法

本书对我国建筑日照维权案件成因进行分析，把握现行日照标准的主要矛盾和矛盾的主要方面，突出重点，抓住关键，寻找原因，进而提出优化我国日照管理的思路及策略。

（4）案例分析法

本书选取实际建设项目案例进行分析，结合项目实际情况，发现规划和设计过程中存在的问题,通过设计来解决这些问题,以证实日照法规优化策略的可行性。

(5)软件模拟法

本书利用众智日照软件、PKPM日照分析以及天正日照软件,运用多点区域分析和立面多点区域分析,不断推演建筑形态,最终形成保证日照基本需求的方案。

1.4.2 技术路线

本书采取"研究领域—理论建构—分析问题—优化策略"的路线步骤,技术路线图见图1-2。

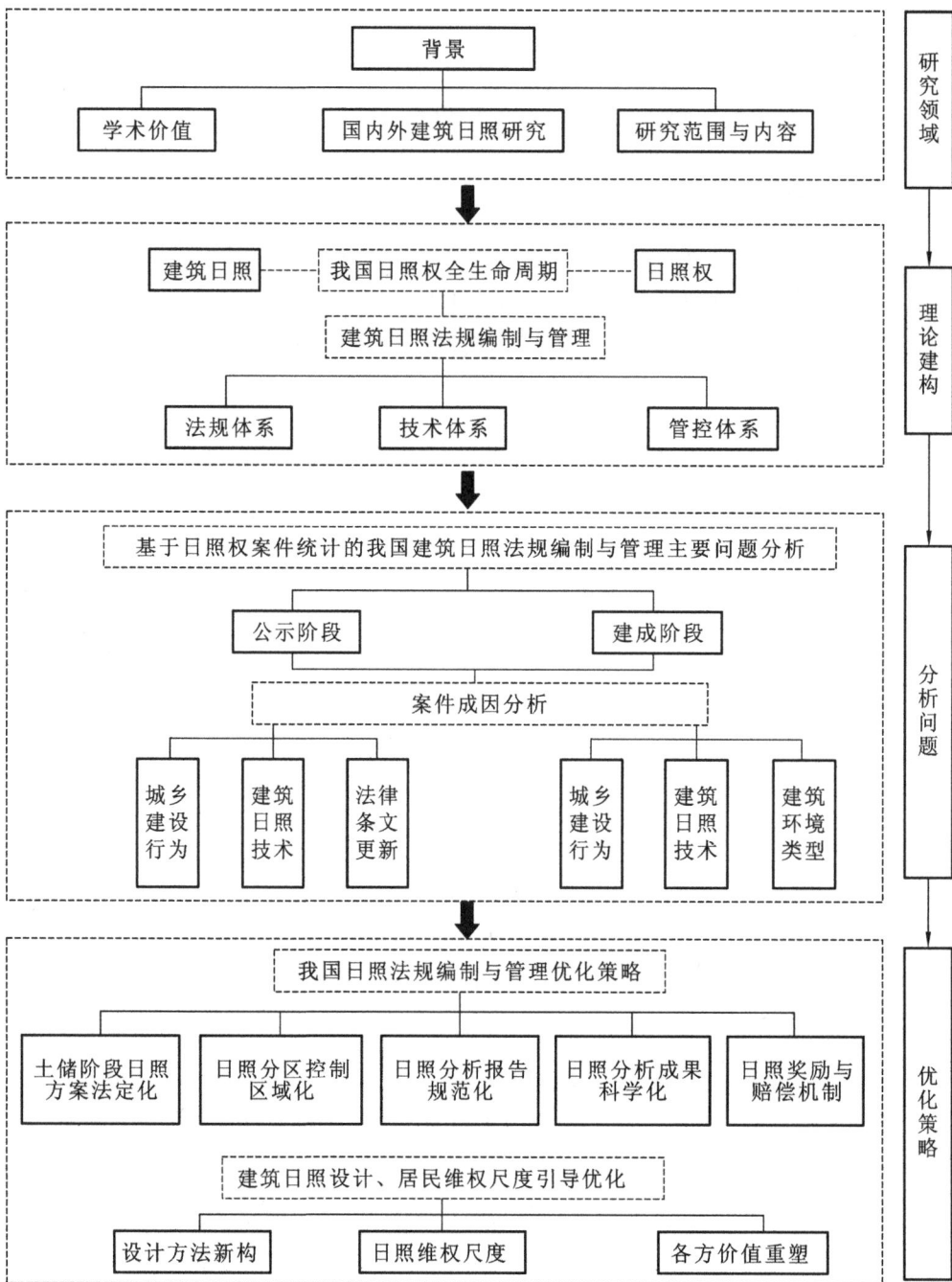

图 1-2　技术路线图

2 日照权全生命周期与行为体系

对日照权全生命周期分为四个阶段,分别为权益赋予阶段、计算量化阶段、建设实施阶段、监管保障阶段。日照权全生命周期图见图 2-1。

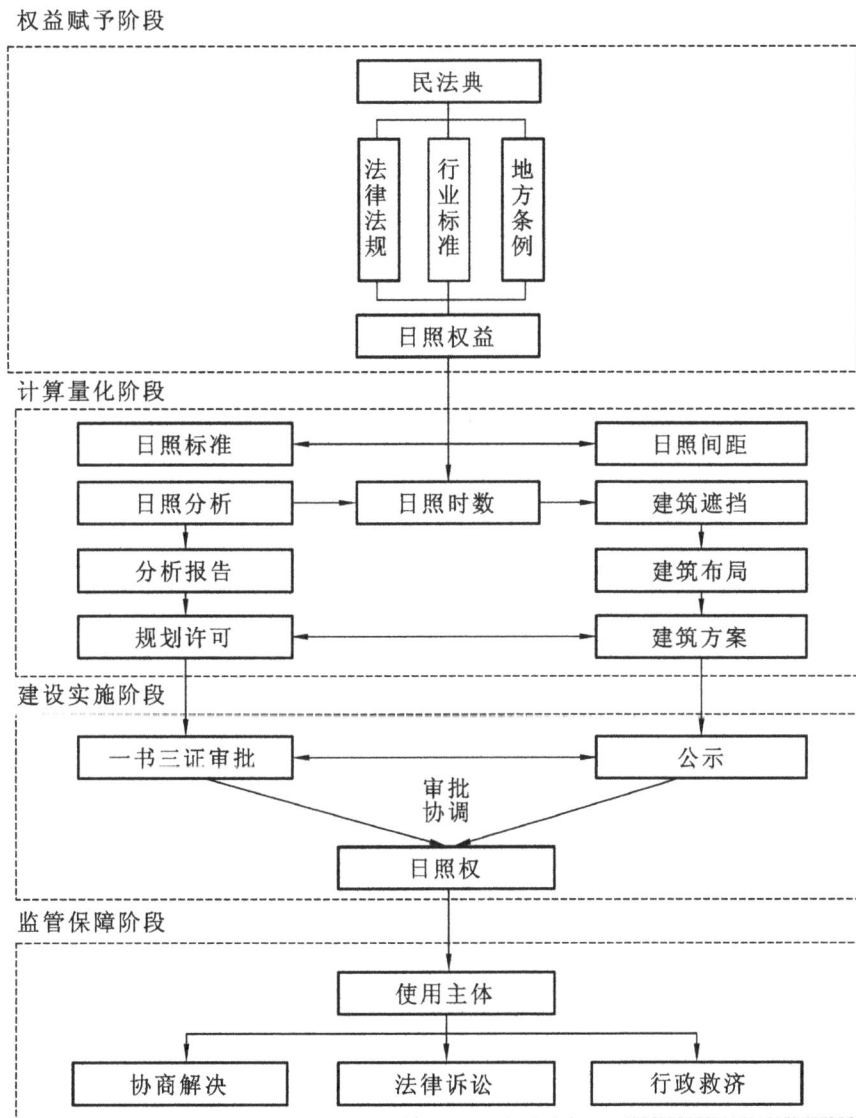

图 2-1 日照权全生命周期图

2.1 权益赋予阶段——立法行为

权益赋予阶段,是指我国在历史进程中通过《民法典》等国家法律法规的颁布,赋予并保证公民享有日照权益的过程。各地方政府再依据《城市居住区规划设计标准》《住宅设计规范》和《民用建筑设计统一标准》等持续更新的国家标准和规范,确定公民日照时数。

在国家法律法规层面,1987 年,《中华人民共和国民法通则》(下文简称《民法通则》)首次对建筑日照采光进行规定,提出正确处理相邻关系的方法。2007 年,《中华人民共和国物权法》(下文简称《物权法》)提出建筑日照权益的判断将以国家有关工程建设标准为参照。2021 年,《民法典》进一步明确了日照权的法律定位。

在行业标准规范层面,1994 年原建设部颁布《城市居住区规划设计规范》(GB 50180—93),提出了住宅建筑日照标准,住宅间距需满足日照要求;2002 年原建设部局部修订《城市居住区规划设计规范》(GB 50180—93)(2002 年版),规定老年人居住建筑日照标准不应低于冬至日日照时数 2 小时,在原设计建筑外增加任何设施不应降低相邻住宅的日照标准;2011 年住房和城乡建设部批准《中小学校设计规范》(GB 50099—2011)为国家标准,规定中小学校普通教室冬至日满窗日照不应少于 2 小时,至少应有 1 间科学教室或生物实验室的室内能在冬季获得直射阳光,并且规定学校建筑应满足相应的采光系数和窗地面积比;2014 年住房和城乡建设部发布国家标准《建筑日照计算参数标准》(GB/T 50947—2014),规范了建筑日照的计算与流程,对日照计算参数的设置提出规范要求;2018 年 3 月,住房和城乡建设部发布行业标准《老年人照料设施建筑设计标准》(JGJ 450—2018),规定当居室日照标准不满冬至日 2 小时日照时数时,同一照料单元内的单元起居厅或生活单元内的一个居住空间的日照标准不应低于冬至日日照时数 2 小时;2018 年 7 月,住房和城乡建设部发布国家标准《城市居住区规划设计标准》(GB 50180—2018),要求除因住宅建筑进行无障碍改造加装电梯外,其他任何设施不应降低相邻住宅的日照标准;2019 年 3 月,住房和城乡建设部发布国家标准《民用建筑设计统一标准》(GB 50352—2019),精化卧室和起居室、医疗建筑、教育建筑的建筑采光要求。2019 年 8 月,住房和城乡建设部发布局部修订的行业标准《托儿所、幼儿园建筑设计规范》(JGJ 39—2016)(2019 年版),规定托儿所、幼儿园的活动室、寝室及具有相同功能的区域在冬至日底层满窗日照不应少于 3 小时,其生活用房、服务管理用房和供应用房中的厨房等均应有直接天然采光,且生活用房不应设置在地下室或半地下室。

2.1.1 法律定位

20 世纪 80 年代以来,我国逐步建立起以日照权为核心的建筑日照法规管理体系,包含国家、行业、地方等不同层面的法规内容。

我国与日照相关的国家法律法规如下:

(1) 1986 年 4 月修订通过、1987 年 1 月施行的《民法通则》第八十三条:不动产的相邻各方,应按照有利生产、方便生活、团结互助、公平合理的精神,正确处理截水、排水、通行、通风、采光等方面的相邻关系。给相邻方造成损失的,应当停止侵害,排除妨碍,赔偿损失。这是我国法律法规首次提出处理相邻关系的原则与要求。

（2）2007年10月颁布施行的《物权法》第四条规定：国家、集体、私人的物权和其他权利人的物权受法律保护，任何单位和个人不得侵犯。《物权法》第七章"相邻关系"中第八十九条规定：建造建筑物，不得违反国家有关工程建设标准，妨碍相邻建筑物的通风、采光和日照。规定表明，"日照权"受到法律的保护，这是第一次在法律层面上保护居民的私权。国家明确了"日照权"的法律定位，并提出有关工程建设标准加以控制。《物权法》进一步明确了"日照权"属于相邻关系的法律定位，且将日照侵权判定交给国家有关工程建设标准。

（3）2021年1月施行的《民法典》第二百九十三条规定：建造建筑物，不得违反国家有关工程建设标准，不得妨碍相邻建筑物的通风、采光和日照；第三百七十二条规定：地役权人有权按照合同约定，利用他人的不动产，以提高自己的不动产的效益。

在我国，"日照权"是土地使用权的延伸，是由控制性详细规划赋予和控制的。

2.1.2 行业标准

建筑日照相关行业规范编制时间轴线图见图2-2。建筑日照法规及行业部门规范名录见表2-1。

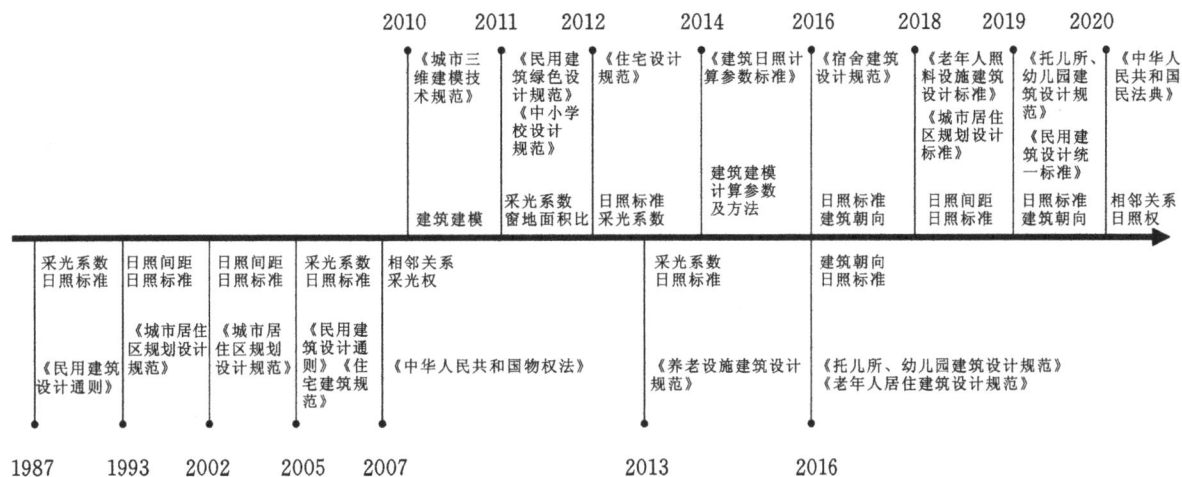

图 2-2 建筑日照相关行业规范编制时间轴线图

表 2-1 建筑日照法规及行业部门规范名录

序号	规范名称	出版年份	主要涉及内容
1	《中华人民共和国民法典》	2020	相邻关系、日照权
2	《民用建筑设计统一标准》	2019	日照标准
3	《中小学校设计规范》	2012	采光系数、窗地面积比
4	《城市居住区规划设计标准》	2018	日照间距、日照标准、折减系数
5	《老年人照料设施建筑设计标准》	2018	日照标准
6	《宿舍建筑设计规范》	2016	日照标准、建筑朝向
7	《托儿所、幼儿园建筑设计规范》	2016	日照标准、建筑朝向
8	《建筑日照计算参数标准》	2014	建筑建模、计算参数及方法

续表 2-1

序号	规范名称	出版年份	主要涉及内容
9	《住宅设计规范》	2012	日照标准、采光系数
10	《民用建筑绿色设计规范》	2011	采光系数
11	《城市三维建模技术规范》	2010	建筑建模
12	《住宅建筑规范》	2005	日照标准、采光系数

（1）1987 年日照相关规范的提出

1986 年，在原卫生部制定的卫生标准基础上，原建设部在所编制的《建筑技术纲要》中提出，用日照时间代替日照间距。1987 年，原建设部颁布《民用建筑设计通则》（JGJ 37—87）规定，住宅应每户至少有一个居室，宿舍应每层至少有半数以上的居室能获得冬至日满窗日照不少于 1 小时；在冬至日，托儿所、幼儿园和老年人照料设施等建筑，应能获得 3 小时日照标准。

（2）1993 年日照相关规范的第一次修订

1993 年原建设部颁布了《城市居住区规划设计规范》（GB 50180—93），其中对日照标准做出了相应的调整：建议住宅间距满足日照要求，综合考虑防火、采光通风、管道敷设、视觉卫生等要求；采取大寒日和冬至日为日照标准日；旧区改造项目新建房屋的日照标准可适当降低，但不应低于大寒日 1 小时日照标准。

（3）2002 年日照相关规范的第二次修订

2002 年，原建设部颁布局部修订的《城市居住区规划设计规范》（GB 50180—93）（2002 年版）。该规范提出：老年人居住建筑冬至日日照不低于 2 小时的标准要求；新建增加的建筑构件或设施不得降低周边住宅的日照标准；日照分析技术起点应为底层窗台与地坪的距离，通常情况下取 0.9 m。

（4）2018 年日照规范的第三次修订

2018 年，住房和城乡建设部颁布《城市居住区规划设计标准》（GB 50180—2018），首次提出只有在住宅建筑进行无障碍改造加装电梯的情况下，允许其所影响的相邻住宅的日照标准降低。

2.1.3 地方法规

（1）2000 年之前的地方规范编制历程

我国地方日照相关规范最早可追溯到 1990 年的《吉林市城市规划管理条例》。1990—1999 年，这个阶段是我国日照规范编制的萌芽期，已有部分日照条件较差的城市对日照有所关注了，但对日照规范编制的关注不多，各个城市总共仅有 6 次日照规范编制或修订，如表 2-2 所示。

表 2-2　2000 年之前的地方规范名录

城市	规范名称	提出年份
吉林	《吉林市城市规划管理条例》	1990
牡丹江	《牡丹江市生活居住建筑间距暂行规定》	1995
沈阳	《沈阳市生活居住建筑间距规定》	1999
鞍山	《鞍山市建筑日照间距管理暂行规定》	1992
锦州	《锦州市建筑间距暂行规定》	1993
长春	《长春市建筑日照间距规定》	1998

由于 21 世纪之前我国居住建筑主要采用分配制,住宅供给不足,对日照关注较少,故而仅仅在北方一些日照不充足的地区会对日照有所关注,而其他地区对日照的关注度不高。

(2) 2000—2011 年的地方规范编制历程

2000 年至 2011 年我国城市建设处于高速发展期,日照相关规范的编订数量也呈逐年上升趋势,在 2000 年至 2006 年间年均编订日照相关规范数为 4.6 部,2007 年至 2011 年年均编订日照相关规范数为 12.4 部,由此可见 2005 年国家发布的《民用建筑设计通则》对地方规范的引领性和重要性,国家级规范对日照有了足够的重视后,地方的日照规范编订能更好地进行。

2000 年至 2011 年是我国地方日照规范编制从初步探索到高速发展的一个阶段,这期间,许多城市开始编制日照相关规范,如表 2-3 所示。

表 2-3 2000 年至 2011 年的地方规范名录

气候分区	省/自治区	市	规范名称	提出年份
严寒地区	黑龙江省	哈尔滨	《哈尔滨市城市规划管理条例:日照间距规定图解》	2006
		佳木斯	《佳木斯市城市规划管理办法》	2000
		大庆	《大庆市修建性详细规划管理暂行规定》	2011
	新疆维吾尔自治区	乌鲁木齐	《乌鲁木齐市生活性建筑间距暂行规定》	2005
	辽宁省	沈阳	《沈阳市居住建筑间距和住宅日照管理规定》	2007
		本溪	《本溪市住宅建筑间距和日照管理规定》	2010
			《本溪市生活居住建筑日照间距规定》	2000
		抚顺	《抚顺市建筑间距管理办法》	2001
		大连	《大连市城市建筑间距及挡日照处理规定》	2002
		锦州	《锦州市建筑间距规定》	2005
		丹东	《丹东市城市规划管理实施细则》	2000
		辽阳	《辽阳市城市规划管理办法》	2000
	青海省	西宁	《西宁市城市规划管理技术规定》	2002
寒冷地区	内蒙古自治区	巴彦淖尔	《巴彦淖尔市城市规划管理技术规定》	2007
		呼和浩特	《呼和浩特市城市规划管理技术规定》	2004
		北京	《北京市建筑日照计算标准(送审稿)》(2007 年版)	2007
			《北京市生活居住建筑间距暂行规定》	2007
			《北京地区建设工程规划设计通则》	2002
		天津	《天津市日照分析技术管理暂行规定》	2008
			《天津市城市规划管理技术规定》	2009
			《天津市建设项目日照分析办法》	2009
	河北省	石家庄	《石家庄市城乡规划局日照分析技术规定》	2010
			《石家庄市城乡规划局建筑间距和退地界规划管理规定》	2009
		衡水	《衡水市日照分析管理技术规定》	2011
			《衡水市建筑间距和退距管理技术规定》	2008

续表 2-3

气候分区	省/自治区	市	规范名称	提出年份
寒冷地区	河北省	廊坊	《廊坊市城市规划管理暂行办法》	2006
		邯郸	《邯郸市城市规划管理条例实施细则》	2001
	山西省	大同	《大同市生活居住建筑间距规定》	2000
		长治	《长治市城市规划管理技术规定》	2009
		吕梁	《吕梁市城市规划管理技术规定》	2004
	宁夏回族自治区	银川	《银川市建设项目日照分析技术管理暂行规则》	2011
	山东省	烟台	《烟台市建设项目日照分析管理暂行规定》	2007
		潍坊	《潍坊市日照分析技术管理暂行规定》	2007
		青岛	《青岛市日照分析技术规程》	2009
			《青岛市城市建筑规划管理办法》	2003
		泰安	《泰安市人民政府关于明确高层建筑日照间距有关问题的通知》	2009
			《泰安市建筑物日照分析规划管理规定》	2011
			《泰安市建筑物日照分析技术规程》	2011
		菏泽	《菏泽市规划局日照分析规划管理暂行规定》	2011
		聊城	《聊城市城市规划技术管理规定》	2011
			《聊城市城市规划管理技术规定》	2000
		滨州	《滨州市城市规划管理办法》	2004
		济宁	《济宁市城市规划管理简明技术规定》	2004
	甘肃省	兰州	《兰州市建筑日照分析管理办法》	2008
	陕西省	榆林	《榆林市城市规划管理技术规定》	2007
	西藏自治区	拉萨	《拉萨市城市规划条例》	2001
	河南省	许昌	《许昌市区建设工程日照分析技术规程》	2009
		鹤壁	《鹤壁市城市规划管理办法(试行)》	2005
		驻马店	《驻马店市城市规划管理技术规定》	2005
夏热冬冷地区	江苏省	溧阳	《溧阳市建设项目日照分析管理暂行规定》	2011
			《溧阳市建设项目日照分析技术管理规则》	2007
		常熟	《常熟市日照分析计算规则及规划管理》	2007
		盐城	《盐城市建设项目日照分析技术管理办法(试行)》	2007
		无锡	《无锡市建设项目日照分析技术管理规定》	2008
		昆山	《昆山市建设项目日照间距计算及管理细则》	2008
		南京	《南京市高层建筑日照分析管理技术规定》	2010
		苏州	《苏州工业园区中央商贸区高层建筑日照分析管理办法》	2010
		高邮	《高邮市城市规划区建设项目设计管理有关规定》	2010
		淮安	《淮安市高层建筑日照分析管理规定》	2010
		常州	《常州市市区建设项目日照分析管理》	2011

气候分区	省/自治区	市	规范名称	提出年份
夏热冬冷地区	江苏省	连云港	《连云港市民房建设规划管理暂行办法》	2004
		扬州	《扬州市市区城市规划技术管理规定》	2008
	安徽省	芜湖	《芜湖市日照分析规划管理暂行规定》	2011
		合肥	《合肥市城市规划管理技术规定》	2008
		滁州	《滁州市建筑间距、建筑退让技术规定(试行)》	2007
		铜陵	《铜陵市城市规划管理技术规定(试行)》	2004
		淮南	《淮南市城市规划管理技术规定》	2008
		马鞍山	《马鞍山市城市规划管理技术规定》	2011
		安庆	《安庆市城市规划管理技术规定》	2011
	上海	上海	《上海市日照分析规划管理暂行办法》	2004
	四川省	成都	《成都市建筑日照分析管理办法》	2010
		阆中	《阆中市城市规划管理技术规定》	2009
			《阆中市城市规划管理实施细则》	2004
	湖北省	武汉	《武汉市建筑日照规划管理办法及规程》	2010
	浙江省	杭州	《杭州市建筑工程日照分析技术管理规则》	2006
		宁波	《宁波市建设项目日照分析技术规则》	2008
		瑞安	《瑞安市建设项目日照分析技术规则》	2006
		台州	《台州市城乡规划管理技术规定》	2008
			《台州市区建设工程日照分析技术规程(试行)》	2008
	湖南省	郴州	《郴州市规划局建筑工程日照分析技术规定(试行)》	2010
		湘潭	《湘潭市城市规划技术管理规定》	2008
	贵州省	贵阳	《贵阳市城市规划技术管理规定》	2008
夏热冬暖地区	福建省	福州	《明确福州市建设项目日照影响分析相关事项的通知》	2008
	广东省	东莞	《东莞市建设项目日照分析技术管理规则》	2006
		广州	《广州市城乡规划管理技术规定》	2009
	广西壮族自治区	南宁	《南宁市建设项目日照分析技术管理暂行规定》	2008
			《南宁市城市规划管理条例》	2005
温和地区	海南省	海口	《海口市城市规划管理技术规定》	2005
	云南省	昆明	《昆明市规划局建设项目日照分析管理暂行规定》	2009

由此可见在 2000—2011 年间,我国开始了住宅市场化与商品化的改革,居民居住条件大为改善,建筑日照日益成为城市建设管理的重点。全国范围内各地区均已开始编制日照规范。

(3) 2012—2019 年地方日照规范编制历程

2012—2019 年,我国经济社会发展进入新常态,城市建设也进入了新时期。一方面,早年间编制的很多日照规范越来越无法满足居民的日照需求和实际项目的建设,因此许多地方规范进一步进行了修订或补充。另一方面,也有许多没有日照相关规范的城市开始编制规范,以满足新时期城市建设的需求。

2012—2019 年是我国地方日照规范编制查漏补缺,进一步发展的一个阶段,这期间,许多城市对日照相关规范进行了完善,也有许多城市编制了新日照规范,如表 2-4 所示。

表 2-4　2012—2019 年编制或修订的地方规范名录

气候分区	省/自治区	市	规范名称	提出年份	第一次修订年份
严寒地区	吉林省	长春	《长春市生活居住建筑日照分析技术规程》	2013	
	辽宁省	沈阳	《沈阳市日照分析管理办法》	2014	
寒冷地区	内蒙古自治区	鄂尔多斯	《鄂尔多斯市城市规划管理技术规定》	2017	
		呼伦贝尔	《呼伦贝尔市城市规划管理技术规定》	2014	
		北京	《北京市建筑日照计算标准(送审稿)》(2007 年版)	2007	2014
			《北京市生活居住建筑间距暂行规定》	2007	2018
			《北京地区建设工程规划设计通则》	2002	2015
		天津	《天津市市规划局关于执行国家建筑日照计算参数标准及确定日照分析范围意见的通知》	2015	
			《天津市城市规划管理技术规定》	2009	2015
	河北省	石家庄	《石家庄市城乡规划局日照分析技术规定》	2015	
		唐山	《唐山市日照分析技术规定》	2015	
			《唐山市城市规划管理规定》	2016	
		沧州	《沧州市规划局日照分析技术暂行规定》	2012	
		张家口	《张家口城市规划管理条例实施细则》	2007	2017
	山西省	太原	《太原市高层建筑日照规则(试行)》	2013	
		晋中	《晋中市城乡规划管理技术规定》	2012	
		朔州	《朔州市城市规划管理技术规定》	2015	
	山东省	潍坊	《潍坊市日照分析管理规定》	2018	
		泰安	《泰安建筑间距和日照分析规划管理规定》	2015	
		德州	《德州市日照分析技术规程》	2014	
		济南	《济南市日照分析管理规定》	2016	
	陕西省	西安	《西安市规划局建筑日照分析管理规定》	2012	
	河南省	安阳	《安阳市建筑工程日照分析技术管理暂行规定》	2017	
		濮阳	《濮阳市建筑工程日照分析技术管理规则》	2018	
		鹤壁	《鹤壁市城乡规划管理局关于印发鹤壁市城乡规划管理技术规定(试行稿)通知》	2014	
		郑州	《郑州市建筑工程技术规定》	2012	
夏热冬冷地区	江苏省	扬州	《扬州市市区规划管理技术规定》	2019	
			《扬州市建设项目日照分析技术管理》	2013	
		泰州	《泰州市城市规划区村民个人建房管理暂行办法》	2015	
	安徽省	芜湖	《芜湖市日照分析规划管理规定》	2016	
		蚌埠	《蚌埠市建设项目日照分析技术管理暂行规定》	2015	
		合肥	《合肥市城市规划管理技术规定》	2018	

气候分区	省/自治区	市	规范名称	提出年份	第一次修订年份
夏热冬冷地区		上海	《上海市日照分析规划管理办法》	2016	
	四川省	成都	《成都市城市规划管理技术规定》	2017	
	浙江省		《城市建筑工程日照分析技术规程》	2016	
		重庆	《重庆市城市规划管理技术规定》	2012	2018
	湖北省		《湖北省建筑日照分析技术规范》	2014	
	江西省	南昌	《南昌市建设项目日照分析技术规则》	2014	
			《南昌市城市规划管理技术规定》	2014	
		衢州	《衢州市城市规划管理技术规定》	2014	2018
	湖南省	长沙	《长沙城市规范管理技术规定》	2018	
	贵州省	贵阳	《贵阳市城市规划技术管理办法(试行)》	2014	
夏热冬暖地区	福建省	厦门	《厦门市建筑工程日照分析技术管理规则》	2018	
	广东省	深圳	《深圳市城市规划标准与准则》	2017	
	广西壮族自治区	南宁	《南宁市城市规划管理技术规定》	2014	

由表 2-4 可知,在 2012—2019 年期间,严寒地区的日照规范几乎不再有编订或更新,多个寒冷地区对日照规范进行了修订,而大量夏热冬冷地区省市在这期间进行了日照相关规范的编制,在地域性上表现为南方省市较北方更晚进行日照相关规范的编制。同时,由于高层建筑的大量建设以及超高层建筑的出现,不少经济发达地区对日照规范进行了相关修订。

(4) 地方现行建筑日照规范简述

地方标准,是规划部门根据当地城市的发展、气候条件和城市实际情况特点而制定的日照管理方法。我国目前有 6 个省份编制过省级相关规范;在 660 个城市中,有 103 个城市编制过相关规范,仍有很多城市在应用省级乃至国家级的行政规范(表 2-5)。

表 2-5 地方建筑日照规范统计表

	样本省(市)数量	收集到规范的省(市)数量	占比	收集到地方规范总数量
省级	34	6	17.6%	140
市级	660	103	15.6%	

从表 2-5 的数据分析可以看出,在省级以及重点城市两个层级上,编制过省级或者市级规范的省(城市)占比大致相当,都为 16% 左右。省级规范名录如表 2-6 所示,市级规范名录如表 2-7 所示,由规范的统计情况可以得出以下结论:

① 有省级规范的省份主要集中在我国东部,其中,有 6 个省份有省级规范,省级规范总数量为 9 个。在有市级规范的省份中,东部省份编制规范密度明显大于西部省份,且西部省市中经济较为发达地区编制的规范数量比经济落后地区编制的规范数量多。

② 重点城市规范数量远大于一般城市规范数量,据此可推断地区经济发展水平是影响建筑日照计算规范编制情况的重要因素。

③ 从应用范围上看,省市关于建筑日照的计算规范包括建筑工程计算规定、建筑物日照分析规划管理规定、建筑间距和日照分析规划管理规定、城市规划管理技术规定等,综合了多种规

定,综合性增强。

④ 从形式上说,省市级规范中有一部分通知性文件,其大多以对国家规范的补充条文形式颁布或实施,同一地区,省级规范与市级规范中重点补充的条文内容部分类似,且具有一定承接相关性。

表 2-6　省级规范名录

省份	2016 年前修订	2016 年后修订
湖北省	《湖北省建筑日照分析技术规范》(2014)	
江苏省	《江苏省城市规划管理技术规定》(2012)	《江苏省日照分析技术规程》(2019)
江西省	《江西省城市规划管理技术导则》(2014)	
山西省	《山西省村镇建筑日照间距技术规定》(2005) 《山西省村镇建筑日照系数规定》(2012)	
陕西省		《陕西省城市规划管理技术规定》(2018)
浙江省	《浙江省城市建筑工程日照分析技术规程》(2008)	《浙江省城市建设工程日照分析技术规程》(2016)

表 2-7　市级规范名录

省/自治区	市	规范名称	提出年份	第一次修订年份	第二次修订年份	第三次修订年份
黑龙江省	牡丹江	《牡丹江市生活居住建筑间距暂行规定》	1995			
	哈尔滨	《哈尔滨市城市规划管理条例:日照间距规定图解》	2006			
	佳木斯	《佳木斯市城市规划管理办法》	2000			
	大庆	《大庆市修建性详细规划管理暂行规定》	2011			
吉林省	长春	《长春市建筑日照间距规定》	1998			
		《长春市生活居住建筑日照分析技术规程》	2013			
	吉林	《吉林市城市规划管理条例》	(不可考)	1990	1996	2008
新疆维吾尔自治区	乌鲁木齐	《乌鲁木齐市生活性建筑间距暂行规定》	2005			
辽宁省	沈阳	《沈阳市日照分析管理办法》	2014			
		《沈阳市居住建筑间距和住宅日照管理规定》	2007			
		《沈阳市生活居住建筑间距规定》	1999			
	鞍山	《鞍山市建筑日照间距管理暂行规定》	1992			
	本溪	《本溪市住宅建筑间距和日照管理规定》	2010			
		《本溪市生活居住建筑日照间距规定》	2000			
	抚顺	《抚顺市建筑间距管理办法》	2001			
	大连	《大连市城市建筑间距及挡日照处理规定》	2002			
	锦州	《锦州市建筑间距暂行规定》	1993			
		《锦州市建筑间距规定》	2005			
	丹东	《丹东市城市规划管理实施细则》	2000			
	辽阳	《辽阳市城市规划管理办法》	2000	2006		

省/自治区	市	规范名称	提出年份	第一次修订年份	第二次修订年份	第三次修订年份
内蒙古自治区	鄂尔多斯	《鄂尔多斯市城市规划管理技术规定》	2017			
	呼伦贝尔	《呼伦贝尔市城市规划管理技术规定》	2014			
	巴彦淖尔	《巴彦淖尔市城市规划管理技术规定》	2007			
	呼和浩特	《呼和浩特市建设项目日照分析技术管理规则(试行)》	2011			
		《呼和浩特市城市规划管理技术规定》	2004			
北京	北京	《北京市建筑日照计算标准(送审稿)》(2007年版)	2007	2014		
		《北京市生活居住建筑间距暂行规定》	2007	2018		
		《北京地区建设工程规划设计通则》	2002	2015		
天津	天津	《天津市市规划局关于执行国家建筑日照计算参数标准及确定日照分析范围意见的通知》	2015			
		《天津市日照分析技术管理暂行规定》	2008			
		《天津市城市规划管理技术规定》	2009	2015		
		《天津市建设项目日照分析办法》	2009			
河北省	石家庄	《石家庄市城乡规划局日照分析技术规定》	2010	2015		
		《石家庄市城乡规划局建筑间距和退地界规划管理规定》	2009			
	唐山	《唐山市日照分析技术规定》	2010			
		《唐山市城市规划管理规定》	2016			
	衡水	《衡水市日照分析管理技术规定》	2011			
		《衡水市建筑间距和退距管理技术规定》	2008			
	沧州	《沧州市规划局日照分析技术暂行规定》	2012			
	廊坊	《廊坊市城市规划管理暂行办法》	2006			
	邯郸	《邯郸市城市规划管理条例实施细则》	2001			
	张家口	《张家口城市规划管理条例实施细则》	2007	2017		
山西省	大同	《大同市生活居住建筑间距规定》	2000			
	长治	《长治市城市规划管理技术规定》	2009			
	太原	《太原市高层建筑日照规则(试行)》	2013			
		《太原市城市规划管理技术规定》	2002			
	吕梁	《吕梁市城市规划管理技术规定》	2004			
	晋中	《晋中市城乡规划管理技术规定》	2012			
	朔州	《朔州市城市规划管理技术规定》	2015			
青海省	西宁	《西宁市城市规划管理技术规定》	2002			
宁夏回族自治区	银川	《银川市建设项目日照分析技术管理暂行规则》	2011			

续表 2-7

省/自治区	市	规范名称	提出年份	第一次修订年份	第二次修订年份	第三次修订年份
山东省	烟台	《烟台市建设项目日照分析管理暂行规定》	2007			
	潍坊	《潍坊市日照分析技术管理暂行规定》	2007			
		《潍坊市日照分析管理规定》	2018			
	青岛	《青岛市日照分析技术规程》	2009			
		《青岛市城市建筑规划管理办法》	2003			
	泰安	《泰安市人民政府关于明确高层建筑日照间距有关问题的通知》	2009			
		《泰安市建筑物日照分析规划管理规定》	2011			
		《泰安市建筑物日照分析技术规程》	2011			
		《泰安建筑间距和日照分析规划管理规定》	2015			
	菏泽	《菏泽市规划局日照分析规划管理暂行规定》	2011			
	禹城	《禹城市日照分析技术规程》	2010			
	德州	《德州市日照分析技术规程》	2014			
	济南	《济南市日照分析管理规定》	2016			
	日照	《日照市城市规划管理规定》	1999			
	聊城	《聊城市城市规划技术管理规定》	2011			
		《聊城市城市规划管理技术规定》	2000			
	滨州	《滨州市城市规划管理办法》	2004			
	济宁	《济宁市城市规划管理简明技术规定》	2004	2015		
甘肃省	兰州	《兰州市建筑日照分析管理办法》	2008			
河南省	许昌	《许昌市区建设工程日照分析技术规程》	2009			
	安阳	《安阳市建筑工程日照分析技术管理暂行规定》	2017			
	濮阳	《濮阳市建筑工程日照分析技术管理规则》	2018			
	鹤壁	《鹤壁市城市规划管理办法（试行）》	2005			
		《鹤壁市城乡规划管理局关于印发鹤壁市城乡规划管理技术规定（试行稿）通知》	2014			
	驻马店	《驻马店市城市规划管理技术规定》	2005			
	郑州	《郑州市建筑工程技术规定》	2012			
江苏省	溧阳	《溧阳市建设项目日照分析管理暂行规定》	2011			
		《溧阳市建设项目日照分析技术管理规则》	2007			
	常熟	《常熟市日照分析计算规则及规划管理》	2007			
	盐城	《盐城市建设项目日照分析技术管理办法（试行）》	2007			
	无锡	《无锡市建设项目日照分析技术管理规定》	2008			
	昆山	《昆山市建设项目日照间距计算及管理细则》	2008			
	南京	《南京市高层建筑日照分析技术标准》	2015			
		《南京市高层建筑日照分析管理技术规定》	2010			

省/自治区	市	规范名称	提出年份	第一次修订年份	第二次修订年份	第三次修订年份
江苏省	苏州	《苏州工业园区中央商贸区高层建筑日照分析管理办法》	2010			
	高邮	《高邮市城市规划区建设项目设计管理有关规定》	2010			
	淮安	《淮安市高层建筑日照分析管理规定》	2010			
	常州	《常州市市区建设项目日照分析管理》	2011			
	连云港	《连云港市民房建设规划管理暂行办法》	2004			
	扬州	《扬州市市区规划管理技术规定》	2019			
		《扬州市建设项目日照分析技术管理》	2013			
		《扬州市市区城市规划技术管理规定》	2008			
	泰州	《泰州市城市规划区村民个人建房管理暂行办法》	2015			
安徽省	芜湖	《芜湖市日照分析规划管理暂行规定》	2011			
		《芜湖市日照分析规划管理规定》	2016			
	合肥	《合肥市城市规划管理技术规定》	2008	2018		
	滁州	《滁州市建筑间距、建筑退让技术规定(试行)》	2007			
	铜陵	《铜陵市城市规划管理技术规定(试行)》	2004			
	淮南	《淮南市城市规划管理技术规定》	2008			
	马鞍山	《马鞍山市城市规划管理技术规定》	2011			
	安庆	《安庆市城市规划管理技术规定》	2011	2014		
陕西省	西安	《西安市规划局建筑日照分析管理规定》	2012			
	榆林	《榆林市城市规划管理技术规定》	2007			
上海	上海	《上海市日照分析规划管理办法》	2016			
		《上海市日照分析规划管理暂行办法》	2004			
		《上海市日照分析计算规则》	(不可考)			
四川省	成都	《成都市城市规划管理技术规定》	2017			
		《成都市建筑日照分析管理办法》	2010	2011	2016	
	阆中	《阆中市城市规划管理技术规定》	2009			
		《阆中市城市规划管理实施细则》	2004			
湖北省	武汉	《武汉市建筑日照规划管理办法及规程》	2010			
浙江省	杭州	《杭州市建筑工程日照分析技术管理规则》	2006			
	宁波	《宁波市建设项目日照分析技术规则》	2008			
	瑞安	《瑞安市建设项目日照分析技术管理规则》	2006			
	台州	《台州市城乡规划管理技术规定》	2008			
		《台州市区建设工程日照分析技术规程(试行)》	2008			
西藏自治区	拉萨	《拉萨市城市规划条例》	2001			
重庆	重庆	《重庆市城市规划管理技术规定》	2012	2018		

续表 2-7

省/自治区	市	规范名称	提出年份	第一次修订年份	第二次修订年份	第三次修订年份
江西省	南昌	《南昌市建设项目日照分析技术规则》	2014			
		《南昌市城市规划管理技术规定》	2014			
	衢州	《衢州市城市规划管理技术规定》	2014	2018		
湖南省	长沙	《长沙城市规范管理技术规定》	2018			
	郴州	《郴州市规划局建筑工程日照分析技术规定(试行)》	2010			
	湘潭	《湘潭市城市规划技术管理规定》	2008	2018		
贵州省	贵阳	《贵阳市城市规划技术管理规定》	2008			
		《贵阳市城市规划技术管理办法(试行)》	2014			
福建省	福州	《明确福州市建设项目日照影响分析相关事项的通知》	2008			
	厦门	《厦门市建筑工程日照分析技术管理规则》	2018			
云南省	昆明	《昆明市规划局建设项目日照分析管理暂行规定》	2009	2011		
广东省	东莞	《东莞市建设项目日照分析技术管理规则》	2006			
	广州	《广州市城乡规划管理技术规定》	2009			
	深圳	《深圳市城市规划标准与准则》	2017			
广西壮族自治区	南宁	《南宁市城市规划管理条例》	2005			
		《南宁市城市规划管理技术规定》	2014			
海南省	海口	《海口市城市规划管理技术规定》	2005	2011		

2.1.4 日照权益

研究日照与建筑的关系以及日照在建筑中的应用是建筑光学的重要课题。研究建筑日照的目的是充分利用日照,满足室内光环境和健康要求,提供舒适的热环境,避免疾病的产生。阳光可以满足建筑采光的需求;除了住宅建筑需要满足建筑日照要求,幼儿园、养老院、医院病房等特殊场所也应得到更多的自然采光。

2.2 计算量化阶段——设计行为

《城市居住区规划设计标准》作为国家标准,对于地区差异、各地的实际情况不可能面面俱到。而由于《城市居住区规划设计标准》是强制性标准,地方政府无权逾越国标规范的要求而进行改进和创新。为了全面贯彻实施《城市居住区规划设计标准》,促进城市建设工程及规划设计日照分析的规范化和标准化,提高城市规划管理工作的科学性和社会公信力,各地方省市应制定相应的日照分析技术规程。

国家的相关部门与地方管理部门对日照标准、分析范围、技术参数、分析成果等做出了明确规定,为建设项目日照分析提供了技术标准,有效辅助了城市建设项目的审批管理。特别是规程中规定了日照不足的救济办法,当拟建建筑建设后造成原满足日照标准的现状住户日照不足或原不满足日照标准的现状住户日照时数减少的,经规划管理部门许可并与上述住户协商同意,可以经济补偿作为救济,补偿标准由建设单位与受影响住户商定。

为了保证相关规范的全面性,国家制定的规范具有原则性的特点,其中所涉及的一些技术细节不能过于具体,其中一些内容需要按照相关要求进行简化处理。在这一前提下,如果地方政府部门不能有效解释,将影响到管理工作的效率以及在日照处理中的主动性。为了降低规范弹性,地方政府部门在解释技术细节时,需要接受上级部门的监督。这就需要上级部门率先展开实践,在工作中积累经验,从而实现建筑日照规划管理规范的统一。鉴于此,为了能够全面提升建筑日照规划管理效率,对技术细节的解释要有完善的规定作为保障,杜绝临时补充现象。例如,可以在城市住宅区的相关规范当中针对日照问题进行详细解释,为设计、管理工作提供指导,需要注意的是,城市住宅区规范不能当作法律依据。

例如,南京市规划局于2004年发布了《南京市高层建筑日照计算规则》,明确了高层建筑日照分析的技术参数、计算要求、成果要求及对日照分析软件的要求,提出了适合南京市特点的高层建筑日照计算规则,让设计单位及房地产开发商在最大限度利用土地资源的基础上,更好地优化设计方案等。

江苏省在2019年颁布了《江苏省日照分析技术规程》(DB32/T 3702—2019)。该规程适用于江苏省内市、县(市)规划建设用地范围内的工程建设项目的规划设计、建筑设计和规划许可等事项的日照分析。以下建筑工程项目必须进行日照分析:①除商业用途外的居住建筑,包括住宅、宿舍、老年人生活用房的居住空间等;②文教卫生建筑,包括中、小学教学楼,幼儿园及托儿所,医院病房等;③其他有日照要求的建筑。该规程规定日照分析应采用经国家级权威机构鉴定通过的日照分析软件,并且除应符合该规程外,尚应符合现行国家、行业、地方相关标准的规定。

2.3 建设实施阶段——管理行为

《城市居住区规划设计标准》《住宅建筑规范》《民用建筑设计统一标准》中分别对日照国家标准做了规定,但没有详细的有关日照分析规则的定义。所以,目前全国各地在执行日照相关规范时是在国家制定相关日照规范的前提下,对当地的日照分析计算规则加以细化,具体说明可以查阅当地规划主管部门制定的相关规划管理技术规定。

住宅日照标准是以住宅底层窗台面为计算起点,区分不同气候区和城市规模,分别以大寒日、冬至日为日照标准日,在8:00—16:00或9:00—15:00的有效日照时间带里,规定了大寒日的日照时数不低于2小时,冬至日不低于1小时。另外,对特定情况还应符合老年人居住建筑不应低于冬至日日照2小时的要求;在原设计建筑外增加任何设施不应使相邻住宅原有日照标准降低;旧区改建的项目内,新建住宅日照标准可酌情降低,但不应低于大寒日日照1小时的标准。

例如,上海市对当地的日照分析计算规则做出明确规定,并成立专门的日照分析咨询部门,采用相对明确的计算参数,对高层建筑进行日照分析,给出具体的日照分析报告,提供给规划审批部门作为建设项目日照状况的审批依据。1997—2001年,上海市结合大量的日照分析数据及经验,先后近10次以文件方式对《上海市规划管理技术规定》中关于日照方面的内容进行修订。其中,2001年内部试行的《日照分析的标准与计算规则》等,专门对日照分析的标准与计算规则做出调整,对日照分析存在的问题提出科学有效的解决方法,逐步形成了上海市日照分析计算规则的标准,其相关的日照分析计算规则,如窗户的要求、阳台的算法、主客体范围的计算规则、有效时间段的定义、特殊建筑构件的计算规则等,可以为国内其他规划主管单位制定当地相关日照分析规范提供参照。

杭州市规划局于 2005 年 5 月发布了《杭州市建设项目日照分析技术管理规则》,明确了高层建筑日照分析的技术参数、计算要求及成果的要求,提出了适合杭州市特点的高层建设项目日照分析技术管理规则,并提出拟建建筑对规划地块上的日照模拟分析规则。

本书对建筑日照法规编制与管理的体系进行了梳理,其结果如图 2-3 所示。

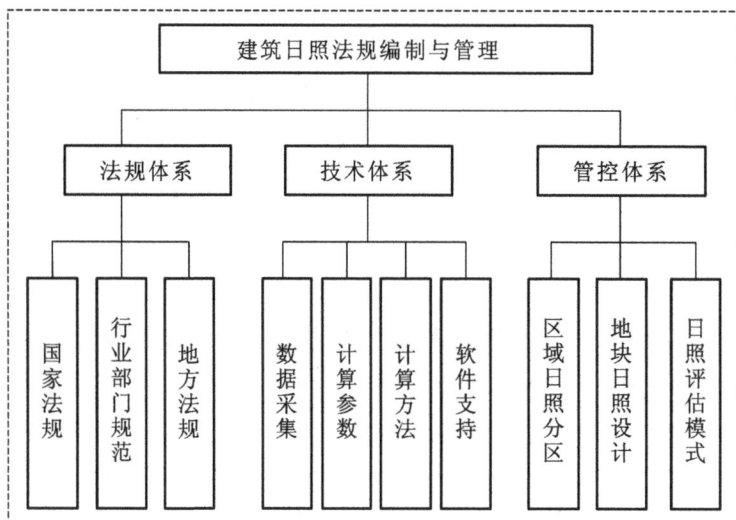

图 2-3　建筑日照法规编制与管理体系

2.4　监管保障阶段——维权行为

规划实施的监督检查是规划管理中一项不可忽视的重要内容,应充分发挥行政监督检查和社会监督的作用,对各项建设活动进行全面监督检查,及时制止和依法处理各类违法建设,确保建设项目按规划要求实施。

(1)行政监管

行政监管,即规划管理部门机关对公民、设计机构行使行政监管职权,应当依法行政。目前引发日照侵权纠纷案件的原因有:未经规划许可擅自进行的违法建设导致遮挡相邻住宅日照;虽经规划许可,但在建设过程中因对建筑进行加层、加长、移位等违法建设导致遮挡相邻住宅日照。在上述环节中发现违法建设的,规划管理部门或执法部门应起到监管作用,责令停止建设,根据违法建设情形分别做出责令限期改正、限期拆除、没收实物或者违法收入并处罚款等处理决定,以有效遏制和减少违法建设的出现,从而减少因违法建设带来的日照侵权。

规划部门和综合执法部门实施的规划监督检查和对违法建设的查处,能够有效预防违法建设的产生,避免违法建设建成后侵害相邻住宅的日照权。

(2)居民维权

随着我国法治化水平的不断提高,居民的法律意识也提高了,居民法制观念和依法办事的自觉性增强了,更多居民学会用法律的武器维护自己的权利。在建筑物建设前的公示阶段,经常发生的是已建建筑物的居民为自己即将受影响的日照权奋起抗议,而在新建建筑物交付阶段,居住的日照情况不佳又可能引起新居民的日照权投诉。

居民维权是日照权实施保障过程中的重要一环,也是暴露日照问题和解决日照纠纷的关键路径所在。

3 国内外日照立法和实施管控

3.1 国外日照权和行为控制方式

国外对于日照问题的研究起步较早,但也经历了一个复杂的过程。早期人类社会人口稀少,建筑物的数量有限,建筑密度也很低,一般不涉及日照的问题,随着城市化进程的加快,人口数量呈爆发式增长,建筑物也如雨后春笋般拔地而起。最初,日照问题并没有受到重视,尤其在战争期间,环境问题更是无暇顾及,欧洲某地为了方便,建设了一批高密度高容积率的建筑群,由于不通风,缺少阳光,常年阴暗潮湿,导致居民卫生状况急剧恶化,并引发大规模的传染病流行,最终导致居住在其中的人员大量生病和死亡,造成了灾难性的恶果,这一事件为城市建设者敲响了警钟。

20世纪30年代的一次国际性建筑学术会议上,提高居住空间的质量被提到议事日程上来,大家对于日照的需求达成了一致共识,认为居住空间必须要满足一定时间的日照要求,有些国家甚至提出了居住空间全年都应有日照的要求。这一时期,一些建筑大师也对日照问题提出了自己的解决办法。美国建筑师弗兰克·劳埃德·赖特就曾经在进行多个住宅设计的时候运用气候学、地理学的知识,探讨了建筑立面上不同进深的挑檐与太阳高度角之间的关系;德国建筑师瓦尔特·格罗皮乌斯也曾经将太阳高度角作为设计的准则进行了相关的住宅规划设计,并使用行列式的住宅布局作为模型探讨建筑间距与用地面积之间的关系;法国建筑师勒·柯布西耶在对有关十城市五要素"阳光、空气、绿化、钢材与混凝土"的定义中更是将阳光放在了第一位。这些研究和实践使得人们对住宅日照有了一个更新更高的认识,也使得后来的人们在进行住宅规划设计时,对日照、建筑阴影有了更加灵活的运用。

1932年,第四届国际建筑师代表大会首次提出了建筑日照的重要性以及保证住房在冬季拥有2小时日照时数的观点。对于建筑师来说,保证住宅的日照时间成了一个新的课题。随着人们对住宅日照越来越关注,对住宅日照的相关研究也越来越多,各国也根据不同的地理环境和气候环境对日照展开了不同的研究,制定了各自的日照标准和日照时数计算方法。

3.1.1 国外建筑日照规范编制历程

3.1.1.1 第一阶段——探索期

在这一阶段,随着现代城市规划的发展,人们开始意识到建筑间自然光照对人生理和心理的重要性。

英国是世界上最早重视并进行住宅日照设计研究的国家,在1848年颁发了《公共卫生法》,其中提出了当地有关部门可以制定建筑日照设计规则,规定建筑之间的最小距离,增加日照时间,保证日照环境质量。

1909年,随着一系列工作的推进,第一部城市规划法(*The Housing*, *Town Planning*, *etc.* *Act*, 1909)在英国出现,标志着现代城市规划体系的建立。20世纪20年代,医学上的新认识确定了自然光照对于居民生理及居住心理的重要性。

20世纪20年代的新建住宅的发展就以此为主题,在讨论的高峰期人们甚至认为日照比可居住的空间更为重要。1925年弗兰茨·克劳泽在柏林发表了他对太阳轨道及日照角度在每年的三个决定性阶段的研究,这不仅让人明白了日照状况,而且可通过其他图表来计算阴影长度与阴影面积,甚至对于坡地建筑也可算出如何改善遮挡阴影。阿道夫·贝内在对达马斯托克住宅单一朝向的批评中首先指出:"新的城市规划不会机械地运用朝向原则来实现。"瓦尔特·施瓦根沙伊特比其他人更精确地对住宅做了研究与计算,并发表了根据太阳轨道设置房间的图表,成为住宅发展的一个重要基础。他的研究提出了东西向较南北向更能使住宅满足人们的期望值的结论。

3.1.1.2　第二阶段——调整期

在这一阶段,各个国家在建筑设计中开始提出自然采光及日照时间等相关的条文规定及说明。

1932年,在瑞典召开的第四届建筑师大会上人们提出:在冬季,有必要保证住房每天有不少于2小时的日照。对建筑师来说,使阳光进入住房,这是一个新的重要的任务。在此后的发展中,人们不断地通过改善平面设计、建筑朝向来获取更多日照。

从1950年开始,全球利用化石能源进行发电,保证住房居民用上人工照明设备,使得大多数建筑慢慢忽视太阳光线的重要性。但与公共建筑相比,住宅建筑需要保证一定的日照时间,提高居民环境质量,使得居民生活更舒适。

1963年,苏联相关部门颁布实施的《日照卫生标准》规定:北纬60°以南地区在春秋分日,室内连续日照时间不得低于3小时,也可按不同地区和住宅布置的不同方法适当降低0.5~1.0小时。

1965年,荷兰相关部门颁布日照标准:"以2月19日窗台内侧中部的日照时间为依据。"

1970年,英国伦敦制定的日照标准将"窗内侧墙面窗的中心位置"作为测试点,不以具体的日照时数为依据,而是将一年中总计的日照时数作为基础值来制定日照标准,以一年中实际可照进室内的累积日照来衡量。标准规定:"一年中至少6个月有日照,冬季(9月21日至次年3月21日)日照时数应该为全年可得日照时数的5%"。

1987年,美国某家房地产公司要在纽约中央公园建设高层住宅建筑。然而,周围居民强烈反对中央公园被高层住宅建筑遮挡,并向法院提起诉讼,控告开发单位侵犯民众的权益,法院根据法律判定市民胜诉,尽管当时该楼的建设已经取得政府部门的许可,但是仍旧被要求更换选址进行建设,满足了当地居民的要求。

3.1.1.3　第三阶段——发展期

这一阶段,随着经济的快速发展及人口的日益增长,人们对房屋的需求量剧增,建造的摩天大楼影响着人们对日照的需求,由此产生各种自然采光技术。

1996 年,2000 人在纽约中央公园手举黑雨伞举行抗议活动,原因是附近的老房子拆除后要建 20 多层的高楼,这些高楼将会在公园中投下巨大的阴影,这些阴影将影响公园里运动者的"日照权"。

2001 年,能源危机爆发,越来越多的研究者认识到自然采光的节能作用,至此重新燃起了人们对自然采光的兴趣。

2003 年,R. P. Leslie 发表在 *Building and Environment* 上的一篇名为 *Capturing the daylight dividend in buildings：why and how?* 的文章是日照研究的经典之作,文章主要阐述了为什么要使用自然采光技术、如何使用自然采光技术以及自然采光的基本原则三个层次的问题。

随着计算机技术的发展,除了对日照的理论和实际研究之外,国外主要在利用软件模拟、设计试验、研究方法等方面取得了很大进展,国内日照软件的研发也大多参考了国外的先进经验。由于计算机技术的精确性和前瞻性,利用计算机软件模拟和设计的方法将会成为未来发展的趋势。

3.1.2　国外建筑日照规范控制方式

3.1.2.1　日本

(1)"日照权"法律定位

日本的法律体系与我国相似,均属大陆法系,以民法为基础。不同的是日本更早地修订了完整的《日本民法典》来保障私权,其中包含了物权相关内容。《日本民法典》中"日照权"没有被明确提及,只是在第 234 条至 236 条"疆界线附近建造建筑物"中规定了退界要求,间接保障日照权。因此日本相关学者和部门在修订《建筑基准法》时,更多地考虑了私人日照权益,弥补了民法上的不足。

"日照权"法律定位不明,其法理基础和法律依据在日本学者中也存在诸多讨论。但由于多数判例所使用的法律构成理论并不明确,且判例通常仅就妨害行为是否在忍受限度内进行论述与判断,最终做出判决。因此日本法学界认为,采取何种法律构成对最终判决的结论并不产生重要影响。

(2)日照控制方式

1972 年,日本成立了专门的"日照标准委员会"研究日照问题,四年后就编制并颁布了《建筑基准法》修正案。《建筑基准法》中针对日照控制的核心内容为"阴影规定",其指土地所有者在建设建筑物时,进行建筑的一方应通过调整建筑高度、建筑布局、建筑组合等措施,将自身阴影投射在相邻地块内的时间控制在一定范围,以保证相邻各个地块的日照时数。日本日照法规所确定的"阴影规定"对城市中建筑物的阴影范围做出了非常明确的限定,在具体操作上,相关法律和法规也做了相应说明,相关建筑物需要在满足阴影叠合分析、北侧斜线控制、相邻地块斜线控制和道路斜线控制四种规定条件下进行规划建设,以确保符合相关规定要求。

① 阴影叠合分析:"阴影规定"限定的对象包括一类居住用地中高度超过 7 m 的建筑物,二类居住用地及相关用地中高度超过 10 m 的建筑物,在进行日影线分析时对整个地块内的所有建筑物进行统一分析,计算所有建筑综合影响下的日照状况,且阴影核定具有双向性,用地范围内的建筑物阴影超过规定的部分不能落到其他用地内,其他用地内的建筑物阴影亦同样不能落

于该用地内。

② 北侧斜线控制,针对低层住宅用地,为了给北边住宅建筑留出南向院落,沿地块北侧红线向上 5 m、再向地块内倾斜形成高宽比为 1.25∶1 的控制斜面,地块内的建筑物都不能突破该斜面的高度限制。

③ 相邻地块斜线限制,主要针对多层及高层居住建筑和其他用地内高层建筑。多层及高层居住建筑用地内以相邻用地红线为准,向上 20 m,向地块内以高宽比 1.25∶1 的斜率倾斜,形成高度控制面;其他用地内高层建筑物则在邻地界限向上 31 m 处、以 2.5∶1 的斜率向地块内部倾斜,形成高度控制面。

④ 道路斜线控制,针对所有临近道路的建筑物,除特殊规定外,避免这些建筑物对街道及街道另一侧建筑物的日照及通风产生影响。根据用地性质及容积率的不同确定控制斜线的斜率和适用范围,在适用范围之外建筑物高度不再受道路斜线制约。以街道另一侧红线为准,在地块内以不同要求的斜率生成高度控制斜面。

日本"阴影规定"同时作用于地块和建筑两个层面,其优点是能够精确控制建筑阴影落在规定平面位置上的时间,对相邻地块的"日照权"予以明确的划分。

为解决同一地块内先后建设多栋建筑会造成阴影叠加的问题,日本还引入了"复合阴影"的概念以完善法规的适用性。

3.1.2.2 美国

(1)"日照权"法律定位

美国是英美法系的代表国家,其法系特点是采用判例之法而非制定之法。在审判时,更注重采取"当事人进行主义"和陪审团制度,且下级法庭必须遵从上级法庭以往的判例。因此美国没有成文的民法,在公民"日照权"受到侵害时,受害人可依据"安居妨害"法理(其性质为侵权行为的一种),向法院要求行使赔偿请求权或排除妨害权。法院会依据过往的判例,并参考当地通行性的习惯进行判断。尽管美国以独立式住宅建设为主,但是美国法律仍然在总体上承认住宅的日照和通风权利是住宅的重要地役权之一。根据统计,美国有 29 个州有日照的法律规定,还有 4 个州有通风的法律规定,其中有一些地方的日照规定是基于建筑节能和太阳能设备的安装使用。

(2)日照控制方式

美国城市拥有独立的规划立法权,因此各州对"日照权"控制做出的规定也有所不同,但多数以"区划法"作为控制手段,其中纽约市最具典型性特征。早在 1912 年,波士顿建筑师威廉·阿特金森提出了一种通过改变建筑物高度和形态街道拥有采光的方法:他以街道一侧的边线为起点,以另一侧建筑物外墙的 1.25 倍街道宽度的高度处为终点,画出两条斜线作为建筑空间控制线,使得街道两侧建筑物向上形成"倒梯形"来满足日照。早期的区划法直接改进并使用了威廉·阿特金森的方法,把控制线的起点改在了街道的中心线上。其规定建造者可以完全地利用土地,但是在建筑达到一定的高度之后,必须随着高度增长不断向后收缩,高度和收缩的距离根据街道宽度的不同和用地性质的不同来确定。区划条例以控制建筑退缩的方式来保证街道和相邻地块上建筑物最低限度的日照。后来经历近一百多年的实践和调整,最终形成了一套基于日照、通风、景观等综合要求进行考虑的日照控制方法。

在用地分类的基础上,《纽约市区划条例》规定日照控制的相关用地包括住宅用地、商业服务业用地和制造业用地三类,根据区划用地性质不同,分别规定了建筑物前墙的最大建筑高度,以及达到最大高度后的退让斜率。

纽约采用日照外包面的方式控制建筑高度,斜面的起点、倾斜角度与用地性质、建筑退让红线距离、相邻街道宽度相关,通过前墙高度和曝光斜面率两种指标控制建筑层面,通过内退距离控制地块层面。其优点在于,日照在建筑和地块两个层面、正向和侧向两个方向均得到有效控制;以街道作为相邻地块间的"日照权"界限,权利划分明确,能够使街道拥有更舒适的空间感受;能够对不同类型的地块加以区别。其劣势在于,在相邻地块之间无道路时,此种方法缺乏控制力。

3.1.2.3 德国

(1)"日照权"法律定位

在《德国民法典》中,相邻关系条款属于"所有权内容"一节,其作为所有权内容的组成部分,与作为他物权的地役权有着明确的区分。同时德国地方法院将《德国民法典》第906条"不可量物质的侵入"类推适用于"日照权"侵害,并把日照侵害分为"积极性"和"消极性"两类,分别通过公法概念的《德国不可量物侵害防治法》与私法概念的《德国民法典》相关条款规定解决。由于某些日照遮挡的问题涉及专业知识(如建筑高度、建筑间距、配套设施的建造方式以及建筑利用的途径等),在民法领域的相邻关系法中不宜进行深入规定,只能通过公法领域的建筑法加以规范,且这些规范是在保护第三人合法权益的基础上进行日照控制的。

《德国民法典》第906条作为"不可量物质的侵入"制度的核心条款,适用于日照侵权案件,其包含三项内容:第一,土地所有人在未产生重大侵害时有容忍义务;第二,在产生重大侵害时,土地所有人有损害补偿请求权和一定程度的容忍义务(如公益性企业的建设);第三,对受侵害方所拥有的"排除请求权"做一定程度的限制。在定义何为重大侵害的问题上,则是将公法的相关规定和标准作为判断依据,同时将公共利益纳入考量范围。

从德国的法律构成和相关判例可以推断,"日照权"的法律规定有以下两个特点:第一,"日照权"同时涉及私人利益和公共利益,因此德国通过私法与公法相结合的方法来解决此类问题;第二,在立法时明确土地权利人的容忍义务、补偿请求权和排除请求权所适用的情形,很好地协调各方权利关系。

(2)日照控制方式

在德国,具体的日照标准由各州自行规定。《柏林建筑法》中明确规定柏林室内所有居住建筑在一年中至少要有250天,每天日照时数不小于2小时。20世纪后半段以来,学术界普遍认为建筑高度与间距之比应为1:2,相当于一层建筑日照角为27°,这条规定被列入各州的建筑条例之中。

德国的日照控制与我国《城市居住区规划设计标准》中的规定类似,但却没有进行更为深入细化的规定,其原因可能在于以下两点:① 气温和日照辐射量。资料显示柏林纬度为北纬52°31′,与黑龙江漠河的纬度重叠,一年之中太阳高度角较小,日照强度较低,此外柏林的年均云量大于我国大部分地区,因此柏林的年日照辐射量远小于我国大部分地区,不宜对日照作出过于苛刻的规定。② 居住用地建设现状。与日本相似,德国除保障房以外,大部分市民的住宅以低层独栋的形式为主,住宅间的日照遮挡问题并不严峻。

3.1.2.4 法国

(1)"日照权"法律定位

《法国民法典》相邻关系制度在立法体系上利用完整的地役权制度来解决相邻关系问题,其在第二篇第四章"役权与地役权"中规定了三类役权:①从地点情况所发生的役权,包括水、界石、围墙等共8条内容;②法律规定的役权,包含分界墙租、分界沟、邻人不动产的眺望等共38条内容;③根据人的行为设定的役权,共21条内容。

从制度构成的角度来看,法国将日照侵害作为一种侵权行为责任来加以规定和解释,其与其他侵权行为的不同体现在"容忍限度"理论上,即近邻妨害必须超出邻人通常能忍受的限度才能构成侵权,否则邻人具有绝对容忍义务。同时,将金钱赔偿与排除妨害明确区分,对排除妨害给予较严格的限制,对金钱赔偿作出较细致的规定,金钱赔偿在类型方面包括财产赔偿和精神赔偿,在时间方面包括现实损害赔偿和未来损害赔偿。除金钱赔偿和排除妨害之外,还存在较为中和的法律救济,例如改善现有的侵害状况。

此外,《法国民法典》还在第三类"由人所设定的役权"中第698条规定:役权分为表现的或不表现的。其中不表现的役权为其存在或并无外部标志的役权,例如禁止在一定土地上建造建筑物,或者建筑不得超过一定高度。

(2)日照控制方式

法国以全年日照时间和每天的最小日照时间来确定住宅的日照标准。《法国城镇规划规范》第47条规定,在建设至少包括15个单元的居住单位时,每幢建筑物必须(除非绝对不可能)满足下列条件:为生活区提供采光的建筑物正面,至少其中的一半,包括窗洞在内,必须每年200天、每天2小时可受到阳光照射。每个单元的布置,至少应使其起居室一般能接受正面的日照光线,以满足上述条件。照亮住房其余房间的窗口,绝不能被建筑物任何部分所遮挡,建筑物遮光部分至窗口的窗台直线,与水平面的夹角不得大于60°。两幢非邻接建筑物之间的距离,不得小于4 m。

3.1.3 国外建筑日照规范的差异化

欧美国家对日照标准及其相关要求一直以来非常重视,部分国家针对工业革命发展带来的城市居住密度不断扩大等负面问题,相继出台了专门的单行法以规制区分所有建筑物相邻关系。

其中,法国在其民法典中增加了建筑物相邻关系的规定后,又在1938年制定了《有关区分各阶层不动产共有之法律》,废除了《法国民法典》第664条的规定。此后经过1965年和1967年的两次修订,形成了相关的单行法——《法国住宅分层所有权法》,规定了住宅所有人因居住单元相互邻接而发生的权利与义务关系的内容。此外,在法国的司法判例上,形成了解决建筑物相邻关系问题的近邻妨害制度。该制度的主要原理是不动产的所有人不在该不动产所处的时代、场所的通常状态下行使所有权的,必须赔偿由此而引起的损害。

德国则于1951年制定了《住宅所有权及长期居住权法》,为多层住宅建筑的相邻纠纷问题提供了法律依据,成为欧洲各国以及日本建筑物区分所有相邻关系立法之典范。在该法律中,明确地提出了区分所有相邻关系人的容忍义务,将容忍义务作为相邻关系制度的理论基础。德国在历史上曾要求建筑间距与建筑高度相同,后来发现能够达到标准的建筑越来越少,同时难度非常大。随着技术发展与知识更新,德国对原有的标准作出了新的规定,采用建筑间距系数为 2 的标准。

美国的建筑多为独栋建筑,其对日照采光也非常重视。而且美国在很早就颁发了相关的法律,也在法律规定中承认关于采光的权利。

日本在《建筑基准法》中规定,对建筑物造成的阴影应进行限制,并对拟新建建筑进行合理的规划设计。

除了以上几个国家外,瑞士、意大利、葡萄牙等国家先后建立了建筑物区分所有权制度;荷兰、丹麦等国家都对日照采光的问题非常重视,并制定了不同的时间标准。其中,英国对日照的研究更加具有代表性。英国在日照方面的研究处于最早而且是最前沿的地位。英国最先颁布了日照间距的法规,通过测算软件,可计算出日照的采光量。在不断的研究发展中,英国开发出了日照分析的三维平台,在平台中可以直接选择建筑进行日照的分析,增强了成果的展示性,同时为用户提供了更好的交互功能。

通过研究分析发现国外日照研究的局限性主要表现在以下两点:①在规范层面,虽然对于日照评价标准的规定较为详细具体,但深度没有进一步发展,还没能形成系统全面的日照设计方法策略,应将规划设计手法通过立法形式体现出来,使两者有机统一起来。②在技术层面,西方进入工业时代前生产力较为落后,这时主要通过规划设计手段改善日照,但属于初步探索阶段,方法策略较不完善;随着现代化发展,科技生产力有了较大进步,此时除了继续探索方法策略,还可将新材料、新科技运用到改善日照方面。

3.2　国内日照权和管控方式

自古以来,我国对于日照环境是非常重视的,在周代的时候,土圭之法就已经被创造出来了。土圭是一种测日影长短的工具,使用"圭表"测影,是指通过测量土圭显示的日影长短,求得冬至日。这是因为冬至时影子最长,其相邻几天的影长变化最为明显,更利于观测记录。"圭表"的构造很简单,主要包含了"表"和"圭"两部分。据说周人所用的尺子一尺约为 23.1 cm,周人所立的圭表,表高八尺(185 cm),在太阳光照射下,表的影子会落在圭上,而且在不同的时间点,影子的长度也会不同。表的"影子"最长(一丈三尺五寸,折合 3.1 m)的一天定为"冬至"。而"影子"最短为一尺五寸(35 cm),这一天被命名为"夏至"。

自中华人民共和国成立至今,回顾我国日照法规及规范的发展历程,日照要求经历了从宽松到严格、日照标准从全国统一到因地制宜的转变。建筑布局从松散到有序的整体发展趋势也反映了城市土地资源日益缺乏的客观实际。为了健全日照管理制度,我国建构了一套法律法规、部门规章和相关规范相叠加的管理体系。

自 20 世纪 70 年代后,城市用地比较紧张,所以城市的发展逐渐向空中延伸,对住宅间距进行压缩,并使住宅层数增加。这样一来,建筑在冬至日保证一定的光照和提高建筑密度之间存在矛盾,由此提出了一种日照标准,即在冬至日的时候,在底层窗的上沿、中部以及下沿能够得到阳光照射。然而,因为要提高建筑密度,这个时期压缩间距一直没有得以突破,故对日照标准进行降低处理。

到 20 世纪 80 年代后,对于日照问题的研究有了进一步的发展。研究的方向有:对于朝向不同的居室,研究其日照标准与日照量之间的关系;研究高层住宅对节约用地的影响;基于卫生标准中规定的人体对红斑剂量的需求,对日照标准进行计算。

20世纪90年代至今,因为建筑业的发展非常快,所以城市建设也加快了建设步伐,有关日照权的纠纷在很多地方不断涌现出来,关于日照的研究又开始引起人们的重视。然而,在日照设计上,我国基本还只是根据规范进行简单计算,有时候还通过计算机进行模拟,通常情况下没有实施最优化选择,仅要求与日照标准相符合,同时也没有一套易于理解并具有系统性的理论依据。

3.2.1 国内建筑日照立法历程

3.2.1.1 第一时期——探索期(1950—1979年)

1950年起,我国沿用苏联的日照规范,规定普通玻璃窗的居住建筑,夏季不少于4~5小时日照,春秋季不少于1.5小时日照。由于苏联地处高纬度地区,冬季日照时间很难得到有效保障,因此未对冬季日照时间作出明确规定。在引进苏联模式的初期,中苏日照条件的不同也被忽视。这一时期我国的住宅建设全面学习苏联,日照间距较大,布局松散、自由,忽视住宅朝向。

1960年,当时的日照研究采用了许多实际建设不合理的规划方案,例如,降低建筑物之间的间距等。结合当时的环境,日照采光的影响所带来的矛盾并不突出。

1970年以后,城市发展的脚步越来越快,城市的用地空间越来越少。此时,采取的方法是提高建筑物的高度,从而获得更大的建筑容量,以此来满足人们居住的需求。然而,随着建筑密度的不断提高,当时很多建筑的采光无法满足冬至日的相关要求。

建筑界对全面学习苏联的做法进行反思后,全国各地区对日照现状进行了大量实际调查研究工作,在综合国内调研成果后,设置推荐性日照时间的指标,供建筑日照设计时参考。

3.2.1.2 第二时期——试验期(1980—1993年)

由于中华人民共和国成立初期,国内城市化水平不高,科学技术及经济文化水平也都较为低下,一段时期内国家方面都没有发布日照方面的标准或法规。这一时期为了解决住房难的问题大规模快速建设高密度低层住宅,一部分住户得不到基本日照。针对这一现实状况,我国在1980年参考苏联日照标准和1958年日照时间指标,颁布了《城市规划定额指标规定》。该规定对居住区规划中的住宅间距作了明确规定,即"当地冬至日时,住宅底层满窗日照时间不少于1小时",这是我国首次制定日照规范,并通过法律手段保证住户的有效日照时间,确保良好的居住环境。这项规定成为影响住宅规划布局的关键性因素,保证了住户的有效日照权利。

1980年后,日照采光的计算方法有了明显的改变。设计人员会根据居室的布局情况进行分析和思考,并选择适合的规范标准,在确保高层建筑容积率的情况下去研究日照情况,并且以红斑剂量为卫生标准去综合考量。

1986年,原卫生部及其他有关部门在进行了太阳光杀菌等试验后,制定了相对应的卫生标准。北京规划局结合当地的气象条件和居民实际生活情况,提交了有关居住区建筑日照标准的研究报告。为了适应城市发展的现实需要,原建设部在1986年编制的《建筑技术纲要》中提出了"用日照时间代替日照间距"。这一变化为高层建筑(包括住宅和公建)的高密度布局提供了依据,放宽了从日照角度针对高层建筑分布的控制。由于城市管理中缺乏严格的高度分区控制、相邻地块日照权利的相关规范对高层建筑的引导,导致我国大多数城市中高层建筑无序分布。

1987年,我国《民用建筑设计通则》颁布执行,第一次以法律法规的形式明确规定了日照标准:住宅应每户至少有一个居室、宿舍应每层至少有半数以上的居室能获得冬至日满窗日照不少于1小时。托儿所、幼儿园和老年人、残疾人专用住宅的主要居室,医院、疗养院至少有半数以上的病房和疗养室,应能获得冬至日满窗日照不少于3小时。

3.2.1.3 第三时期——调整期(1994—2001年)

随着20世纪90年代我国各个城市基础设施建设的快速发展,原有日照标准中存在的诸多问题逐步显现出来。从各地的实际建设情况看,绝大多数城市均未达到当时的日照标准,特别是高纬度地区及人口密度大、用地紧张的城市。我国南北方纬度相差50°,北方地区比南方地区达到日照标准的难度更大,不同地区应有不同的日照标准。这些问题导致当时的日照标准无法满足很多地区的日照要求,日照标准的修订迫在眉睫。

根据有关部门的研究以及各地区在使用日照标准过程中的意见反馈,1994年原建设部颁布施行了《城市居住区规划设计规范》(GB 50180—93),其中对日照标准做出了相应的修改,提出住宅间距除需满足日照要求,还应综合考虑消防防灾、采光通风、管线埋设、视觉卫生等要求。旧区改建的项目内新建住宅日照标准可酌情降低,但不应低于大寒日日照1小时的标准。

到了1994年以后,设计人员以及规划部门开始广泛地采用间距系数来分析日照采光,并提出了日照间距系数。然而这个系数只能用于项目的设计参考,在面对排列整齐的建筑时,可以作为主要参考;对于排列不标准、不规则的建筑,则需要对建筑物面上的每一个点进行分析,而日照间距系数的测算方法就不够精准。

3.2.1.4 第四时期——稳定期(2002年以后)

2002年,针对住宅日照间距涉及法律纠纷日益增加的问题,在《城市居住区规划设计规范》(GB 50180—93)的基础上修订,发布了《城市居住区规划设计规范》(GB 50180—93)(2002年版)。此次修订补充了更详细的日照标准规定和限定条件,使之更科学、适应性更强。

此次修订最大的变化在于5.0.2.1条,即住宅日照标准应符合相关规定,对于特定情况还应符合下列规定:

① 老年人居住建筑不应低于冬至日日照2小时的标准;

② 在原设计建筑外增加设施不应使相邻住宅原有日照标准降低;

③ 旧区改建的项目内新建住宅日照标准可酌情降低,但不应低于大寒日日照1小时的标准。

另外,还规定了日照起算点为底层窗台即室内地坪0.9 m高的外墙位置。此次修订确定了5.0.2.1条关于日照标准更高的强制性地位,对5.0.2.2条关于日照间距的内容没有作强制性规定。

2002年之后,各地区又相继出台了地方性的日照标准,尤其在高纬度地区,地方性标准比国家标准又有一定程度的降低。例如,2002年大连颁布了《大连市城市建筑物间距及挡日照处理规定》,提出原有住宅的建筑物日照间距系数不得小于1.5(低于日照间距系数要达到1.7的国家标准),其他高纬度地区的城市也有类似情况发生。而南方低纬度地区(如广州)由于太阳高度角、日照间距系数比较小,所以地方性日照标准满足国家标准。高层居住区采用日照时间(根据建筑不同功能及不同区位按大寒日日照时间大于2小时或3小时)方式计算。

2018年,国家标准《城市居住区规划设计标准》(GB 50180—2018)开始实施,其中4.0.9条为强制性条文,规定了住宅建筑的日照标准,如表3-1所示。

表 3-1 住宅建筑日照标准

建筑气候区划	I、II、III、VII气候区		IV气候区		V、VI气候区
城区常住人口/万人	≥50	<50	≥50	<50	无限定
日照标准日	大寒日				冬至日
日照时数/h	≥2		≥3		≥1
有效日照时间带（当地真太阳时）	8时～16时				9时～15时
计算起点	底层窗台面				

注:底层窗台面是指距室内地坪0.9 m高的外墙位置。

对特定情况,还应符合下列规定:

① 老年人居住建筑日照标准不应低于冬至日日照时数2小时。

② 在原设计建筑外增加任何设施不应使相邻住宅原有日照标准降低,既有住宅建筑进行无障碍改造加装电梯除外。

③ 旧区改建项目内新建住宅建筑日照标准不应低于大寒日日照时数1小时。

④ 住宅建筑正面间距可参考表3-2来确定日照间距,不同方位的日照间距系数控制可采用表3-3进行换算。"不同方位的日照间距折减系数"指以日照时数为标准,按不同方位布置的住宅折算成不同日照间距。表3-2、表3-3通常应用于条式平行布置的新建住宅建筑,作为推荐指标仅供规划设计人员参考,对于精确的日照间距和复杂的建筑布置形式须另做测算。

表 3-2 全国主要城市不同日照标准的间距系数

序号	城市名称	纬度（北纬）	冬至日		大寒日			
			正午影长率	日照1 h	正午影长率	日照1 h	日照2 h	日照3 h
1	漠河	53°00′	4.14	3.88	3.33	3.11	3.21	3.33
2	齐齐哈尔	47°20′	2.86	2.68	2.43	2.27	2.32	2.43
3	哈尔滨	45°45′	2.63	2.46	2.25	2.10	2.15	2.24
4	长春	43°54′	2.39	2.24	2.07	1.93	1.97	2.06
5	乌鲁木齐	43°47′	2.38	2.22	2.06	1.92	1.96	2.04
6	多伦	42°12′	2.21	2.06	1.92	1.79	1.83	1.91
7	沈阳	41°46′	2.16	2.02	1.88	1.76	1.80	1.87
8	呼和浩特	40°49′	2.07	1.93	1.81	1.69	1.73	1.80
9	大同	40°00′	2.00	1.87	1.75	1.63	1.67	1.74
10	北京	39°57′	1.99	1.86	1.75	1.63	1.67	1.74
11	喀什	39°32′	1.96	1.83	1.72	1.60	1.61	1.71
12	天津	39°06′	1.92	1.80	1.69	1.58	1.61	1.68
13	保定	38°53′	1.91	1.78	1.67	1.56	1.60	1.66
14	银川	38°29′	1.87	1.75	1.65	1.54	1.58	1.64
15	石家庄	38°04′	1.84	1.72	1.62	1.51	1.55	1.61
16	太原	37°55′	1.83	1.71	1.61	1.50	1.54	1.60
17	济南	36°41′	1.74	1.62	1.54	1.44	1.47	1.53

续表 3-2

序号	城市名称	纬度(北纬)	冬至日		大寒日			
			正午影长率	日照 1 h	正午影长率	日照 1 h	日照 2 h	日照 3 h
18	西宁	36°35′	1.73	1.62	1.53	1.43	1.47	1.52
19	青岛	36°04′	1.70	1.58	1.50	1.40	1.44	1.50
20	兰州	36°03′	1.70	1.58	1.50	1.40	1.44	1.49
21	郑州	34°40′	1.61	1.50	1.43	1.33	1.36	1.42
22	徐州	34°19′	1.58	1.48	1.41	1.31	1.35	1.40
23	西安	34°18′	1.58	1.48	1.41	1.31	1.35	1.40
24	蚌埠	32°57′	1.50	1.40	1.34	1.25	1.28	1.34
25	南京	32°04′	1.45	1.36	1.30	1.21	1.24	1.30
26	合肥	31°51′	1.44	1.35	1.29	1.20	1.23	1.29
27	上海	31°12′	1.41	1.32	1.26	1.17	1.21	1.26
28	成都	30°40′	1.38	1.29	1.23	1.15	1.18	1.24
29	武汉	30°38′	1.38	1.29	1.23	1.15	1.18	1.24
30	杭州	30°19′	1.36	1.27	1.22	1.14	1.17	1.22
31	拉萨	29°42′	1.33	1.25	1.19	1.11	1.15	1.20
32	重庆	29°34′	1.33	1.24	1.19	1.11	1.14	1.19
33	南昌	28°40′	1.28	1.20	1.15	1.07	1.11	1.16
34	长沙	28°12′	1.26	1.18	1.13	1.06	1.09	1.14
35	贵阳	26°35′	1.19	1.11	1.07	1.00	1.03	1.08
36	福州	26°05′	1.17	1.10	1.05	0.98	1.01	1.07
37	桂林	25°18′	1.14	1.07	1.02	0.96	0.99	1.04
38	昆明	25°02′	1.13	1.06	1.01	0.95	0.98	1.03
39	厦门	24°27′	1.11	1.03	0.99	0.93	0.96	1.01
40	广州	23°08′	1.06	0.99	0.95	0.89	0.92	0.97
41	南宁	22°49′	1.04	0.98	0.94	0.88	0.91	0.96
42	湛江	21°02′	0.98	0.92	0.88	0.83	0.86	0.91
43	海口	20°00′	0.95	0.89	0.85	0.80	0.83	0.88

注:1. 本表按沿纬向平行布置的六层条式住宅(楼高 18.18 m),首层窗台距室外地面 1.35 m 计算;

2. 表中数据为 20 世纪 90 年代初调查数据。

表 3-3　不同方位日照间距折减系数

方位	0°~15°(含)	15°~30°(含)	30°~45°(含)	45°~60°(含)	>60°
折减系数值	1.00L	0.90L	0.80L	0.90L	0.95L

注:1. 表中方位为正南向(0°)偏东、偏西的方位角;

2. L 为当地正南向住宅的标准日照间距(m);

3. 本表指标仅适用于无其他日照遮挡的平行布置的条式住宅建筑。

3.2.2 国内建筑日照管控行为

3.2.2.1 管控对象

不同国家或地区建筑日照的控制对象有所不同。中国日照规范控制的对象是"建筑之间"，一般情况是根据建筑高度确定其与相邻建筑的间距；另一种情况则是在间距确定的情况下根据间距系数确定相应的建筑高度。日本的相关日照法规控制则以地块为控制对象，通过相邻地块的边线确定本地块内建筑高度，或通过道路边线确定相邻地块的建筑高度。美国纽约市也基于街道空间的斜线对建筑体积提出相应的控制方法。

不同的控制对象所对应的控制逻辑亦不同，而形成不同的城市形态。中国的日照规范所控制的是"建筑之间"，重视的是地块内部建筑本身的日照质量；日本和美国的日照规范均以地块为依据控制建筑体量，更关注的是地块之间的日照公平性。这两者控制逻辑演变为两种城市形态：中国城市地块内部建筑布局由于严格的日照控制，其形态相对单调，而地块之间的空间由于不受日照标准的控制其日照质量差异较大。美国和日本的日照规范对地块内部的控制较少，其地块内部的建筑形态较为多样，但建筑的整体体量受到严格的控制，保证了类似地块有大致均等的日照权，而地块之间的公共空间由于有相关的日照标准控制，其品质得到一定的保障。

综上可知，我国的日照控制方法集中于建筑层面，其优点在于能够精确控制窗台日照，保证房间的最低日照要求，同时通过计算机软件的辅助，即使在遮挡复杂的情况下也能够准确地得出结果。然而其无法解决因建设时序导致的相邻地块之间产生的"日照权"侵害。例如，南北相邻的两居住地块同时出让，南侧地块先行建设且北侧布置大量高层建筑，则南侧退让日照间距的一半即可满足要求；而北侧地块在建设时受南侧高层建筑阴影影响，也必须退让一半日照间距以满足其建筑间距，北侧地块的利益受到侵害。虽然地方标准意识到此类问题并作出原则性规定，却无法实际运用到规划控制之中，可操作性较低。

3.2.2.2 管控方法

为了保证建筑日照时间，日照规范中有确定日照间距系数和日照时间模拟两种管控方法。

（1）确定日照间距系数

日照间距是日照标准的一种简化表达方式，指建筑在存在日照遮挡的情况下，为满足规范要求，建筑之间需要保持的距离（图 3-1）。以南北向多层行列式住宅为例，其计算公式为：

$$D = H \times \mathrm{ctg}h \times \cos r$$

式中　D——建筑间距，m；

　　　H——遮挡建筑物的计算高度（一般为北侧檐口高度），m；

　　　h——太阳高度角，°；

　　　r——建筑方位与太阳方位的水平夹角，°。

日照间距系数是根据日照标准确定的房屋间距与遮挡房屋檐高的比值。确定日照间距系数的方法是针对多层行列式住宅区利用太阳高度角的保障建筑日照的一种控制方法。由于我国南北跨度大，不同纬度城市的太阳高度角差异大，为了便于实际操作，我国对主要城市设定了对应的日照间距系数，从低纬度地区的南宁到高维度地区的齐齐哈尔，日照间距系数从 1.0 增加到 1.8～2.0。日照间距系数的确定并不是直接由纬度确定，而是结合了当地的实际气候条

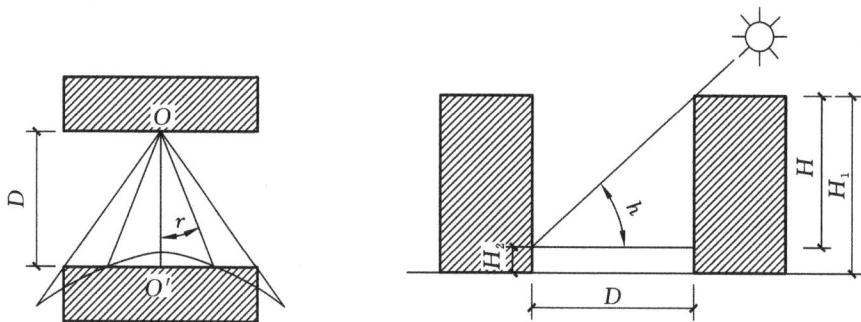

图 3-1　日照间距示意图

件,例如广州在北纬 23°,与南宁相比更加偏北,但其日照间距系数仅为 0.5～0.7,兼顾了广州地处亚热带沿海地区,光热充足、夏季长,全年平均温差小的特点。

（2）日照时间模拟

运用计算机技术对建筑所接受的日照时间进行模拟分析,即为日照时间模拟方法。运用该方法主要有两个原因,第一是如果按照确定日照间距系数的方式控制高层建筑与其他建筑的间距,将浪费很多城市土地,因此采用模拟的方式在保证建筑日照时间的同时兼顾土地经济属性。第二是在复杂的建筑布局中,仅仅通过确定日照间距系数不一定能保证相应的日照时间。针对高层建筑的日照模拟本质上是被高层建筑所遮挡的建筑主要通过高层建筑两侧的日照通道获得日照。与日照间距系数方法相比,日照时间模拟结果更加精确。

3.2.3　国内建筑日照立法异同点

3.2.3.1　建筑日照立法的层次性

（1）各层级规范在定位上的层次性

我国颁布了多部国家级建筑日照相关规范,如《民用建筑设计统一标准》（GB 50352—2019）、《城市居住区规划设计标准》（GB 50180—2018）、《住宅设计规范》（GB 50096—2011）等,各地在执行日照相关规范时都是基于国家相关日照规范,对当地的日照分析计算规则加以细化,当地规划主管部门再结合当地特点制定规划管理技术规定。

总结相关学者观点发现,在某些内容的制定上国家级规范应成为地方规范的上位法,起到统领地方规范间差异的作用;地方规范也应该因地制宜,依据"特殊情况"增强地方性规则的执行力和可操作性,国家规范对省市级规范的指导性作用及下位规范对上位规范的内容承接同等重要。

各省市关于建筑日照的计算规范有城市管理条例、城市规划管理技术规定、建筑日照分析管理规定、建筑日照分析管理办法等,各个层级的规定综合性都有待增强。

省市级规范中有一部分通知性文件,其大多以国家规范的补充条文形式颁布或实施。同一地区,省级规范与市级规范重点补充的条文内容部分类似,且具有一定承接相关性。

（2）各层级规范在内容上的递进性

为了保证建筑日照规范的承接性,国家制定的规范具有原则性的特点,其中所涉及的一些技术细节不能过于具体,一些内容需要按照相关要求进行简化处理。基于国家相关规范的原则,地方政府依照地方性规则管控特殊性,制定了地方标准性文件,使规范在内容上起到了递进作用。同时省市也在对计算规则在不同地区间实施过程中的一些争议问题进行探讨,对规范日后的修订和完善提出一些建议。

以《建筑日照计算参数标准》(GB/T 50947—2014)为例,该规范条文重点明确:日照计算参数对日照分析结果影响很大,不同的日照计算参数设置会造成不同的计算分析结果。目前各地区基本参照《城市居住区规划设计标准》(GB 50180—2018)中对于日照计算的要求,但地方标准中对计算参数的规定大多不一致,即使国家标准规定了基本的日照标准日和有效日照时间带,有些地区为了在国家标准的基础上提高要求,其标准内容也不尽一样,如杭州地区大寒日日照有效时间带为9:00—15:00,和冬至日日照时间带一致,除此之外,有几个参数的设置也有不同。

《建筑日照计算参数标准》(GB/T 50947—2014)对很多计算参数的设置进行了明确的说明,例如,说明了计算元年为2001年,以日照计算最小连续日照时间为例,要求最小连续日照时间为5 min,最小连续日照时间目前各地设置很不统一,有5 min、10 min、15 min等,昆明地区要求的最小连续日照时间为60 min。

(3)各层级规范在管理上的可操作性

全国不同地区在大寒日同一时刻的太阳高度角是不同的,比如齐齐哈尔在大寒日北京时间8:00的太阳高度角为3°39′,按照《城市居住区规划设计标准》(GB 50180—2018),此时日照水平应判定为有效日照,而贵阳7时的太阳高度角已达3°35′,桂林为4°08′,广州为5°04′,在同样条件下这些城市明显比齐齐哈尔多出近2小时日照,但多出的日照却被《城市居住区规划设计标准》(GB 50180—2018)完全排除在有效日照时间带之外,所以有效日照时间带在解决住宅日照纠纷中的作用不大。

气象学有关研究表明,在太阳高度角较小的情况下,北方严寒地区的日照辐射强度在同一时间段与南方地区相比都有非常大的差别。齐齐哈尔8时的日照强度仅为同一日照条件下桂林的0.162%。可见,严寒地区不仅同一城市不同时段的日照效果极为悬殊,而且同一时段与南方城市日照效果差距极大。因此,需要明确《城市居住区规划设计标准》(GB 50180—2018)中规定的大寒日2小时日照到底是中午11:00—13:00还是有效时间带内的任意2小时,是连续日照2小时,还是累积日照2小时。对北方较高纬度地区来说,由于不同时段日照效果差别极大,所以各城市需要针对不同的条件修改当地的规范,对日照要求进一步加以明确。

3.2.3.2 建筑日照规范的差异性

(1)不同管理层级上的差异性

① 国家标准与省市级标准不同之处在于:国家标准是统领全国的综合性规范,比较全面,而因为各个城市地理位置、经济发展水平等不同,所以地方城市会将不符合本城市情况的部分舍弃掉。省市级标准在国家标准基础上补充的内容都有所不同,大部分内容不具备典型性,针对其他城市的可参考性较弱,其中具备参考性的只有一小部分内容,例如:日照间距的计算、大寒日和冬至日的有效时长等。对于这些有参考价值的内容,各城市可以进行比较研究。例如,厦门市有效时间为真太阳时大寒日8:00—16:00,冬至日9:00—15:00,时间计算精度不超过5 min,时间统计方式采用累计日照,最小连续时间不小于10 min。计算受影面为距离室内地坪0.9 m高的外墙位置,采样点间距不超过1 m×1 m,这些数据对周边地区具有重要的参考价值。

② 省市级标准和国家标准相同之处在于:两者对专业术语的定义大都相同。部分省市级规范的日照分析要素和日照影响范围、基准面计算、日照间距系数、分析范围及计算软件要求也和国家标准相同。

（2）不同气候分区上的差异性

我国幅员辽阔，南北纬度差 50 多度，气候多样。在差异巨大的各地区日照环境条件下，按同一日照标准不同地区的正午影长率相差达 4 倍，往往南方容易达到日照标准，北方则较为困难。因此在分析日照问题和进行日照设计的时候用统一的技术手段或标准去衡量不同地区显然是不合适的，必须注意各地区间的地域性差异。因此，各地区根据建筑气候分区对日照标准进行了细化，不同气候分区中对日照的要求有所不同。《民用建筑设计统一标准》(GB 50352—2019)将我国分为了 7 个主气候区和 20 个子气候区，如表 3-4 所示。

表 3-4　我国气候分区气候差异表

建筑气候区划名称		热工区划名称	气候主要指标
I	I A	严寒地区	1 月平均气温≤−10 ℃ 7 月平均气温≤25 ℃ 7 月平均相对湿度≥50%
	I B		
	I C		
	I D		
II	II A	寒冷地区	1 月平均气温−10～0 ℃ 7 月平均气温 18～28 ℃
	II B		
III	III A	夏热冬冷地区	1 月平均气温 0～10 ℃ 7 月平均气温 25～30 ℃
	III B		
	III C		
IV	IV A	夏热冬暖地区	1 月平均气温＞10 ℃ 7 月平均气温 25～29 ℃
	IV B		
V	V A	温和地区	1 月平均气温 0～13 ℃ 7 月平均气温 18～25 ℃
	V B		
VI	VI A	严寒地区	1 月平均气温−22～0 ℃ 7 月平均气温＜18 ℃
	VI B		
	VI C	寒冷地区	
VII	VII A	严寒地区	1 月平均气温−20～−5 ℃ 7 月平均气温≥18 ℃ 7 月平均相对湿度＜50%
	VII B		
	VII C		
	VII D	寒冷地区	

中国地处东亚，东侧为太平洋，西侧为亚欧大陆，地理位置决定了国内大部分地区的气候特点是四季分明、冬冷夏热、季风气候盛行，主要典型城市气候参数表见表 3-5。夏季，亚欧大陆受到强烈的阳光辐射，温度升高；冬季，西伯利亚的冷空气不断南下，亚欧大陆剧烈降温。与地球上同纬度的其他地区相比，我国夏季偏热，冬季偏冷，尤其北方地区在这两个季节里的温差更加明显。我国整个东部地区为近海区域，湿度较高，便会形成夏季闷热、冬季湿冷的气候状况，因此我国建筑的能耗普遍较高，因此对居住类建筑与规划设计提出了更高的要求，建筑在夏季要做到防热、防晒，而冬季又要能保温、采暖。

表 3-5 主要典型城市气候参数表

区属号	城市	气温/℃					相对湿度/%	
		最热月平均	最冷月平均	平均日较差	极端最高	极端最低	最热月	最冷月
ⅠC	哈尔滨	22.8	−19.4	11.7	36.4	−38.1	77	74
ⅠD	沈阳	24.6	−12.0	11.0	38.3	−30.6	78	63
ⅡA	北京	25.9	−4.5	11.3	40.6	−27.4	77	44
ⅡB	太原	23.5	−6.5	13.3	39.4	−25.5	72	50
ⅢA	上海	27.8	3.5	7.5	38.9	−10.1	83	75
ⅢB	南京	27.9	1.9	8.8	40.7	−14.0	81	73
ⅢC	成都	25.5	5.4	7.4	37.3	−5.9	85	81
ⅣA	广州	28.4	13.3	7.5	38.7	0.0	83	70
ⅣB	南宁	28.3	12.7	7.9	40.4	−2.1	82	75

我国夏季普遍高温,大家对日照的要求不高,有些地区可能还需要遮阳和防晒,部分城市日照情况见表 3-6。而冬季我国南北温差较大,东北、华北、西北等地区处于寒冷或严寒地区,最高气温多在零下,人们对阳光的需求强烈。日照带来的光热能源能极大地提高居住的舒适度,因此这些地区的建筑日照设计十分重要。华东、华中、西南等地区处于夏热冬冷或温和地区,虽然冬季气温多在零度以上,但这些地区一般不采暖,尤其是长江中下游地区,冬季阴冷潮湿,因此建筑可通过合理的日照设计引入被动式采暖,既经济又环保。由此可见,日照设计具有十分重要的价值。

表 3-6 部分城市日照情况统计表

城市	日照时间		夏季太阳辐射照度/(W/m²)			
	年日照时数/h	年日照百分率/%	S	W(E)	N	昼夜平均
北京	2776.0	63	2909	4078	1713	341.6
西安	1963.6	44	2245	3644	1727	312.0
上海	1989.9	44	1838	3638	1617	315.4
南京	2116.4	48	1980	3724	1659	324.2
重庆	1212.5	27	1696	3645	1672	316.9
广州	1849.2	42	1365	3482	1946	304.9
南宁	1782.3	40	1468	3559	2064	310.9

仅仅从气温方面来分析日照的地域差异显然不够,气温相近的两个地区由于所处地理位置不同也会存在日照时间上的差异。从全年的日照时间来看,我国日照时间整体上呈现北多南少、西多东少的态势。其中重庆、成都等城市所在的西南地区由于地形特点,阴雨云雾天气比较多,晴天较少,全年日照时间明显偏少。尽管当地居民已经习惯了阴雨连绵的气候,对于日照的要求相对较低,对日照问题的容忍度更高,但在进行建筑日照设计时,丰富的日光资源依然是一个重要的考虑因素。对于我国北方的大部分地区,特别是华北、西北等地,冬季阴雨天很少,可利用的太阳能资源远远高于西南地区,居民们习惯阳光明媚,对日照要求较高。不论在哪个地区,都需要依据当地日照环境进行合理的建筑日照设计。

这里需要特别指出的是,我国东北地区北部的黑龙江、吉林、内蒙古地区纬度很高,夜长昼短,冬天有效的日照时间十分有限。许多城市在大寒日当天,白天日照总时段不超过8小时,日照有效时间段远远小于规范所规定的有效时间段。在这些城市建设的住宅即便符合国家标准,其实际日照时间也是低于2小时或3小时的,于是就出现了实际情况与规范规定的日照时数相矛盾的现象。例如,黑龙江省西北部的加格达奇区,冬季的白天很短,下午15点30分就已经天黑了;最北部的漠河,根据有关部门的测算,有日照的时间仅限于9点至15点,即使符合当地的日照间距系数,也有大量的住宅不能满足3小时的最低日照标准。

另外,在研究日照的地域性特征时,建筑的朝向问题也值得研究。由调研可知,北方地区新建的高层小区以板式居多,朝向以南北向为主,布局也较为规整;南方地区新建的高层小区则更多的是塔式住宅,朝向也更为灵活,不再局限于南北向的行列式布局。越是寒冷的地区,对于朝向的要求越高,建筑物的布局也越单一,这是由于北方冬季气候寒冷,北风强劲,最差的朝向是北向,因此主要居住空间应避免北向,争取南向。中高纬度地区的一部分城市如大连、长春、哈尔滨等,夏季气温也不是很高,不忌西晒,东西向也可勉强接受;而乌鲁木齐、北京、石家庄等北方城市夏季也很炎热,再加上日照时间长,东西向的建筑就无法满足使用需求。笔者梳理了部分北方城市与南方城市在冬至日与大寒日的正午影长率与日照时间,详见表3-7。

表 3-7　地理位置与正午影长率及不同日照标准的间距系数的关系表

城市名称	纬度（北纬）	冬至日		大寒日				备注
		正午影长率	日照间距系数	正午影长率	日照间距系数			
			日照1小时		日照1小时	日照2小时	日照3小时	
漠河	53°00′	4.14	3.88	3.33	3.11	3.21	3.33	本表系按沿纬度方向平行布置的住宅计算,如果非平行布置,则要按不同方位间距折减换算
北京	39°57′	1.99	1.86	1.75	1.63	1.67	1.74	
太原	37°55′	1.83	1.71	1.61	1.50	1.54	1.60	
西安	34°18′	1.58	1.48	1.41	1.31	1.35	1.40	
上海	31°12′	1.41	1.32	1.26	1.17	1.21	1.26	
桂林	25°18′	1.14	1.07	1.02	0.96	0.99	1.04	
海口	20°00′	0.95	0.89	0.85	0.85	0.85	0.85	

国家将Ⅰ、Ⅱ、Ⅲ、Ⅶ类气候区中的大城市和中小城市及Ⅳ类气候区中的大城市的日照标准日定为大寒日,而将Ⅳ类气候区中的中小城市和Ⅴ、Ⅵ类气候区中的所有城市日照标准日定为冬至日。日照时数也分为三档,Ⅰ、Ⅱ、Ⅲ类气候区中的大城市为一档,Ⅰ、Ⅱ、Ⅲ类气候区中的中小城市和Ⅳ类气候区中的大城市为一档,Ⅳ类气候区中的中小城市和Ⅴ、Ⅵ类气候区中的所有城市为一档。

不同地区城市居住区的建设现状汇集了多年来建设者的经验,也可以为日照标准的制定提供一定的依据。对全国各地区典型城市的调查研究表明,Ⅳ、Ⅴ类气候区中的城市(如南宁、昆明等),现有住宅的日照间距已达到或接近冬至日1小时的标准,Ⅱ、Ⅲ类气候区中的城市(如杭州、武汉、南京、济南等),现有住宅的日照间距则仅接近大寒日2小时的标准,Ⅰ类气候区的城市(如哈尔滨、沈阳、长春、佳木斯等),现有住宅的日照间距则基本连大寒日2小时的标准都达不到。因此,对Ⅰ、Ⅱ、Ⅲ类气候区采用更为宽松的大寒日有效日照时段内1小时的日照标准,而对Ⅳ、Ⅴ类气候区采用更为严格的冬至日有效日照时段内1小时的日照标准,更具合理性、科学性、适应性。

（3）不同城市规模上的差异性

大城市由于人口集中、土地需求大，因而用地紧张的情况比起中小城市更为明显。对于同样的日照标准，同一气候区内地理位置相近的中小城市能达到，而大城市未必能达到，所以日照标准的制定也需要考虑不同城市的实际规模情况。随着城市化的发展，大、中城市的年日照时数趋于减少，且减少的倾向率与城市发展的速度和规模呈正相关。城市中日照时数减少最明显的季节为污染排放量大、逆温层厚而强的冬季，其中1月份日照百分率减少的趋势最为明显。

例如，Ⅰ、Ⅱ、Ⅲ、Ⅶ类气候区中的大城市采用大寒日2小时的日照标准，而中小城市采用大寒日3小时的标准。Ⅳ类气候区中的大城市采用大寒日3小时的日照标准，而中小城市采用冬至日1小时的日照标准，虽然单看前者3小时比后者1小时的要求高，但是大寒日有效时段为8小时，而冬至日有效时段仅为6小时，考虑到大寒日上午8时的日照强度和冬至日上午9时很接近，综合来看中小城市冬至日1小时的日照标准还是更为严格一些的。Ⅴ、Ⅵ类气候区由于在西部经济欠发达地区，大城市和中小城市的差异不大，因此统一为冬至日1小时的日照标准。上述内容在一定程度上体现了大城市和中、小城市由于城市规模导致的日照标准的差异性。

（4）不同历史时期上的差异性

对旧城更新导致的时代性差异进行研究发现，由于我国的国情所限，在城市化的进程中不得不面对旧城改造这一难题，而老建筑的更新是不断渐进的，不可能一步到位，因此在改造一部分建筑的同时，必然会影响到周边居住者的日照需求。需要注意的是，这些老建筑在建造时并没有经过有序的规划，必然存在各种问题，特别是有些既有建筑本身就已经不满足日照要求，规划建设的新建筑要力求不对现状建筑造成新的遮挡，这就给旧城改造带来很多限制。正是认识到了这一问题，规范条文特别规定：旧区改建的项目内新建住宅日照标准可酌情降低，但不应低于大寒日日照1小时的标准。一般来说，旧城改造的日照标准可适当放宽，例如Ⅰ、Ⅱ、Ⅲ、Ⅴ类气候区的中小城市在旧城改造时可采用大寒日2小时的日照标准，但最少不应低于1小时。

对标准优化导致的时代性差异进行研究发现，在城市发展以及规范更新的过程中，人们在不同的时代背景下对日照环境有着不同的需求，因此规范在制定的过程中也不断地面临着调整和优化。长期以来，国家级规范和省市级地方规范都依据国情以及各个地区的实际发展情况做出了改进，目前不同的规范之间存在着典型的时代性差异。新制定的规范往往考虑的范围更广，涉及的内容更加全面，例如，细化日照标准日，根据朝向引入折减系数，考虑老人、儿童、学生对日照的特殊要求等。

4 日照立法解剖与新概念提出

4.1 日照标准的典型性分析

4.1.1 规范中的主要条文

目前对于建筑日照中的日照标准,我国的多部规范都有明确提及,国内大多数城市在执行日照规范时都以《城市居住区规划设计标准》(GB 50180—2018)、《住宅设计规范》(GB 50096—2011)、《民用建筑设计统一标准》(GB 50352—2019)日照相关条文为依据,结合本市地理位置和特征,制定更加详细的日照计算规则。其中《城市居住区规划设计标准》关于日照标准的表述最为详尽。

4.1.2 规范中的重难点

国家级的日照规范并没有对日照计算规则进行更详细的说明,在日常工作中会由于条文内容比较粗放,遇到日照诉讼时往往很难给诉讼双方满意的答复,使得管理部门无所适从。其中所呈现出来的问题也正是日照标准中的重难点,例如日照时数、日照间距系数、日照分析技术参数和日照分析要素等问题。这些问题一方面是由于建筑方案的日照分析不够精确;另一方面,因为各地没有相应的日照管理办法,在解释日照诉讼、日照纠纷等问题时只能解释国家日照规范条文。这就需要各地政府及时出台相关的管理规定,对各类纠纷问题都有明确的界定标准。

在国家相关法律法规的原则上,全国各地对当地的日照分析计算规则加以细化,当地规划主管部门再结合当地特点制定规划管理技术规定,地方政府依照地方性规则管控特殊性,制定地方标准性文件。其中地方标准性文件中规范了建筑日照的计算,增强了日照标准的可操作性,对建筑和场地的日照计算也提出了相应要求。

4.2 日照规范主要条文的解读

4.2.1 《民法典》第二百九十三条

《民法典》第二百九十三条规定:建造建筑物,不得违反国家有关工程建设标准,不得妨碍相邻建筑物的通风、采光和日照。下面从不同视角对其进行解读。

（1）从管理者的视角

从《民法典》来看，"日照权"作为相邻关系的一种，存在于"相邻的不动产权利人"之间；其非独立物权，是不动产权利的延伸。此外条文解释中还写道：相邻的不动产不仅指土地，也包括附着于土地的建筑物；相邻的不动产权利人，不仅包括不动产的所有人，而且包括不动产的用益物权人和占有人（即使用权人）。对城市市区居住区来说，其"日照权"依附于土地使用权或建筑的所有权和使用权而存在。因此在法律上"日照权"本应分为土地和建筑两个层面，土地的"日照权"是伴随土地的使用权共同赋予土地权利人的，建筑层面亦然。

从以上内容可知：在我国土地"日照权"是土地使用权的延伸，"日照权"与土地使用权一样，是在满足具有法律效力的控制性详细规划要求的前提下，通过土地相关部门以划拨或者出让方式获得。因此从城乡规划的角度看，土地层面的"日照权"是由控制性详细规划赋予和控制的。

（2）从设计师的视角

《民法典》进一步明确了"日照权"属于相邻关系的法律定位，且将日照侵权行为交给国家有关工程建设标准，即公法领域的法律法规来制定。由此可见，无限的开发权必然影响相邻土地的日照、采光、通风等条件，降低其土地价值；相反，对土地日照、采光、通风等权益无限的保护也会严重限制相邻土地的开发权益。因此，国家有关工程建设标准就成为权益平衡的尺度。

设计师参考国家法律法规及地方相关条文，需严格遵守国家有关工程建设标准，将其作为设计依据进行建筑方案设计，不得妨碍建筑物的通风、采光和日照。

就不动产权利人而言，获得适当的采光和日照是其在不动产上的重要利益，也是保持其生活品质的必要因素，很多国家已把它作为一项人格权内容。在城市土地资源日益稀缺、高层建筑日益增多、建筑物之间的距离较以往缩小的当下，确保不动产权利人获得适当的采光和日照更具重要意义。根据我国《民法典》相邻关系的有关规定，在法律手续齐全的前提下，不动产权利人有权在其建设用地或宅基地上建造建筑物，但是此种权利的行使必须要考虑到他人的利益，不能滥用权利阻挡他人的采光、日照等。

（3）从居民的视角

1987年《民法通则》、2007年《物权法》对"日照权"的保护，使得公民私权在法律层面得到保护。"日照权"是相关法律中不动产相邻关系的关键内容，私人的"日照权"应当受到切实的保护。然而一段时间以来我国的日照控制以公共方利益为核心，缺乏对私人利益的考虑。

随着2020年《民法典》的颁布，对日照权的保护再次以新的法典形式予以明确，居民的日照权益逐渐引起人们的关注。

（4）笔者解读

尽管理论界对日照权的权利属性存在争论，但实践中对其性质的界定应以法律规定为准。根据相关法律的规定，日照权是相邻关系的一种。相邻关系指的是相邻各方在对各自所有或使用的不动产行使所有权或使用权时，因相互间依法应当给予方便或接受限制而发生的权利义务关系。相邻关系的权源为相邻不动产的所有权，其实质是法律对相邻不动产所有权的适当扩展或限制，其作用在于调节不动产相邻方的利益矛盾关系，避免任何一方由于不适当地使用不动产的权利，而对他方的利益造成损害。相邻权虽是法定物权，但并非独立之物权，仍从属于不动产所有权，从本质上讲仍是一种财产性权利。

简单地说，从现有以上的法律条款来看，国家工程建设标准规定的日照时间属于相邻关系，理论上，其受到侵犯时不可采用经济补偿方式解决问题；规定之外的日照时间则属于地役权范畴,可以依据合同进行交易。因此,国家工程建设标准成了划定相邻权与地役权的权利界限。

《民法典》中,"不得妨碍相邻建筑物的通风、采光和日照"与"不得违反国家有关工程建设标准"并列规定,意味着前者判断的独立性,即可以抛开标准方面的考量,而根据案件纠纷争议的具体情形(如建筑类型、主客观状况、时空因素等)综合判断,以利益减损程度和良好生活所需为判断标准,把那些虽在达标范围内,但受到重大减损、影响良好生活的环境利益纳入相邻关系的救济范围,在法律提供的最低标准救济之外增加一层保护,方能满足人民日益增长的对优美生态环境的需要。而对于《民法典》中"不得违反国家有关工程建设标准"的规定,则应将其理解为基本相邻义务,也即相关标准必须遵守,超标即构成妨害;但如果达标,也不代表免责,须再结合其他事实具体问题具体分析。该条规定加入的"不得"二字,使相邻妨害的判断规则由"超标担责,达标免责"变为"超标担责,达标未必免责",其变革意义可见一斑。

4.2.2 《城市居住区规划设计标准》(GB 50180—2018)第 4.0.9 条

住宅建筑的间距应符合表 3-1 的规定;对特定情况,还应符合下列规定:

① 老年人居住建筑日照标准不应低于冬至日日照时数 2 小时;

② 在原设计建筑外增加任何设施不应使相邻住宅原有日照标准降低,既有住宅建筑进行无障碍改造加装电梯除外;

③ 旧区改建项目内新建住宅建筑日照标准不应低于大寒日日照时数 1 小时。

现对以上规范条文从不同视角进行解读。

(1)从管理者的视角

1987 年,《民用建筑设计通则》(JGJ 37—87)颁布执行后,随着我国各个城市基础设施建设的快速发展,原有日照标准中存在的诸多问题逐步显现出来,这些问题促进了《城市居住区规划设计规范》(GB 50180—93)的颁布。该规范主要对日照标准作出调整:提出了住宅间距需满足日照要求,还应综合考虑消防防灾、采光通风、管线埋设、视觉卫生等要求;旧区改建的项目内新建住宅日照标准可酌情降低,但不应低于大寒日日照 1 小时的标准等。

2002 年,《城市居住区规划设计规范》(GB 50180—93)(2002 年版)对不同的气候区、不同规模城市及城市的新区、旧区提出了不同的日照标准。可以说,规范中的日照标准是对城市居民日照需求的强制性保障制度。

2018 年,《城市居住区规划设计标准》(GB 50180—2018)相较之前的规范增加了对旧城更新改造的考虑,既有住宅建筑进行无障碍改造加装电梯可能会对相邻建筑及自身造成日照遮挡。

(2)从设计师的视角

《城市居住区规划设计标准》(GB 50180—2018)按照两个日照标准日,分不同气候区、不同规模城市的三级控制标准,基本适应各地的城市建设与发展,对我国居住区环境乃至城市环境产生了深远的影响,这是建立在科学基础上,满足城市建设需要又适度超前的一种有效控制手段。

各地设计人员和专家均认为老旧建筑自身日照不满足、日照遮挡责任不明确是日照标准执行中主要存在的两个问题,这两个问题紧密相关。在旧区中被遮挡建筑经常出现两种情况,一种是原有日照时间符合标准,另一种是原有的日照时间本身就不能满足标准。前一种情况较易处理,只要按标准执行即可。而后一种情况就很棘手了:首先,不管如何建设,其必然会造成现状建筑日照时间继续减少;其次,如果和原有满足日照标准的住宅一起进行补偿,应如何公平处理。目前,《城市居住区规划设计标准》(GB 50180—2018)对此并没有成文的规定。

此外,旧城改建项目内新建住宅日照标准可酌情降低,但不应低于大寒日日照1小时的日照标准。在住宅建筑规划设计中,住宅日照必须满足日照标准的要求,国内很多城市现行的地方规范不符合国家标准规定的日照标准要求,需要作出相应的调整。

在城市建设中,日照标准是规划设计和管理人员在进行居住区规划和城市规划过程中的有效技术工具。按照《城市居住区规划设计标准》(GB 50180—2018)编制时的住宅建设情况与技术发展水平,如果住宅建筑满足本规范中的日照标准要求,一般也能满足通风、采光等其他要求。规划师用日照间距系数的方法结合其他经验进行居住区规划,基本能够在实际工作中落实该标准。

(3)从居民的视角

针对日照标准实施过程中存在的问题,《城市居住区规划设计标准》(GB 50180—2018)中的相关条款在坚守日照底线和标准严肃性的基础上,讨论在差异条件下日照标准如何更好地强化适应性和可操作性,积极与地方规范衔接,明确"旧区"等概念的具体条文解释,加强对计算方法的宣讲,从而更好地与城市规划编制、建设、管理相结合,以期在未来能够更加有效地指导城市建设,保护人民群众的权益。

尽管在城市建设的过程中日照标准是一种有效的控制手段,但在不同城市的执行过程中也确实存在着一些具体的困难。某些城市甚至个别特大城市仅仅将《城市居住区规划设计标准》(GB 50180—2018)作为参考,执行本地的技术管理规定,以明显不能满足《城市居住区规划设计标准》(GB 50180—2018)日照标准的日照间距系数进行建筑间距控制。这种做法易引起建设方与居民的利益纠纷。

(4)笔者解读

日照标准是确定住宅建筑间距的基本要素。日照标准的建立是提升居住区环境质量的必要条件,是保障环境卫生、建立可持续社区的基本要求,也是保护社会公平的重要手段。现行日照标准对以下特定情况提出了控制要求:

① 我国已进入老龄化社会,老年人的身体机能、生活能力及健康需求决定了其活动范围的局限性和对环境的特殊要求,因此,为老年人服务的各项设施要有更高的日照标准。

② 针对城市商业活动及建筑装修中出现的实际问题,对增设室外固定设施,如空调机、建筑小品、雕塑、户外广告、封闭露台等,明确了不能降低相邻住户及相邻住宅建筑的日照标准,但以下情况不在其列:栽植树木;对既有住宅建筑进行无障碍改造加装电梯。我国早年建设的居住区大部分为无电梯多层住宅楼,由于当时的经济水平和生活水平限制,住宅的功能已经满足不了现代人生活的需要。同时,结合当前人口老龄化加剧的实际情况,我国早年建设的居住区已逐步进入改造期,大量既有住宅建筑都面临需要进行无障碍改造的情况,其中,既有住宅加装电梯可能对相邻建筑及自身的日照造成遮挡,因此在加装电梯过程中应尽可能地进行优化设计,不得附加与电梯无关的任何其他设施,并应在征得相关利害人意见的前提下,把对相邻住宅建筑及相关住户的日照影响降到最低。如因建筑本身的限制,无法避免对相邻住宅建筑或自身部分居住单元产生影响时,日照标准可酌情降低。此外,老旧住宅小区以多层建筑为主,存在建筑密度大、配套设施不齐全、违章搭建严重、绿化面积较少等问题,应保障必要的活动场地空间,减少因加装电梯而产生的自身遮挡;新建住宅小区以高层为主,容积率偏高,存在阴影遮挡对自身及其周边影响大的特点,应严格控制高层建筑的高度与容积率,保证低层住户的日照权益,同

时应增加建筑项目的室外活动场地和绿化植被。

③旧区指经城市总体规划划定或地方政府经法定程序划定的特殊政策区中的既有居住区。旧区改建难是我国城市建设中面临的一大突出问题,在旧区改建时,建设项目本身范围内的新建住宅建筑确实难以达到规定日照标准时才可酌情降低。但无论在什么情况下,降低后的日照时间标准都不得低于大寒日日照1小时,且不得降低周边既有住宅建筑日照标准(当周边既有住宅建筑日照时间原本就未满足日照标准时,不应降低其原有的日照水平)。

我国的住宅日照标准是工程建设标准的强制性条文,必须严格执行,理论上不能通过赔偿解决,也不能通过其他法律途径进行救济。因此,规划管理部门的执行压力较大,经常引起行政复议和行政诉讼。根据国外的经验,日照遮挡本质上作为一种民事法律关系,其主体是当事双方,建设方不得违反法律妨碍其他住宅的日照权益,而规划管理部门只负责监管与审查,因此通过法律机构进行民事调解有利于通过更多的途径解决日照遮挡的纠纷。

住宅建筑日照不仅仅是一个工程技术标准,还涉及土地利用、居住权益、经济利益等复杂问题。日照管理不仅是城市规划管理的一项工作,而且发展成为复杂的民事关系与社会关系。尤其是在我国城市化快速发展、城市土地集约利用、居住环境质量日益重要的今天,应进一步提高日照法规的综合性,把日照标准从《城市居住区规划设计标准》(GB 50180—2018)中独立出来,设立专门的日照法规,提高其法律地位。

《城市居住区规划设计标准》(GB 50180—2018)中只对日照时数做了限定,至于日照时数具体是连续时间还是累计时间,没有明确表述;对于日照面积、日照强度等也都没有具体限定,这样导致即使日照时数相同,日照效果也有天壤之别。这导致建设方在评估日照时无从下手,可操作性大打折扣。从这个方面说,将日照时数作为唯一标准来评价日照环境就显得太片面,应该采用更为科学的评价体系。

日照标准的地方适应性也有待提高。虽然《城市居住区规划设计标准》(GB 50180—2018)中的日照标准在原有冬至日标准的基础上新增了大寒日标准,并将日照时间分成1小时、2小时、3小时三个档次,在一定程度上体现了大城市与中、小城市由土地价值不同导致的日照标准的差异性,但在笔者看来,该标准尚有待完善,一方面这种差异性实际产生的效果差别很小,另一方面,由于纬度原因导致的日照差异,使南北方在土地利用率方面产生了巨大的差距,这也是日照规范在北方难以落实到位的主要原因。东北地区和华南地区规模相近的两个城市,其日照间距系数可相差一倍以上,容积率也会相差一倍,也就是说东北地区如果严格按照日照规范实施,土地利用率只有华南地区的一半,其经济效益和社会效益相差巨大。

需要注意的是,《城市居住区规划设计标准》(GB 50180—2018)仅仅明确了日照时数,对于满足日照标准的房间类型和数量没有规定,容易产生不一致的理解。恰好《住宅设计规范》(GB 50096—2011)提出住宅应每户至少有一个居室满足冬季日照,对明确日照标准做了补充。

4.2.3 《住宅设计规范》(GB 50096—2011)第7.1.1条

根据本规范条文规定,每套住宅至少应有一个居住空间能获得冬季日照。现从不同视角对其进行解读。

(1)从管理者的视角

《住宅设计规范》(GB 50096—2011)相对于旧版规范,补充说明了居住空间在冬季时的日照需求。日照对于人的生理和心理健康而言非常重要,但是住宅的日照又受地理位置、朝向、外部遮挡等许多外部条件的限制,不容易达到比较理想的状态。尤其是在冬季,太阳的高度角较小,在楼与楼之间间距不足情况下更加难以满足要求。由于住宅日照受外界条件和住宅单体设计两个方面的影响,本规范条文是住宅单体在设计环节为有利于日照而要求达到的基本物质条件,是一个必须满足的基本要求。事实上,除了外界产生严重遮挡的情况外,只要不将一套住宅的居住空间都朝北布置,就应能满足这条要求。

(2) 从设计师的视角

如今市场上,很多住宅拥有 3 个居住空间,较少的住宅中居住空间总数超过 4 个。正是由于国家规定的每套住宅至少应有一个居住空间满足日照,设计师在进行居住区规划设计时,通常布置 3 个居住空间,若在此之上增加 1 个居住空间,无疑是加剧了建设项目的日照要求,则建筑之间的日照间距需增大,从而达不到容积率的要求。所以设计师在进行一般户型设计时尽量避免小户型出现超过 3 个居住空间的功能房间布置。

(3) 从居民的视角

居民的居住空间需要满足基本的日照要求,至少有一个居住空间能获得日照,尤其在冬季对日照的需求更高。阳光具有强烈的热效应,在冬季能提高室温,是寒冷地区的重要热源补充,可起到节能的效果。同时阳光能够促进花草树木的生长,为居民提供美好的室外环境,并且在寒冷的气候下能给人以温暖的感觉,令人振奋、欢快。住宅这类大量性民用建筑应在合理规划设计的基础上运用适宜的低成本技术措施以获得更多的阳光,可以进一步提高居住环境的质量,在宏观上可以节约大量的能源,创造可观的经济和社会效益;同时也为住宅建筑的发展注入活力。因此住宅规划布置中应处理好日照相关问题。

(4) 笔者解读

本规范条文规定"每套住宅至少应有一个居住空间能获得冬季日照",没有规定室内在某特定日子里一定要达到的理论日照时数,这是因为本规范主要针对住宅单体设计时的定性分析提出要求,而日照的时数、强度、角度、质量等量化指标受室外环境影响更大,因此,住宅的日照设计应执行《城市居住区规划设计标准》(GB 50180—2018)等其他相关规范、标准提出的具体指标规定。

4.2.4　《民用建筑设计统一标准》(GB 50352—2019)第 7.1.2 条

居住建筑的卧室和起居室(厅)、医疗建筑的一般病房的采光不应低于采光等级Ⅳ级的采光系数标准值,教育建筑的普通教室的采光不应低于采光等级Ⅲ级的采光系数标准值,且应进行采光计算。采光应符合下列规定:

① 每套住宅至少应有一个居住空间满足采光系数标准要求,当一套住宅中居住空间总数超过 4 个时,其中应有 2 个及以上满足采光系数标准要求;

② 老年人居住建筑和幼儿园的主要功能房间应有不小于 75% 的面积满足采光系数标准要求。

采光情况与日照标准息息相关,现从不同视角对以上规范条文进行解读。

(1) 从管理者的视角

现行国家标准《民用建筑设计统一标准》(GB 50352—2019)将住宅建筑的卧室和起居室(厅)、医疗建筑的一般病房、教育建筑的普通教室的采光系数标准值规定为强制性条文。

其中,一般病房指入院病人接受观察、护理、治疗的用房,也称病房,不包括隔离病房和监护病房。普通教室指按照班级标准人数规模设置的、进行教学用的教室,不包括专用教室如实验室、多媒体教室、美术教室、音乐教室、体育用房等。

(2)从设计师的视角

建筑采光的评价指标为采光系数,在一般情况下,可利用现行国家标准《建筑采光设计标准》(GB 50033—2013)提供的图表法确定标准规定的平均采光系数或窗地面积比,对于大型公共建筑,由于体型复杂,窗户的形式和位置各异,计算工作量大,当需要对其进行采光分析时,可使用软件来计算完成。

建筑采光按现行国家标准《建筑采光设计标准》(GB 50033—2013)规定的采光等级进行验算。在建筑方案设计阶段,其采光窗洞口面积和采光有效进深可按上述标准规定进行估算。采光系数标准值一般需要利用采光软件进行模拟计算,因为目前住宅形式多样化,室外遮挡严重,外立面上形成的各种自身遮挡也会对采光产生不利影响。计算机模拟计算可以通过严格建模、精确计算,定量给出平均采光系数和室内任一点的采光系数值。

(3)从居民的视角

《民用建筑设计统一标准》(GB 50352—2019)是以采光等级的采光系数标准值为衡量标准,保障了居民的基本日照权益,充足的阳光在一定程度上可以影响老百姓的心理健康,同时也会提高居住环境的质量。

本规范也提出了老年人居住建筑和幼儿园的主要功能房间应有不小于75%的面积满足采光系数标准的要求。从健康角度考虑,对于老人和小孩,主要功能房间充足的阳光照射可以提高身体的免疫能力,也更有益于建筑中居住者的心理健康。

(4)笔者解读

① 本规范条文中的居住空间指卧室、起居室(厅)。采光和日照不同,日照有朝向问题,会出现无日照的房间,而采光则不然,所有居住空间都能获得采光,所以采光和日照标准不能完全等同,应该有更多的房间满足采光标准要求。居住空间的采光按套规定比较合理,鉴于我国现有住宅建筑类型多样,特别是保障性住房,用地一般比较紧张,至少应有一个居住空间满足采光系数标准,其他居住空间可适当降低采光系数标准。当一套住宅中居住空间总数超过4个时,由于存在凹槽窗、凹阳台、封闭阳台、建筑遮挡等因素的影响,也不可能全部满足采光标准要求,所以规定应有2个以上居住空间满足采光系数标准。

② 老年人居住建筑指专为老年人设计,供其起居生活使用,符合老年人生理、心理要求的居住建筑。其主要功能房间指卧室、起居室(厅)。幼儿园的主要功能房间与公共建筑主要功能房间的含义相同。本规范条文中老年人居住建筑、幼儿园的采光是按整栋建筑考虑的,以上建筑的采光要求应该比普通住宅的要求更高,设计时选择的环境条件也会更好,一般不会设计成凹槽窗、凹阳台,阳台也不一定做成封闭型的,使采光更容易满足要求。幼儿园参照了国家标准《绿色建筑评价标准》(GB/T 50378—2019),其主要功能房间满足采光标准的面积比例取其中间值75%。

4.3　日照立法重难点的解析

4.3.1　日照时数

根据中国《民用建筑设计统一标准》(GB 50352—2019),日照标准概念的确定不仅要考虑城市面积大小、人口数量多少,而且还要结合建筑物的使用性质、气候状况。因此,规定冬至日、大寒日为日照标准日,计算建筑外窗每天的日照时间(计算起点为底层窗台面),设计合理的日照间距。

一般情况下,为保证必要的日照质量,日照时间应在上午9时至下午3时之间,因为在冬季的这个时段,阳光中紫外线辐射强度较高。此外,射入室内的阳光应保证具有一定的照射面积,能达到满窗或半窗日照。这些要求要通过合理的住宅建筑规划和精心的住宅设计来实现。现对规定日照时数的相关标准进行介绍和解析。

(1) 国家标准

根据使用过程中各地区的意见反馈,有关部门颁布施行了《城市居住区规划设计标准》(GB 50180—2018)、《民用建筑设计统一标准》(GB 50352—2019)等规范。在不断更新演变的规范版本中,与日照相关的条文如下:

① 在原设计建筑外增加任何设施不应使相邻住宅原有日照标准降低,既有住宅建筑进行无障碍改造加装电梯除外。

② 旧区改建的项目内新建住宅日照标准不应低于大寒日日照1小时的标准。

③ 每套住宅至少应有一个居住空间获得日照,该日照标准应符合现行标准。

④ 每套住宅至少应有一个居住空间能获得日照,当一套住宅中居住空间总数超过四个时,其中宜有两个获得日照。

⑤ 老年人住宅、残疾人住宅的卧室、起居室,医院、疗养院半数以上的病房和疗养室的日照时间不应低于冬至日日照2小时的标准。

⑥ 宿舍半数以上的居室,应能获得与住宅居住空间相等的日照标准。

⑦ 托儿所、幼儿园的主要生活用房,应能获得冬至日不小于3小时的日照标准。

⑧ 中小学半数以上的教室应能获得冬至日不小于2小时的日照标准,其中普通教室冬至日满窗日照不应少于2小时,至少应有1间科学教室或生物实验室的室内能在冬季获得直射阳光。

(2) 省市标准分类与规定

建筑类型可划分为旧城改建建筑、居住建筑、医院、老年公寓、中小学及幼儿园进行分析。各省旧城改建建筑日照时数标准基本规定为大寒日日照时间不小于1~2小时。居住建筑日照时数标准受城市规模及所处地理纬度影响较大。辽宁省、贵州省居住建筑日照标准为大寒日日照时间不小于1小时。山西省、山东省、河南省、江苏省、安徽省、四川省、湖南省及广东省内大部分城市居住建筑时长为大寒日日照时间不小于2小时。

此外,各省医院、老年公寓、中小学及幼儿园日照标准基本为冬至日日照时间不小于2小时。

(3) 不同气候区标准分类与规定

如表4-1所示,各气候区居住建筑(非旧城区域)日照差异明显。第Ⅰ、Ⅱ、Ⅲ气候区采用更为宽松的大寒日8小时有效日照时段内日照时间不小于1~3小时的日照标准,而对第Ⅳ、Ⅴ气候区采用更为严格的冬至日6小时(部分为大寒日8小时)有效日照时段内日照时间不小于1~3小时的日照标准。

表 4-1 不同气候区日照时数（单位为小时）标准汇总表

分区代码	分区名称	省/自治区	城市	旧城改建建筑	居住建筑	医院	老年公寓	中小学	幼儿园
Ⅰ	严寒地区	辽宁省	沈阳	—	1	—	—	—	—
			大连	—	—	3	3	3	3
			锦州	1	2	—	—	—	—
		青海省	西宁	1	2	—	—	—	—
Ⅱ	寒冷地区	河北省	唐山	1	2	2	2	2	3
			衡水	1	3	—	—	—	—
			沧州	1	2	—	—	—	—
		山西省	长治	1	2	2	2	2	2
			吕梁	2	3	3	3	3	3
		宁夏回族自治区	银川	1	2/3	2	2	2	3
		山东省	烟台	1	2	2	2	2	3
			潍坊	1	2	2	2	2	3
			青岛	—	—	—	2	2	3
			菏泽	1	2	2	2	2	3
		甘肃省	兰州	—	2	3	2	2	3
		河南省	许昌	1	2	3	3	3	3
			安阳	1	2	2	2	2	3
			濮阳	—	2	2	2	2	3
			郑州	1	2	2	2	2	3
		陕西省	西安	1	2	3	3	3	3
Ⅲ	夏热冬冷地区	江苏省	溧阳	2	3	2	2	2	3
			盐城	—	3	3	2	2	3
			昆山	1	3	3	2	2	3
			南京	2	3	2	2	2	3
			淮安	1	—	3	3	2	3
			常州	1.5	2	2	2	2	3
		安徽省	芜湖	—	2	3	3	2	3
			铜陵	2	—	3	3	3	3
			马鞍山	2	3	—	—	—	—
			上海	—	2	3	3	3	3
		四川省	成都	1	2	3	2	2	3
		湖北省	武汉	1	2	2	2	2	3
		浙江省	杭州	—	2	2	2	2	3
			宁波	1	2	2	2	2	3

分区代码	分区名称	省/自治区	城市	旧城改建建筑	居住建筑	医院	老年公寓	中小学	幼儿园
Ⅲ	夏热冬冷地区	浙江省	瑞安	—	2	2	2	2	3
			台州	1	2	2	2	2	3
		湖南省	长沙	1	2	—	—	—	—
			郴州	1	2	2	2	2	3
			湘潭	1	3	2	2	2	3
		贵州省	贵阳	—	1	—	—	2	3
Ⅳ	夏热冬暖地区	广东省	东莞	—	—	2	2	2	3
			深圳	1	3	—	—	—	—
		福建省	厦门	2	3	2	2	3	3

注：旧城改建建筑、居住建筑日照标准计算以大寒日为准。

以城市规模来看，第Ⅰ、Ⅱ、Ⅲ、Ⅶ气候区大城市多采用大寒日 2 小时的日照标准，而中小城市多采用大寒日 3 小时的日照标准。第Ⅳ气候区的大城市多采用大寒日 3 小时的日照标准，而中小城市多采用冬至日 1 小时的日照标准，虽然单看前者 3 小时比后者 1 小时的要求高，但是大寒日有效时段为 8 小时，而冬至日有效时段仅为 6 小时，考虑到大寒日上午时的日照强度和冬至日上午时的很接近，综合来看中小城市冬至日 1 小时的日照标准还是更为严格一些的。第Ⅴ、Ⅵ气候区由于在西部经济欠发达地区，大城市和中小城市的差异不大，因此统一为冬至日 1 小时的标准。

旧城改造的项目内新建住宅日照标准可酌情降低。第Ⅰ、Ⅱ、Ⅲ、Ⅴ气候区的中小城市在旧城改造时采取大寒日 2 小时的日照标准，但最少不应低于 1 小时。

（4）日照时数的综合解析

综上所述，日照标准涉及因素较多，各标准规定不尽相同，现从不同视角对日照时数进行解析。

① 从管理者的视角

国家标准对公益建筑的日照时数作出了明确规定，其日照标准较普通居民居室的日照要求高。普通住宅要求日照满足"每套住宅至少有一个居住空间能获得不低于大寒日 2 小时日照时间"的标准，而对于老年人公寓、托儿所、幼儿园、中小学和残疾人住宅等有日照需求的公益建筑，其要求的最少日照时数均不小于普通住宅，从日照标准的角度讲，通过大量研究与实测，冬至日的日照标准本身较大寒日严格，日照标准控制向公益建筑倾斜。

我国地少人多，城市用地紧张。土地的稀缺性、不可再生性和不可移动性，决定了它是城市发展的重要载体，是市场经济条件下城市经济体系中最基本的要素。通过土地政策的宏观调控后，许多城市土地被高强度开发，继而造成了少数住宅建设达不到国家相关日照规范要求的违规现象。尤其在城市中心区，住宅与公共建筑混杂，高层建筑林立，建筑的阴影相互叠加，导致影响日照的因素十分复杂。在此情况下，需合理调整日照标准，尽量兼顾所有住宅的日照采光。

② 从设计师的视角

由于我国地域广阔，社会经济发展水平不一，文化、习俗和生活习惯均不相同，因此若使全国各个地区的城市、各种规模城市以及城市的不同区域适用同一个标准，某种程度上会引发纠纷。究其原因，在于日照标准在各区域实施过程中的差异性。

国家标准在制定时根据不同气候区和不同规模的城市对日照标准进行了分区与分级,以适应各地不同的纬度、气候和社会经济发展条件,但是在实施过程中,仍然有一些地区遇到执行上的困难,其中又以高纬度地区、炎热地区和山地城市的执行难度最大。

东北地区尤其是纬度比较高的黑龙江省在执行国家标准中的日照标准时普遍反映难度较大。造成这种现象的原因是如果高纬度地区城市执行国家标准中的日照标准,将造成城市建设用地规模大大增加。在满足日照间距的情况下,在海口和齐齐哈尔分别建设建筑面积相同的居住用地,海口项目的容积率为2.35,而齐齐哈尔则为1.36,土地使用效率明显低于低纬度地区。可以发现,由于日照标准的存在,各地的土地使用集约程度存在着较大的差异。

炎热地区主要是指第Ⅳ、Ⅴ气候区的低纬度地区,包括广东、广西、福建、云南、贵州部分地区。相对来说,这些地区达到国家标准并不困难,矛盾也不突出,问题的主要核心是关于"需不需要日照标准"的讨论。即便是重庆这样位于第Ⅲ气候区但夏季气候炎热的城市,"日照过度,房间炎热"也是部分居民对于自身住房的反馈意见。在调研中我们发现,在广州等夏季气候炎热的低纬度地区,居民对遮阳的需要甚至超过了日照的需要,通风和视觉卫生等问题才是影响住宅间距的主要因素,日照需求不大并不意味着这些地区不应按照国家标准控制日照间距。因为这些地区获得一定日照所需的间距比较小,即使获得了足够的日照,仍然不一定能满足通风和视觉卫生的要求。因此在采光、通风和视觉卫生的有关标准确定之前,仍然需要以日照标准为基础确定间距。

③ 从居民的视角

日照相关国家标准较为注重对老年人、幼儿、儿童、中小学生、残疾人及病人等群体的保护,究其原因,主要是如果这类人群在日照不足的环境下生活与学习,将对其身心产生较正常成年人更大的影响。

日照对人的心理活动、情绪等也有直接影响。长时间日光照明不足会造成视觉紧张,使机体易于疲劳,注意力分散;过度的日光照射,不但使人心理上感到不适,而且还可导致疾病;长期使用人造光会干扰大脑中枢的正常活动,打乱人体的平衡状态,使得人们烦躁不安、头晕目眩等。未成年人、老年人、残疾人和病人等弱势群体身心对日照具有更高的特殊需求,有效的日照保护对营造和谐的生存环境和社会环境尤为重要。

④ 笔者解读

目前的日照标准是出于充分利用土地的考量,也允许建筑遮挡的存在,只是不得超过必要的限度,是在经济学上高效率的资源分配方法,同时体现了城市规划的合理性。近年来产生的日照问题,从经济角度可以归结为部分房地产开发商把土地经济利益最大化作为城市建设的主要目标,建筑密度过高造成相邻关系中的矛盾激化。

a. 以日照时数作为标准的适用性

日照时数标准需综合考虑居住环境与品质等情况来判断建筑所需日照时长。在居住日照环境优良的情况下,居住环境能够满足居民需求,日照时数仅需满足国家规范要求即可;在居住日照环境一般的情况下,居住环境基本符合居民需求,日照时数在满足国家规范要求的同时,应适度提高居住建筑的日照时长;在居住日照环境较差的情况下,影响建筑日照的因素较为复杂,居住环境的日照品质不能完全以日照时数为判断标准,在保障基本的日照时数时,需增加户外活动空间和绿植来改善居住环境质量。

我国的日照控制仅限于对日照时数的控制,其仅能保障某间居室的最低日照需求,无法对相邻土地间的"日照权"进行有效划分,导致土地权利人的私有"日照权"无法受到有效保护。一直以来,我国的城乡规划编制和管理工作都将重心放在物质空间形态上,较少考虑规划对象的产权性质以及空间布局和规划行政决策所导致的权益变化和经济后果。改革开放之后,我国开始了由计划经济向市场经济的转变,而市场经济的活动是以产权为基础的,新古典经济学证明,明确界定的财产权是市场经济有效运作的首要前提。从市场化的角度来讲,市场通过交易对权利进行初始界定及重新界定;而从法治化的角度来讲,法律法规对权利界定进行调整和保障。

b. 以日照时数作为标准的局限性

以日照时数作为定量的日照标准,在很大程度上解决了以往法律界定时概念模糊的问题,具有一定的进步性。但是在实际的使用过程中,有时并未优化日照环境,反而产生了一些问题,带来了一定的负面效果。

其一,一些房地产开发建设单位为了得到更多的经济利益,极大地压缩了日照时数的腾挪空间。他们在规定的最低日照时数的基础上,采用减小楼间距、偏转楼的角度、增加不封闭阳台等方法,尽可能从加大日照方位角的方面去满足日照要求。以大连为例,某些住宅楼尽管满足了大寒日 2 小时的日照标准,但一年中其他时间也只能满足 2 小时的日照时数,再加上楼间距的减小,客观上降低了日照环境的舒适度,这与日照规范提高居住环境质量的初衷是不符的。

其二,规划方案通过日照分析能精确地知道具体居住空间中某几个窗不能满足日照标准,为了通过日照审批,设计者往往通过局部调整的方式尽可能减少调整的工作量,这样就出现了局部造型与小区整体风格不符的情况,有时甚至对城市空间的整体美观和协调造成不良影响,这与城市规划力求创造良好城市环境的目的是背道而驰的。

其三,一些地区对城市用地没有系统的规划,缺乏前期对日照的全面考虑,没有对后续的建设预留足够的空间,形成了"谁先建设,谁就受益"的现状。例如,有些地块分期建设,南侧的地块安排了大量的高层建筑,北侧地块还未开发就已经日照不足,使得后续的建设面临严峻的日照问题,有些情况根本无法调整。再有一些年代久远的老住宅,由于规划的滞后,以及普遍存在的违章建筑等情况,日照状况原本就不容乐观,其周边如果建设新的高层建筑,即便不造成实质性的遮挡,也容易引起居民心理上的变化,从而引发纠纷。

4.3.2 建筑间距(日照间距系数)

在设计住宅建筑过程中,必须保证居住环境拥有足够的日照时间,保证遮挡建筑和被遮挡建筑有符合日照标准的间隔距离,即日照间距,具体如图 4-1 所示。计算日照间距系数的大小,主要是根据日照标准日,以日照时间为基础计算相邻房屋之间的距离,然后除以遮挡房屋檐高。具体计算公式为:

$$L = D/H$$

式中　L——日照间距系数;

D——日照间距,m;

H——遮挡房屋檐高,m。

遮挡房屋檐高,主要是指一侧建筑遮挡部分的高度减去建筑被遮挡部分的首层高度。当被遮挡建筑与遮挡建筑之间存在一定的高度差时,必须考虑两栋建筑物的室内地坪,计算正确的日照间距系数。

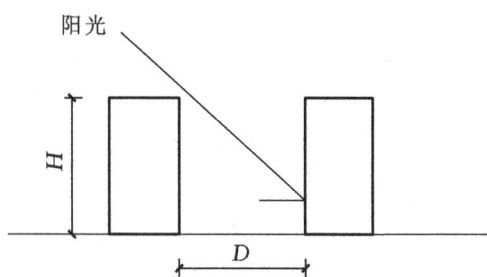

图 4-1 住宅日照间距示意图

根据太阳高度角,结合日照标准,选择最小间距来确定正确的日照间距。通过调查研究,中午日照强度最大,日照间距最小。同时,在冬至日中要想相邻住宅建筑之间满足 2 小时日照标准,就必须使日照间距系数最小值产生在 11:00 到 13:00 之间。因此,计算日照间距的太阳高度角的临界值有两个:一个为 11:00,另一个为 13:00。现对国家和省市标准分别进行介绍和解析。

（1）国家标准

日照间距系数为根据日照标准确定的房屋间距与遮挡房屋檐高的比值。

《城市居住区规划设计标准》(GB 50180—2018)规定:住宅建筑与相邻建、构筑物的间距应在综合考虑日照、采光、通风、管线埋设、视觉卫生、防灾等要求的基础上统筹确定,并应符合现行国家标准《建筑设计防火规范》(GB 50016—2014)(2018 年版)的有关规定。

（2）省市标准分类与规定

如表 4-2 所示,日照间距系数由于城市地理位置及规模不同有所差异。

表 4-2 不同气候区日照间距系数汇总表

气候区	省/自治区	城市	日照间距系数	
			旧城	新城
严寒地区	黑龙江省	佳木斯	1.80	2.00
		大庆	1.80	2.00
	吉林省	长春	1.50	1.90
		吉林	1.50	2.00
	新疆维吾尔自治区	乌鲁木齐	—	1.40～1.90
	辽宁省	大连	—	1.50
		抚顺	1.50	1.80
		锦州	1.50	1.60
		沈阳	—	1.50～2.00
	青海省	西宁	1.43	1.62
寒冷地区	内蒙古自治区	呼和浩特	—	1.73
	河北省	张家口	1.50	1.80
	山西省	吕梁	1.40	1.60
	宁夏回族自治区	银川	—	1.64
	山东省	青岛	—	1.60
		济南	1.30	1.50
		滨州	1.58	1.68
	河南省	驻马店	—	1.28
	陕西省	西安	1.31	1.35

气候区	省/自治区	城市	日照间距系数	
			旧城	新城
夏热冬冷地区	江苏省	溧阳	1.27	1.35
		常熟	1.29	1.32
		盐城	1.36	1.39
		无锡	1.28	1.31
		昆山	1.27	1.35
		南京	1.30	1.33
		苏州	1.27	1.30
		常州	1.29	1.32
	安徽省	铜陵	1.30	
		淮南	1.15	1.30
		马鞍山	1.34	1.37
		安庆	—	1.24
	浙江省	台州	—	1.20
	贵州省	贵阳	—	1.10

从城市所处地理位置来看,城市所处纬度直接影响日照间距。黑龙江省为我国纬度最高的省份,其日照间距系数为1.80~2.00。浙江省属于低纬度省份,其日照间距系数为1.20。

从城市规模来看,不同城市的日照间距系数存在差异性。由于大城市人口集中,土地需求大,用地紧张的情况比起中小城市更为明显。对于同样的日照标准,同一气候区内地理位置相近的中小城市能达到,而大城市未必能达到,所以日照标准的制定也需要考虑城市规模的实际情况。以陕西省为例,西安和杨凌均处于纬度34°16′,由于陕西省大城市采取大寒日日照2小时标准,中小城市采取大寒日日照3小时标准,西安日照间距系数则为1.35,低于杨凌的日照间距系数(1.40)。

从城市用地开发时间来看,旧区改建的项目内新建住宅,日照间距系数相对新区较低。因为欠发达城市的旧城区域普遍存在建筑低矮、建筑密度大、建筑以居住功能为主等问题,居住建筑本身能获得日照并满足日照时长实属不易。要在这类区域建设高层建筑,同时保证周边建筑能满足日照要求,对设计单位、开发企业提出了较高的要求,而很多情况下都是无论规划设计方案如何调整,均不能满足要求。部分省份的日照规范结合国家"三旧"改造的政策、旧城环境改善以及宜居城市创建等的要求,延续《城市居住区规划设计标准》(GB 50180—2018)和《住宅建筑规范》(GB 50096—2011)对旧城日照的政策支持,降低日照时数到1小时,降低日照间距系数要求。

另一方面,部分省市根据建筑形体类型制定不同的标准,主要分为条式建筑和点式建筑。

① 条式建筑

江苏省与大连市、淮南市及衢州市对条式居住建筑日照间距有明确要求。其中江苏省和衢州市条式居住建筑日照间距按日照间距系数确定。大连市根据建筑楼层及建筑类型有不同的要求,具体要求如下:

a. 多层条式居住建筑物短边相对的,建筑日照间距应不小于6 m。

b. 多层与中高层、中高层与中高层条式居住建筑物短边相对的,建筑日照间距应不小于9 m。

c. 高层与各种层数的居住建筑物的短边相对的,建筑日照间距应不小于 13 m。

d. 条式建筑物遮挡公共建筑物,相互之间长边相对的,建筑日照间距系数不得小于 2.0。

e. 条式建筑物短边与公共建筑物长边相对的,建筑日照间距应不小于条式建筑物短边宽度的 1.5 倍。

淮南市根据建筑朝向及建筑类型有不同的要求,具体要求如下:

a. 多层条式住宅建筑南北朝向平行布置(与正南方向夹角小于 15°,下同),其建筑间距新区不小于南侧建筑物高度的 1.3 倍;旧城改造不小于南侧建筑物高度的 1.15 倍。

b. 多层条式住宅建筑南北朝向布置偏角为 15°~60°的,可按不同方位间距折减换算,但其最小建筑间距不得小于 12 m。

c. 多层条式住宅建筑山墙之间作为组团通道的其建筑间距不小于 8 m,作为小区通道其建筑间距不小于 10 m。条式建筑山墙之间,作为相邻单位用地界线且不作为上述通道,其建筑间距一般不得小于 6 m。

d. 南北朝向平行布置的多层条式建筑,北侧建筑物为商住楼时,其建筑间距可按南侧建筑物高度只扣除北侧底部一层商店建筑高度,再乘以相应的间距系数确定。北侧为非居住性建筑时,其建筑间距不得小于 12 m。

② 点式建筑

关于点式建筑日照间距,山西省、江苏省及江西省规范内有明确要求。其中山西省内多层点式建设间距不宜小于 18 m。江苏省要求位于南北向住宅建筑南侧垂直(夹角＞60°)布置或东西向住宅建筑东西侧垂直(夹角＞60°)布置的低层、多层、小高层住宅建筑,其建筑日照间距按照江苏省内各市日照间距标准乘以 0.9 系数控制,当垂直住宅建筑山墙宽度大于 15 m 或 3 幢以上(含 3 幢)垂直住宅建筑平行布置时,按平行布置住宅建筑控制。江西省提出高层点式住宅建筑与其北侧中高、多、低层住宅建筑的间距不小于高层建筑高度的 0.5 倍(在旧城区,不小于0.3 倍),且其最小值为 24 m;与东(西)侧中高、多、低层住宅建筑的间距不小于 13 m。

从各地区对日照间距的规定来看,各气候区日照间距系数差异明显。第 Ⅰ、Ⅱ、Ⅲ 气候区日照间距系数基本为 1.40~2.00,而第 Ⅳ、Ⅴ 气候区基本为 1.10~1.40。旧城改造的项目内新建住宅日照标准可酌情降低。第 Ⅴ、Ⅵ 气候区由于在西部经济欠发达地区,新旧城区日照间距系数基本相同。

(3) 日照间距的综合解析

结合以上标准,对日照间距从不同视角进行解析。

① 从管理者的视角

建筑日照会受到地理位置、朝向、外部遮挡等多重因素的影响,而外部遮挡主要由建筑物高度、建筑间距等因素决定。因此,建筑间距是影响日照的一个重要原因。作为国家标准的《城市居住区规划设计标准》(GB 50180—2018)中就有对住宅间距的规定,不同地区的政府规章中亦均对其进行了更为详细的规定。以《武汉市建设工程规划管理技术规定》为例,该技术规定中对南北向平行布置的居住建筑之间、非居住建筑之间、居住建筑与其南侧非居住建筑之间以及非平行布置建筑物之间的间距分别进行了规定,并且在规定居住建筑之间的间距时还综合考虑了建筑高度、建筑外形。当然,各地区通常会考虑自身的地理状况等现实因素,因此在确定建筑间距时往往有所差异、异常复杂。

② 从设计师的视角

随着高层建筑的增多,在人多地少的约束下,高层建筑日照间距已不能完全按日照间距系数来进行控制,需要采用其他方法辅助。随着计算机技术的发展,通过电脑软件精确计算一幢建筑物对另一幢建筑物日照的影响的方法,即日照间距分析法。目前,日照间距分析法在我国许多大中城市乃至小城市都已经开始应用,以作为日照间距控制的技术支撑和依据。在建筑设计阶段,日照间距分析法更是为规划方案的审查与审批提供了科学精确的分析工具,不仅要为规划审批提供依据,更成为辅助规划设计的工具。

日照间距还需针对建筑基地地形地貌进行差异化管理。地势相对平缓的地区,应严格执行国家法律法规的控制要求;地势相对复杂的地区,需要考虑当地地域条件实际情况,并结合当地建筑风格等综合因素来对日照间距进行控制。

③ 从居民的视角

建筑间距即两栋建筑物或构筑物外墙之间的水平距离。决定建筑间距的因素主要有消防安全、通风条件、空间环境和日照条件等,而充足的日照能使室内保持良好的卫生条件和干燥的生活环境。

④ 笔者解读

根据我国的地理位置、气候状况和多年的规划实践经验,绝大多数地区的建筑间距只需要满足日照要求。因此,一般认为日照因素是决定建筑间距的最重要因素,日照间距的控制直接影响到建筑间距的控制。

随着城市的快速发展,土地资源紧缺,为了更加高效集约利用城市土地,高层建筑逐渐成为主流,然而若是在控制建筑间距时采取间距系数的方法(一般适用于多层建筑),不仅无法提高地块容积率,反而会使得建筑成本成倍上升。因此地方规划管理部门多采用日照分析软件,结合日影主客体范围划定进行采光权界限的划分,能在满足住宅采光时间的前提下大幅缩短建筑间距。但是随着时间的推移,这种权利划分方式还是存在严重的问题。

城市中高层建筑较多的地区,各个建筑物的关系也更加烦琐,建筑朝向、形体以及窗台所处位置等,都会对日照造成影响,一旦出现日照问题,降低日照水平,需要判断最终的责任主体。建筑工程的土地批租、规划、设计、施工、验收、维护等环节,尤其是临近地块的施工顺序等,也是日照水平的重要影响因素。在制度中每个因素都有对应的责任依据,例如,上海市针对建筑日照作出了如下规定:建筑物次要朝向根据建筑间距控制即可,无须分析日照。由此可见,其中虽然明确指出责任主体,但是却从侧面划分了责任界限,被遮挡建筑的非主要朝向设置窗户,即便与日照标准不符,遮挡者仅需满足要求间距要求便无须承担责任,使当地的土地利用率得到显著提升,也将日照管理流程进行了简化。而若只是针对建筑其中一个朝向上不合理的窗户设置而调整建筑距离,使两栋建筑的间距增加,在一定程度上阻碍了土地的充分利用。

4.3.3 日照分析技术参数

4.3.3.1 日照标准日

(1)国家标准

根据国家相关规范,应满足受遮挡居住建筑的居室在大寒日的有效日照时间不低于2小时,居室是指卧室、起居室;敬老院、老人公寓等特定的为老年人服务的设施,其居住空间的日照时间应满足不低于冬至日2小时的日照标准;托儿所、幼儿园生活用房的日照时间应满足不低于冬至日3小时的日照标准。中小学教学楼教学用房的日照时间应满足不低于冬至日2小时的日照标准;医院病房楼的病房部分应满足冬至日不低于2小时的日照标准。满足以上日照要求时即视为日照不受影响。

(2)省市标准分类与规定

如表4-3所示,大部分城市日照标准日的计算起始时间选择为大寒日/冬至日的8:00—16:00/9:00—15:00,这是根据大部分地区的市民作息规律和季节日照规律决定的。

表4-3　各地日照标准统计表

日照标准日	大寒日/冬至日	大寒日/冬至日（真太阳时）	大寒日	冬至日	冬至日（真太阳时）
计算起始时间	8:00—16:00/9:00—15:00	8:00—16:00/9:00—15:00	8:00—16:00	9:00—15:00	9:00—15:00
城市	沈阳、衡水、烟台、潍坊、青岛、菏泽、禹城、德州、兰州、许昌、盐城、昆山、南京、淮安、扬州、芜湖、蚌埠、西安、成都、武汉、宁波、瑞安、台州、长沙、郴州、东莞	长春、鄂尔多斯、呼和浩特、石家庄、唐山、沧州、银川、安阳、濮阳、厦门	大连、呼伦贝尔、溧阳、高邮	上海、杭州	昆明、南宁
备注	北京:大寒日采用8:00—16:00;冬至日采用8:00—16:00。 天津:住宅的有效日照时间带为大寒日8:00至16:00;其他有日照要求建筑物的有效日照时间带为冬至日9:00—15:00。 常州:有效日照时间为9:00—16:00(当地真太阳时);现状住宅日照在9:00—15:00少于2小时的,按8:00—16:00进行计算。				

(3)不同气候区标准分类与规定

各气候区日照标准统计表如表3-1所示。

(4)日照标准日的综合解析

① 从管理者的视角

国家标准中规定的标准日为大寒日或冬至日。全国不同省市的日照标准日和时间段根据所处气候区的不同和城市规模大小而有所变化。在第Ⅰ、Ⅱ、Ⅲ、Ⅶ气候区的城市以及第Ⅳ气候区的大城市,日照标准日为大寒日,有效时间带为8:00—16:00;在第Ⅴ、Ⅵ气候区的城市以及第Ⅳ气候区的中小城市,日照标准日为冬至日,有效时间带为9:00—15:00。

② 从设计师的视角

日照标准日就是用来测定和衡量建筑日照时数的特定日期。一年中同一时刻以冬至日太阳高度角最小,基于此,过去全国各地一律以冬至日为日照标准日,有关文件曾规定:冬至日住宅底层日照不少于1小时。但从实际实施情况看绝大多数地区的大、中、小城市均未达到这个标准,而只能采用第二档次即大寒日为标准日。因此,现阶段,我国采用冬至日和大寒日两级标准。

③ 从居民的视角

大寒日:即每年的1月20日。大寒时节,中国南方大部分地区平均气温多为6~8℃,比小寒高出近1℃,大寒节气也是一年中的寒冷时期。小寒、大寒是一年中雨水最少的时段。

冬至日:即每年的12月21日、22日或23日。冬至这一天北半球得到的太阳辐射最少,比南半球少了约50%。在太阳辐射最少的阶段若能满足不少于2小时的日照,则住宅全年每天获得的日照都不会少于2小时(无太阳辐射的天气除外)。

④ 笔者解读

日照标准日的选择有待优化。《城市居住区规划设计标准》(GB 50180—2018)中的日照标准在制定的时候主要参考了苏联和欧美的相关国家的日照标准。根据规范,我国日照标准日的选择全国统一分为冬至日和大寒日两种,但从其他国家来看,与我国东北地区纬度相近的苏联南部地区和德国采用的日照标准日是雨水日(2月19日),英国、美国采用的日照标准日是3月1日,而我国东北地区仍采用冬至日或大寒日作为日照标准日,要求显然比欧美等地高出很多。欧美等地3月达到的日照标准,我国东北地区1月就能达到,再加上苏联、美国等地地广人稀,相比我国人多地少的现状,过高的日照标准显然没有充分考虑国情。因此,根据我国的实际情况,特别是针对东北、西北等高纬度地区制定更为合理、科学的日照标准日,显得十分重要。

参考国外高纬度地区的日照规范,有些做法值得借鉴。欧洲曾提出过一个日照标准,纬度高于一定数值的地区,将不再以某一具体日的日照时数为依据,而是将一年中总计日照时数作为基础值,以冬季某个时期内累积的日照时数占全年总计的日照时数的比例是否满足要求来进行判定。这一标准的好处就是考虑了高纬度地区的特殊性,避免了通常标准在高纬度地区的不适应性。我国东北北部等高纬度地区符合这一标准的使用条件,虽然也有判定难、不易操作等缺点,但是可以将其作为我们未来制定日照标准的一个方向。

研究结果表明,住宅建筑日照的标准主要由两个因素决定:一是地区所处的纬度及其气候特征。我国地域广阔,南北跨度大,纬度差异常常导致在同一标准下的投影长度相差三至四倍之多,因此高纬度北方地区的日照间距要比低纬度南方地区的日照间距大出数倍,满足日照标准的难度也更大。二是所处城市的规模大小。我国城市建设速度和规模大小都不一致,居民生活水平也各有不同,这些导致了不同城市对日照的需求不一样。为了使日照标准可操作性更强,原有的标准亟待得到修改,修改主要分为以下几个方面。

a. 从建筑气候分区的角度细化日照标准

我国幅员辽阔,在气候差异性很大的地区间采用统一的日照标准并不合理,因此根据建筑气候分区以及各地区多年建设的现状以及地方性经验来细化日照标准也十分有必要。对全国各地区典型城市的调查研究表明,第Ⅳ、Ⅴ气候区的城市如南宁、昆明等,现有住宅的日照间距已达到或接近冬至日1小时的标准,第Ⅱ、Ⅲ气候区的城市如杭州、武汉、南京、济南等,现有住宅的日照间距则仅接近大寒日1小时的标准,第Ⅰ气候区的城市如哈尔滨、沈阳、长春、佳木斯等,现有住宅的间距则基本连大寒日1小时的标准都达不到。因此,对第Ⅰ、Ⅱ、Ⅲ气候区采用更为宽松的大寒日8小时有效日照时段内2~3小时的日照标准,而对第Ⅳ、Ⅴ气候区采用更为严格的冬至日6小时(部分为大寒日8小时)有效日照时段内1~3小时的日照标准,更具科学性、合理性和适应性。

b. 考虑了不同城市规模对日照要求的差异性

大城市由于人口集中,土地需求大,因而用地紧张的情况比中小城市更为明显。对于同样的日照标准,同一气候区内地理位置相近的中小城市能达到,而大城市未必能达到,所以日照标准的制定也需要考虑不同城市规模的实际情况,这是一个普遍共识。例如,第Ⅰ、Ⅱ、Ⅲ气候区的大城市采用大寒日2小时的日照标准,而中小城市采用大寒日3小时的日照标准;第Ⅳ气候区的大城市采用大寒日3小时的日照标准,而中小城市采用冬至日1小时的日照标准,第Ⅴ、Ⅵ气候区由于在西部经济欠发达地区,大城市和中小城市的差异不大,因此统一为冬至日1小时的日照标准。

4.3.3.2 采样点间距

（1）国家标准

采样点间距应根据计算方法和计算区域的大小合理确定,窗户宜取 0.30～0.60 m;建筑宜取 0.60～1.00 m,场地宜取 1.00～5.00 m。

（2）省市标准分类与规定

如表 4-4 所示,大部分城市采样点间距为 1 m,少数对节地有更高要求的大城市会选择更密集的采样点。1 m 的采样点间距既能满足计算精度的需求,在计算工作量上也属于大部分设计院可以接受的范围。

表 4-4 各地采样点间距要求统计表

采样点间距/m	0.3	0.5	0.6	1
城市	上海	银川、菏泽、武汉	许昌、淮安、杭州、台州	长春、鄂尔多斯、呼和浩特、衡水、沧州、烟台、潍坊、青岛、禹城、德州、济南、濮阳、无锡、昆山、南京、高邮、芜湖、蚌埠、成都、宁波、郴州、厦门、东莞、南宁
备注				呼伦贝尔:采样点间距不超过 1 m×1 m。分析受日照影响的现状住宅建筑时,采样点间距不超过 0.5 m×0.5 m; 北京:窗户的采样点间距不应大于 0.3 m,建筑物的采样点间距不应大于 1.0 m,场地的采样点间距不应大于 5.0 m; 天津:网格间距不大于 1 m,现状住宅不大于 0.5 m; 石家庄:进行窗户沿线分析的,采样点间距为 0.45 m,其他为 1.0 m; 唐山:采样点间距不超过 1 m×1 m。分析受日照影响的现状住宅建筑时,采样点间距不超过 0.5 m×0.5 m; 兰州:水平面 5 m,立面 1 m; 安阳:采样点间距应根据计算方法和计算区域的大小合理确定,建筑取 0.60 m;场地取 1.00 m; 溧阳:采样点间距不超过 2 m×2 m。分析受日照影响的现状住宅建筑时,采样点间距不超过 1 m×1 m; 盐城:采样点间距不超过 1 m×1 m。当有效时间带统计的日照时间接近临界值时,采样点间距不超过 0.5 m×0.5 m; 扬州:根据计算方法和计算区域大小,合理确定采样点间距。窗户取 0.30 m;建筑取 1.00 m;场地取 3.00 m; 西安:采样点间距不超过 2 m,当有效时间带统计的日照时间接近临界值时,采样点间距不超过 0.5 m; 瑞安:采样点间距不超过 1 m×1 m。分析受日照影响的现状住宅建筑时,采样点间距不超过 0.5 m×0.5 m; 昆山:线上日照分析采样点间距 0.5 m,多点分析采样点间距 0.3 m

在日照模拟计算时,采样点间距的大小与计算数据的精确程度直接相关,采样点间距小能提供更精确的测量结果,但同时也需要设计方投入更多的精力来做模拟准备和校验结果。在实践中,采样点间距宜根据项目的规模来制订,在规范上最好是确定一个范围,以保证设计的灵活性。

（3）采样点间距的综合解析

① 从管理者的视角

采样点间距是影响日照分析结果的一个重要原因。在计算机模拟日照分析的过程中采样点间距越小,日照仿真模拟中计算量也越大,不利于相关工作的开展,适宜的建筑采样间距和场地采样间距是高效开展项目审批的重要环节之一。

② 从设计师的视角

国家颁布的有关日照计算的相关规范直接限制了计算机日照模拟过程中的建筑采样间距和场地采样间距。采样点间距越细致,模拟出来的结果误差越小,采样点间距越大,计算机模拟出来的结果误差越大。而计算机模拟出来的结果直接决定了在项目初期阶段建筑的基本间距,它是影响项目总平面布置的直接因素。

③ 从居民的视角

居民普遍希望采样点间距越近越好。在项目规划阶段,采样点间距越细致越能模拟出真实的情况,所得出的规划结果就越有利于居民的居住。

④ 笔者解读

进行日照计算分析的基本途径是设置窗户、建筑或场地上的采样点,通过判定采样点是否被遮挡来判断其日照状况。不同的采样点间距,将影响日照分析的最终结果。所以,日照分析时应根据计算方法、区域大小及分析对象确定采样点间距,减少因采样点间距不合理带来的计算误差。一般来说,采样点间距较大时,其计算结果的误差也较大,采样点间距较小时,计算的结果更为精确。

4.3.3.3 间隔时间

间隔时间与采样点间距在规范中的作用类似,均影响计算数据的精确程度。各省市在制定间隔时间时往往根据惯例来确定。

(1)国家标准

当需设置间隔时间时,间隔时间不宜大于 1.0 min。

(2)省市标准分类与规定

如表 4-5 所示,多数城市间隔时间为 1~5 min,少数严寒地区城市或长三角地区城市间隔时间为 10 min 以上。1~5 min 间隔时间的计算精确度较高,而少数寒冷地区将间隔时间适当加长,是一种对日照不足的妥协,毕竟在日照天然不足的情况下要求高精度,势必有许多原本计算合格的部分变为不合格,导致规范对建设的约束过于严格。另外长三角地区的间隔时间多是延续以前设计方的计算惯例,在规范修订时应选择更加精确的间隔时间。

表 4-5　各省市间隔时间标准统计表

间隔时间/min	1	2	5	6	10	15
城市	长春、北京、天津、石家庄、沧州、银川、烟台、青岛、许昌、淮安、蚌埠、上海、武汉、昆明	常州	沈阳、呼和浩特、唐山、衡水、潍坊、菏泽、禹城、德州、济南、安阳、濮阳、盐城、昆山、高邮、扬州、芜湖、西安、成都、杭州、宁波、瑞安、台州、郴州、贵阳、厦门、东莞	鹤壁	呼伦贝尔、溧阳、南京	鄂尔多斯
备注	无锡:采样时间间隔可为 1~5 min。总平面分析时,可采用 5 min 的采样时间间隔;局部放大分析时,可采用 1 min 采样时间间隔。 南宁:采样时间间隔可为 1~5 min。总平面分析时,可采用 4 min 的采样时间间隔;局部放大分析时,可采用 2 min 采样时间间隔					

（3）间隔时间的综合解析

① 从管理者的视角

间隔时间会直接影响最后建筑的日照时数，日照时间段一般只有满足连续 5 min 以上的要求才计入有效时长，在一定程度上会筛除掉那些只有几分钟的日照时间段，提高了住宅项目的居住质量。

② 从设计师的视角

间隔时间会直接决定哪些时间段可以计入有效时长，哪些时间段不可计入有效时长，这直接影响了日照分析的最终结果和建筑楼间距的设置。因为湖北省日照有关管理办法所要求的间隔时间是 5 min，属于比较严格的计算要求，所以会导致相同情况下建筑间距比其他城市所要求的高一点。

③ 笔者解读

日照计算时采样的间隔时间是影响计算误差的重要因素。为保证日照分析计算结果的准确，将误差控制在合理的范围内，采用阴影分时迭合算法的计算软件设置阴影采样间隔时间时，其间隔时间不宜大于 1 min。

4.3.3.4 计算误差

日照计算的时间表达应为真太阳时，也可换算为北京时间，时间的输出结果应精确到分钟。日照计算软件允许计算误差为 ±3.0 min。当不同工程阶段的日照计算结果之间不一致或其与观测日照时间不一致时，应以最后阶段的日照计算结果为准。现从不同视角对其进行解析。

（1）从管理者的视角

计算误差会直接关系到日照模拟的最终结果和项目审批的结果，日照分析在项目公示阶段也是重点内容，若项目公示阶段因计算误差较大导致日照分析不满足要求被民众投诉，会造成不良的后果。

（2）从设计师的视角

计算误差会直接影响项目的规划结果，若在前期方案初步阶段出现较大计算误差会导致后期方案全部推翻重来，会耗费大量人力物力。若前期计算误差较小，可在后期略微调整建筑间距，以满足日照标准的要求。

（3）从居民的视角

计算误差会影响住宅的间距，也会影响住宅的品质，居民往往希望计算误差越小越好。

（4）笔者解读

各个省市的日照分析技术规范都对计算误差有所规定，一般都是 1～3 min，因为技术规定了有效间隔时间一般为 5 min，为了保证结果的准确性，计算误差肯定要比有效间隔时间短。

4.3.3.5 建筑朝向

许多城市对建筑有效朝向的界定，均以南北向布置的建筑南向或东西向布置的东西向为主朝向或有效朝向，且主朝向或有效朝向取得的日照为有效日照，这对建筑布局和取得日照的方式提出了更高的要求。《城市居住区规划设计标准》（GB 50180—2018）摒弃了主朝向和次朝向的概念，认为不论以何种方式取得日照，不论从哪一朝向获得日照均属于有效朝向，这样有利于建筑的灵活布局，同时变相降低了日照标准实现的难度，建立了既适应城市发展又满足人的日照需求的双重价值取向。

（1）国家标准

根据《城市居住区规划设计标准》（GB 50180—2018）等相关标准，日照计算宜考虑太阳光线与墙面水平夹角的影响，水平夹角的取值应按建筑朝向、建筑墙体和窗户形式等因素综合确定。

太阳光线与墙面的水平夹角又称扫掠角，在一定程度上反映了日照的质量。由于有效日照时间带的限制，南北朝向的建筑基本不会受此影响，但是随着建筑朝向的变化，当建筑外墙与太阳光线之间的夹角逐渐减小时，其对日照质量的影响也会逐渐变大。

建筑朝向设计的影响因素主要有当地气候条件、地理环境、建筑用地情况等，冬季需争取较多日照，夏季则需避免过多日照。合理设置住宅的朝向是居住区规划节地的常用方法之一，同时也能保证住宅得到充分的日照。在居住区规划设计中，住宅的朝向一部分要依托于道路的走向。例如，哈尔滨市区整体规划中，正南北的道路并不多，其主要道路都偏离正南北向一定的角度，在这种情况下，研究不同布局对日照间距的影响就更加重要。

根据多年的实践证明，在冬季各朝向居室内接收紫外线，其数量以南向、东南和西南朝向较多，东、西朝向较少，大约只有南向的二分之一。东北、西北和北向的居室，接收紫外线更少，大约只有南向和东南向的三分之一左右。从接收紫外线多少来考虑，南偏东45°到南偏西45°朝向的范围为较佳的建筑朝向。在实际情况中，朝向角的偏转不是简单的住宅间距折减所能概括的。如何选择住宅朝向，保证住宅日照以及节约土地，值得进行更为详细的分析和探讨。

朝向方位对间距的折减作用主要是由于当住宅主朝向偏离正南方向时，住宅间距对应的方位角并非太阳高度角最高的时刻，这样就为日照赢得更大的空间，从而可以适当减小日照间距，节约更多的土地。单从冬季日照环境来说，采用正负朝向角对日照的影响是一样的。因此下文只分析了正朝向角，但在实际的应用中，还应从当地季风状况以及夏季防热的角度考虑，按照合理的日照间距选择合适的朝向。

（2）省市标准分类与规定

如表 4-6 所示，在建筑朝向的规定上，各省市一般根据各自的地理环境和太阳方位来确定，在实践中规定区间一般较大，以适应不同项目的设计特点。一般而言，在建筑朝向的相关规定上有三种类型：综合性规定、单项规定、宽松型规定。

表 4-6　建筑朝向统计表

类型	城市	建筑朝向
综合性规定	哈尔滨	1. 新建建筑物纵墙与相邻住宅北向或者北偏东20°或北偏西20°纵墙相对的间距，不小于新建建筑物檐高的1倍。 2. 新建建筑物山墙与南向或者南偏东30°或南偏西30°相邻住宅纵墙相对的间距，为新建建筑物檐高的1.5倍，计算的间距超过 15 m 的，以 15 m 为限。 3. 新建建筑物的纵墙与相邻住宅北向或北偏东20°或北偏西20°纵墙相对的间距，不小于新建建筑物檐高的1/2，计算间距不足 24 m 的，按 24 m 确定，超过 50 m 的，按 50 m 确定。与其他朝向住宅纵墙相对间距，不小于新建建筑物檐高的2/3，计算间距不足 36 m 的，按 36 m 确定，超过 60 m 的，按 60 m 确定。 4. 新建建筑物的山墙与相邻住宅北向或北偏东20°或北偏西20°纵墙相对的间距，不小于新建建筑物檐高的1/4，计算间距不足 10 m 的，按 10 m 确定，超过 25 m 的，按 25 m 确定。与其他朝向相邻住宅纵墙的间距，不小于新建建筑物檐高的1/3，计算间距不足 15 m 的，按 15 m 确定，超过 30 m 的，按 30 m 确定

续表 4-6

类型	城市	建筑朝向
综合性规定	吉林	建筑物采光的方向为南向、东向或西向。每户至少保证一个朝向的采光。住宅楼的山墙均不作为采光的朝向
	呼伦贝尔	（一）居住建筑与居住建筑平行布置时的间距： 1. 长边朝向为正南时，其最小间距控制为：旧城区间距为南侧建筑高度的 1.8 倍，新区为 2.0 倍。 2. 当住宅朝向不朝正南时，其间距应按规定的折减系数确定。 （二）居住建筑与居住建筑垂直布置时的间距： 1. 建筑长边与其主朝向一侧另一建筑短边之间的间距为主朝向一侧建筑高度的 1.2 倍，且最小间距不少于 12 m；与其背后一侧另一建筑短边之间的间距为主朝向一侧建筑高度的 90%，且最小间距不少于 12 m。 2. 相对的建筑山墙宽度小于或等于 13 m 的，其间距按垂直布置的居住建筑控制；建筑山墙宽度大于 13 m 的，其间距按平行布置的居住建筑控制。 （三）居住建筑与居住建筑既非平行也非垂直布置时的间距： 1. 当两幢建筑的夹角小于或等于 60°时，其最小间距按平行布置的居住建筑控制； 2. 当两幢建筑的夹角大于 60°时，其最小间距按垂直布置的居住建筑控制
	鄂尔多斯	1. 多层、低层住宅平行布置且长边朝向正南时，其最小间距控制为：新建区住宅间距为南侧建筑高度的 1.8 倍，改建区为 1.6 倍，且不小于 12 m。点式住宅间距通过日照分析确定。 2. 当住宅朝向不朝正南时，其间距应按下表规定的折减系数确定。

方向角	0°～15°	15°～30°	30°～45°	45°～60°	60°～90°
间距系数	1.0	0.9	0.8	0.9	0.95

类型	城市	建筑朝向
	巴彦淖尔	1. 遮挡建筑为板式建筑 板式居住建筑的长边平行布置时，应根据其朝向和与正南的夹角不同，长边之间的建筑间距系数不得小于下表的规定。

建筑朝向与正南夹角	建筑间距系数
0°～20°（含）	1.8
20°～60°（含）	1.6
60°以上	1.7

2. 地界相邻的建筑物因建设时序不能确定时，主要朝向界外建筑按 6 层住宅间距的 1/2 退让

类型	城市	建筑朝向
	宿州	新区内的多层建筑主朝向（长轴朝向）间距不得低于建筑高度的 1.3 倍；高层建筑根据实际情况确定。新区内的多层建筑山墙次朝向（短轴朝向）间距不得少于 8 m；高层建筑不得少于 13 m。 旧区内 10 层以下建筑主朝向（长轴朝向）间距不得低于建筑高度的 1.15 倍；10 层至 19 层建筑，每增加一层单方间距增退 1 m；20 层以上建筑，每增一层单方间距增退 0.8 m。旧区内的多层建筑山墙次朝向（短轴朝向）间距不得少于 6 m，高层建筑不得少于 13 m。旧区内建设基地边缘的建筑物与用地办界的距离，不得少于该类建筑所需间距的一半和消防间距规定

类型	城市	建筑朝向
综合性规定	滁州	一、高层住宅之间的间距按下列要求确定： （一）平行布置时的间距： 南北向（东西向）的 A 类地区间距不应小于 26 m，B 类地区间距不应小于 32 m，并应满足以下要求： 正向重叠长度为 30 m（含 30 m）以内间距不应小于南侧（较高）建筑高度的 50%； 正向重叠长度为 30～40 m（含 40 m）间距不应小于南侧（较高）建筑高度的 60%； 正向重叠长度大于 40 m 间距不应小于南侧（较高）建筑高度的 70%。 （二）垂直布置时的间距（相对的建筑山墙宽度大于 16 m 的，其间距按平行布置间距控制）： 南北向（东西向）的间距不应小于南侧（较高）建筑高度的 40%。 （三）既非平行也非垂直布置时的间距： 1. 两幢建筑夹角小于或等于 60°布置时，其最窄处间距按平行布置建筑间距控制。 2. 两幢建筑夹角大于 60°布置时，其最窄处间距按垂直布置的建筑间距控制。 二、低层住宅之间的间距按下列要求确定： （一）平行布置时的间距，南北向（东西向）的建筑间距不少于南侧（较高）建筑高度的 1.4 倍，且不小于 10 m。 （二）垂直布置时的间距（相对的建筑山墙宽度大于 14 m 的，其间距按平行布置间距控制）：南北向间距不应小于 8 m，东西向间距不应小于 6 m。 （三）既非平行也非垂直布置时的间距： 1. 两幢建筑夹角小于或等于 60°布置时，其最窄处间距按平行布置建筑间距控制。 2. 当两幢建筑夹角大于 60°布置时，其最窄处间距按垂直布置的建筑间距控制。 三、低层住宅与多层住宅之间的间距按下列要求确定： （一）低层住宅与多层住宅朝向为南北向的平行或垂直布置时，多层位于北侧，间距按低层住宅间距执行，多层位于南侧，间距按多层住宅间距执行。 （二）低层住宅与多层住宅朝向为东西向的平行或垂直布置时，其间距按多层住宅间距执行。 （三）既非平行也非垂直布置时的间距。 1. 两幢建筑夹角小于或等于 60°布置时，其最窄处间距按平行布置建筑间距控制。 2. 当两幢建筑夹角大于 60°布置时，其最窄处间距按垂直布置的建筑间距控制
	长沙	城市规划区一类区南北向为 1.5 倍间距值（此间距值是指新建高层建筑所在区域按《长沙市城市规划管理技术规定》要求的建筑南北向布置时的标准间距值，以下简称间距值），东西向作为建筑主要朝向时为间距值的 1.0 倍，东西向作为建筑次要朝向时为间距值的 60%；城市规划二类区南北向为 1.8 倍间距值，东西向作为主要朝向时为 1.2 倍间距值，东西向作为次要朝向时为间距值的 80%。当建筑形体为非规则矩形时，具体分析范围由规划部门根据新建项目周边实际情况参照以上要求划定。日照分析应保证受遮挡建筑主要朝向的窗户的有效日照，次要朝向按规定的建筑间距控制，不作日照要求。板式建筑以垂直长边的方向为主要朝向，塔式建筑以南北向为主要朝向[南北向指正南北向和南偏东（西）45°以内（含 45°），东西向指正东西向和东（西）偏南 45°内（不含 45°）]。在特殊情况下难以确定建筑朝向时，以每套住宅获得日照的方向作为主要朝向
	常州	日照分析是对被遮挡建筑的主朝向窗台进行分析，次要朝向窗台以及没有窗户的墙面不作日照要求。住宅以主卧或居室较多的朝向为主朝向窗台，每一户只确定一个主朝向。当一个墙面既有主朝向窗台又有次要朝向窗台时，只分析主朝向窗台。其他有日照要求的建筑不论其平面形状如何，均以其南外墙[正南或南偏东（西）45°以内（含 45°）]的垂直方向为日照主朝向。学生宿舍主要朝向的寝室，应不低于大寒日有效日照 2 小时的日照标准

续表 4-6

类型	城市	建筑朝向
综合性规定	淮安	学生宿舍主朝向的寝室,应能满足与住宅建筑居住空间相同的日照标准。日照分析是对被遮挡建筑的主朝向窗台进行分析。住宅建筑以主卧或居室较多的朝向为主朝向窗台,每一户只确定一个主朝向;其他有日照要求的建筑不论其平面形状如何,均以其南外墙[正南或南偏东(西)45°以内(含45°)]的垂直方向为日照主朝向。建筑物临两条以上道路的,按主要朝向的道路规划红线计算控制高度,建筑所临道路的另一侧为广场、河道、电力线保护区的,在计算高度时,广场、河道、电力线保护区的 1/2 宽度连同道路红线宽度一并计算,但风景旅游区的河道除外。沿建设用地边界一侧的遮挡建筑,其主、次要朝向退让建设用地边界(规划用地红线)的最小距离分别为 0.5L(L 为当地正南向住宅的标准日照间距,单位为 m)。沿建设用地边界一侧的被遮挡的非住宅建筑,其主要朝向退让建设用地边界(规划用地红线)的最小距离按规定山墙间距的二分之一计算确定。现有驳岸或与驳岸同步实施,建筑主要朝向离河界最小距离不得小于 8 m,次要朝向不得小于 6 m;同时建有道路的(道路宽度≥5 m),建筑主要朝向离河界最小距离不得小于 13 m,次要朝向不得小于 11 m;驳岸延后实施的,建筑主、次要朝向离河界最小距离不得小于 15 m
	连云港	民房主屋非平行布置时(夹角≤60°),其最窄处建筑间距按平行布置的建筑间距控制; 在南北向主屋南北侧,东西向主屋东西侧垂直布置的民房(夹角＞60°),其主朝向房屋建筑间距按正常标准乘以 0.7 系数控制,其最小间距不得小于 4 m。当垂直主屋山墙宽度大于 6 m 时,按平行布置的建筑间距控制;次朝向建筑间距不小于 1.2 m。南北向房屋主朝向为南向,东西向房屋以院落所在方向为主朝向。 在满足建筑间距条件下,平行布置的主屋南北之间的间距最小不得小于 6 m,山墙间距不得小于 1.2 m
	重庆	一、(主采光面相对平行布置时的间距)相邻住宅建筑,主采光面相对平行布置时的间距: (一)8 层及 8 层以下,或计算高度小于或等于 24 m,住宅主要采光面之间的距离:旧城改造区不小于平均高度的 80%,新建区不小于平均高度的 1 倍。 (二)9 层及 9 层以上,或计算高度大于 24 m、面宽不大于 40 m(含 40 m)的住宅主要采光面之间的距离:旧城改造区不小于 24 m,新建区不小于 28 m。 (三)9 层及 9 层以上,或计算高度大于 24 m、面宽大于 40 m 的住宅主要采光面之间的距离,按本条第(一)项的规定办理,计算高度超过 100 m 的建筑按计算高度 100 m 执行。 二、(主采光面垂直布置时的间距)相邻住宅建筑,主采光面垂直布置时,外墙面与拆迁范围线或用地边界线的距离,在不小于本章其他规定间距 50% 的条件下,其间距为: (一)8 层及 8 层以下,或计算高度小于或等于 24 m,住宅主要采光面与另一栋住宅山墙之间的距离:旧城改造区不小于 8 m,新建区不小于 12 m。 (二)9 层及 9 层以上,或计算高度大于 24 m,面宽不大于 40 m(含 40 m)住宅主要采光面与另一栋住宅山墙之间的距离:旧城改造区不小于 12 m,新建区不小于 15 m。 (三)9 层及 9 层以上,或计算高度大于 24 m,面宽大于 40 m 的住宅主要采光面与另一栋住宅山墙之间的距离:旧城改造区不小于 15 m,新建区不小于 18 m。 三、(主采光面既不平行,也不垂直布置时的间距)相邻住宅建筑,主采光面既不平行,也不垂直布置时的间距: (一)夹角小于或等于 60°时,最窄处按第一项确定; (二)夹角大于 60°时,最窄处按第二项确定

类型	城市	建筑朝向
综合性规定	太原	（一）多层居住建筑平行布置时的间距。 　1. 朝向为南北向的指正南方向并包括南偏东或南偏西（0～15°），其间距在旧区不小于南侧建筑高度的 1.3 倍，新区不小于南侧建筑高度的 1.54 倍。 　2. 朝向为南偏东或南偏西方位角在 15°～60°的，住宅正面间距，新区可按不同方位进行折减，旧区不得折减。 　3. 朝向为东西向的（包括南偏东或南偏西在 60°以上的），其间距新区不小于影响范围的建筑物高度的 1.54 倍，旧区不小于 1.3 倍。 （二）多层居住建筑垂直布置的间距。 山墙与朝向为南北向的多层居住建筑的北向（含北偏东、北偏西），其间距不得小于 15 m，且不小于北侧建筑山墙的宽度 B_n；与南向（含南偏东、南偏西），其间距不得小于 18 m，且不小于南侧建筑山墙宽度 B_n 的 1.2 倍。 （三）多层居住建筑既非平行也非垂直布置的间距。 　1. 当两幢建筑的夹角小于或等于 30°时，其最窄处间距按平行布置的居住建筑控制。 　2. 当两幢建筑的夹角大于 30°，小于或等于 60°时，其最窄处间距南北向的应小于南面建筑物高度的 1.2 倍，东西向的应不小于影响日照的建筑物高度的 1.0 倍，且不低于垂直布置时的间距要求。 　3. 当两幢建筑的夹角大于 60°时，其最窄处间距按垂直布置的居住建筑控制
	宁波	日照分析应保证受遮挡建筑主要朝向的窗户的有效日照，次要朝向按规定的建筑间距控制，不作日照要求。板式建筑以垂直长边的方向为主要朝向，塔式建筑以南北向为主要朝向［南北向指正南北向和南偏东（西）45°以内（含 45°），东西向指正东西向和东（西）偏南 45°内（不含 45°）］。在特殊情况下难以确定建筑朝向时，以每套住宅获得日照的方向作为主要朝向
	台州	1. 南北向布置的条状分析对象，以南外墙的垂直方向为日照主朝向。 2. 东西向布置的条状分析对象，当东外墙朝向偏南时，以东外墙的垂直方向为日照主朝向；当西外墙朝向偏南时，以西外墙的垂直方向为日照主朝向；正东西朝向的，以居室较多的朝向为日照主朝向。 3. 点状分析对象，当三个或三个以下居室的住宅至少有一个朝南居室，四个或四个以上居室的住宅至少有两个朝南居室时，以南外墙的垂直方向为日照主朝向；否则，东外墙或西外墙的垂直方向也应确定为日照主朝向
	瑞安	日照分析应保证受遮挡建筑主要朝向窗户的有效日照，次要朝向按规定的建筑间距控制，不作日照要求。 新建住宅至少有一个方向获得日照，此方向即为主要朝向。 现状住宅一般以主要卧室朝向或有利日照的朝向为建筑主要朝向。 居住建筑一个户型有几个朝向的居室的，其主要朝向的居室满足日照有效时间的要求即可
	青岛	日照的有效时间根据建筑物朝向确定（见下表）。建筑物朝向的角度超过日照有效时间表规定角度范围的，不做日照分析。 表见下

青岛表：

建筑物朝向	有效日照时间	建筑物朝向	有效日照时间
正南向	9:00—15:00		
南偏东 1°～15°	9:00—15:00	南偏西 1°～15°	9:00—15:00
南偏东 16°～30°	9:00—14:30	南偏西 16°～30°	9:30—15:00
南偏东 31°～45°	9:00—13:30	南偏西 31°～45°	10:30—15:00
南偏东 46°～60°	9:00—12:30	南偏西 46°～60°	11:30—15:00
南偏东 61°～75°	9:00—11:30	南偏西 61°～75°	12:30—15:00

续表 4-6

类型	城市	建筑朝向
综合性规定	聊城	医院病房楼、休(疗)养院住宿楼、幼儿园、托儿活动室和大、中、小学的教学楼与相邻建筑的间距,具体执行时,应根据其朝向与正南方向的夹角而定。 (一)在建筑主要朝向上,长度小于 6 m,占建筑总长和总高小于 1/3 的竖向突出部分。 (二)在建筑主要朝向上,长度小于 6 m、距主体墙小于 2 m,占建筑总长小于 1/2 的突出部分
单项规定	南京	日照分析以主要朝向所在的面为分析面。主要朝向一般指主要居室朝向。分析面中没有窗的部分以及被阳台自遮挡的部分不作日照要求
	盐城	日照分析应保证受遮挡建筑主要采光方向的窗户的有效日照,次要朝向按规定的建筑间距控制,不作日照要求。 (1)新建住宅主要获得日照方向即为主要朝向。 (2)现状住宅一般以主要卧室朝向或有利日照的朝向为建筑主要朝向
	南通	现有驳岸或与驳岸同步实施,建筑主要朝向离河界最小距离不得小于 8 m,次要朝向不得小于 6 m;同时建有道路的(道路宽度≥5 m),建筑主要朝向离河界最小距离不得小于 13 m,次要朝向不得小于 11 m;驳岸延后实施的,建筑主、次要朝向离河界最小距离不得小于 15 m
	苏州	日照分析应保证受遮挡建筑主要朝向的窗户的日照时间,次要朝向按规定的建筑间距控制,不做日照分析。居住建筑每一户只确定一个主朝向。当一个居室空间既有主朝向窗户又有次要朝向窗户时,只分析主朝向窗户
	溧阳	日照分析应保证受遮挡建筑主要朝向的窗户的有效日照,次要朝向按规定的建筑间距控制,不作日照要求。 新建住宅至少有一个方向获得日照,此方向即为主要朝向。 现状住宅一般以主要卧室朝向或有利日照的朝向为建筑主要朝向。 居住建筑一个户型有几个朝向的居室的,其主要朝向的居室满足日照有效时间的要求即可
	许昌	日照分析应保证受遮挡建筑主要采光方向的窗户的有效日照,次要朝向按规定的建筑间距控制,不作日照要求。 (1)新建住宅主要获得日照方向即为主要朝向。 (2)现状住宅一般以主要卧室朝向或有利日照的朝向为建筑主要朝向
	西安	新建多层住宅平行布置的建筑间距,应不小于前部或南部建筑高度的 1.35 倍,并列建筑之间应不小于 6 m;高层及不规则多层布局的建筑间距以综合日照分析确定,并应符合消防的要求。
	石家庄	南北朝向的正面间距不小于南侧建筑高度的 1.55 倍,其他方向间距系数按下表执行。 表格： 方向角: 0°~15° / 15°~30° / 30°~45° / 45°~60° / 60°~90° 间距系数: 1.55 / 1.40 / 1.24 / 1.40 / 1.47 注:表中方向角为正南向(0°)偏东或偏西
	福州	项目内住宅间距应符合主要朝向的居室大寒日日照时数不低于 1 小时的标准,项目外与其直接相邻的北侧主朝向受遮挡建筑居室大寒日日照时数不低于 3 小时的标准。其他地区应符合主要朝向的居室大寒日日照时数不低于 3 小时的日照标准
	厦门	日照分析应保证受遮挡建筑主要朝向的窗户的有效日照,次要朝向按规定的建筑间距控制,不作日照要求(一套住宅只确定一个主朝向)。新建住宅至少有一个方向获得日照,此方向即为主要朝向。现状住宅一般以南向(或偏南向)为主要朝向;当无南向居室时,以主要卧室朝向或卧室较多的朝向为建筑主要朝向

类型	城市	建筑朝向
单项规定	济南	条式建筑以垂直长边的方向为主要朝向,点式建筑以南北向为主要朝向[南北向是指正南北向和南偏东(西)45°以内(含45°),东西向指正东西向和东(西)偏南45°内(不含45°)]
	潍坊	(一)条式建筑以垂直长边的方向为主要朝向,点式建筑以南北向为主要朝向[南北向是指正南北向和南偏东(西)45°以内(含45°),东西向指正东西向和东(西)偏南45°内(不含45°)]; (二)一套住宅只确定一个主朝向
	菏泽	条式建筑以垂直长边的方向为主要朝向,点式建筑以南北向为主要朝向[南北向是指正南北向和南偏东(西)45°以内(含45°),东西向指正东西向和东(西)偏南45°内(不含45°)]
	禹城	条式建筑以垂直长边的方向为主要朝向,点式建筑以南北向为主要朝向[南北向是指正南北向和南偏东(西)45°以内(含45°),东西向指正东西向和东(西)偏南45°内(不含45°)]
	烟台	居住建筑主要朝向的卧室和起居室在大寒日的有效日照时数不应低于2小时。 住宅朝向以东、南、东南、西南为前,每户具有两个或两个以上方向接受日照的,只计算主要朝向所在方向居室的日照时数
	东莞	1. 条式建筑以垂直长边的方向为主要朝向。 2. 居住建筑一个户型有几个朝向的居室的,应保证其主要朝向的居室满足日照有效时间的要求。次要朝向按规定的建筑间距控制,不作日照要求
宽松型规定	无锡	日照分析应保证受遮挡建筑主要朝向受阳面的窗户的日照有效时间满足《城市居住区规划设计标准》(GB 50180—2018),次要朝向按规定的建筑间距控制,不做日照分析
	武汉	能获得日照的方向均为日照分析的有效朝向

大多数城市对建筑朝向的规定为综合性规定,涉及建筑朝向的多个方面,一般是规定朝向的定义,不同范围的朝向对应不同的间距系数,包括对不同高度或不同建筑类型的间距系数、建筑在不同方向的朝向等。这类规定对建筑朝向的分类细致,对应的分类也比较完善,一般是严寒地区、寒冷地区或大型城市所采用的规定类型。

在南方的部分省市则一般是采用单项规定,对建筑朝向的规定明显少了很多,相较于综合性规定只是规定具体朝向范围,或是仅结合单项其他要素进行相关规定,这类规定在条文上不够全面,也是未来规范修订的重点所在。

另外少部分城市则是宽松型规定,这类规定对实际建筑朝向的约束非常小,通常只是解释建筑朝向的定义、选择朝向的原则等,并没有具体数值的限定,对实际工程几乎没有约束性和指导性。

(3)建筑朝向的综合解析

① 从管理者的视角

建筑朝向是指建筑物多数采光窗的朝向。在建筑单元内,一般指主要活动室主采光窗的朝向。

② 从居民的视角

对于建筑朝向,西晒是居民最关心的问题。建筑朝向的选择要满足冬季有较多日照、夏季避免过多照射的要求。根据我国的地理位置,南向及其邻近朝向的建筑可以满足这一条件。然而,由于地形的限制或者考虑到小区的整体规划和布局,往往很多住宅处于东西朝向,这就使得建筑中有部分房间存在西晒的问题。夏季强烈的西晒会使朝西的房间温度增高很多,阳光透过西晒房的玻璃释放出的巨大热量,导致空调运转能耗巨大,增加用电费用。

③ 笔者解读

解决建筑日照问题时,其中难免涉及一些精准性较差的控制方法。例如,通过建筑间距以及相对位置对日照进行控制,最终结果与计算机相比准确性较差,但其优势在于技术专业性的要求低,推广范围较大,且操作流程简单,有很高的透明度,防范措施前移、审核等都十分方便。建筑规划设计初期阶段遮挡角度、被遮挡窗台数量、分布位置等都不是十分确定,这时便可以应用建筑间距以及相对位置进行日照控制,与计算机精准计算方法相比,可以提前发挥其优势,同时也能够预先预估结果,在有效提高效率的同时,为大众监督提供便捷的条件。

4.3.4　日照分析计算范围

日照主体是对其他建筑产生日照遮挡的建筑,日照客体指代在拟建建筑遮挡范围内被遮挡的建筑,日照主体与客体的关系不应只是一一对应的关系,同时应考虑建筑内部的关系,不能将日照问题简单归咎于布局不合理、建筑高度过高、建筑密度过大等原因,客体建筑本身的设计也是满足日照的重要条件之一。应同时考虑主体建筑的高度、体形体量对客体建筑的影响,客体建筑阳台顶板、雨篷、挑檐等附属结构对建筑自身的影响,以及地形地貌、场地高差等主客体之外的因素对客体建筑的日照影响。日照主体与客体之间的建设目标应是扩大主客体建筑约束范围,在日照分析的影响因素上体现全面性和公平性。

遮挡建筑范围的有关规定在一些城市的执行情况不尽相同,但是各城市在《城市居住区规划设计标准》(GB 50180—2018)的基础上引入日照分析之后,相较原来的规定均做了相应的调整。其中,在遮挡建筑范围的有关规定中描述较为全面的做法如表 4-7 所示。

表 4-7　遮挡建筑范围的规定示例

城市	北京	青岛	济南	石家庄	上海	南京
客体范围	真实阴影范围,尽量多考虑影响因素	真实阴影范围,先粗略排除没有影响的,可能有问题的再进行分析	1.8H(衡量后折中的一个数),最大不超过 180 m 的一个扇形区域	真实阴影范围,简易建模排除,有问题的测绘后精确建模	浦西内环内 H～1.4H 扇形且不大于 240 m	旧区 1.3H 且不大于 130 m,新区 1.35H 且不大于 135 m,东西各 0.5H,且范围为 30～50 m;以及 8:00—16:00 的阴影控制线所围合的梯形范围
主体范围	考虑所有可能的影响	考虑所有可能的影响	与被遮挡建筑相邻 60 m 的一个矩形范围	估算附近可能有影响的进行计算	240 m 扇形	旧区 1.3H 且不大于 130 m,新区 1.35H 且不大于 135 m,东西各 0.5H,且不小于 30 m,不大于 50 m;以及 8:00—16:00 的阴影控制线所围合的范围(相邻高层的 H)

北京、杭州、青岛、石家庄都用真实的阴影范围来确定建筑的主客体范围,这种方法有时会使参与日照分析的建筑情况太复杂,尤其是现阶段大、中城市超高层建筑不断出现,建筑阴影的影响范围会很大;另外,主客体范围变大会使参与计算的主客体建筑过多,日照分析所需要的时间会很长,在方案的调整深化阶段工作量是很大的。上海、济南、南京都是具体规定出一个范围,在这个范围内做主客体分析。此范围的规定同样是通过日照分析,由各方综合各方面因素得出的。据调研了解,大连、深圳等地的日照分析部门凭借多年积累的分析经验,自主划定主客体范围并写入日

照报告,这种做法虽然人为因素占比很大,但是从调研结果来看,其执行过程中也较少出现问题、纠纷等。下面介绍在这方面研究比较成熟的上海、济南、南京的做法,以便参考。

(1)上海

客体范围:拟建建筑高度在 100 m 以下的,按照实际的阴影范围确定客体建筑对象;拟建建筑高度在 100 m 以上的,以实际高度的 1.4 倍为半径,作出扇形的日照阴影范围,该阴影范围不得小于建筑高度 100 m 的实际阴影范围,最大不得超过半径 240 m 的扇形阴影范围,如图 4-2 所示。在上述阴影范围内,确定须进行日照分析的客体建筑具体对象(指日照标准所规定的居住建筑和文教卫生建筑)。

主体范围:以已经确定的客体建筑为中心,调查了解周围可能对其产生遮挡的建筑。应以 240 m 为半径作出扇形图(图 4-3),对在此范围内的建筑进行日照分析。

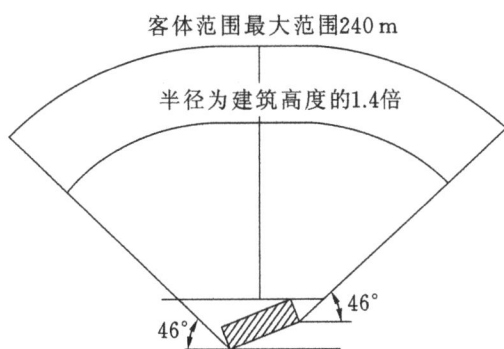

图 4-2　上海客体范围

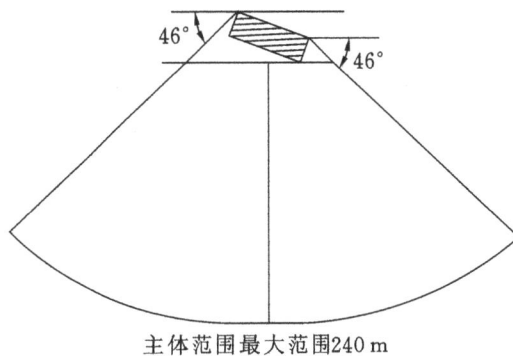

图 4-3　上海主体范围

(2)济南

客体范围:1.8H(综合各方面因素衡量折中的一个数,H 为拟建建筑高度,单位为 m),最大不超过 180 m 的扇形区域(图 4-4)。在这个区域内的建筑全作为日照分析的主体建筑,在日照分析时,这个范围内的住宅建筑都必须经过分析,并且都得出日照分析结果,如果范围内有不满足日照标准的建筑,则客体建筑(拟建建筑)必须做出方案调整,使其满足规范要求。

主体范围:与被遮挡建筑相邻 60 m 的一个矩形区域(图 4-5)。凡是在这个区域内的建筑,在对主体建筑(拟建建筑)进行日照分析时,都必须经过建模。日照分析成果图纸上必须包含这个范围内的客体建筑。

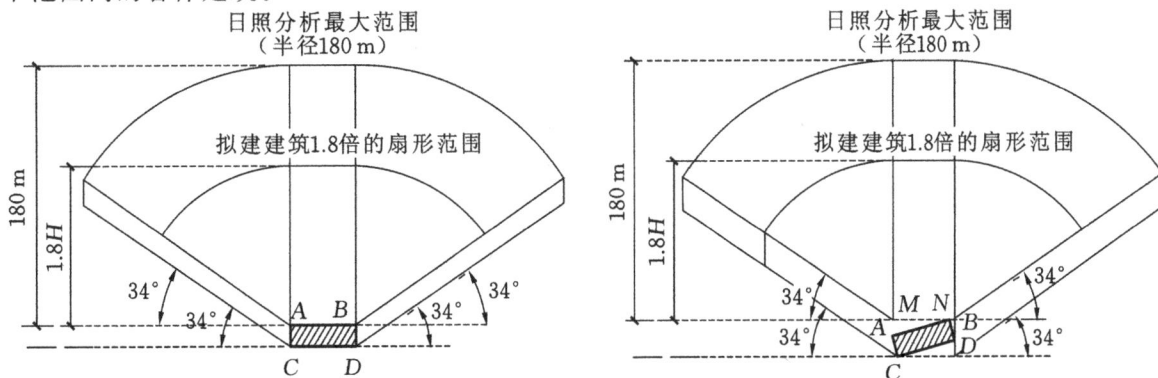

(a)

注:弧形有两个中心点,正南为 A、B 点,非正南为 M、N 点

(b)

图 4-4　济南客体范围

73

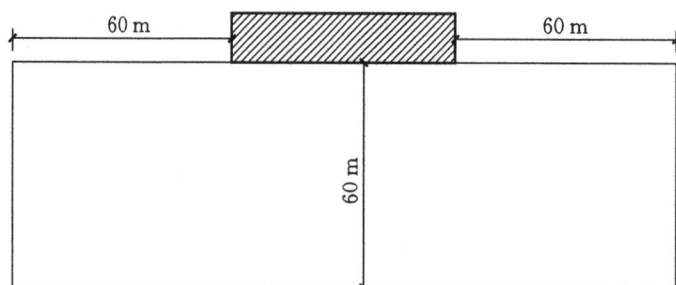

图 4-5 济南主体范围

（3）南京

客体范围：南面界限为与新建高层建筑平面所截的大寒日 8 时及 16 时太阳方位角控制线，北面界限新区为高层建筑高度的 1.35 倍，最大不超过 135 m（图 4-6）。旧区为相邻高层建筑高度的 1.3 倍，最大不超过 130 m；东面、西面界限为高层建筑高度的 50%，最大不超过 50 m，且不小于 30 m；当北侧住宅的一部分位于上述界限内时，界限应沿住宅轮廓向外延伸；当新建高层建筑超过一幢时，相关各高层建筑的客体建筑范围应相应叠加。

主体范围：北面界限为与需进行日照计算相邻住宅平面所截的大寒日 8 时及 16 时太阳方位角控制线，南面界限新区为高层建筑高度的 1.35 倍，最大不超过 135 m（图 4-7），旧区为相邻高层建筑高度的 1.30 倍，最大不超过 130 m；东面、西面界限为高层建筑高度的 50%，最大不超过 50 m，且不小于 30 m；当南侧住宅的一部分位于上述界限内时，界限应沿住宅轮廓向外延伸；当南侧相邻高层建筑超过一幢时，相关各高层建筑的客体建筑范围应相应叠加。

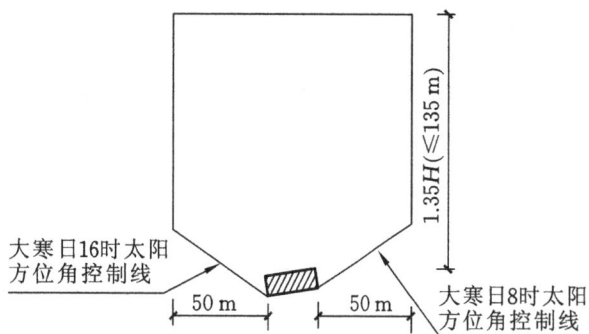

图 4-6 南京客体范围

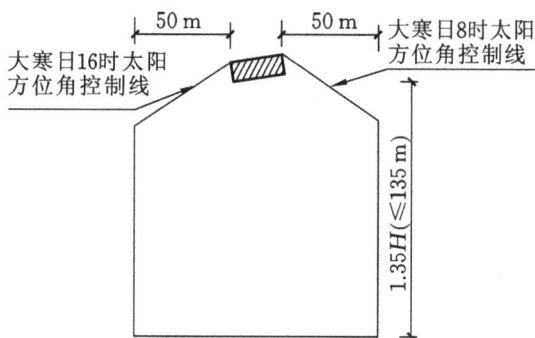

图 4-7 南京主体范围

划定日照分析主客体范围的目的主要是减少参与计算的建筑，对主客体范围内的建筑进行日照分析，范围之外的建筑做日照分析时不加考虑。随着城市快速发展，划定主客体范围非常有必要。一方面，在做日照分析时可以减少计算量，便于方案的调整与深化；另一方面，对城市的超高层建筑是一种"免责"。假定市中心拟建一个 200 m 高的超高层建筑，其日影图在平面上的范围会很大，极有可能造成周边范围内刚好满足 2 小时日照时间的住宅受其影响而导致日照时间不足最低标准的情况。这种情况不利于在市中心进行高层尤其是超高层住宅建设。所以很有必要划定一定的范围，在这个范围之内的主体建筑属于该拟建高层的影响区域，在这个区域之外的建筑即使受其遮挡，但因距离过远而忽略不计。综合城市发展等各方面的因素，这种做法是合理的。也正因如此，目前绝大多数城市在执行日照分析的时候都采用划分主客体范围的做法。

主体范围和客体范围的设定是人为地缩小遮挡建筑的范围，与真实情况相矛盾。化解日照纠纷的对策之一就是要重新界定遮挡范围。界定遮挡范围应站在公正的立场,调整利益关系,不论利益主体是政府还是企业,利益相对人是企业还是公众,均须保障《民法典》赋予他们最基本的权利。

日照影响是建筑之间的相互影响,在确定计算范围时,应充分考虑周边建筑的叠加影响。对于有日照要求的拟建建筑,其周边建筑也会对其产生遮挡,因此应确定周边建筑对其产生影响的范围。根据被遮挡建筑范围的确定原则,被遮挡建筑反向延长线范围内的建筑也被确定为遮挡建筑范围。另外,建筑之间的间距越大,其影响程度会越小,因此,确定遮挡建筑范围内 60 m 以内的建筑全部纳入日照分析范围,60～180 m 范围内 20 层以上的建筑纳入日照分析范围。

在很多旧区,建筑密度大、较低矮,新的居住建筑要满足日照要求尚且困难,要保证周边建筑满足日照要求,对开发商和设计院来说有一定的难度,很多情况下是规划方案如何调整都不能满足要求。出于弹性考虑,政策制定者可以对旧区建筑的日照标准要求有所降低。

尚未建设或将改建的相邻地块,其未来的建设可能对已建或拟建建筑物产生遮挡,或者存在建筑自身有日照要求并且位于其他建筑的阴影范围内的情况,因此应当在确定计算范围时进行评估,充分了解详细规划或规划条件中的用地性质、高度、建筑密度、容积率等指标,在必要时纳入计算范围。在这种情况下,相邻的空地可能并没有一个具体的规划设计方案。有些城市进行了一些有益的尝试,例如,进行建筑体量模拟或镜像、限制阴影范围等,来保证相邻土地的开发权益不受侵害。

此外,日照分析的范围若选取不恰当,很容易导致一些社会纠纷。若日照分析范围较小,原本需要划分到分析范围内的建筑物被遗漏,其中居民的日照权受到了影响,易引起社会纠纷;若日照分析范围过大,不需要划分到分析范围内的建筑物被划分进去,则会大大增加工作量。对于日照遮挡,不可避免地会产生补偿问题,各地根据情况一般会进行一次性经济补偿。

确定被遮挡建筑范围是日照计算的一个重要步骤。一方面,拟建建筑或造成遮挡的主要建筑较高时,其影响的范围也比较大,有些被遮挡建筑容易被忽略,有些被遮挡建筑没有日照要求,需要逐个做出判断;另一方面,城市中的建筑遮挡通常不是单栋建筑造成的,往往还存在叠加影响,这种叠加影响既包括了不同建筑的阴影在空间上的叠加,也包括了时间上的叠加,因此还要确定拟建建筑与造成遮挡的主要建筑之外其他产生遮挡的建筑。此外,在高层建筑密集的特大城市中,产生日照遮挡的建筑数量多、范围大,数据收集工作难度很大,计算与审批效率很低,而距离较远的高层建筑虽然构成了实际遮挡,但是阴影移动速度较快,对居民的心理影响相对比较小。在这种情况下,在实际日照遮挡范围内确定一个合理的计算范围是合情合理的,但是还要特别慎重,要考虑居民对环境质量的接受程度。总之,在确定日照计算范围时,既要充分考虑到所有可能产生的日照遮挡,还要注意实际的工作效率和可操作性,最重要的是不能忽视相关利害人的要求。

日照计算范围是由遮挡建筑和被遮挡建筑的计算范围共同构成的。在实际工作中,一个或一组主要的遮挡建筑通常是引起日照计算的原因,一般是规划审批中的拟建建筑,或者是影响待审批住宅项目的已建建筑。根据主要遮挡建筑的阴影范围,再综合考虑建筑日照要求、相关利害人要求等各种因素,就可以确定一个被遮挡建筑或场地的计算范围。计算范围中被遮挡建筑或场地的日照能不能达到标准,除了受主要遮挡建筑影响之外,也有可能受到其他建筑的影响,因此还要进一步分析其南侧的所有建筑,在主要遮挡建筑的基础上确定一个遮挡建筑的计算范围。

4.3.5 日照分析要素与计算基准面

4.3.5.1 日照分析要素

除建筑主体以外,建筑的屋脊、非通透女儿墙、电梯间、楼梯间等部位,以及高度大于 4 m 的非镂空通透围墙等构筑物应当确定为建筑日照的分析要素。

超出计算基准面的建筑阳台、隔板、遮阳板、花台、分户隔板等对窗户的日照遮挡属建筑自身遮挡,不属于其他建筑的日照遮挡,不参与日照分析。

各分析建筑间的高差及山体、挡土墙等地形地貌须纳入计算。

现从不同视角对日照分析要素进行解析。

(1) 从管理者的视角

日照分析要素主要涉及建筑主体、建筑山墙、建筑自身遮挡、地形四个部分。其中建筑主体和地形是主要的两个因素。建筑主体若本身高度不高,则对周边建筑没有太大影响;若建筑主体高度较高,会产生较大的阴影遮挡面,需要仔细分析。地形在一定程度上可以缩短建筑间距,尤其是南向坡度的建筑物,具有更明显的优势,当然也不排除因为受到地形影响使得建筑间距加大的情况,所以地形也是日照分析的重要因素。

(2) 从设计师的视角

山地城市用地紧张,在南坡、北坡建设住宅都存在一定问题。在南坡建设住宅时,间距很小就可以满足日照标准,在北坡建设时,间距很大都不能满足日照标准,如果坡度比较大,甚至有几层住宅不能满足日照标准。因此,仅仅用日照标准来控制建筑间距,会出现很多不合理的布局。实际上居住区在选址时就应当充分考虑到地形的特点,坡度过大的北坡不应布置住宅,这也是多年来山地城市建设的一贯做法。另外,还应当结合建筑间距的规定,对南坡可能出现的过小间距加以限制。

(3) 笔者解读

日照计算参数对日照分析结果影响很大,不同的日照计算参数设置会造成不同的计算分析结果,《建筑日照计算参数标准》(GB/T 50947—2014)中明确说明:

① 日照分析时,除建筑主体应按实际轮廓建立建筑模型外,对于建筑物中长期存在且对其他建筑产生日照影响的构筑物均应建立模型,纳入日照分析范围。

② 为了反映建筑自身遮挡与被遮挡的实际情况,超出计算基准面的阳台、隔板等属于建筑自身遮挡,对其他建筑不产生遮挡时,可不纳入日照分析范围。

③ 所有建筑应采用统一的基准面,一般采用相对高程,也可采用绝对高程,因此各类高差都应作为分析考虑的因素。

4.3.5.2 计算基准面

(1) 国家标准

近年来《城乡规划法》《民法典》等相关法律法规相继颁布实施,处理好建筑的相邻关系成为城乡规划实施过程中的重要问题,其中,建筑日照标准的贯彻实施尤为突出。目前《城市居住区规划设计标准》(GB 50180—2018)等工程建设标准对各类生活居住建筑和场地的日照标准作出了规定,并且通过计算机模拟等操作性较强的技术手段进行日照分析。随着这些新技术的应用,部分城市的城乡规划管理部门逐步探索,制定了日照计算的技术规定,但是这些规定对计算参数的设置差异较大,因此,在对成熟经验总结的基础上,国家住房和城乡建设部颁布了《建筑日照计算参数标准》(GB/T 50947—2014),其中对计算基准面的相关规定如表 4-8 所示。

表 4-8　计算基准面相关规定

图名图例	规范条例
落地窗	
凸窗	1.落地窗、凸窗和落地凸窗应以虚拟的窗台面位置为计算起点; 2.直角转角窗和弧形转角窗应以窗洞口所在的虚拟窗台面位置为计算起点; 3.异形外墙和异形窗体可为简单的几何包络体; 4.宽度小于或等于1.80 m的窗户,应按实际宽度计算;宽度大于1.80 m的窗户,可选取对日照有利的1.80 m宽度计算
落地凸窗	
直角转角窗	

续表 4-8

图名图例	规范条例
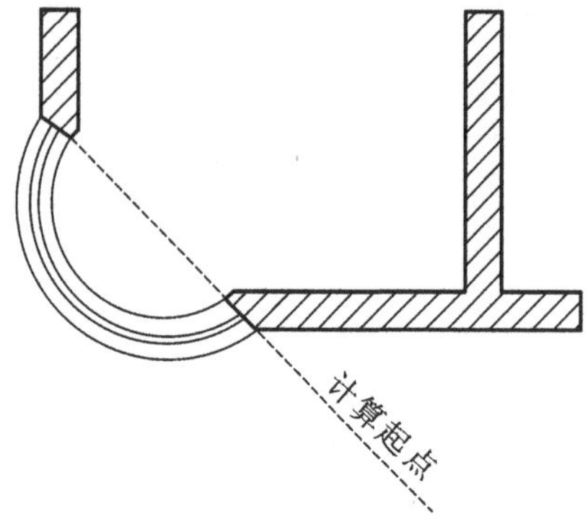 弧形转角窗	

（2）省市标准分类与规定

各省市相关规定基本分为两大类：第一类是吉林省、辽宁省部分城市以及北京市等地区制定的标准，如表 4-9 所示，这一类标准一般以外墙窗台面为基准计算；第二类则是内蒙古自治区、山东省、四川省以及广西壮族自治区部分城市，如表 4-10 所示，这类规范则根据不同窗台类型分不同基准面，一般窗户以外墙窗台面为基准计算；异形窗户按正向最大投影近似为一般窗户计算。

表 4-9　第一类省市相关规定

图名图例	规范条例	各辖区行政区范围
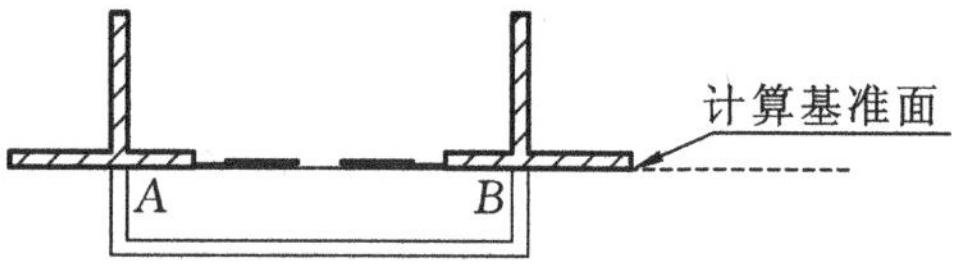 凸阳台 凹阳台 半凹半凸阳台	1. 一般窗户以外墙窗台面为基准计算。 2. 直角转角窗、弧形转角窗、凸窗等，一般以居室窗洞开口为计算基准面。 3. 两侧均无隔板遮挡也未封窗的凸阳台，以居室窗户的外墙窗台面为计算基准面，对阳台顶板所产生的遮挡影响可忽略不计。 4. 两侧或一侧有分户隔板的凸阳台，凹阳台以及半凹半凸阳台，以阳台栏杆面与外墙相交的墙洞口为计算基准面	吉林省长春市；辽宁省沈阳市；北京市；天津市；河北省石家庄市、唐山市、沧州市、衡水市；山西省太原市；宁夏回族自治区银川市；甘肃省兰州市；河南省安阳市、濮阳市、鹤壁市、许昌市；江苏省南京市、常州市、常熟市、淮安市、昆山市、溧阳市、无锡市、盐城市；安徽省合肥市、芜湖市、滁州市、蚌埠市；陕西省西安市；上海市；湖北省武汉市；浙江省杭州市、宁波市、衢州市、瑞安市、台州市；湖南省郴州市；福建省厦门市；云南省昆明市；广东省东莞市

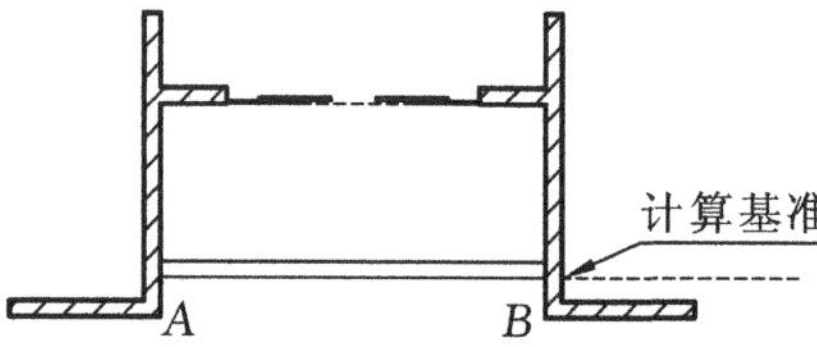

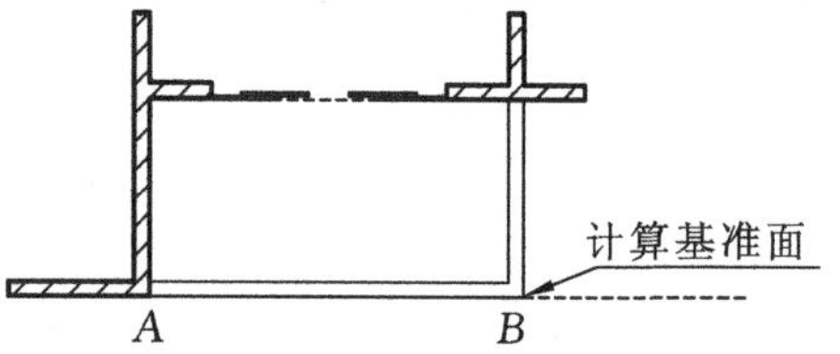

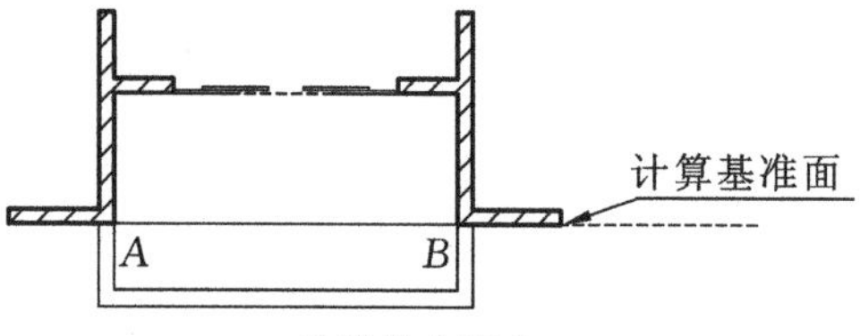

图名图例	规范条例	各辖区行政区范围
 直角转角窗 弧形转角窗 凸窗		

表 4-10 第二类省市相关规定

图名图例	规范条例	各辖区行政区范围
 直角转角窗 弧形转角窗 凸窗	1. 一般窗户以外墙窗台面为基准计算;异形窗户按正向最大投影近似为一般窗户计算。 2. 有阳台(含凸阳台、凹阳台)的窗户也应以窗台面的左右两个端点为计算点。对阳台顶板、阳台分户隔板或凹阳台的墙体本身所产生的遮挡影响不进行分析	内蒙古自治区呼和浩特市;山东省济南市、青岛市、潍坊市、德州市、菏泽市、禹城市;四川省成都市;广西壮族自治区南宁市

由表4-9、表4-10可知,针对日照计算基准面的方法与准则有相同点也有不同点。相同点是日照分析计算受影面都按规则确定,即一般窗户以外墙窗台面为基准计算。不同点分为窗台和阳台两种:

① 窗台计算。根据《建筑日照计算参数标准》(GB/T 50947—2014)中规定:宽度小于或等于1.80 m的窗户,应按实际宽度计算;宽度大于1.80 m的窗户,可选取对日照有利的1.80 m宽度计算。该标准为推荐性标准,为了客观反映直角转角窗或弧形转角窗的日照时数,计算基准面选择在实际的窗台较为合适。第一类省市相关规定中,计算窗台的标准是直角转角窗、弧形转角窗、凸窗等一般以居室窗洞开口为计算基准面。而第二类省市相关规定中,当日照主朝向窗台线长度L达到上述规范中所规定的最大计算宽度1.80 m的2/3长度(即1.2 m)时,则计算以此实际窗台为基准面;当L未达到1.2 m时,则仍按上述规范中所示的虚拟窗台为计算基准面(表4-11)。在实际的建筑设计中,突出外墙的凸窗进深一般为0.6 m,主朝向窗台的宽度一般大于0.6 m,故绝大多数的L值在1.2 m以上,以此为基准面而得到的计算结果与客观的日照时数基本一致,并且该方法对于计算人员来说,建模也方便,不需要分成两部分模型,操作简便,不易出错。

表4-11 两类省市直角转角窗和弧形转角窗的基准面的不同点

② 阳台计算。《建筑日照计算参数标准》(GB/T 50947—2014)中未涉及阳台的日照计算基准面,仅在条文说明中提到:凹阳台或半凹半凸阳台,由于两侧(或一侧)墙体的遮挡,如果以窗台作为计算点,则窗台上的日照时间很难满足标准要求,这将对住宅设计带来很大的限制。实际上该标准是将阳台的计算基准面问题交由各地根据城市特点自行制定相应规范,而在各地已制定的日照计算规范中,对阳台的日照计算基准面都有规定,大部分城市的基准面如表4-12所示,不同形式阳台以窗洞或阳台栏杆面作为计算基准面。"凸阳台"和"半凹半凸阳台"在建筑日照计算中经常会考虑阳台顶板是否忽略的问题,若忽略则计算结果往往较好,但与实际不符;不忽略时计算结果较差,阳台顶板的自遮挡较严重,导致不能明确日照不足的责任划分问题。

表 4-12　全国大部分省市阳台日照计算基准面

阳台日照计算基准面	
图名图例	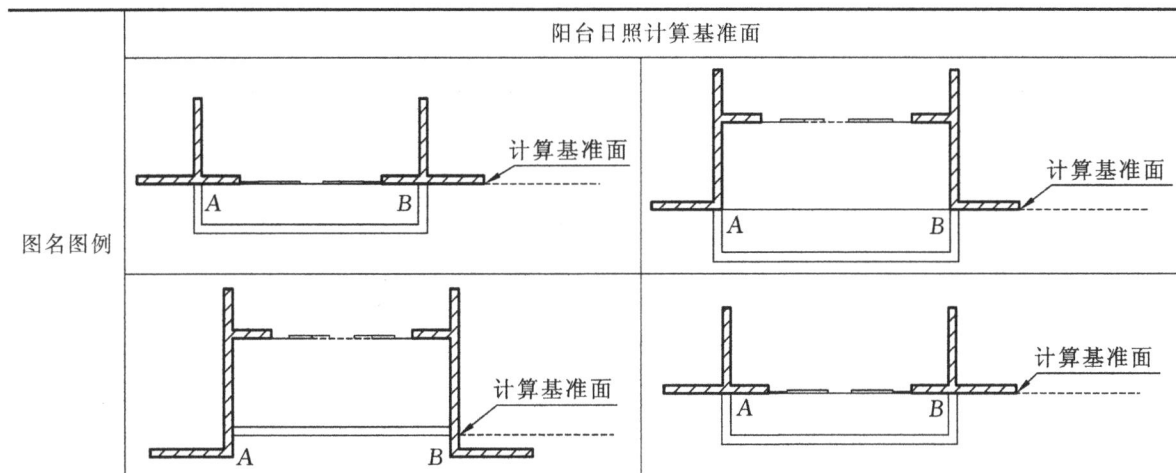

（3）计算基准面的综合解析

日照标准的制定是一项长期的、动态性的工作，要求规范制定部门具有较高的前瞻性和问题导向性，保证多元利益均衡发展，保障有日照需求的人群获得有益于身心健康的日照时数，实现日照生理效益、经济效益、社会效益和环境效益的同步发展。笔者仅仅基于各省市的日照条例规范的基本思路进行多元、多尺度思考。在建筑日照计算中，基准面的选择非常关键，由于各地的地理纬度、气候的差异，建筑的遮阳时间不尽相同，因此选择合理科学的日照计算基准面参数很重要，现从不同视角进行解析。

① 从管理者的视角

近年来随着信息行业的发展，出于建筑行业的工程需要，建筑各类设计所能用到的软件工具也越来越丰富多样，使得建筑设计的形式能满足不同的方案需求。在建筑日照计算方面，计算工具的发展也使日照报告能从多个角度、多种方式来客观反映实际项目的日照情况，使计算结果更具科学性。

从分析参数上看，近年来日照软件的可控参数越来越丰富，可以满足更加多变的环境需求。日照计算参数对日照分析结果影响很大，不同的日照计算参数设置会造成不同的计算分析结果。因此除了日照计算所必需的日照标准日、有效日照时间带、太阳高度角、计算时间间隔等参数之外，也有一些软件扩展了太阳光线扫掠角等其他参数来辅助分析，这使得设计方在制作日照分析报告时能得出更贴合项目实际环境的结论。

② 从设计师的视角

日照时间计算起点就是为计算建筑物获得的日照时间所规定的直接获得日照的建筑位置。计算起点一般取距室内地坪 0.9 m 高的外墙位置。落地窗、低窗、外飘窗、落地凸窗等的日照标准计算起点应保证采用统一的标准，避免争议。

以窗户洞口为分析对象时，可以取窗台面的两个端点作为起点和终点，也可单独取窗台面中点。一般情况下，太阳光线从开始照射到窗户到完全照射不到窗户，需要经历一定的时间，时间的长短与窗户的大小有关。

③ 从居民的视角

结合一栋建筑建成后对周边建筑的影响进行日照分析时，日照基准面会大大影响日照分析的结果，在实际计算中，同一幢建筑上下阳台有封闭与不封闭的情况，计算基准面是在阳台内的窗台还是阳台栏杆面尚存争议。

接近正南向平行布置的条式建筑,为使阳台栏杆面满足日照标准,需要增大建筑间距,从而使居民的居住环境更好。

对于不同的计算基准面,其计算结果完全不同,因此,需要日照分析部门通过大量的实践积累与思考,对凸窗、转角窗、凸阳台和半凹半凸阳台采用不同的计算方法,较好地解决建筑日照计算中自身遮挡的问题。

④ 笔者解读

笔者从各省市的建筑日照计算基准面条例入手,分析了各省市计算基准面的异同点,并且也参考我国气候分区对各省市的日照基准面条例进行对比分析。

通过对比发现不同的日照影响因素需要有不同的解决策略。首先,应该从建筑间距与朝向这些影响建筑日照环境好坏的先决条件入手,在设计之初,选择一个适当的日照间距和建筑朝向。通过研究数据可以看出,在哈尔滨地区最好的日照朝向并非正南向,而是在东南向。有了良好的日照间距和建筑朝向并不意味着建筑日照环境就能够完美无缺,建筑构件设计不当也会导致建筑日照环境变差。适当的建筑构件还能够改善建筑日照环境。在追求高建筑密度的时候,群体建筑之间的布局在很大程度上是会影响到建筑间距的,采用一些巧妙的手法布置的群体建筑不但使建筑日照得到了满足,同时还提高了建筑密度。

什么情况下的日照是符合规定的有效日照,即日照测算应采用何种标准,在《城市居住区规划设计标准》(GB 50180—2018)中并没有确切的说明,因此在具体操作的时候会出现很多问题。即便是有些地方规范增加了一些细则,确定了具体的日照测算面积和位置,但因为标准不一,使规范的公信力大大降低。以笔者所在的大连市来看,《大连市城市建筑物间距及挡日照处理规定》对日照测算就没有明确规定,但据了解,规划局对此的要求一般是"满窗",由于对"满窗"还没有明确定义,实际运用过程中就遇到了很多问题,总结起来有以下三点:

a. 没有明确合理、有效的日照尺寸。从实际情况来看,新建的住宅为了达到较好的视觉和景观效果,设计了很多落地窗,有时甚至占据了整个南向立面,在纵向紧贴梁的上下沿,而在横向紧贴墙垛或柱子,由于窗口凹入一定的尺寸,使得一些角落终日无法受到阳光直射,导致满窗的日照要求根本无法达到。

b. 没有明确不同位置的窗户的计算基准面。如有些窗户位于阳台内,由于阳台顶板和侧板的遮挡,即使没有其他建筑的遮挡,也不可能满足日照要求,还有些窗户位于建筑凹槽内,只有在特定的时刻阳光才可以进入,整个窗户同时受到阳光照射的时间很短。

c. 没有明确有效的阳光入射角和日照时间段。如大连地区的日照规范就没有考虑建筑朝向对日照的影响,对于东西向的房间而言,正午12点前后的阳光与窗户的夹角接近0°,阳光的入射角很小,虽然整个窗都受到了阳光的照射,但是进入室内的有效日照却十分有限,因此,有必要规定一个有效的阳光入射角,保证日照的质量。而日照时间段的规定从医学角度来看十分重要,一般认为低于15分钟的日照对健康没有增益作用,所以对于2小时的日照应确定一个标准,如分段累积,不能低于15分钟。

对于这些问题,有些城市的日照规范中有明确的表述,可以作为借鉴。当然各地区实际情况不尽相同,在参考其他城市做法的同时,也需要对当地的实际情况进行充分的调研和论证,综合考虑各方面因素,制定出一个合理的日照标准。

4.3.6　建模要求

在日照计算时应根据所获得的数据建立几何模型,模型的内容应包括计算范围内的遮挡建筑、被遮挡建筑（场地）、地形及其相互关系，并可对模型进行必要的简化。

建模应符合下列规定：

① 所有模型应采用统一的平面和高程基准；

② 所有建筑的墙体应按外墙轮廓线建立模型；

③ 遮挡建筑的阳台、檐口、女儿墙、屋顶等造成遮挡的部分均应建模，被遮挡建筑的上述部分如需分析自身遮挡或对其他建筑造成的遮挡，也应建模；

④ 构成遮挡的地形、建筑附属物应建模；

⑤ 进行窗户分析时，应对被遮挡建筑外墙面上的窗进行定位；

⑥ 遮挡建筑、被遮挡建筑及窗应有唯一的命名或编号。

在建模时可进行综合或简化，当屋顶、外墙、构筑物及建筑附属物形体较为复杂时，可简化为几何包络体。

建立的模型应完整，避免冗余；相邻建筑体块不宜出现交叉。

现从不同视角对建模要求进行解析。

（1）从管理者的视角

在进行城市规划建设时，对于如何具体处理相邻地块的日照问题，相关规范并未给出明确规定。在处理相关拟建建筑对周边既有建筑的日照问题时，参考备案数据发现其与实际建成建筑存在差异，导致建筑日照结果不一致，易发生纠纷。因此进行日照计算时不应仅仅参考备案数据，应聘请相关专业测量单位对潜在受影响建筑进行实地测量，对比相关数据的准确性。规划设计时不仅要考虑到既有建筑的日照影响，同时还要维护周边未开发地块的日照权益，确保未来的城市规划建设。

日照相关行业从业人员技术水平不一致造成日照计算结果不一致的现象也比比皆是。作为日照行业相关从业人员，应该用认真负责的态度对待分析工作，对于日照分析数据的准确性要严格把关，做到分析图纸数据与实地调研、现场测量相结合，以保证分析数据的准确性。因此，在日照审批时，应该明确不同情况下使用何种分析方法，明确技术细节，避免建筑日照结果因人员水平而异。

（2）从设计师的视角

建筑物建模是日照分析过程中最重要的任务。建筑建模过程中参数的不准确性或者建模不完整会导致日照分析的结果产生错误或较大误差。例如，在建筑主体建模过程中未对女儿墙建模或者未对梯井建模会直接影响建筑主体的实际高度，在后面的日照分析中由于女儿墙或者梯井高度未列入计算，而实际上这两项对其他建筑产生了实质影响，最终产生了误差。在进行日照分析的过程中，阳台的建模对于日照的影响需要引起重视，尤其对于阳台两侧为墙体的情况，不仅对阳台内窗户本身产生影响，而且对阳台两侧一定范围内的日照产生一定影响。

日照建模有两个重要的问题：①日照建模如何整体控制分析模型精细程度，在不影响分析结果精度的前提下如何合理简化，应尽量减轻前期三维建模的工作量。②哪些对象要考虑参考建模，如围墙和地形是否要建模，造成自遮挡的阳台隔板等是否要建模等。

目前国家标准规范中没有明确的日照建模的条文要求，各个地方标准规程对日照建模要求又不尽相同，如转角窗的处理、阳台自身遮挡的处理以及地形和立交桥是否建模等。

（3）从居民的视角

日照建模是整个日照分析的核心，精确的日照模型可以更加真实地反映拟建建筑建成后对周边范围的遮挡影响。各个地方的日照分析标准规范是不一样的，按照当地规范标准建模可以确保拟建建筑建成后日照满足要求,使居民拥有良好的居住体验。

(4) 笔者解读

① 日照计算所需要的模型内容不同于其他行业模型(如表现图、动画模型),反映的是与日照计算相关的数据;另一方面,如果数据内容比较详细或建筑形体比较复杂,通过适当的简化可以提高计算效率。

② 为提高所建模型的准确度,减少因模型偏差而造成的误差,基本的建模要求如下:

a. 遮挡建筑和被遮挡建筑的标高应有统一的基准面,否则会产生错误的计算结果。在某些特殊情况下,如城市建筑高度控制采用绝对高程时,采用绝对高程建立模型也是可行的。

b. 日照遮挡是由建筑实体产生的,所以应按照实际外轮廓线或批准图纸的尺寸对外墙轮廓线建模。

c. 上述内容对墙体建模做出了要求,本条内容是对比较复杂的建筑其他组成部分做出建模规定。遮挡建筑所建模型原则上应完整准确地反映实际情况,因此造成遮挡的部分都应建模,但为了提高计算效率,确实不遮挡其他建筑的部分可以忽略,如建筑南侧的一部分阳台等可以不建模。被遮挡建筑的情况则比较复杂:一种情况是该建筑的女儿墙、北侧阳台、屋顶等明显不产生自身遮挡,则不需要建模;另一种情况是产生了自身遮挡,为了分析造成遮挡的综合原因就应当建模。有些建筑既是遮挡建筑又是被遮挡建筑,则需符合本条内容的所有要求。

d. 构成遮挡的地形指的是山体、挡土墙等。建筑附属物指的是建筑物屋顶上长期存在并对其他建筑产生遮挡的水箱等设施,不包括阳台、檐口、女儿墙和屋顶。

e. 在实际案例中,有时候只是对建筑日照做粗略的计算,这种情况下一般不对窗户定位,但是如果在粗略计算后需要了解每户或是临界部位的详细日照情况,就需要进行窗户分析,则应对需要分析的窗户进行定位。

f. 对建筑和窗户进行编号的方法可以有很多种,有些编号以窗体为主,有些还考虑了分户的情况,考虑到既有建筑的调查工作比较复杂,因此建筑及窗户的唯一编号可以适应各种情况。

③ 建筑建模有两种方法,一种是导入外部软件生成的建筑模型,另一种是利用日照软件自带的建模功能进行建模。利用日照软件自带的建模功能进行建模不存在模型转化的问题,但需要重新建模,需要获取相关数据,如基底标高、建筑高度、女儿墙高度、对建筑物有遮挡影响的建筑附属物数据以及阳台的数据,所以说工作量比较大。导入外部软件生成的建筑模型因为存在模型转化,容易丢失数据,同时可能产生不兼容的情况。一般情况下,同一软件公司的产品兼容性较好,如天正日照 T-Sun 与天正建筑 T-Arch。天正日照 T-Sun 可以将天正_5 以上版本生成的组合三维模型导入为日照模型,不必重新创建。

在建筑日照设计与管理中,由于各方对规范的理解不同,对建筑日照计算的基础数据、技术条件、误差标准不一,容易导致建筑日照实际结果有偏差。

从模型制作上看,得益于建筑建模软件的发展,在日照分析中的建模也愈加精简化。原则上日照建模可以适当简化,日照建模的重点在于突出建筑的群体关系与阴影分布。在早期的实际日照分析中,建筑建模往往直接用天正 CAD 中的三维模型,模型效果一般,在阴影表达上往往不够直观准确。而近年的日照建模软件的选择面更广,模型表达效果更好,同时在具体建筑构件上表达也更加准确,部分构件在建模时可以用实际形体的几何包络体来替代,以简化建模过程和提高工作效率。

4.3.7　计算方法

部分省份日照计算方法如表 4-13 所示。现从不同视角进行解析。

表 4-13　湖北、江苏、浙江日照计算方法表

省份	规范条文
湖北省	日照分析时,宜先就拟建建筑建设后各被遮挡建筑的日照状况进行多点沿线分析,若存在有日照不满足国家规定的现状被遮挡建筑,则需就该被遮挡建筑在拟建建筑建设前的日照状况进行分析,并进行建设前后的比较,明确遮挡影响。如需了解更加详细的遮挡程度,可对其进行窗户分析。另外,还需计算拟建建筑的日照状况
江苏省	1. 日照分析应依据分析对象的特点选取合理的计算方法,建筑宜采用多点沿线分析,场地宜采用多点区域分析或等时线分析,窗户宜采用窗户分析,并用直观、易懂的方法表达计算结果。 2. 日照分析时,若存在日照不达标的现状被遮挡建筑,必须对该建筑在拟建遮挡建筑建设前后的日照状况进行对比分析。 3. 被遮挡的规划地块有模拟方案的应做多点沿线分析,无模拟方案的应做建筑控制线内多点区域分析或等时线分析
浙江省	1. 日照计算应依据分析对象的特点选取合理的计算方法,建筑采用多点沿线分析,场地采用多点区域分析或等时线分析,并用直观、易懂的方法表达计算结果。 2. 日照分析时,先对拟建的遮挡建筑建成后各被遮挡建筑的日照状况进行多点沿线分析。若存在日照不达标的现状被遮挡建筑,则需对该建筑在拟建的遮挡建筑建设前的日照状况进行分析,并进行建设前后的比较。在建或待建的被遮挡建筑均视作现状建筑。 3. 拟建被遮挡建筑宜做其建设后的日照分析,不做建设前后的对比分析。 4. 被遮挡的规划地块有模拟方案的宜做建筑外轮廓沿线分析,无模拟方案只做多点区域分析或等时线分析,不做建设前后的比较分析

（1）从管理者的视角

从分析方法上看,近年来日照分析方法得到了不断的丰富与优化。现阶段我国日照分析的主要分析方法有棒影分析、阴影分析、窗户分析、沿线分析、区域分析、推算分析等,不同的分析方法通常针对不同的问题。例如,沿线分析常用于快速对建筑轮廓线或指定沿线进行日照时间计算或验算,而窗户分析可对单体建筑、群体建筑中建筑物的窗户进行日照分析。对主朝向窗户进行分析,再根据窗户所属户型,按照 GB 50180—2018 的规定,确定户型是否满足日照标准。在城市建设的过程中,各类问题是一直存在且等待被发现解决的,新时代的城市建设需要寻求新的靶向解决方法。

（2）从设计师的视角

在建筑日照设计与管理中,由于各方对规范的理解不同,对建筑日照计算的基础数据、技术条件、误差标准不一,容易造成建筑日照实际结果有偏差。

为提高距离计算准确性与规范性,一些建筑单位针对建筑日照问题专门开发了一些计算机软件,在制定建筑规划设计方案之后,使用计算机软件对建筑日照进行检查,以提高其规范性,避免日照方面的问题。通过软件检验可以了解导致日照问题的主要原因,从而得出满足日照要求、给定容积率指标的建筑规划。在实践中应用的这些软件将传统形式的日照分析方法进行了创新,尤其是计算过程的精准度得到显著提升,使建设方能够提前了解建筑投入使用之后可能导致的问题。

通过对现行规范的分析,发现一些技术的细节还需要补充,需要工作人员结合建筑日照问题现状制订行之有效的方案,例如,针对计算公式以及相关参数的确定、原始资料数据精准性的判断、工作人员经验积累、计算结果的校对、计算误差幅度允许范围、责任人的确定等,这些问题都是建筑规划设计过程中必须要注意的内容。

若日照分析所有工作都由政府部门承担,则需要增设大量技术人员,且规划设计中的责任与风险等也一并归于该部门,现实中很难做到,故应将部分工作分摊给其他项目参与方。从专业咨询这一角度进行分析,政府内部的管理机构应负责工作流程、最终结果的检查、问题预防等,具体技术的细节问题则交给咨询工作人员,由其负责审核,最终责任由建设单位承担。例如,某建筑工程在规划设计的过程中,为了避免之后的日照问题,市规划管理局要求建设单位制定日照分析报告,其中包括各项工作质量的分析与设计、建筑设计资质审查等,建设单位要将分析报告呈交给政府部门。政府部门在分析报告的基础上,制订有效的预防措施,提前解决日照问题。

(3)从居民的视角

居民可以了解到各种方法的计算原理及分析过程。根据建筑的结构不同、朝向不同和设计深度不同,日照分析方法的选择要求也不同。而同一个分析对象,采用不同的分析方法,其计算结果也可能会不一样,各种方法的计算精度也不相同。因此,希望有关部门在进行日照分析时针对不同建筑自身的特性来选择合适的分析方法,这是建筑日照分析的关键所在,也是建筑日照结果准确性的重要保证。

(4)笔者解读

① 日照分析有多种方法,需要依据分析对象选取合理的计算方法。一般建筑常采用多点沿线分析,场地采用多点区域分析或等时线分析。其他还有窗户分析法、窗户分析表法、立面等时线法等,可以根据需求选择使用。

② 为便于规划管理部门决策,日照分析结果必须对不满足日照标准的现状被遮挡建筑进行建设前后的比较分析,以明确其受影响程度。

③ 为简化日照分析过程,并确保分析结果公平合理,对于处在相同拟建建设阶段的相邻建设项目,虽然委托日照分析的时间有先后,但一般情况下不做建设前后的比较分析。

④ 被遮挡的规划地块由于缺乏规划总图和单体设计,有模拟方案只能对外轮廓做沿线分析,无模拟方案只能做多点区域分析或等时线分析。凡已取得规划设计条件,但未进行方案设计的分析客体,均视作规划地块。

4.4　以《湖北省建筑日照分析技术规范》为例解读

4.4.1　建筑日照规范

《湖北省建筑日照分析技术规范》(DB42/T 952—2014)是一个关于日照的综合性文件,其内容主要引用以下文件:《住宅设计规范》(GB 50096—2011)、《中小学校设计规范》(GB 50099—2011)、《住宅建筑规范》(GB 50368—2005)、《民用建筑绿色设计规范》(JGJ/T 229—

2010)、《城市三维建模技术规范》(CJJ/T 157—2010)等。现从不同视角对该规范进行解读。

(1) 从管理者的视角

《湖北省建筑日照分析技术规范》(DB42/T 952—2014)是一个关于日照的综合性文件,它主要是整合了各个类型建筑规范的日照要求。在国家日照标准不够细致的形势下,各地方包括省级和市级层面日照标准不断制定、出台、颁布实施,在一定程度上缓解了地方社会与城市建设的日照矛盾。《湖北省建筑日照分析技术规范》(DB42/T 952—2014)从规范制定依据、关注对象、控制力度、约束范围、论证模式等五个方面分享多元对话的规范编制实践,涉及国家层面与地方实况的对话、普通居民与弱势群体的对话、利益主体与利益相对人的对话、日照主体与日照客体的对话、理论者与实践者的对话,通过深入讨论,提出实现多元对话的工作方法与重难点,同时提出现行日照标准中需长期探讨、研究并解决的诸多问题,需不断完善以维护它的权威性、科学性与公平性。

(2) 从设计师的视角

《湖北省建筑日照分析技术规范》(DB42/T 952—2014)对公益建筑的日照时数作出了明确规定,其日照标准较普通居民居室的日照要求高。普通住宅要求日照满足"每套住宅至少有一个居住空间能获得不低于大寒日 2 小时日照"的标准,而对于公益建筑,老年人公寓要求日照满足"老年人居住建筑应能获得不低于冬至日 2 小时日照"的标准,托儿所、幼儿园日照满足"托儿所、幼儿园的主要生活用房,应能获得冬至日不小于 3 小时的日照"标准,中小学日照标准为"南向的普通教室冬至日底层满窗日照不应小于 2 小时",残疾人住宅日照标准为"残疾人住宅的卧室、起居室应能获得冬至日不小于 2 小时的日照",医院日照标准为"医院半数以上的病房应能获得冬至日不小于 2 小时的日照",养老院日照标准为"疗养院半数以上的疗养室应能获得冬至日不小于 2 小时的日照"等。有日照需求的公益建筑中最少的日照时数均不小于普通住宅,从日照标准的角度讲,通过大量研究与实测,冬至日的日照标准本身较大寒日严格,日照标准控制朝公益建筑倾斜。

(3) 从居民的视角

《湖北省建筑日照分析技术规范》(DB42/T 952—2014)的编制应站在公正的立场,调控利益关系,不论利益主体是政府还是企业,利益相对人是企业还是公众,均需以科技为手段,保证法律赋予他们最基本的日照权益。因此,《湖北省建筑日照分析技术规范》(DB42/T 952—2014)对控制力度的把握尤为重要。严格控制与柔性控制相结合是有效的控制路径之一,可以通过严格控制参数设置,弹性解决部分区域、特殊建设项目日照保护与城市建设的矛盾。

4.4.2 日照分析软件与技术参数

日照计算软件的计算误差应小于 ± 3 min。日照分析软件对技术参数的设置要求如下:

① 地理位置:选取日照分析所在城市的经纬度。

② 分析标准日:大寒日/冬至日,标准日的选取应按分析对象选择相关标准执行。

③ 日照基准年:公元 2001 年。

④ 时间统计方式:日照计算的时间表达应为真太阳时,时间段可以累计计算,可计入的最小连续日照时间不应小于 5 min。

⑤ 时间间隔:不宜大于 1 min。

⑥ 采样点间距:窗户一般应取 0.3～0.6 m,建筑一般应取 0.6～1.0 m,场地一般应取 1.0～

5.0 m。

⑦ 满窗设置：窗户左右两端同时获得日照即为满窗。

现对以上内容从不同视角进行解读。

（1）从管理者的视角

满窗设置包括两种方式，一种是窗洞底部中心点获得日照，另一种是窗洞底部左右端同时获得日照。从客观性的要求出发，唯有窗户左右端同时获得日照，才能保证整个窗户为满窗日照，这种方式参照太阳方位角的变化轨迹，对垂直窗户所在外墙面遮挡物尺度有较为严格的要求，如开口天井中的窗户面宽与进深有基本的比例控制等。

（2）从设计师的视角

对窗台高的合理取值有两种考虑，按离室内地坪 0.9 m 的高度或者离室内地坪的实际高度，这两种方式有各自的适用范围，但不能一概而论。假设一种极端情况，若阳光刚好能照射到窗台面，按照人的高度与太阳高度角的关系，也许只有人的脚部能获得日照，这种情况也能认定该窗户能获得日照吗？听者也许觉得可笑，但实际上这种情况很常见。因此，《湖北省建筑日照分析技术规范》（DB42/T 952—2014）对窗台高的规定较为慎重，明确"建筑日照应从有日照要求的楼层算起，窗台的计算高度按实际高度确定，落地门窗的计算高度按离室内地坪 0.9 m 的高度确定"。

（3）从居民的视角

《湖北省建筑日照分析技术规范》（DB42/T 952—2014）从规划管理实际工作出发，针对已建、在建、取得建设工程规划许可待建或已核发规划设计条件但尚未取得建设工程规划许可等多种建设情况，准许一定比例的不满足日照户数，对于建设项目对周边建筑产生影响的情况，开发企业可以采取补偿、置换等方式与受影响单位或住户达成协议，并经公证部门公证后，将其作为规划管理申报材料一部分；对于建设项目内部的日照影响，开发企业应当提供书面承诺，在房屋销售时如实告知消费者该情况，并在建设工程规划许可证上注明低于日照标准的建筑户数及其坐落位置。

4.4.3 建筑日照影响范围确定

被遮挡建筑的日照影响范围：北面为建筑高度的 1.2 倍且最大不超过 180 m 半径的扇形阴影区域；东面、西面为建筑向外各 60 m。当建筑超过一栋时，其计算范围为所有建筑遮挡范围的合集。

遮挡建筑的日照影响范围：以已经确定的被遮挡建筑为中心，以各被遮挡建筑的有效时段起讫点日照阴影线的反向延长线为边界，南面为建筑高度的 1.2 倍且最大不超过 180 m 半径的扇形阴影区域。在此范围内确定的建筑，60 m 范围以内的建筑全部确定为遮挡建筑，60～180 m 范围内 20 层以上的建筑确定为遮挡建筑；东面、西面为建筑向外各 60 m。当建筑超过一栋时，其计算范围为所有建筑遮挡范围的合集。

当建筑被部分遮挡，扇形区域覆盖的范围超过该栋建筑轮廓的 2/3 时，该栋建筑应整体纳入分析范围；扇形区域覆盖的范围不足该栋建筑轮廓的 2/3 时，应按实际情况以户为单位纳入分析范围。

现从不同视角对以上内容进行解读。

（1）从管理者的视角

使用计算机软件进行日照分析,划分影响范围,有利于城市规划管理部门更好地分配采光权益,模拟遮挡影响时要注意规定被遮挡建筑的日照富余度,考虑到规划和未来开发的可能性,要求将新建建筑对现状住宅的日照影响限制在一个较小范围内,而不是使被遮挡建筑的日照时间仅满足标准底限,以便为周边的未来开发留下余地。对于新开发项目则需要限制其对侧向阳光通道的过度占有。

（2）从设计师的视角

日照主体是对其他建筑产生日照遮挡的建筑,日照客体是指在拟建建筑遮挡范围内被遮挡的建筑,日照主体与客体的关系不只是一一对应,同时应考虑建筑自身内部关系,这样同时对规划设计人员和建筑设计人员提出了要求,不能将日照问题简单归咎为布局不合理、建筑高度过高、建筑密度过大等原因,应将客体建筑本身的设计作为日照满足与否的重要条件之一。《湖北省建筑日照分析技术规范》(DB42/T 952—2014)展示的日照分析思维路径,是同时考虑主体建筑的高度、体形体量对客体建筑的影响,客体建筑阳台顶板、雨篷、挑檐等附属结构对自身的影响,以及地形地貌、场地高差等主客体之外的因素对客体建筑的日照影响,日照主体与客体之间对话目标应是扩大主客体建筑约束范围,在日照分析考虑因素上体现全面性和公平性。

（3）从居民的视角

在日照分析工作中,确定遮挡建筑是非常关键的一个环节,这将直接影响到计算结果。由于建筑分布及建筑高度的复杂性,可以通过确定遮挡建筑范围的两侧边界,明确具体的遮挡建筑,并逐个进行阴影分析的方法准确划定遮挡建筑的影响范围。

4.4.4　日照分析次序和方法

确定日照分析范围与收集资料时应注意以下几个方面:

① 日照分析前应先了解拟建建筑周边现状、规划情况;确定日照分析的遮挡建筑范围和被遮挡建筑范围,收集日照分析范围电子地形图或三维标准模型等资料。

② 项目用地内拟建建筑的总平面图、单体平立剖面图等电子资料(附有地形标高、绝对标高、建筑外轮廓尺寸和标高、窗户位置、窗户宽度及窗台高度、建筑的屋顶构筑物的位置和高度等具体技术参数)。项目用地内拟建建筑电子资料由建设单位提供,电子资料的任何调整必须保证与报审资料一致。

③ 项目用地外建筑日照影响范围内的已建、在建和待建建筑项目的总平面图、单体平立剖面图及相关电子资料。

日照分析时,宜先就拟建建筑建设后各被遮挡建筑的日照状况进行分析,若存在有日照不满足国家规定的现状被遮挡建筑,则需就该被遮挡建筑在拟建建筑建设前的日照状况进行分析,并进行建筑建设前后的比较,明确遮挡影响。如需了解更加详细的遮挡程度,可对其进行窗户分析。另外,还需计算拟建建筑的日照状况。现对日照分析次序和方法从不同视角进行解读。

（1）从管理者的视角

阳光对居住环境和人们的健康有着不可忽视的影响,因此住宅建筑需要适宜的日照。居民和城市规划部门都非常关心建筑的日照问题。随着计算机的深入应用,利用软件进行建筑物日照分析已经成为一种趋势。目前国内已有一些软件实际应用于日照分析,如 SUN 日照分析软件等。现有大部分商业 GIS 软件都具有出色的三维显示和数据操作功能,可在该软件中开发日照分析这样的专业性功能模块。利用 GIS 软件进行建筑物日照分析不仅可以展现 GIS 的基本功能,还可以用三维的方式直观地显示结果。

(2)从设计师的视角

在初步拿地阶段,根据日照分析方法可以粗略估出大致的建筑间距,在后续方案扩充阶段,在此基础上再进行细微调整,以达到满足《湖北省建筑日照分析技术规范》(DB42/T 952—2014)的目的。

(3)从居民的视角

在旧区改建的项目中,规划容积率与日照标准不相适应。为了平衡拆建比,规划容积率指标往往较高,开发商为了增加建筑面积或降低建筑成本,在规划地块中布置较多的高层建筑,很容易对周边住宅的日照造成影响。为了保护原有建筑的日照,相邻地块的规划布局往往受到很大限制,不利于土地资源和日照资源的有效利用、均衡利用。

4.4.5 有效日照计算规则

4.4.5.1 规则解读

实际操作中,由于分析对象立面上有阳台、凸窗等,在不同的位置其日照时间有差异,因此需要客观、合理地确定一个日照分析计算的位置作为日照基准面。现从不同视角对有效日照计算规则进行解读。

(1)从管理者的视角

日照基准面会直接影响拟建建筑的主体模型,拟建建筑的主体构造会直接影响拟建建筑的遮挡方位和被遮挡范围,因此,根据合理的设计方案找到正确的日照基准面进行建模是十分有必要的。

(2)从设计师的视角

根据建设单位的要求,在方案设计之初,若无地块的特殊要求,一般不会要求做封闭阳台,大多数为开放式阳台。由于户型设计的不同,某些阳台的侧面为剪力墙,会在很大程度上影响日照基准面。因为日照基准面受到了影响,日照分析也会受到一定程度影响。

(3)从居民的视角

日照基准面和阳台有直接关系,所以标准的阳台会有充足的采光,会大大有利于身心发展。

4.5.5.2 案例分析

日照基准面是影响日照分析结果的重要因素,在日照设计的过程中,把握好建筑单体的日照基准面尤为重要。

图 4-8 和图 4-9 为某建筑物的不同日照基准面的计算方式,根据《湖北省建筑日照分析技术规范》(DB42/T 952—2014)可知,当基准面东西两侧有遮挡时,严格划分基准面,正确的日照基准面应为阳台栏杆侧,且在日照分析时大多数项目并没有把飘窗的凸出部分计算在基准面范围内,所以最终基准面可调整为图 4-10。

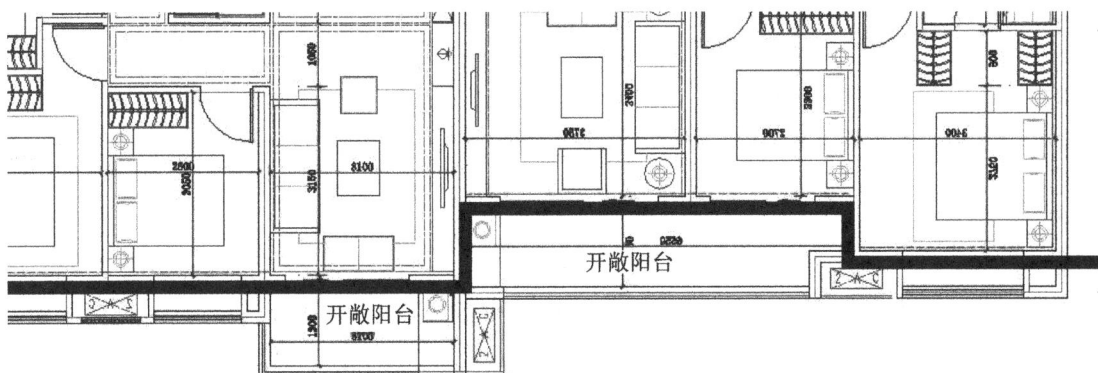

图 4-8　某建筑物日照基准面示意图（错误示例 1）

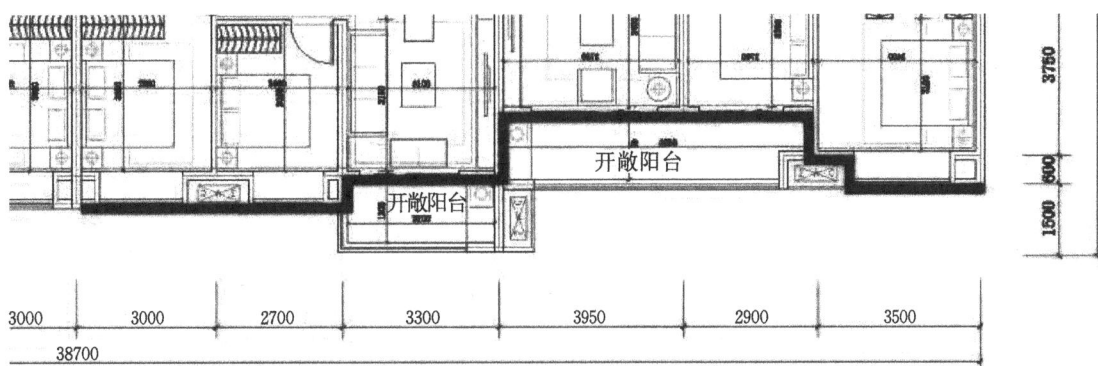

图 4-9　某建筑物日照基准面示意图（错误示例 2）

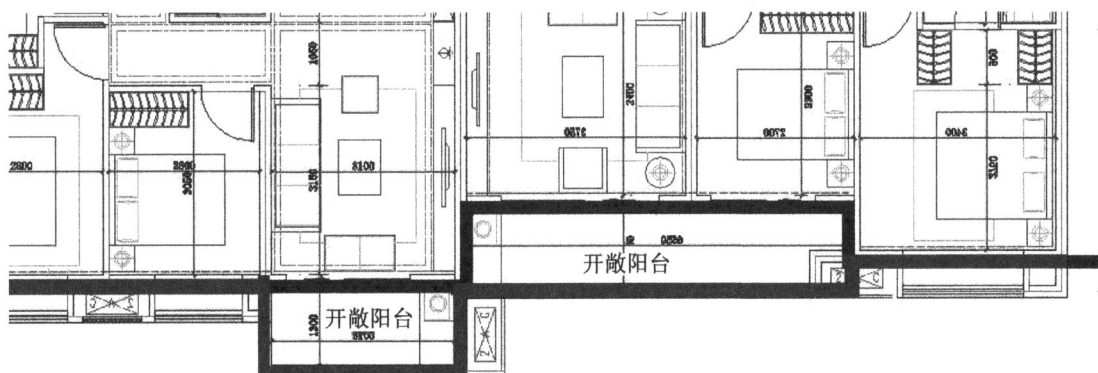

图 4-10　某建筑物日照基准面示意图（正确示例）

4.4.6　日照影响要素的思考与分析

4.4.6.1　日照影响要素的解读

"采光"和"日照"是两个关联但并不相同的概念。一个居室只要对外开窗即可获得自然光，即采光。但是，对外开窗不一定获得日照，采光及人工照明不可代替日照。日照质量以日照时数和角度体现，但该理论在实际操作中由于种种原因达不到规定的标准，即使符合规定的标准，也无法保证住宅建筑日照事实上的达标。这是因为计算中考虑的是可日照时数，与实际日照时数有较大的差别。比如,在住宅设计中要求每户有一间主要房间朝南,可接受太阳直射光线,使室内冬季温暖采光好,并改善室内卫生条件,然而有些内天井或凹天井的设计使住宅仅能满足采光的需要,而不能满足日照要求。

制定日照标准是为了保障居民能享受到最低限度的日照,住宅建筑的日照标准包括日照时间和日照质量。日照时间是以该建筑物在规定的某一日内能受到日照时间为计算标准的。不同纬度的地区,对日照要求不同,高纬度地区更需长时间日照。不同季节住宅建筑对日照的要求也不尽相同,冬季要求较高,所以日照时间一般以冬至日或大寒日的有效日照时间为标准。日照质量则是指每小时室内地面和墙面阳光投射面积累计的大小及阳光中紫外线的效用。现对日照影响要素从不同视角进行解读。

(1)从管理者的视角

辅助优化日照分析一直是计算机辅助设计追求的目标之一。日照分析软件除了可以动态显示建筑物不同位置、不同高度下的日照情况外,还可以帮助用户确定满足某些条件下的最佳建筑物日照间距、最佳建筑物高度。日照分析软件计算可对任意的单个或多个地块范围按照一定的日照约束条件进行计算处理,通过不断搜索与优化,得到拟建建筑物的近似最大体积与容积率。在规划设计中实际建筑物的体形只要在求出的极限容积空间内,就能保证已有建筑的日照满足规定,使此地块发挥最大的作用。此结果对于辅助规划、建筑方案设计和省地型建筑设计均具有较大的实用与指导意义。

(2)从设计师的视角

日照分析是一项非常耗费精力的工作,需要设计人具备较大的耐心和责任。日照分析反复调整仍达不到日照标准的情况很容易出现,相关部门应该借助前人的经验和办法,创造性地解决这些看似无解的问题。方案调整可参考以下方法。

① 修改建筑的剖面

首先可以考虑修改遮挡建筑的剖面。最常见的就是削减层数,直接缩小建筑相对高度,也就缩短了日照间距。其次是在建筑顶部的北面做退台处理,也相当于缩小了建筑相对高度。退台相较于减层的好处在于能最大限度地减少建筑面积损失。除此之外,还有缩减层高的办法。建设单位还可以把建筑顶部北侧的女儿墙设计成透明的,或是设置栏杆,同样也能缩短日照间距。另外,还可以考虑修改被遮挡建筑的功能,比如若能够把建筑的下面两层设计成其他功能,也相当于缩小了建筑相对高度。

② 选择合适的建筑平面

塔式高层建筑比板式(单元式或连塔式)高层建筑的遮挡范围小。而且能够在楼间留出更多的空间充当日照通道,从而能给被遮挡建筑提供更多的累计日照时间。但板式高层建筑容易获得较大的建筑面积,一般布置在不易影响其他建筑的位置。所以,在确定住宅小区布局的时候,合理搭配使用塔式楼和板式楼,能取得最恰当的日照效果。

③ 修改建筑的平面

首先可以考虑修改遮挡建筑的平面。无论板式还是塔式建筑,只要成为遮挡建筑,对其平面进行调整都可以改善日照情况。例如,减小面宽并加大进深,把大户型由平层改为复式等办法。当然有时也需要减小进深,因为进深过大也会造成影响。另外,还可以考虑修改被遮挡建筑的平面,比如缩小建筑户型南侧的凹凸进退方式,使之更平整,从而减轻建筑自身的遮挡。另外在设计户型时,尽量避免将卧室和客厅的外窗布置在凹槽中。还有,建筑端部适当设置转角窗,可以充分接纳早晨或下午的有效日照。转角窗的日照计算起点也在洞口处,并带一点斜角。

进行外窗分析时,其前提是满窗日照,故窗户越宽越难满足日照标准。宽度不超过 2.4 m 的窗户,按实际宽度计算;宽度大于 2.4 m 的窗户,按窗户任意 2.4 m 宽度的一段计算。因此在不妨碍使用时,外窗宽度应控制小于 2.4 m,以降低日照分析的难度。

④ 挪动建筑物位置,改变总图的布局

基于以往日照分析的经验,有时候单靠减层数根本不起作用,30 层的楼房即便减到 11 层仍然不满足日照要求。这时就需要挪动建筑物位置解决问题。可以挪动遮挡建筑或被遮挡建筑,其中,纵向挪动加大建筑间距不行的话,就试试反过来减小间距。有时遮挡和被遮挡建筑离得更近了反而会减轻遮挡影响。另外,还可以尝试横向挪动(建筑间距不变),改变遮挡建筑之间的空隙,改善"日照通道",从而为被遮挡建筑提供更多的累计日照时间。对含有多个塔式高层建筑的小区进行日照分析时,由于建筑都已经很高,所以减少一点层数往往看不出日照状况的改善。这时决定日照质量的往往是建筑的布局,或者说是建筑的"占位"情况。比如,最高的建筑,尤其是板式建筑,往往放在小区的最北面(再往北就是城市主干道、河道或空地等);或者,当小区中间有东西走向的较宽道路时,也可以把这些建筑沿道路的南侧布置。上述两种情况都是充分利用天然的日照间距进行布局,合理搭配高低建筑。正确理解主管部门的规定,能合理规避一些日照问题。

(3) 从居民的视角

群众在维护日照权益的过程中,往往会质疑日照分析报告的合理性、精确性和合法性,但又缺乏相应的评判标准,大多数情况需要借助于第三方法院通过实测来断定。唯一的评判方法是大寒日(冬至日)的有效日照时间,但该方法不太实用,且需要大量的人力、物力和财力,严重影响了时效性。而通过科学、先进的计算机软件进行日照分析可以高效、客观、公正地得出结论,同时也容易取信于群众、政府和开发商等多个项目参与方。

4.4.6.2 案例分析

案例现场如图 4-11、图 4-12 所示,图 4-13 为该案例日照模拟的结果,表明拟建建筑对实拍图中一栋低层居民楼一层有影响,未建设拟建建筑时一层的住户可获得良好的日照,拟建建筑建成后,若按照图 4-12 中白色虚线计算基准面,则一层该住户的日照不满足条件,若按照图 4-12 中白色实线计算基准面,日照条件可满足。根据《湖北省建筑日照分析技术规范》(DB42/T 952—2014),因一层住户阳台底板对一层住户产生遮挡,属于建筑自身遮挡,不参与日照分析,故日照基准面可按照图 4-12 中白色实线计算。

图 4-11 案例现场实拍图 1

图 4-12 案例现场实拍图 2

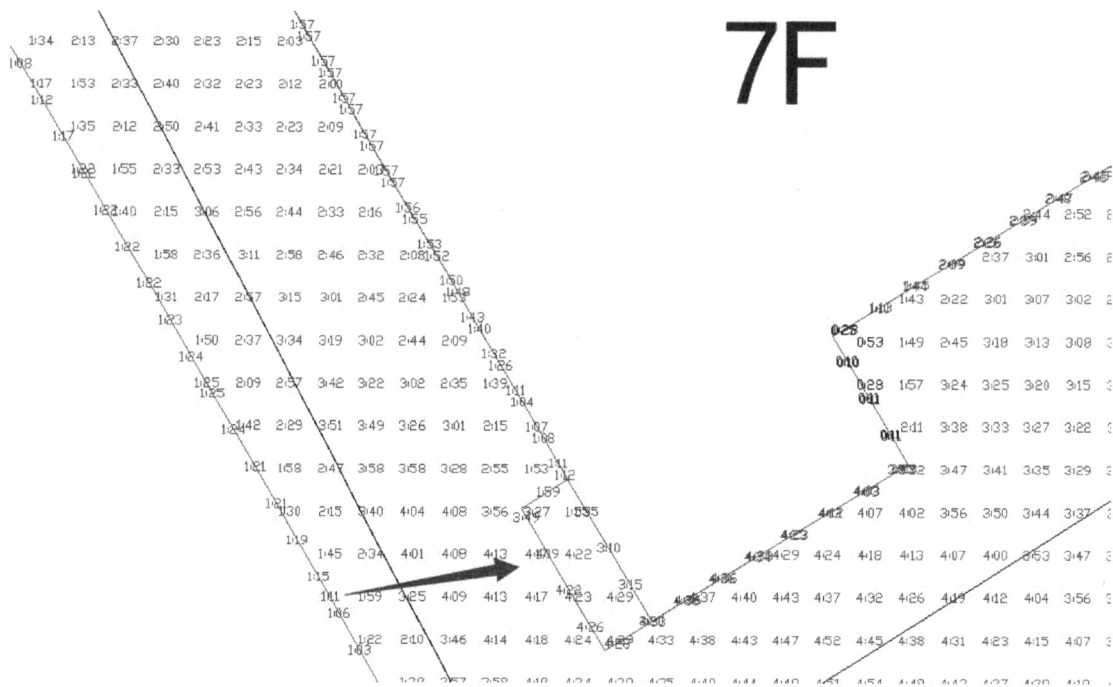

图 4-13 日照模拟分析图

4.4.7 日照分析必需的资料和要求

现对日照分析必需的资料和要求从不同视角进行解读。

（1）从管理者的视角

提交的日照分析资料必须和报规图纸相匹配。完整的现场资料有利于相关部门详细了解项目实际情况,结合建设单位提供的报规图纸,可以核查出日照分析是否满足 DB42/T 952—2014 的要求。

（2）从设计师的视角

完善的日照分析资料是证明规划方案满足 DB42/T 952—2014 要求的证明,后期若出现方案变动或者更改,日照分析也会相应地发生变动和更改,但是项目实地现场资料不需要变动,只需提供真实有效的资料即可。

（3）从居民的视角

完善的日照分析资料可以证明项目在设计方案规划之初是满足相关规范要求的,后期若因为施工等多方面的原因,导致最后的建筑日照不满足要求,设计院可以避免承担其中的责任。市民争取日照权益时也方便调取最初的方案图纸进行比对。

4.5 以《武汉市建筑日照规划管理办法》为例解读

4.5.1 日照分析的建筑对象

《武汉市建筑日照规划管理办法》第七条规定,项目用地内或用地周边涉及下列建筑类型的,须进行建筑日照分析:住宅,医院病房楼,中小学校教学楼,托儿所、幼儿园及其室外活动场所,宿舍,疗养院疗养室。现从不同视角对其进行解读。

(1) 从管理者的视角

需要进行日照分析的建筑,既包括了受众最广的住宅,也涵盖了医院病房、中小学、幼儿园、宿舍和疗养院等特殊人群所处的特殊场所,是我国在长期实践中积累的认为确需保证其日照采光需求的建筑物。因此,从管理者的角度遵循上位法原则,要求对有日照时数需求的特殊建筑进行日照分析是有必要的。

(2) 从设计师的视角

对于设计师而言,承接不同的设计任务,其拟建建筑对应的日照时数要求也有所不同。对于有日照时数要求的建筑物自身情况以及可能受新建建筑影响的已建建筑物的日照情况在设计阶段就需要予以测算考虑。

(3) 从居民的视角

对普通住宅居民而言,每天获取足够的日照也尤为重要,管理行为规定的日照时数赋予他们日照权益。研究表明,日照有益于人体健康。日照可促进生物的新陈代谢,阳光中的紫外线有一定的杀菌作用。西方的建筑师更多强调日照对住户心理健康的影响。此外,太阳辐射能提高室内温度,有良好的取暖和干燥作用。

因此,《武汉市建筑日照规划管理办法》的第九条,赋予了住宅、医院病房楼、中小学校教学楼、托儿所、幼儿园及其室外活动场所、宿舍、疗养院疗养室的居住和使用者法定的日照权益,这对居民来说至关重要。

4.5.2　日照影响的"容忍度"

据《武汉市建筑日照规划管理办法》规定,申报项目导致其周边已建、在建、取得《建设工程规划许可证》待建或规划设计方案已经批准但尚未取得《建设工程规划许可证》的建筑日照时间受到影响,但仍符合本办法第八条规定标准的,认定为符合建筑日照规划管理规定。

本办法施行前已核发规划设计条件的申报项目导致其周边已建、在建、取得《建设工程规划许可证》待建或已核发规划设计条件但尚未取得《建设工程规划许可证》的建筑不符合建筑日照规划管理要求的户数少于该栋建筑总户数的5%,建设单位可以采取补偿、置换等方式与受影响单位或住户达成协议,并经公证部门公证后,将其作为规划方案报审的附加材料,可予以规划许可。

现对日照影响的"容忍度"从不同视角进行解读。

(1) 从管理者的视角

上述规定均是主管部门对于日照影响尺度的要求,由规范条文可知,日照规定存在一个"容忍度",房屋所有人或使用人享有采光权,但是邻人亦享有,并非一旦日照时间减少即构成侵权。

相邻建筑物的权利人对影响其通风、采光和日照的行为有一定的容忍义务,日照受到影响后,关键在于其有没有低于国家标准,只有在日照、采光和通风妨碍超出社会一般人的必要容忍限度时,权利人才可能主张民事赔偿,具体应以国家有关工程建设标准为准。符合国家建设标准的建筑,即使对相邻建筑的采光权和日照造成一定程度的妨碍,也应当视为没有超出容忍限度。

而在新建建筑造成每栋不超过该栋总数5%的户数不符合日照标准时,允许建设单位采取补偿、置换等方式与受影响单位或住户达成协议,并经公证部门公证后,将其作为规划方案报审的附加材料,主管部门予以规划许可,这是对宝贵的城市土地资源进行集约利用的关键举措。城市更新的过程会难以避免地对原有建筑物造成一定的日照影响,比如首层居民的日照条件极为苛刻,在这种情形下,允许建设单位与受影响居民达成谅解,既能把矛盾化解在前期,也让城市更新得以顺利进行。

(2)从设计师的视角

在设计方案与日照条件相矛盾时,为了满足规范条件,设计师采取了很多非常规的混乱做法,居住环境舒适度大大降低,同时,后续产生的问题和困难也较多,省市级日照规范给予了大家正确的指引。

在城市建设中,建筑物之间较为密集,在早期就进行日照间距控制和日照分析,可以提高城市土地的利用效率,减少建筑间距的不必要浪费。而允许一定程度的日照影响,显然使得建筑设计首先能满足城市更新的需求,其次满足地块使用功能的需求。

(3)从居民的视角

在现实社会中,居民日照权越来越受到重视,居民因为日照权益问题诉诸法院的情形也屡见不鲜,而过度维护日照权益的情形也时有发生。

在侵权行为发生前,主管部门督促建设单位主动联系并达成日照补偿协议一方面可以减少居民维护正当权益的成本,另一方面也让建设单位在侵权行为发生前主动向居民坦白,避免建设单位为了满足日照条件而弄虚作假,剥夺居民知情权的情况发生。

4.5.3 日照结论的争议及调处

对日照分析结论有争议的,利害关系人可在规划方案批前公示期内,提交书面申请(并附利害关系人身份证、房产证等),经规划行政主管部门审查确认后启动第三方评估程序。

第三方评估程序启动后,申请人可自行委托具有相应资质的技术单位,或者在武汉市日照分析第三方评估备选技术单位中挑选一家作为第三方评估的技术单位,对规划方案的日照进行分析。第三方评估结论应当进行公示,告知利害关系人及相关设计单位。

第三方评估与设计方结论一致时,将认定设计方日照分析结论为最终成果,并将依照法定程序审批建设项目。第三方评估与设计方结论出入较大时,如公示期内设计方不对日照分析结论提出疑义,将视作设计方同意第三方评估结论,并将依照法定程序责令设计方调整方案。如设计方对第三方评估结论存在疑义,须在公示期内提交书面申请(并附相关设计资质),经审查确认后可启动鉴定程序。相关机构组织相关会议对第三方评估结论进行鉴定。

现从不同视角对以上内容进行解读。

(1)从管理者的视角

建设单位向自然资源和规划主管部门申报建设工程设计方案时,应当同时报送日照分析结论,并将其作为建设工程设计方案的一部分,一并向社会公示。其中,核发《建设工程规划许可证》前的审批公示总图就包含了日照分析图及日照分析影响结论。

《武汉市建筑日照规划管理办法》第十三条至十五条明确了争议处理程序,对建设单位、设计机构、第三方评估和管理部门各自的职责进行了划定,行政机关承担依法审批和有效监管的职能;建设单位承担准确提供日照计算基础资料和结论的责任;市场化第三方机构承担依法编制日照分析结论的责任。

从管理角度分析,要求建设单位向社会公开日照分析结论加大了城乡规划公开化、透明化、规范化的工作力度,保障城市居民的"阳光权",保障社会各界对日照分析行为的知情权、建议权。

(2)从设计师的视角

日照分析结论的公开、透明,以及第三方评估机构复核机制的约束使得设计机构从业人员需要编制更加真实准确的日照分析报告。审批前,由设计单位提供的日照分析结论将与建筑方案一起公示,接受全社会监督。而涉及群众质疑的日照分析报告,需纳入必须复核的范畴,这也意味着设计师应当出具真实、准确的日照计算报告,不得弄虚作假、隐瞒真实情况。因日照分析报告编制单位原因造成日照计算结论错误,产生不良后果造成损失的,也必将承担相应法律责任。

(3)从居民的视角

知情权是指知悉、获取信息的自由与权利,包括从官方或非官方知悉、获取相关信息。狭义知情权仅指知悉、获取官方信息的自由与权利。随着知情权外延的不断扩展,知情权既有公法权利的属性,也有民事权利的属性,特别是对个人信息的知情权,是公民作为民事主体所必须享有的人格权的一部分。

日照分析作为群众关注的、事关切身利益的事情,主管部门和建设单位应想方设法公开化、透明化。保障了市民的知情权和建议权,人民群众的获得感、幸福感、安全感就会不断提升。

过去建筑方案批前公示中没有日照分析的公示,市民想知道日照情况,只能跑到规划部门查询。日照分析结论在批前公示环节公开后,一旦市民对公示的日照分析结论存有异议,可自行委托具有相应资质的技术单位,或者在武汉市日照分析第三方评估备选技术单位中挑选一家作为第三方评估的技术单位,对规划方案的日照进行分析。

5 日照分析实践与问题思考——以建设项目为例

在日照分析的内容上,我国部分省份和城市出台了相应的计算规则和日照分析标准,但是实际案例中仍然会遇到一些不可避免的问题,比如自身遮挡的标准、参与分析建模的内容、坐标系的问题等,均可能会对日照内容产生影响,但由于规范并未对这些影响明确分析标准,导致项目在实际的日照分析中存在一些漏洞。本章会结合实际案例,分析日照分析在实际过程中遇到的问题。

5.1 以襄阳市东津新区某建设项目为例

5.1.1 建筑自身遮挡的标准案例

建筑的自身遮挡作为必要的建模分析内容之一,同时也是对建模标准和分析内容争议较大的部分之一。在分析过程中,影响建筑自身光照的原因包含多种因素,如建筑造型导致的建筑主体凹凸,需要安装建筑组件、装饰柱、空调位等,对于设计比较常规、建筑造型比较单一的建筑来说,影响较小,但是对于追求美观、设计上有特殊需求、造型复杂、设计感较强且层次丰富的建筑来说,其自身对日照的影响程度将会大幅增加。对于建筑设计中特殊的建筑部分以及造型空间是否参与日照分析遮挡的计算仍存在些许争议,这将直接影响到建筑日照分析的结论。

该项目位于襄阳市东津新区,项目鸟瞰图见图 5-1。该项目的规划用地性质属于居住用地,建设用地面积约为 71500 m²,总建筑面积约为 300000 m²,其中包含建筑面积约为 3250 m² 的幼儿园。幼儿园平面区位见图 5-2。

图 5-1 项目鸟瞰图

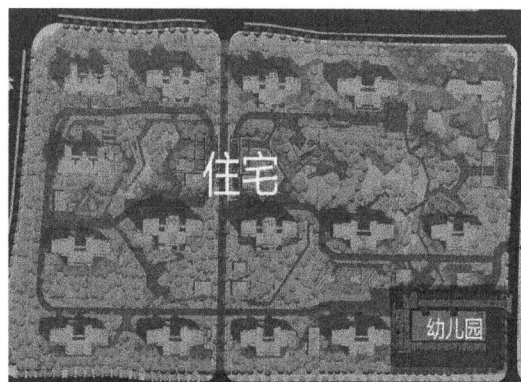

图 5-2 幼儿园平面区位

在设计阶段，幼儿园为了与整个地块的造型方案与设计风格相协调，在造型设计的表现方面使用了一些外凸的造型框架。幼儿园造型示意图如图 5-3 所示，幼儿园二层平面图如图 5-4 所示。

图 5-3　幼儿园造型示意图

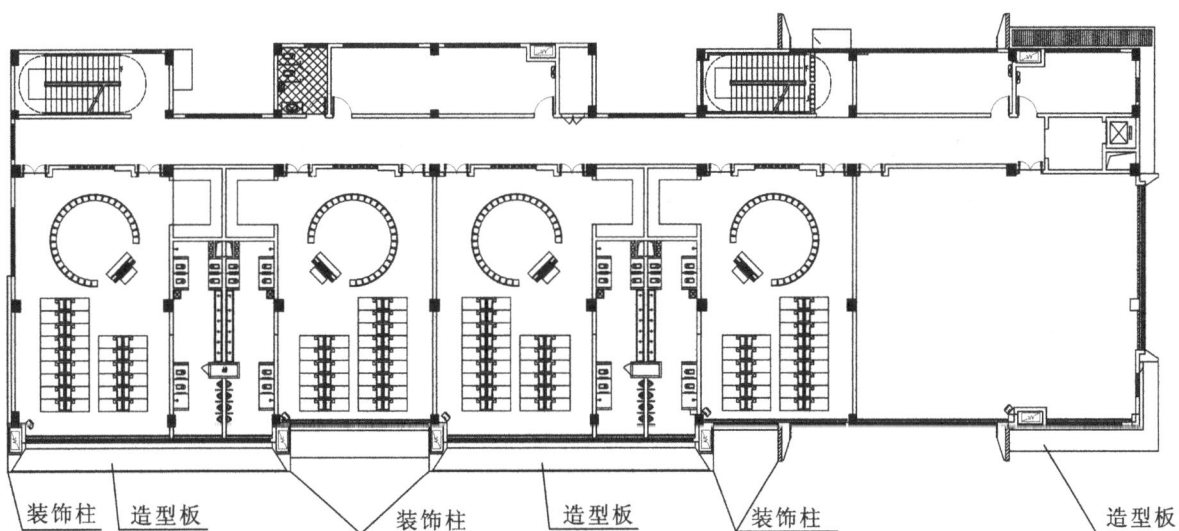

图 5-4　幼儿园二层平面图

幼儿园的造型设计不仅包含外挑的装饰造型柱、造型板，在首层与二层之间的设计手法上还采用了进退的空间层次设计，使二层与首层位置形成外挑空间，这部分外挑空间对首层建筑空间造成了遮挡，同时，外挑的造型框架也对首层的空间产生了光照遮挡影响。

5.1.2　造型遮挡计算标准对结果的影响

在设计过程中，建筑风格、空间以及造型的设计形式和手段是丰富的。在当下，随着人们对于艺术审美的要求和空间需求不断增加，设计方案中的建筑表现形式呈现多样化趋势，建筑设计既要满足自身的空间需求，同时也要满足造型和与整体环境协调的需求，这使得建筑在设计完成后,由于丰富的层次和造型的影响,对建筑自身和周边建筑都造成遮挡。

由于项目所在地管控的特殊需求,幼儿园项目在进行日照分析时,对于窗户大小的取样宽度需要按照实际窗宽计算,在进行建筑设计时,南侧的窗户均设计为满墙落地窗(图 5-5 至图 5-7),在造型表达上采用幕墙的设计方式,使幼儿园南侧窗户的窗宽均大于 1.8 m。

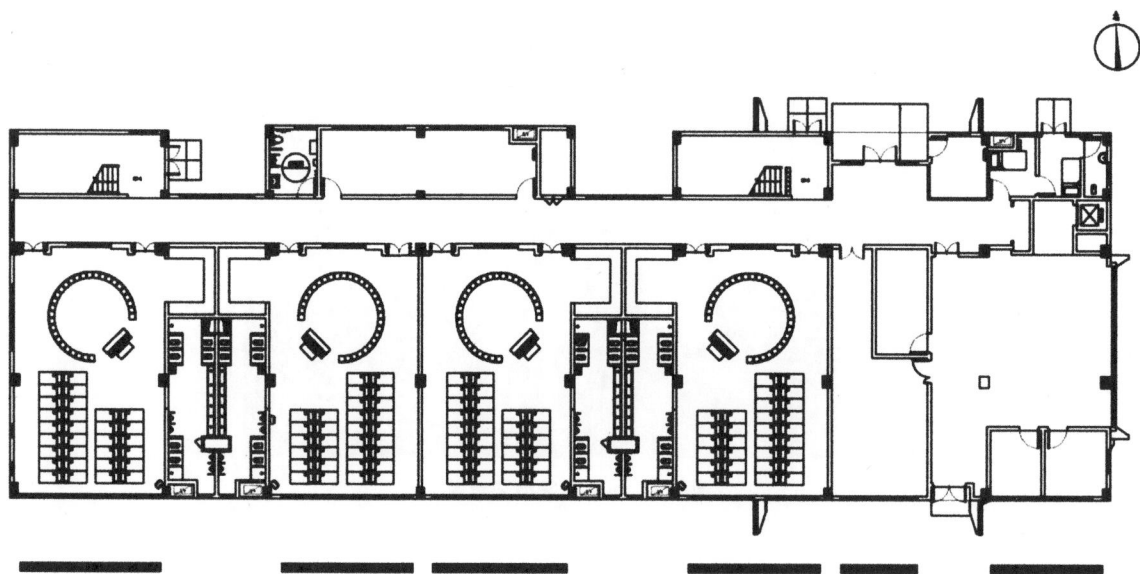

图 5-5　幼儿园首层南侧窗户方案图

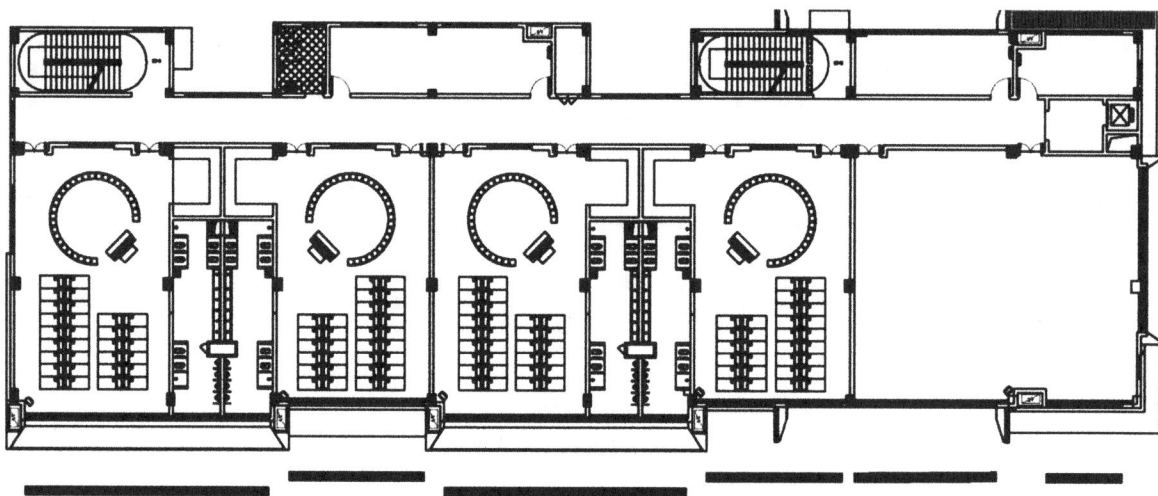

图 5-6　幼儿园二层南侧窗户方案图

该项目的幼儿园在进行日照分析时需要符合阳台的满窗日照需求,但是在设计阶段,因特殊的造型和设计手法,幼儿园的南侧窗户布置了大量的满墙落地窗,再结合日照分析的特定内容要求,导致满窗日照极易因为独特的造型设计对自身日照产生影响,从而让设计方案的日照无法达到冬至日满窗日照 2 小时的需求。幼儿园自身遮挡日照模型示意图见图 5-8。

本次日照分析采用经住房与城乡建设部鉴定的"众智日照分析 11.0"软件,设置参数如下:

① 计算日期:冬至日(幼儿园);

② 有效日照时段:9:00—15:00(冬至日);

③ 最小扫掠角:5°。

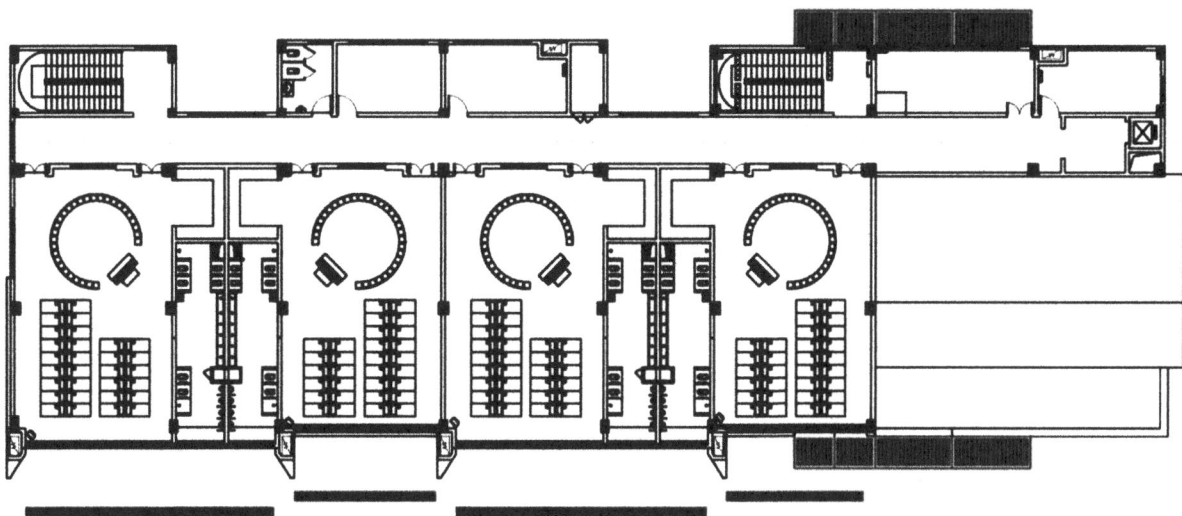

图 5-7　幼儿园三层南侧窗户方案图

幼儿园南立面等时线图见图 5-9。软件分析结果表明，幼儿园首层 C161-1、C162-1、C163-1，二层 C166-1、C167-1、C168-1、C169-1 窗户均不满足其日照在冬至日的有效时间不少于 3 小时的要求。

虽然根据此次的分析结果来看，建筑自身的造型对建筑自身产生日照遮挡是无法避免的，但是根据项目所在地的日照要求来看，建筑自身的装饰柱等内容可以不用参加日照分析，也就是说建筑上的部分造型空间可以不用考虑遮挡关系，建设方对建筑不考虑装饰柱重新进行日照建模，并对其进行分析，其结果见图 5-10、图 5-11。

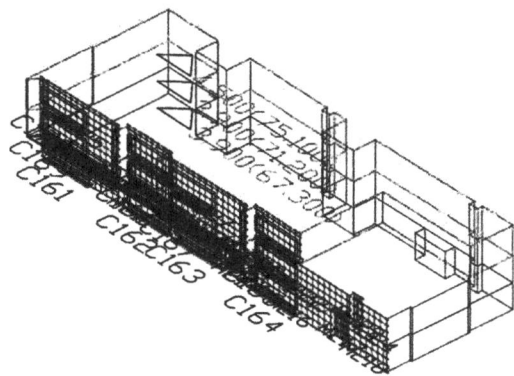

图 5-8　幼儿园自身遮挡日照模型示意图

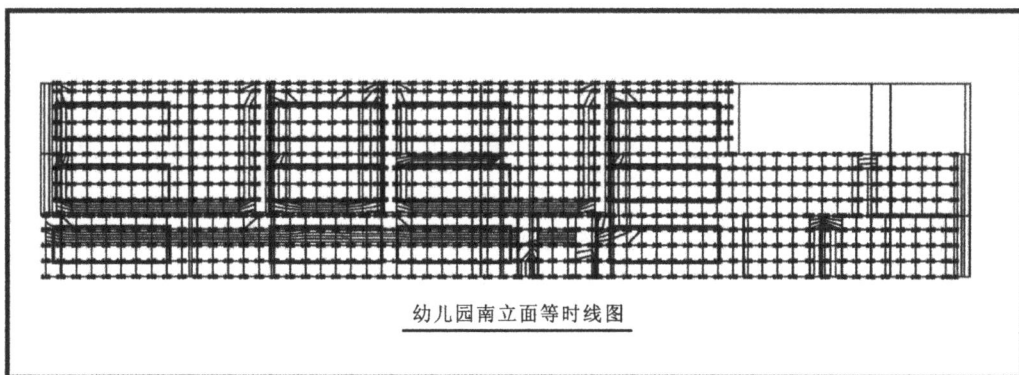

幼儿园南立面等时线图

图 5-9　幼儿园南立面等时线图

通过对两次分析结果进行比较分析发现，原本建筑物被自身附带的造型柱和造型空间遮挡的部位，在当地的管控标准下，在日照分析的建模过程中可不考虑其影响，不参与日照建模的分析，使得最终的日照分析结论能够满足当地的日照要求。

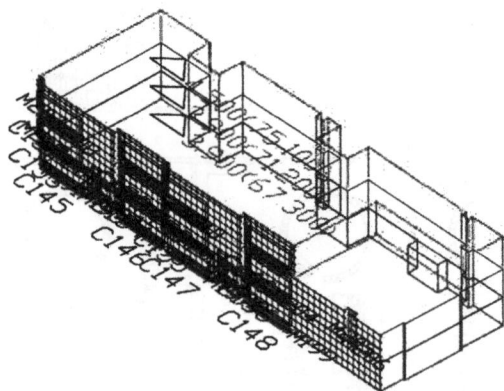

图 5-10　幼儿园不含装饰柱日照模型示意图

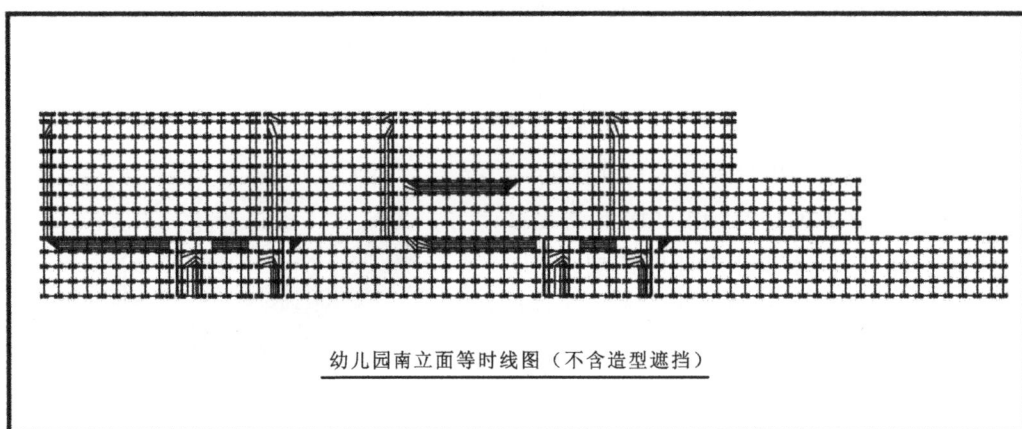

幼儿园南立面等时线图（不含造型遮挡）

图 5-11　幼儿园不含装饰柱南立面等时线图

5.1.3　日照建模标准思考

对以上案例内容进行分析,得到的结论是:由于部分地区的管控需求,建筑的装饰柱和造型不参与建筑的日照分析,但是建筑的自身遮挡必然会对建筑的日照结果产生影响;幼儿园的日照标准需要符合满窗日照,当南侧的窗户为玻璃幕墙或落地窗时,将会更加难以满足满窗日照的需求。

根据案例的分析情况,能够确定装饰和造型对自身的遮挡是会产生影响的,但是在进行日照分析的过程中,如果项目所在地的监管部门不要求对这些非建筑主体的部分进行建模分析,建筑的日照需求自然会有所降低,但是这一分析方式对于建筑空间的使用方无疑是不公平的。虽然方案中产生遮挡的部位是建筑主体之外的造型部分,但是这些部位也是建筑的永久性构件之一,建筑空间的使用方在使用的过程中,是实实在在地损失了日照权益。另一方面,出于设计角度考虑,在建筑的设计方案中,如果考虑凸出建筑主体之外的造型柱、板对日照的影响,对于一些有着特殊造型要求的建筑来说,无疑会削弱建筑的美观程度,甚至会由于日照对于建筑造型的限制,改变建筑的造型和构造,影响到周边环境的美观性。这些都需要审批单位、设计单位、建设单位结合实际情况进行综合考量。

5.2　以襄阳市襄州区、东津新区建设项目为例

5.2.1　建筑红线坐标系影响日照的案例

对于整个建设项目来说,一个项目的建设和开发需要多个专业系统相互配合,互相支撑,项目的每个环节是互相关联、相互影响的。在实际的项目中,对日照分析结果产生影响的因素有很多,有的因素可能并非是建筑自身的遮挡所导致的,而是由于相关环节变动的影响。

5.2.1.1　项目概况

(1)案例一项目概况

该项目位于襄州区,其用地性质为居住配套商业用地,规划条件为:规划建设用地面积为53604.16 m²,容积率≤2.9,建筑规模≤155452.06 m²。不动产权证:面积为53604.16 m²;规划条件与不动产权证面积一致,如图5-12所示。在建设用地红线电子版图纸(图5-13)中,该地块建设用地范围面积为53586.58 m²,电子版图纸坐标系为襄阳2000坐标系。

规　划　条　件

编号:

地块位于 　　　　　　　　　　　　,四至范围见建设用地规划红线图。

《规划条件》及其附图《建设用地规划红线图》作为办理该地块国有建设用地使用权出让、转让、划拨手续及进行规划和建设工程方案设计的依据。

规划用地性质	居住配套商业用地	其他用地性质	
建设用地面积(m²)	53604.16	容积率	≤2.9
城市道路面积(m²)	20024.45	建筑密度(%)	≤22
公共绿地面积(m²)	1364.6	绿地率(%)	≥35
建筑规模(m²)	≤155452.06	建筑高度控制	
出入口要求			
停车位要求	按《襄阳市城市规划管理技术规定》(2014版)及现行政策要求执行。		
建筑形式与风格要求	充分考虑地块西侧主干道道路景观风貌塑造;现代风格,建筑色彩符合《襄阳市城市色彩规划》的要求,并与周边建筑相协调。		
历史文化保护与环境保护要求			
保障性住房配建要求	保障性住房严格按照《襄阳市市区公共租赁住房管理办法》(襄阳市人民政府令第3号)及市政府现行相关政策执行。		

图 5-12　项目规划条件

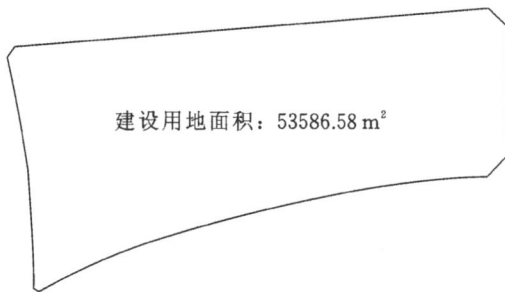

图 5-13　项目建设用地红线电子版图纸(一)

（2）案例二项目概况

该项目是位于襄阳市东津新区的某建设项目,其项目鸟瞰图和建前现状如图 5-14、图 5-15 所示。

该地块的用地性质为居住用地,规划条件为:规划建设用地面积为 71499 m^2,容积率≤3.0,计容面积≤214497 m^2。不动产权证中面积为 71505.06 m^2,规划条件与不动产权证面积误差值为 6.06 m^2。项目规划设计条件、项目不动产权证如图 5-16、图 5-17 所示。

图 5-14　项目鸟瞰图

图 5-15　项目建前现状

　　规划用地性质:居住用地(R2),总用地面积为 102057 m^2,建设用地面积为 71499 m^2,城市道路用地面积为 23766 m^2,公共绿地用地面积为 6792 m^2;容积率小于 3.0;建筑密度小于 20%,绿地率大于 35%,建筑限高 150 m;地上建筑面积小于 214497 m^2。

　　(1)公共服务设施配建要求:在地块内集中配建的公共服务设施,与地块同步规划、同步建设、同步验收。其中:①配建独立占地且用地面积不小于 4320 m^2、建筑面积不小于 3240 m^2 的幼儿园,建成后按规定无偿移交给东津新区管委会。②文化活动中心建筑面积不小于 300 m^2。③在临街建筑底层配建建筑面积不小于 50 m^2 的公厕,建成后无偿对外开放。

　　(2)其他要求:地块内设置宽度不低于 9 m 的南北向公共通道,和项目同步建设,建成后无偿对外开放,不得封闭。

图 5-16　项目规划设计条件

权利类型	国有建设用地使用权
权利性质	出让
用途	城镇住宅用地
面积	71505.06 m^2

图 5-17　项目不动产权证

而在获取的建设用地红线电子版图纸(图 5-18)中,该地块建设用地范围面积为 71526.13 m²,电子版图纸坐标系为襄阳 80 坐标系。

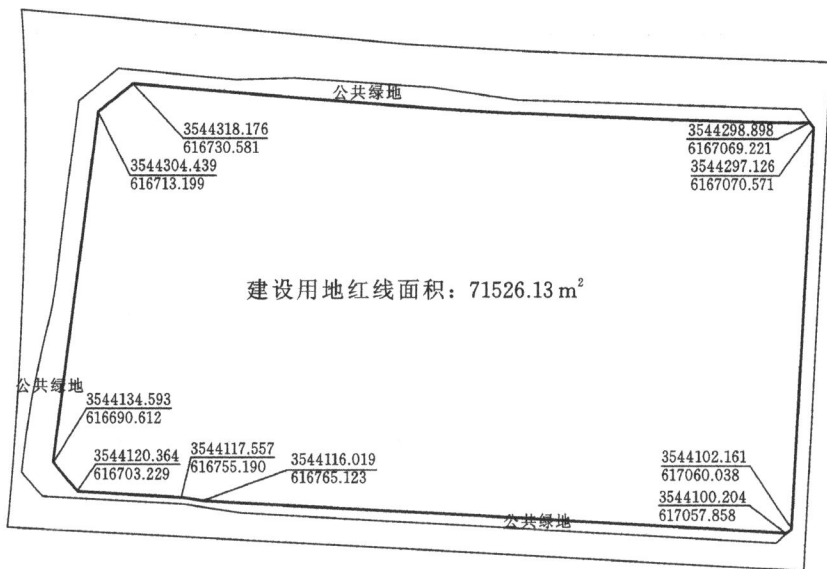

图 5-18 项目建设用地红线电子版图纸(二)

5.2.1.2 襄阳市建筑红线坐标系的情况

根据所了解的情况,襄阳市的部分建设项目的土地不动产权证、规划条件、与建设用地红线图中大多数存在面积误差的情况,相关审批单位与监管单位在审批项目审查资料时,地块的数据误差控制在规定范围内即可。误差的影响因素主要有以下三个方面:

(1)在部分项目中,不动产权证中的宗地图面积大多为实测数值,与规划阶段使用的电子版测算面积会存在一定的误差值。

(2)在规划条件中或不动产权证的面积计算中,部分项目有时会采用取整的计算方式,会产生极小的误差。

(3)为保护地方的测绘信息与土地信息,测绘有关部门会采用加密的坐标信息,将其录入电子版图纸中,需要使用坐标信息时有时会对坐标系统进行转换,将其转换成已知或是指定的坐标系。使用电子版图纸对两个坐标系进行相互转换时,受测量技术中涉及的椭球面的参数影响,线段会产生一定的拉伸和角度偏移,从而导致整个用地的范围面积信息产生变换与误差。

襄阳市在建设项目的测绘、审批系统中,使用过三个不同的坐标系,分别为襄阳 80 坐标系、襄阳 2000 坐标系、2000 国家大地坐标系,其中襄阳 80 坐标系、襄阳 2000 坐标系均为地方坐标系,采用地方的加密数据对地形数据进行保护;2000 国家大地坐标系,是我国当前最新的国家大地坐标系。以上两个案例项目在建设项目审批过程中都处于坐标系使用的更新和交替阶段;案例一的建设项目在项目进行日照分析后,处于审批阶段时,恰巧处于襄阳 2000 坐标系更换为 2000 国家大地坐标系的节点;案例二的建设项目在进行日照分析后,处于项目审批阶段时,正值襄阳 80 坐标系更换为襄阳 2000 坐标系之际。

5.2.2 坐标系变更对日照分析结果的影响

随着计算机技术和测量技术的发展,需要将已经完成的测量成果按不同的坐标系数据进行变换时,往往会采用专业的软件工具进行操作,将定量的参数录入系统后,由系统使用多个参数进行转化。

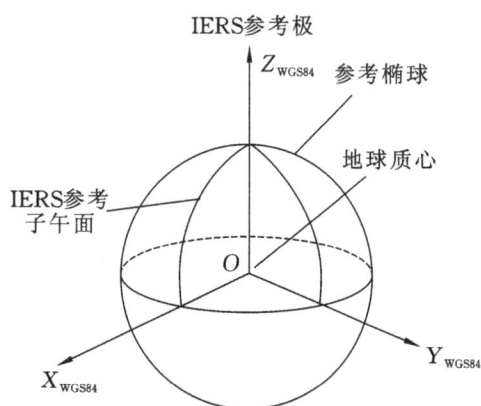

图 5-19 大地坐标系示意图

在测量学中,把用来表示地球的椭球称为地球椭球,它是地球的数学表示,是经过一定选择的旋转椭球。各个国家根据局部的天文、大地和重力的测量资料,研究当地大地水准面的情况,确定一个与地球椭球接近的椭球,用来表示地球的参考形状及大小,以此作为处理大地测量成果的依据,一般称这个椭球的外表面为参考椭球面。参考椭球是具有一定的几何参数、定位以及定向的用来表示某一大地面的地球椭球。参考椭球只能较好地接近大地水准面,并不能反映大地体的一切情况。大地坐标系如图 5-19 所示。

在进行坐标系转换时,往往会根据不同的坐标系及不同椭球间的坐标进行转换。以查找的西安 80 坐标系与 2000 国家大地坐标系的相关资料举例。西安 80 坐标系是指 1980 年西安坐标系,又简称为西安大地原点。该坐标系的大地原点设在我国中部的陕西省泾阳县永乐镇,位于西安市西北方向约 60 km,基准面采用青岛大港验潮站 1952—1979 年确定的黄海平均海水面(即 1985 国家高程基准)。西安 80 坐标系属参心坐标系,长轴 6378140m,短轴 6356755 m,扁率 1/298.257。

2000 国家大地坐标系是我国当前最新的国家大地坐标系,英文缩写为 CGCS2000。2000 国家大地坐标系的原点为包括海洋和大气的整个地区的质量中心;2000 国家大地坐标系的 Z 轴由原点指向历元 2000.0 的地球参考极的方向,该历元的指向由国际时间局给定的历元为 1984.0 的初始指向推算,定向的时间演化保证相对于地壳不产生残余的全球旋转,X 轴由原点指向格林尼治参考子午线与地球赤道面(历元 2000.0)的交点,Y 轴与 Z 轴、X 轴构成右手正交坐标系,采用广义相对论意义下的尺度。

西安 80 坐标系和 2000 国家大地坐标系之间的转换为参心坐标系和地心坐标系之间的转换,是不同椭球基准之间的转换,既可以通过空间变换的方法进行,也可以通过平面变换的方法实现。根据《现有测绘成果转换到 2000 国家大地坐标系技术指南》推荐使用坐标转换的方法,其中,空间变换常用的转换模型为布尔沙(Bursa)七参数模型,局部区域平面坐标转换常使用二维四参数相似转换模型。

在地方使用的测量坐标数据,主要为 X,Y 轴相对于原始基点设定的固定偏移数值,再结合椭球面的参数变换从而得到新的坐标数据,由此得到地方的加密坐标系。由于受到椭球参数的影响,一条线段或一个闭合区间在坐标转换时,不仅所在位置会产生偏移,其线段长短、面积、角度还会随椭球面参数变换而变化。

设计师在对项目进行方案设计时，所使用的建筑红线坐标系为实际测量过程中使用的坐标系，设计师是依据该区域对相对平面区域进行方案设计，如图 5-20、图 5-21 所示。

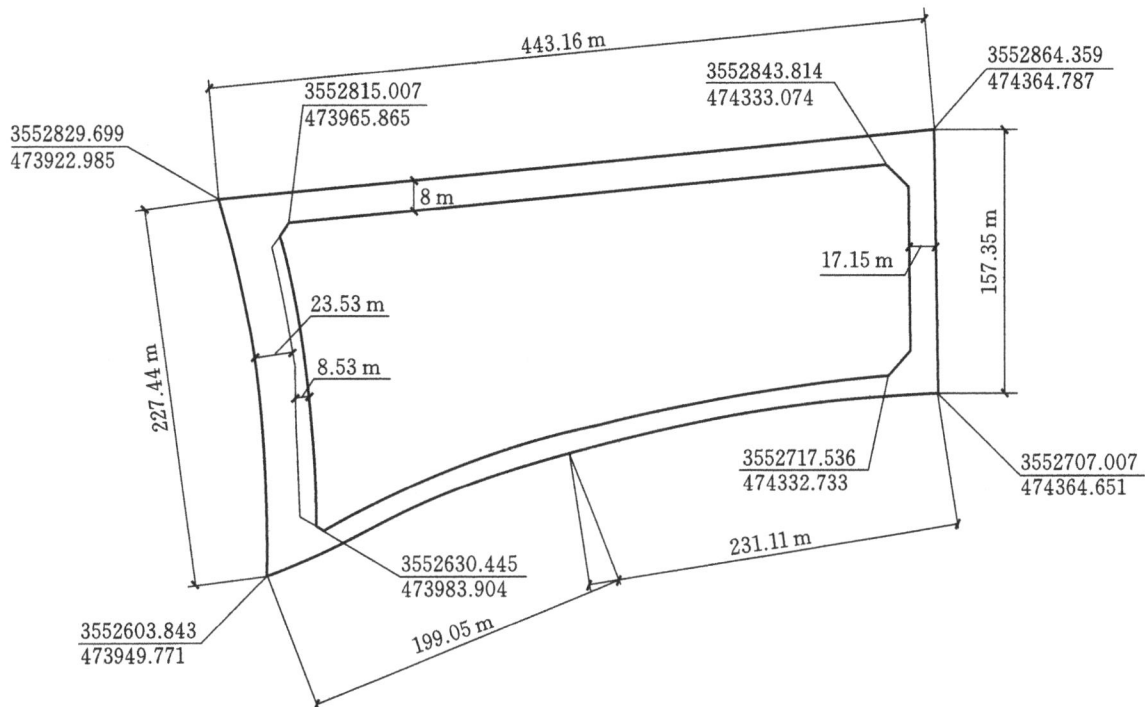

图 5-20 案例一建设用地红线图

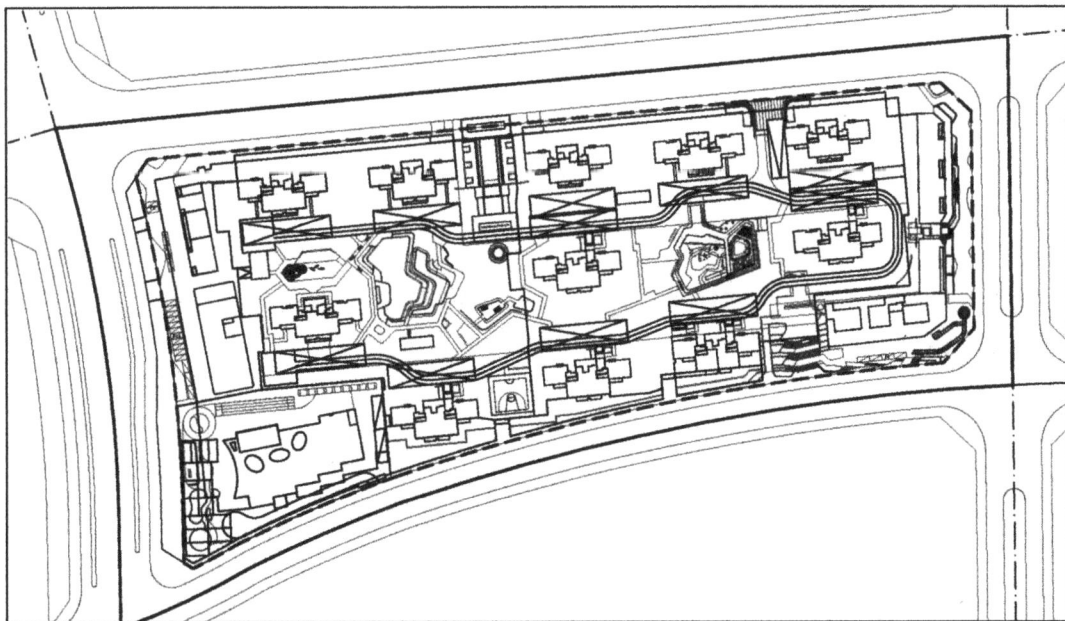

图 5-21 案例一项目方案设计

设计师在进行方案设计时，会默认设计区域为平面空间，常以正交的绘制方式进行方案绘制。设计师将根据建设项目的平面图纸进行日照分析。在项目进入日照分析阶段时，往往会使用审批单位要求的坐标系,该坐标系统与项目设计方案提供的用地红线坐标系基本是一致的。由于日照分析体系使用固定的坐标体系,采用不同的日照软件得出的日照分析结论均一致,这便能够使设计和审批、复核标准一致。

而在设计方案进行坐标系转换后,由于测绘参数的变化,设计方案中整个建设用地区间产生角度、长短方面的变化,例如,案例一建设项目方案在襄阳 2000 坐标系下的水平夹角与建设项目方案在 2000 国家大地坐标系下的水平夹角不一致,如图 5-22 和图 5-23 所示,案例二建设项目在襄阳 80 坐标系下的用地红线面积与建设项目在襄阳 2000 坐标系下的用地红线面积不一致,如图 5-24、图 5-25 所示。其中,案例一在两个不同坐标系同一位置的水平角度相差 1°。案例二在两个不同坐标系下同一用地红线面积的误差为 24.021 m²。

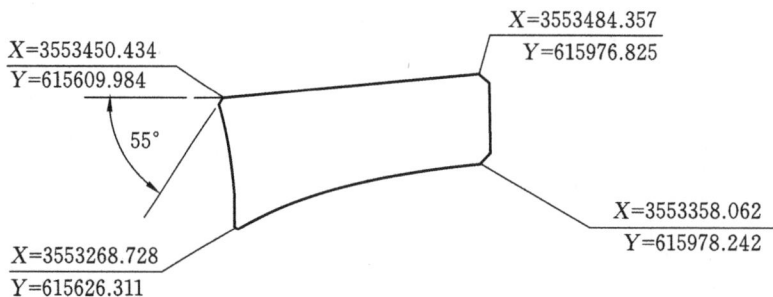

图 5-22　案例一建设项目方案在襄阳 2000 坐标系下的水平夹角

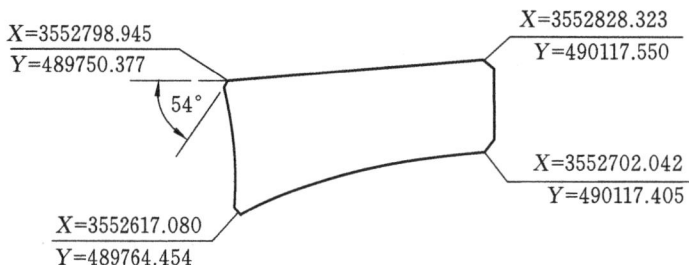

图 5-23　案例一建设项目方案在 2000 国家大地坐标系下的水平夹角

综上所述,在不同坐标系下,建设项目设计方案图纸中的用地红线面积与水平角度均会产生一定的差值。对于日照分析软件来说,在同一个设计方案下,建设项目角度的变换必然会导致不同的日照分析结果。案例一和案例二在不同坐标系下进行局部日照分析建模的比较分析过程见图 5-26 至图 5-33。

经过以上内容的比较分析,可以清楚地看到,当位于不同坐标系时,同一影响环境下同一建筑模型的立面等时线存在差异,其日照分析结果也会有一定的出入。所以采用不同的坐标系分析同一个设计方案,得到的结果必然会存在一定的微小差异,当这些微小差异恰巧处于关键户型某一窗户的位置时,就很可能会造成更换坐标系之后某一户型的日照无法满足日照的需求。

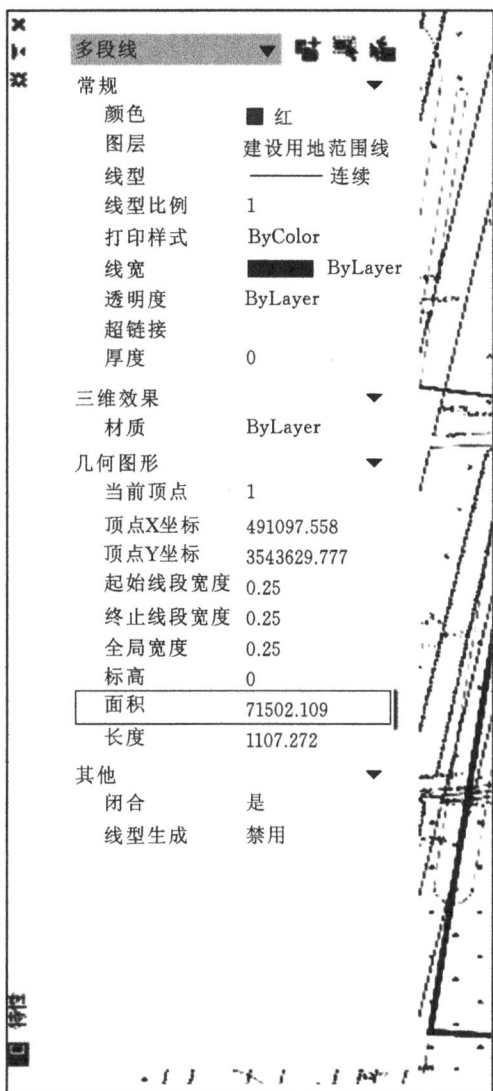

图 5-24 案例二建设项目方案在襄阳 80 坐标系下
的用地红线面积

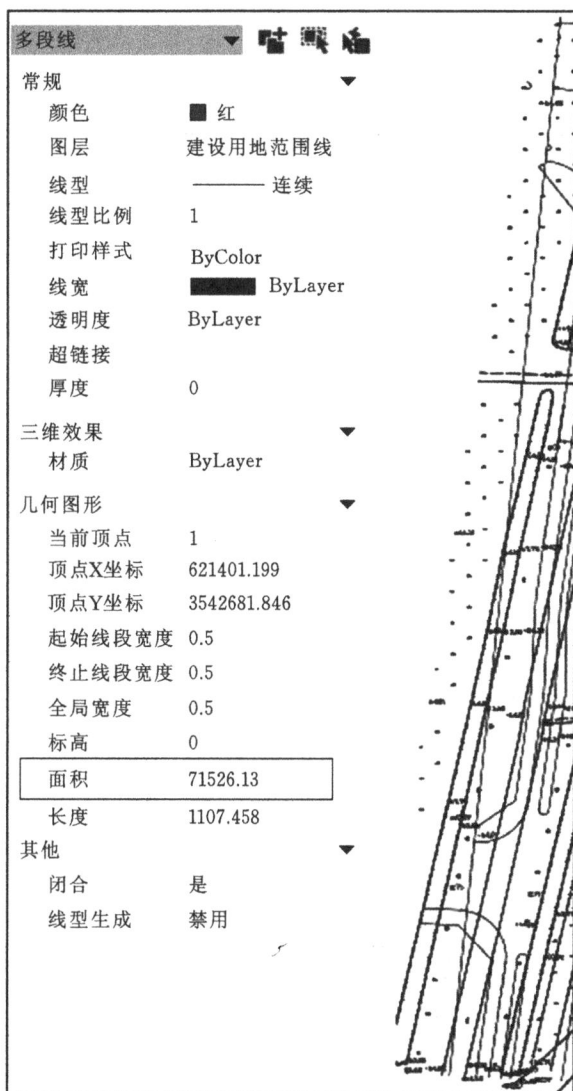

图 5-25 案例二建设项目方案在襄阳 2000 坐标系下
的用地红线面积

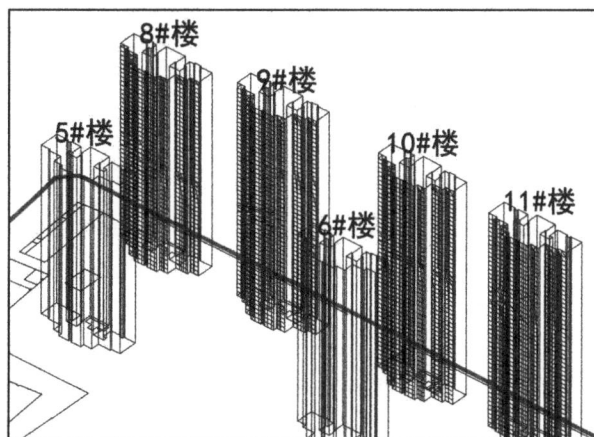

图 5-26 案例一模型编号图

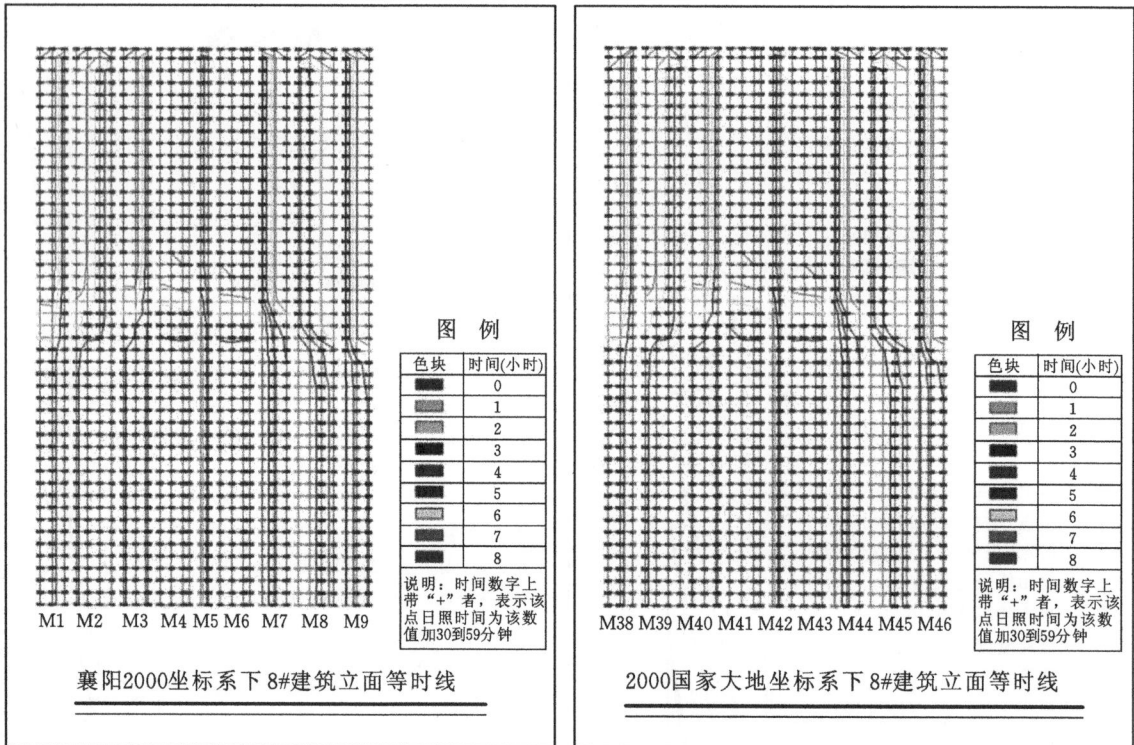

图 5-27　案例一 8♯楼不同坐标系下立面分析比较图

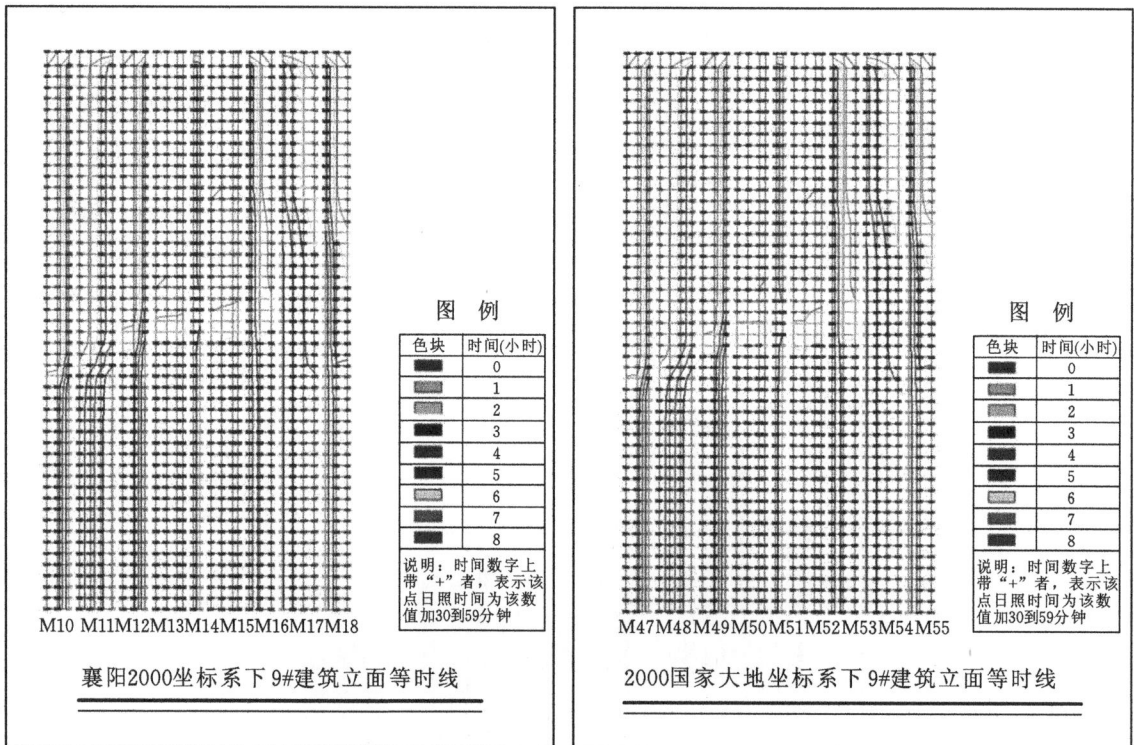

图 5-28　案例一 9♯楼不同坐标系下立面分析比较图

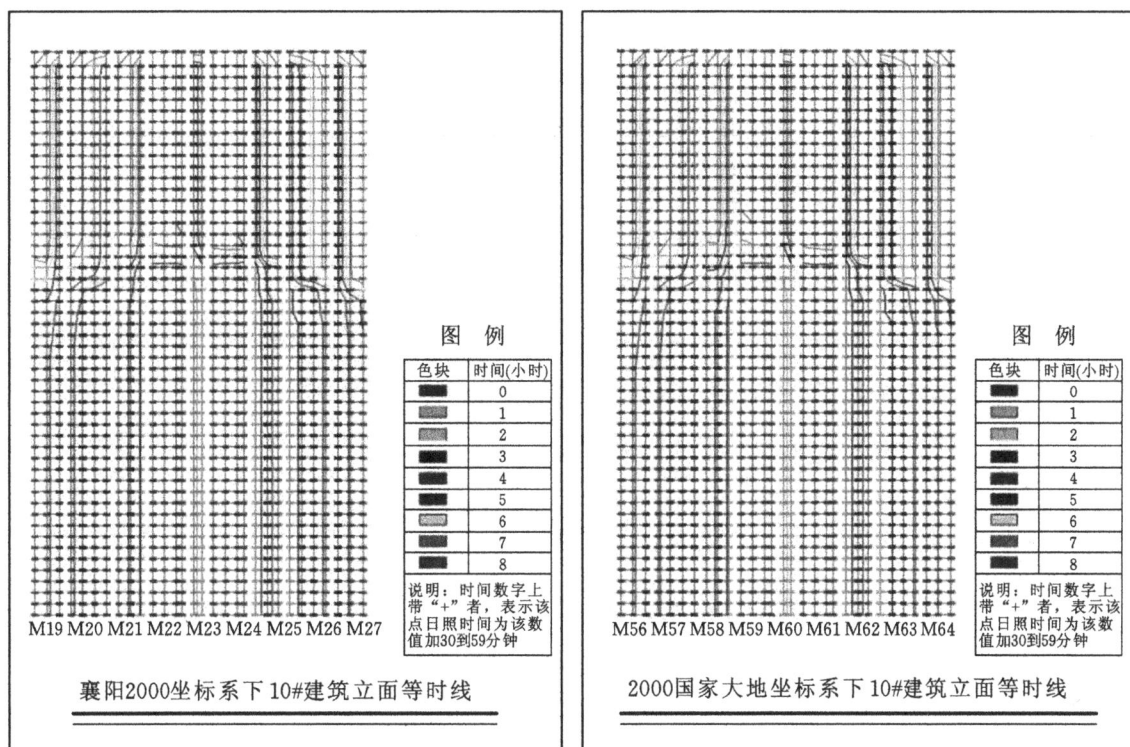

图 5-29 案例— 10＃楼不同坐标系下立面分析比较图

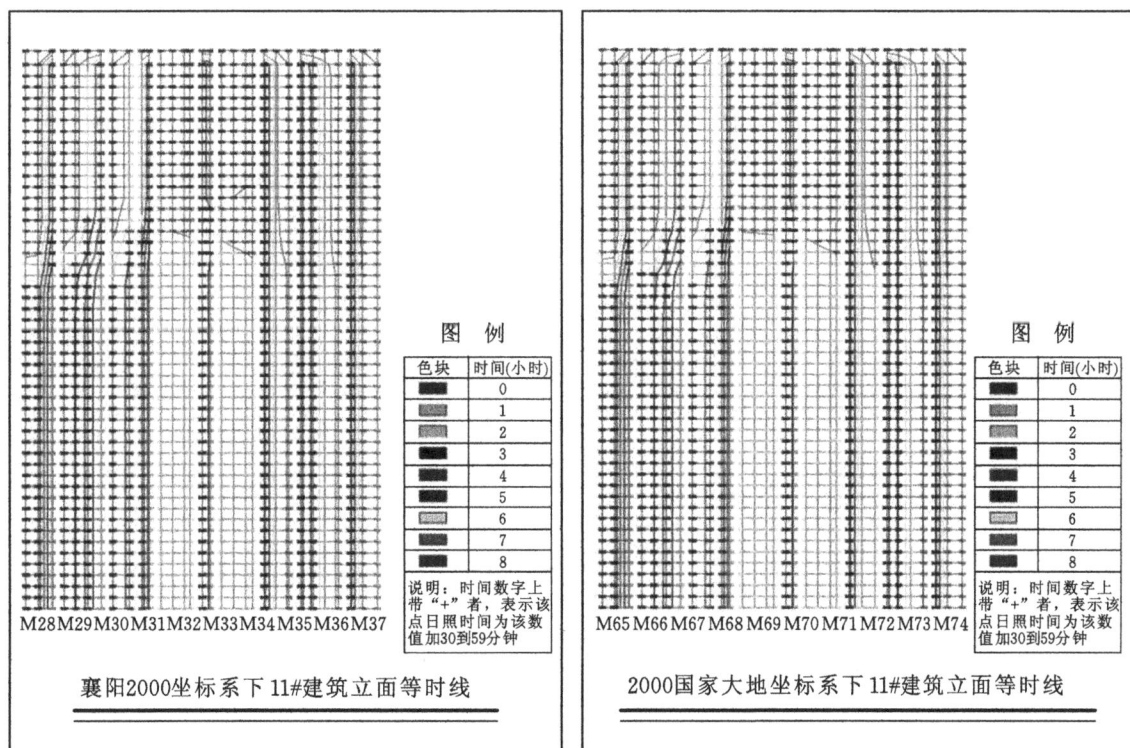

图 5-30 案例— 11＃楼不同坐标系下立面分析比较图

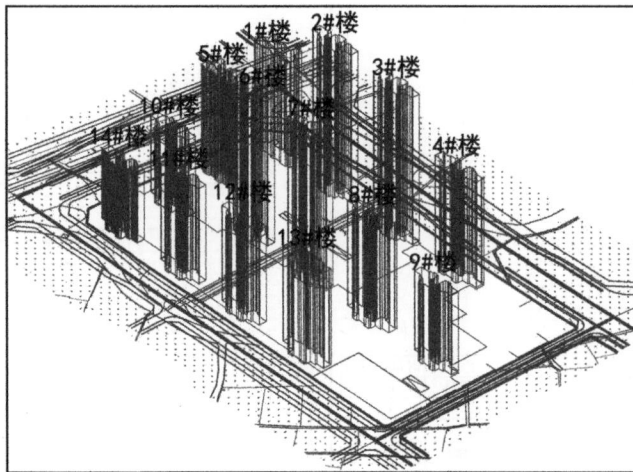

图 5-31　案例二模型编号图

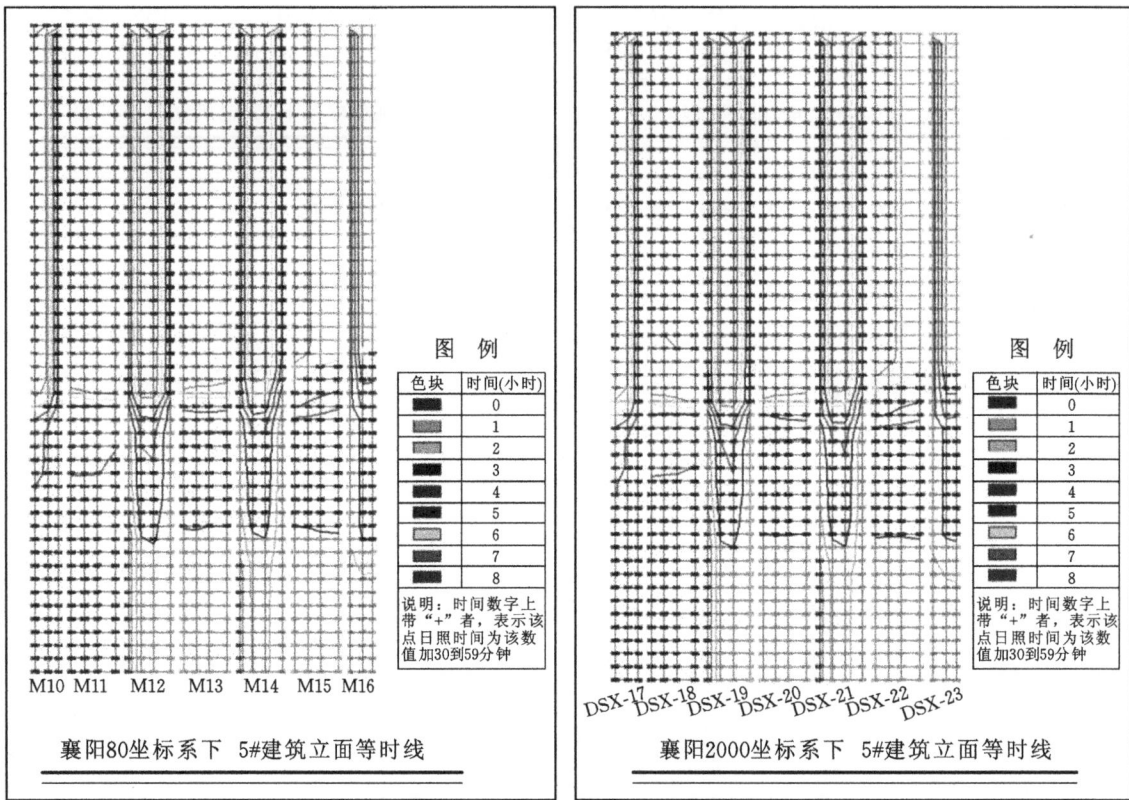

图 5-32　案例二 5#楼不同坐标系下立面分析比较图

5.2.3　测量坐标系对日照标准影响的思考

通过对以上案例的分析可以看出,测量系统中坐标系的变换会对日照分析的结果数据产生影响。影响日照分析结论的因素有很多,除了自身遮蔽条件下的环境因素外,还有其他专业内容的协同因素。

从案例一和案例二的比较分析结果可以得知,建设用地红线和方案设计时的控制线在经过坐标转换之后会产生一定的角度旋转和拉伸变形,同理可推,在方案设计的过程中,默认使用用

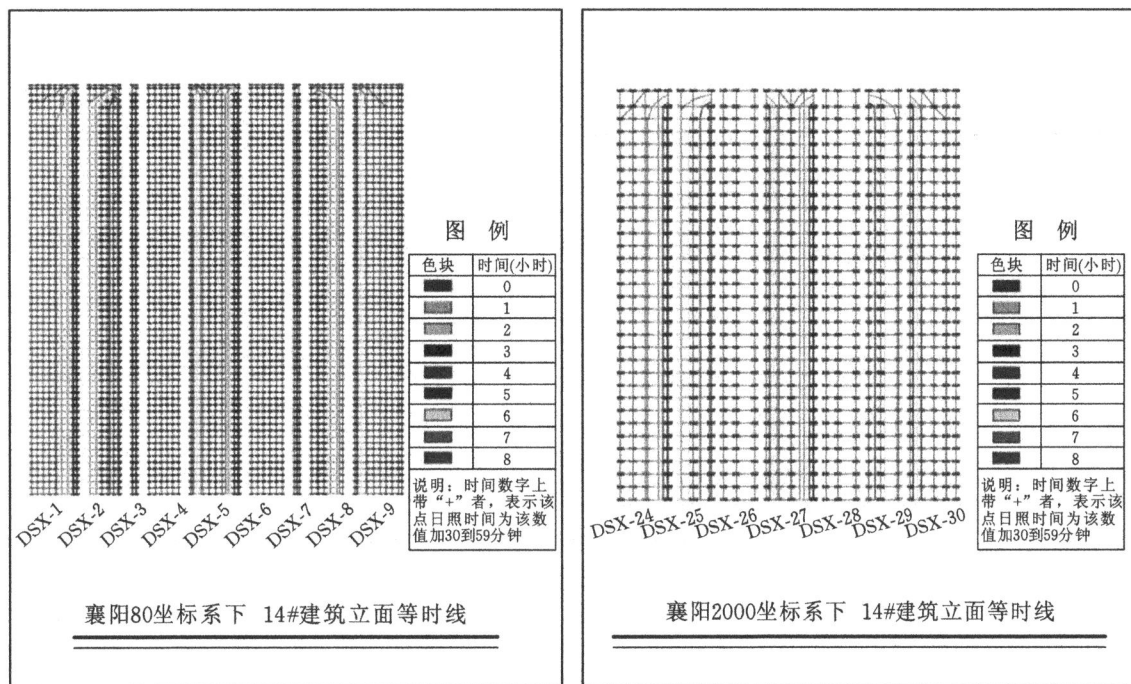

图 5-33　案例二 14♯楼不同坐标系下立面分析比较图

　　地控制线的线段是未经过测量数据中椭球面体系折算的,所以在建筑设计的过程中采用的一般是正交的绘制方式,此环节绘制的尺寸与角度将与施工过程中的尺寸和角度保持一致,所以在建筑的控制线进行坐标系转换之后,若未对设计方案的建筑平面进行转换,应将原有的设计方案采用控制线对齐的方式对齐至转换后的坐标系下,原方案是无法完全与新坐标系的控制线对齐的。在日照分析过程中,由于日照分析软件中太阳的角度为定值,并未参照地方或者加密后的坐标系进行仿真的太阳角度模拟,所以当项目位于不同位置时,所得出的日照结论必然会产生差异。不同的坐标系下同一个设计方案控制线所处的位置不一致,一定会存在一定的角度和长度差异。

　　在日照管理系统和审批系统管控内容中,如果分析环节中涉及不同的坐标转换,虽然会对日照分析的结论产生一定的影响,但由案例一、案例二的比较分析得知,这些影响到的部位主要来自于不同日照时长的边界部位,也就是实际投影影响部位的末端区域,这些影响不会推翻整个日照分析结论。建设项目的审批单位和管理单位需要把握好日照分析影响的管控尺度。

6 日照权案件解析

结合我国建筑日照法规的实施情况,对日照权案件进行统计,可以反映出我国建筑日照法规在执行过程中遇到的主要问题。本章对建筑的设计方案公示阶段和建成阶段的典型案件展开统计、收集,并进行案件成因分析。

6.1 日照权相关典型案件概况

6.1.1 建筑设计方案公示阶段

在我国建筑设计方案公示阶段(简称公示阶段)的维权案件中,居民主要是因为日照时数不足而进行维权。居民拥有知情权,在建筑项目获得工程规划许可前,建筑设计方案会处于一段时间的公示阶段,需要接收居民的意见。在公示阶段,建筑设计方案处于可调整状态,通过设计方案的日照公示,居民有权对方案提出日照建议。根据居民的维权诉求,规划管理部门和设计机构需进行管理政策的调整或建筑设计方案的修改,甚至当日照遮挡严重时,容积率和建筑密度等经济技术指标都可以调整。

通过搜索各省市的自然资源和规划局等相关信息公开网站,检索与建筑日照有关的设计方案公示信息,查询并选择有公示变更的设计方案作为典型案件。由于不同的地方政府公开的数据不同,以一线城市、新一线城市和二线城市为城市划分等级,查询这49个城市的公示信息,其中收集到的有效信息涉及12座城市,共26件日照权相关典型案件。统计情况见表6-1。

表 6-1　全国部分城市公示阶段日照权相关典型案件统计表

城市划分等级	公告过期无法查阅	无相关直接案例	存在日照因素调整
一线城市	北京	上海、广州、深圳	
新一线城市	成都、杭州、重庆	苏州、天津、南京、长沙、郑州、东莞、沈阳、合肥、佛山	西安、青岛、武汉
二线城市		大连、厦门、哈尔滨、济南、长春、泉州、石家庄、贵阳、南昌、常州、南通、嘉兴、惠州、珠海、台州、烟台、兰州、绍兴、海口、扬州	无锡、宁波、昆明、福州、温州、南宁、金华、太原、徐州、中山

由表6-1可以看出,存在日照因素调整公示方案的城市有13个,占比27%。由于公告过期

无法查阅和无相关直接案例的分别有 4 个和 32 个,占比分别为 8% 和 65%。由此,可以看出公示公告信息存在一定查阅的时效性,且大部分方案调整不会提及日照问题,只有少数会明确提及日照影响。公示阶段日照权相关典型案件统计名录见表 6-2。

表 6-2 公示阶段日照权相关典型案件统计名录

地区		案件
新一线城市	武汉市	关于红桥村 H1—H3 地块项目规划变更批前公示
	西安市	1. 关于王家棚城改安置楼和中小学建设项目建设工程规划公示牌及日照分析公示牌的公示
		2. 关于西安市高陵区西安源恩置业有限公司吉利配套住宅项目建设工程规划的公示
	青岛市	1. 市北区浮山新区 P25-1 地块项目规划变更批前公示
		2. 海尔大云谷 LS0502-35-1 地块项目规划变更批前公示
		3. 北涧社区 3-C0101♯-2、3-C0101♯-3 地块规划方案变更批前公示
		4. 欢乐滨海城 B-3-05B 地块项目规划方案变更批前公示
二线城市	无锡市	1. 无锡市丰联置业发展有限公司商品住宅小区(紫金新城)二期(57♯、58♯房)规划设计方案(变更)批前公示
		2. XDG—2016—14 号地块建设项目东地块建设工程规划许可证(变更)批前公示
	宁波市	董家桥地块安置房项目(CX08-01-05d)地块建设工程规划许可证变更批前公示
	昆明市	1. 蒋家营城中村改造项目 A2 地块(金恒财富广场)附图变更
		2. 万科魅力之城 A7—2 号地块
		3. 野鸭湖山水假日城二期(GH 区)
		4. 金林碧水住宅小区补办违法建设规划手续及增加开发建设权新建住宅
	福州市	1. 关于宗地 2011-17 号地块用地建筑高度调整事宜的公示
		2. 奥体新天地花园 G-06 地块项目公示
		3. 公示(中亭公寓)
		4. 公示(福州市鼓楼区 350102-XH-F 管理单元鼓屏路 86 号旧改地块规划调整意见)
		5. 福建省老年体育活动中心总平面规划拟调整公示
		6. 关于福州市晋安区溪口组团金鸡新苑地块控制性详细规划调整的公告
	温州市	温州市中国鞋都铁路沿线西侧(G-1 至 G-8 地块)控制性详细规划修改
	南宁市	广西正恒房地产发展有限公司正恒国际广场
	金华市	嘉恒·盛世珑城二期项目建设工程规划许可听证会顺利召开
	太原市	泛华盛世阳光(七府坟城中村改造项目 B 地块)建设工程规划方案调整公示
	徐州市	原万通酿造厂地块规划设计要点变更公示
	中山市	关于君汇尚品花园三期变更规划设计方案的公示

6.1.2 建筑建成阶段

在我国建筑日照维权案件中,较为常见的是因日照时数不足或日照间距不足或违规违章建筑侵害相邻人的日照权益而产生的日照纠纷,此外也有因日照分析报告未经具有专业资质的部门技术认证而引起纠纷的案件,其中因规划许可证产生的日照纠纷案件较为典型。建筑建成阶段的维权案件,主要是日照赔偿纠纷,该阶段的处理周期较长,由于建筑项目已建成,一般情况下该维权案件对规划管理部门和设计机构无影响,而居民维权主要诉求是日照赔偿。

(1)全国相关案件情况

在中国裁判文书网以"日照纠纷"+"规划许可"为关键词检索 2013 年至 2020 年全国公示公开的日照权建筑建成阶段相关案件,查询到建筑日照相关司法案件共 92 件 317 份裁判文书,其中民事案件有 87 件,行政案件 3 件,刑事案件和执行案件各 1 件。全国日照权建筑建成阶段相关案件统计情况见表 6-3、表 6-4。

从表 6-3 可以看出,近年全国日照权建筑建成阶段相关案件主要以民事案件为主,占比 94.5%。其次是行政案件,占比 3.26%。刑事案件和执行案件各有 1 件,分别占比 1.09%。

表 6-3　全国日照权相关案件统计表

名称	刑事案件	民事案件	行政案件	执行案件	总计
案件数量(件)	1	87	3	1	92
裁判文书(件)	2	269	45	1	317

日照权相关案件主要集中在我国东部,由表 6-4 可知,数量达到 10 件的省份有 3 个,分别是辽宁省、河北省和山东省。我国东部案件密度明显大于西部,而西部省市中经济较为发达地区的司法案件比经济落后地区多。

表 6-4　全国日照权相关案件汇总表

省/自治区/直辖市	案件类型	判决书数量	年份
北京市	1. 相邻采光、日照纠纷案	4	2015—2019
	2. 相邻采光、日照纠纷案	1	2020
河北省	1. 相邻通风、采光和日照纠纷案	1	2013
	2. 相邻采光权纠纷案	2	2014
	3. 相邻采光、日照纠纷案	1	2014
	4. 相邻采光、日照纠纷案	1	2015
	5. 相邻采光、日照纠纷案	1	2016
	6. 相邻采光、日照纠纷案	4	2017
	7. 相邻采光、日照纠纷案	1	2017
	8. 相邻采光、日照纠纷案	1	2017
	9. 相邻采光、日照纠纷案	2	2018
	10. 相邻采光、日照纠纷案	1	2019
山西省	1. 相邻采光、日照纠纷二审民事裁定书	8	2020
	2. 相邻采光、日照纠纷案	1	2019
内蒙古自治区	1. 相邻采光、日照纠纷案	1	2017—2018
	2. 相邻采光、日照纠纷案	1	2019

省/自治区/直辖市	案件类型	判决书数量	年份
辽宁省	1. 相邻采光、日照纠纷案	3	2014
	2. 相邻通风、采光和日照纠纷案	1	2014
	3. 相邻通风、采光和日照纠纷案	1	2015
	4. 相邻采光、日照纠纷案	1	2015
	5. 物权保护纠纷案	10	2014
	6. 相邻关系纠纷案	1	2015
	7. 相邻采光、日照纠纷案	3	2018
	8. 相邻采光、日照纠纷案	4	2018
	9. 相邻采光、日照纠纷案	1	2019
	10. 相邻采光、日照纠纷案	3	2019
吉林省	1. 相邻采光、日照纠纷案	1	2017
	2. 相邻采光、日照纠纷案	1	2017
	3. 相邻采光、日照纠纷案	1	2018
	4. 相邻采光、日照纠纷案	1	2019
	5. 相邻采光、日照纠纷案	14	2019
黑龙江省	1. 相邻采光、日照纠纷案	9	2017
	2. 相邻采光、日照纠纷案	1	2018
	3. 相邻采光、日照纠纷案	1	2018
	4. 相邻采光、日照纠纷案	1	2018
江苏省	1. 相邻采光、日照纠纷案	1	2016
	2. 相邻采光、日照纠纷案	1	2016
	3. 相邻采光、日照纠纷案	2	2016—2017
	4. 不履行法定职责案	3	2019—2020
浙江省	1. 相邻采光、日照纠纷案	2	2016
	2. 相邻采光、日照纠纷案	1	2017
	3. 相邻采光、日照纠纷案	2	2018—2019
	4. 相邻关系纠纷案	2	2019
	5. 相邻采光、日照纠纷案	2	2019—2020
	6. 相邻采光、日照纠纷案	6	2019
安徽省	1. 相邻采光、日照纠纷案	1	2017
	2. 滥用职权、受贿刑事案	2	2018
	3. 相邻采光、日照纠纷案	9	2018
	4. 相邻采光、日照纠纷案	3	2019

续表 6-4

省/自治区/直辖市	案件类型	判决书数量	年份
山东省	1. 相邻采光、日照纠纷案	1	2015
	2. 相邻采光、日照纠纷一审民事判决书	4	2015—2016
	3. 相邻采光、日照纠纷二审民事判决书	39	2016
	4. 行政规划、行政许可案	39	2016
	5. 相邻关系纠纷案	1	2016
	6. 相邻采光、日照纠纷案	1	2016
	7. 相邻采光、日照纠纷案	1	2018
	8. 不当得利纠纷案	2	2019
	9. 相邻采光、日照纠纷案	1	2019
	10. 相邻采光、日照纠纷案	1	2019
	11. 相邻关系纠纷案	1	2020
河南省	1. 相邻采光、日照纠纷案	1	2015
	2. 相邻采光、日照纠纷案	1	2016—2017
	3. 相邻采光、日照纠纷案	18	2017
	4. 相邻采光、日照纠纷案	2	2018
	5. 相邻采光、日照纠纷案	1	2019
湖北省	1. 相邻采光、日照纠纷案	2	2016—2017
	2. 相邻采光、日照纠纷案	2	2016—2017
	3. 相邻采光、日照纠纷案	2	2018
	4. 相邻采光、日照纠纷案	2	2018—2019
	5. 相邻采光、日照纠纷案	3	2018—2019
	6. 相邻采光、日照纠纷案	1	2019
广东省	1. 所有权纠纷执行案	1	2018
湖南省	1. 相邻通风、采光、日照纠纷案	4	2016
	2. 相邻采光、日照纠纷案	1	2016
广西壮族自治区	1. 相邻采光、日照纠纷案	1	2018
	2. 相邻采光、日照纠纷案	1	2018
四川省	1. 相邻采光、日照纠纷案	1	2018
	2. 相邻采光、日照纠纷案	2	2019
贵州省	1. 相邻采光、日照纠纷案	1	2016
云南省	1. 其他相邻关系纠纷案	2	2014
	2. 城乡建设行政管理案	3	2015
	3. 相邻采光、日照纠纷案	1	2018
	4. 相邻采光、日照纠纷案	4	2018
	5. 相邻采光、日照纠纷案	1	2018
	6. 相邻采光、日照纠纷案	1	2020

省/自治区/直辖市	案件类型	判决书数量	年份
陕西省	1. 相邻采光、日照纠纷案	1	2014
	2. 相邻采光、日照纠纷案	1	2015
甘肃省	1. 相邻采光、日照纠纷二审民事判决书	1	2020
青海省	1. 相邻采光、日照纠纷案	14	2016
	2. 相邻采光、日照纠纷一审民事判决书	18	2020
宁夏回族自治区	1. 相邻采光、日照纠纷案	4	2019
新疆维吾尔自治区	1. 相邻采光、日照纠纷案	2	2015

（2）各行政区域案件情况

将收集到的日照纠纷案件按行政区域进行划分，其统计数据及对比情况如表 6-5、图 6-1 所示。

表 6-5　按行政区域划分案件分布统计表

行政区域	包括	案件数量/件	占比
省级行政区	省、自治区、直辖市	18	20%
地级行政区	地级市、地区、自治州、盟	28	30%
县级行政区	市辖区、县级市、县、自治县、旗、自治旗、林区、特区	37	40%
乡级行政区	街道、镇、乡、民族乡、苏木、民族苏木、县辖区	9	10%

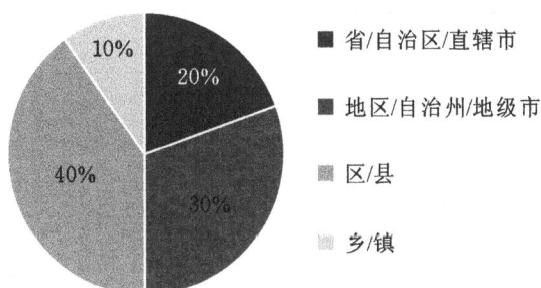

图 6-1　按行政区域划分案件分布占比图

按照中国现行的行政区划，分为省级行政区、地级行政区、县级行政区和乡级行政区。其中省级行政区案件数量有 18 件，占比 20%；地级行政区有 28 件，占比 30%；县级行政区有 37 件，占比 40%；乡级行政区有 9 件，占比 10%，如图 6-1 所示。由此可见，我国建筑日照权案件发生地以地级行政区和县级行政区为主，其中县级行政区发生的案件数量最多，省级行政区发生的案件数量是乡级行政区 2 倍。

（3）各气候分区案件情况

以不同的气候分区来对比相关省市的案件数量，如表 6-6 所示，寒冷地区的案件数量最多，有 31 件，占比 34%；其次是夏热冬冷地区和严寒地区，案件数量分别为 30 件和 22 件，分别占比 33% 和 24%；温和地区的案件数也有 6 件，占比 6%；夏热冬暖地区只有 3 件，占比 3%。重点城市案件数量大于一般城市案件数量，据此可推断地区经济发展水平是产生日照纠纷的重要因素。

表6-6　按气候分区划分案件统计表

分区代号	气候分区	省/自治区/直辖市	案件数量	占比
Ⅰ	严寒地区	青海省、辽宁省、吉林省、黑龙江省、新疆维吾尔自治区	22	24%
Ⅱ	寒冷地区	内蒙古自治区、北京市、河北省、山西省、山东省、陕西省、甘肃省、宁夏回族自治区	31	34%
Ⅲ	夏热冬冷地区	江苏省、浙江省、安徽省、湖北省、四川省、湖南省、河南省、贵州省	30	33%
Ⅳ	夏热冬暖地区	广东省、广西壮族自治区	3	3%
Ⅴ	温和地区	云南省	6	6%

6.2　公示阶段案件成因分析

对各省市公示阶段案件进行收集与整理,可从建筑日照技术、城乡建设行为和法律条文更新三个层面来进行成因分析,如表6-7所示。

表6-7　公示阶段成因统计表

主要纠纷因素		案件数量	占比
城乡建设行为	改建扩建	1	4%
	违法加建	1	4%
建筑日照技术	周边现状	4	15%
	日照时数	5	19%
	建筑间距	4	15%
	经济指标	10	39%
法律条文更新	规范更新	1	4%
共计		26	100%

6.2.1　城乡建设行为

（1）改建扩建

随着我国城镇化的不断推进,改建、扩建项目逐渐增多。一般情况下,该类建设项目可酌情降低日照标准需求;少数改建、扩建项目会导致原有日照失衡,会对周边建筑的日照时数产生影响。

例如,福建省某老年体育活动中心因改建、扩建需要,需拆除地块南侧配套用房及办公楼,新建一栋老年人体育活动综合楼。在其总平面规划拟调整公示中,该方案局部影响某新城10#楼,其东北角1至5层大寒日日照由原3小时下调至1~2小时,6层及以上无影响。公示资料载明:在公示期限内,本项目利害关系人如对该项目调整有异议,可书面向我局行政审批处反映。公示相关图纸见图6-2、图6-3(因年代久远,图纸清晰度不佳,仅作示意)。

（2）违法加建

违法加建会导致局部建筑不能满足建筑间距的要求,也影响了部分建筑的日照时数。例如,昆明市某住宅小区补办违法建设规划手续及增加开发建设权新建住宅审批公示,该项目规

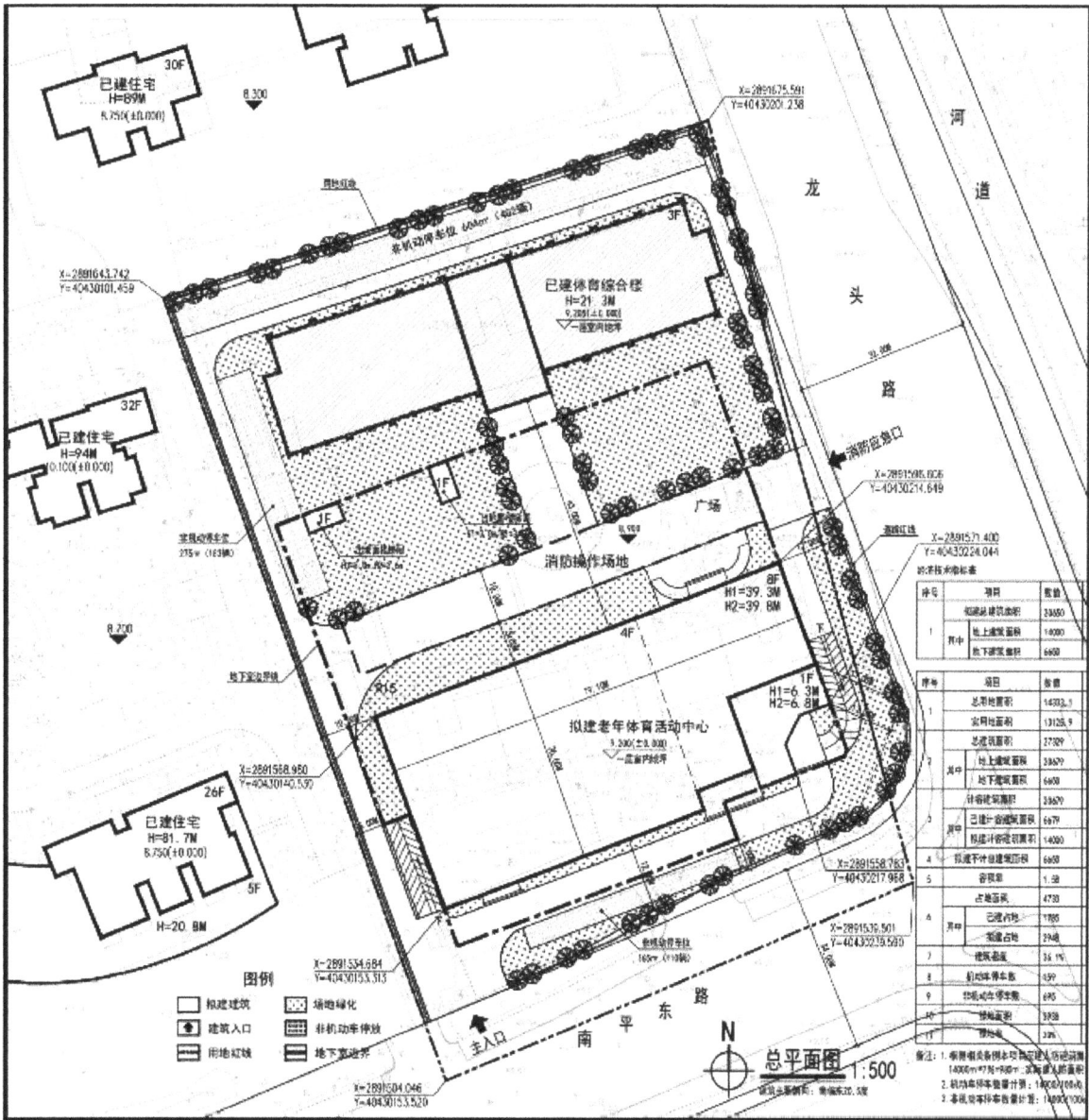

图 6-2 原规划方案总平面（一）

划建筑涉及违法加建,在总平面示意图中填充的是涉及加层的建筑、被加层建筑产生日照影响的建筑和违法新建的建筑。该项目新建建筑中,部分建筑与其北侧建筑间距不能满足《昆明市城市规划管理技术规定》要求,也影响了场地内部分建筑的日照时数。

6.2.2 建筑日照技术

（1）周边现状

拟建建筑对周边建筑产生日照影响,这种情况在公示阶段较为常见。例如,在西安市某安置楼和中小学建设项目工程规划公示中,该项目规划拟建建筑对周边现有住宅建筑共计 16 户产生日照影响,并且拟建建筑共计 5 户不满足大寒日 1 小时日照标准;在西安市高陵区某有限公司配套住宅项目建设工程规划公示中,该项目规划拟建建筑对北侧用地界线以北后退 15 m 线产生日照影响。

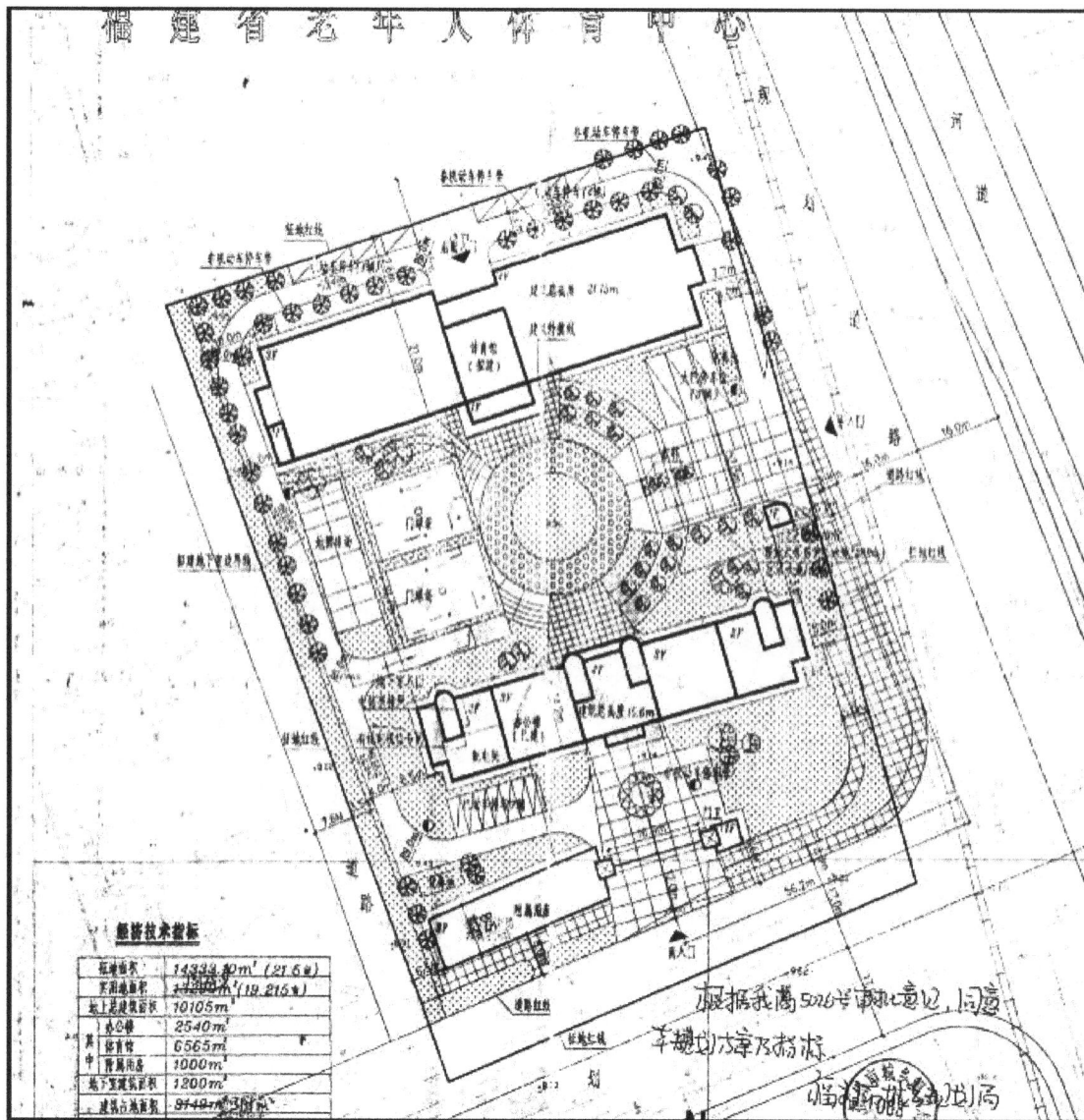

图 6-3　调整后规划方案总平面（一）

（2）日照时数

若拟建建筑自身存在不满足建筑日照时数要求的问题，在公示期限内应告知利害关系人并提出解决方案。例如，在金华市某项目建设工程规划公示中，该拟建项目 17♯、18♯、20♯ 建筑建设后对项目内其他建筑间距和日照产生影响，该街道公开举行了建设工程规划许可听证会，行政许可申请人、利害关系人参加了听证会，并围绕许可事项以及提出的异议进行了举证、质证、辩论和最后陈述；在广西南宁市某国际广场建设项目工程规划公示中，C2 地块中拟建建筑 2♯楼 116 户、5♯楼 145 户、12♯楼 99 户共计 360 户不满足大寒日 1 小时日照标准，经相关部门审查后要求，日照标准小于 1 小时的户型只能作为公寓，且对于总平面中未达到大寒日有效日照时间 3 小时要求的户型，应及时告知购房客户。

（3）建筑间距

若拟建建筑自身存在不满足建筑间距的问题，应及时调整规划方案，达到规范要求。例如，在太原市某城中村改造项目建设工程规划方案调整公示中，该项目因原方案不满足现行消防规范要求，经过方案调整后，对建筑户型及立面进行优化设计，增大了楼间距，优化了住宅日照。原规划方案与调整后规划方案的总平面图见图 6-4、图 6-5（因年代久远，图纸清晰度不佳，仅作示意）。

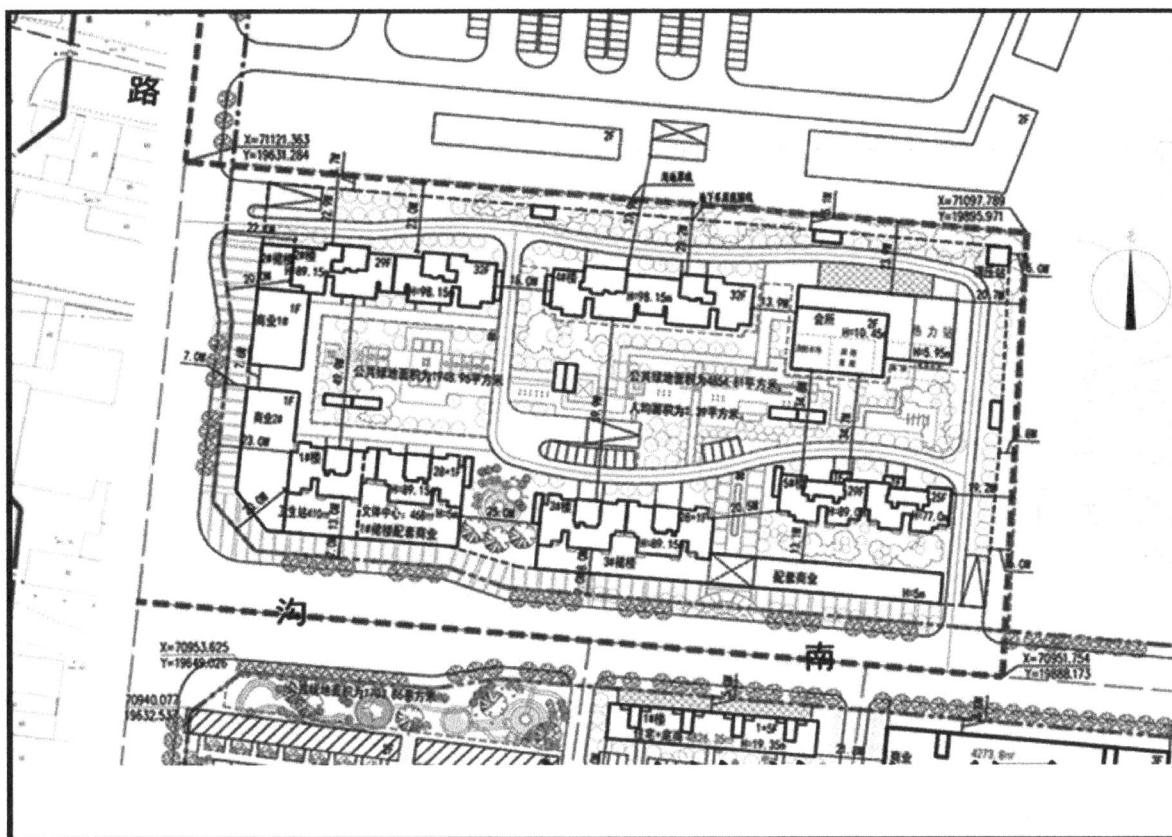

图 6-4 原规划方案总平面(二)

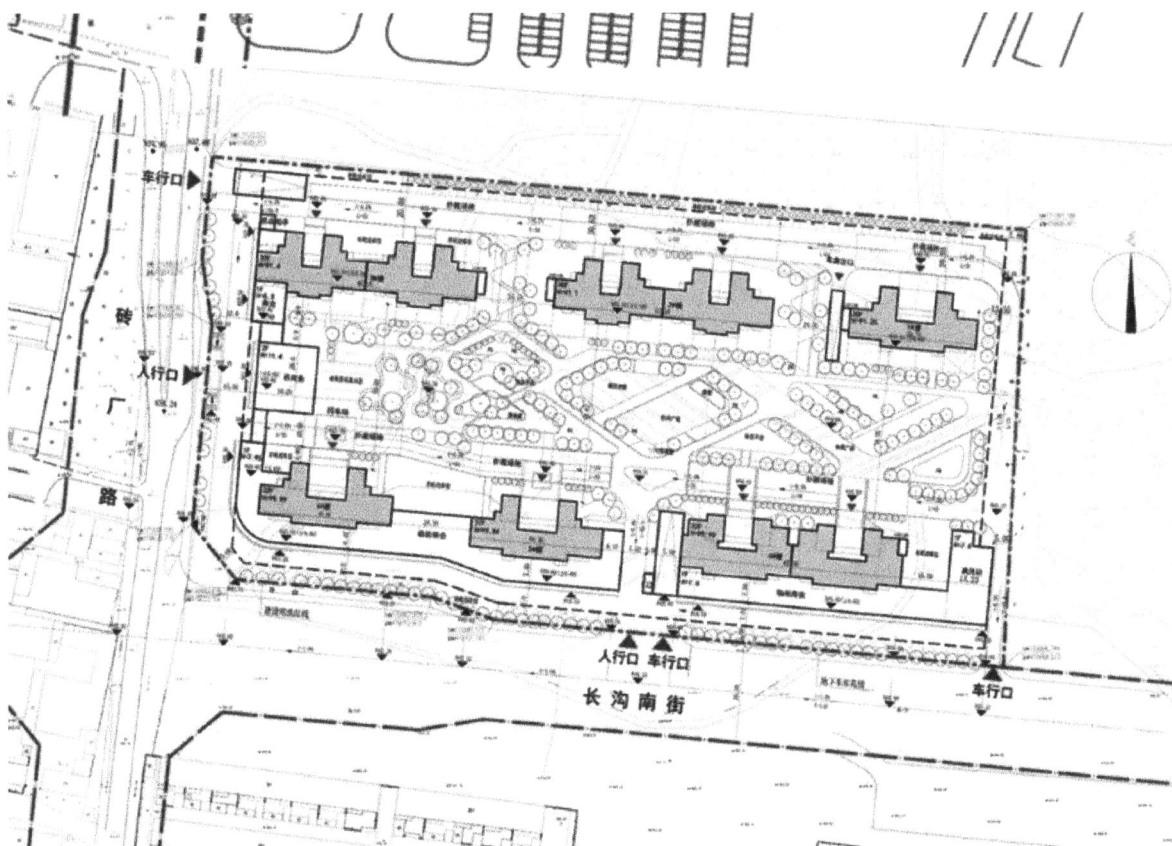

图 6-5 调整后规划方案总平面(二)

（4）经济指标

因建设项目涉及面宽、进深、层数、高度、地上建筑面积、外立面优化甚至容积率的变化等问题需调整经济指标时，需对原公示方案进行更新公示。例如，在福州市某地块用地建筑高度调整事宜的公示中，因受该项目规划容积率较高、住宅户型比例和建筑日照要求等条件限制，福州市住房和城乡建设局同意将上述地块原规划条件中"住宅建筑应为高层建筑"调整为允许其设置4层（局部2层）裙房，并出具规划设计条件变更函；在福州市晋安区某地块控制性详细规划调整公示中，为满足该片区住宅安置诉求，优化用地功能布局，拟对该地块控制性详细规划进行调整，如图6-6所示。

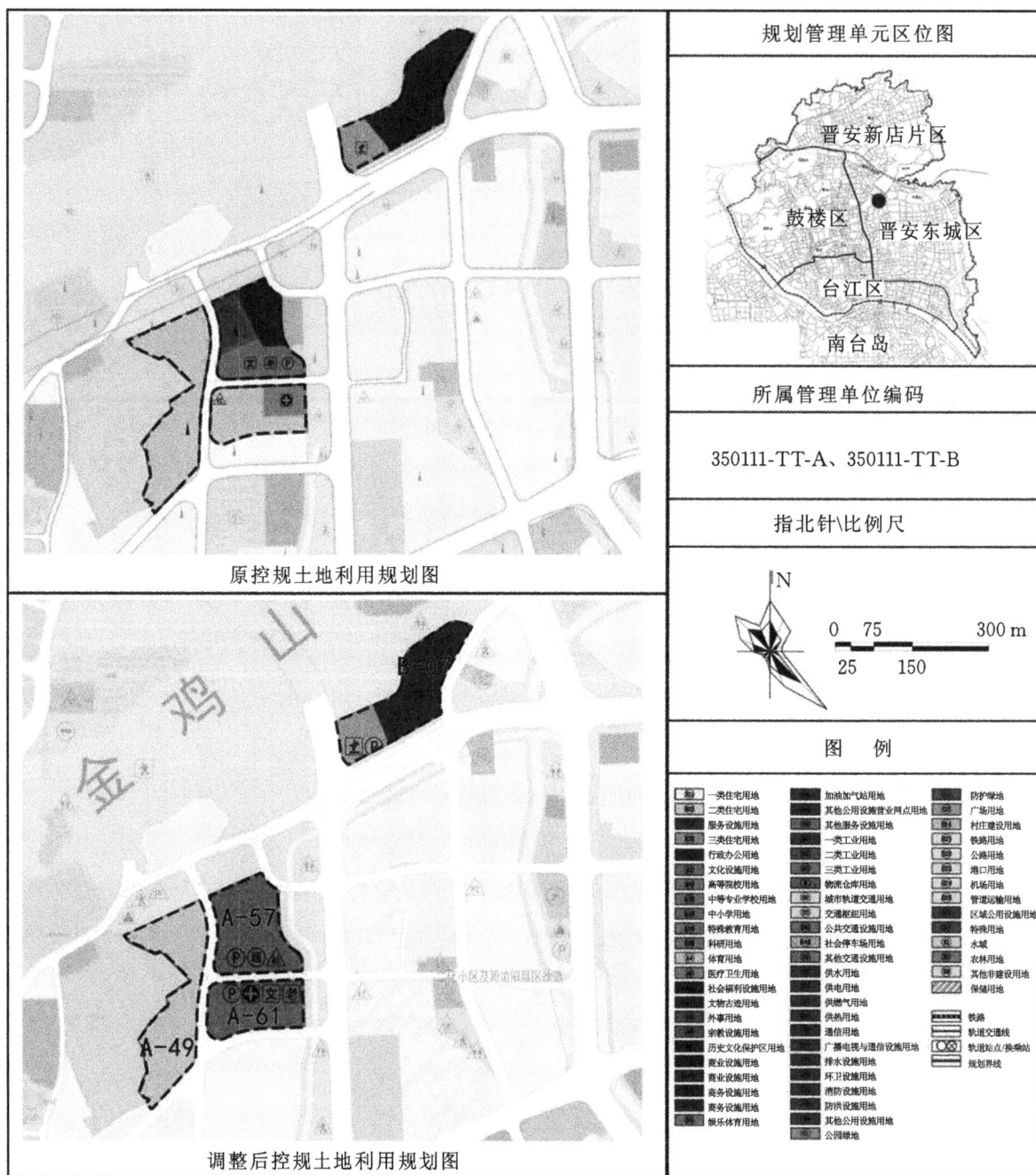

图 6-6　控制性详细规划调整方案

6.2.3 法律条文更新

因涉及相关法律条文的更新,导致原公示方案不能满足新的规范标准,从而产生方案调整,需要重新更新公示。例如,在武汉市红桥村 H1—H3 地块项目规划变更批前公示中,因建筑设计防火规范的更新,原公示方案地块场地内的消防通道和消防登高面不满足现行规范要求,需对方案进行调整,调整前后规划方案总平面图见图 6-7、图 6-8。

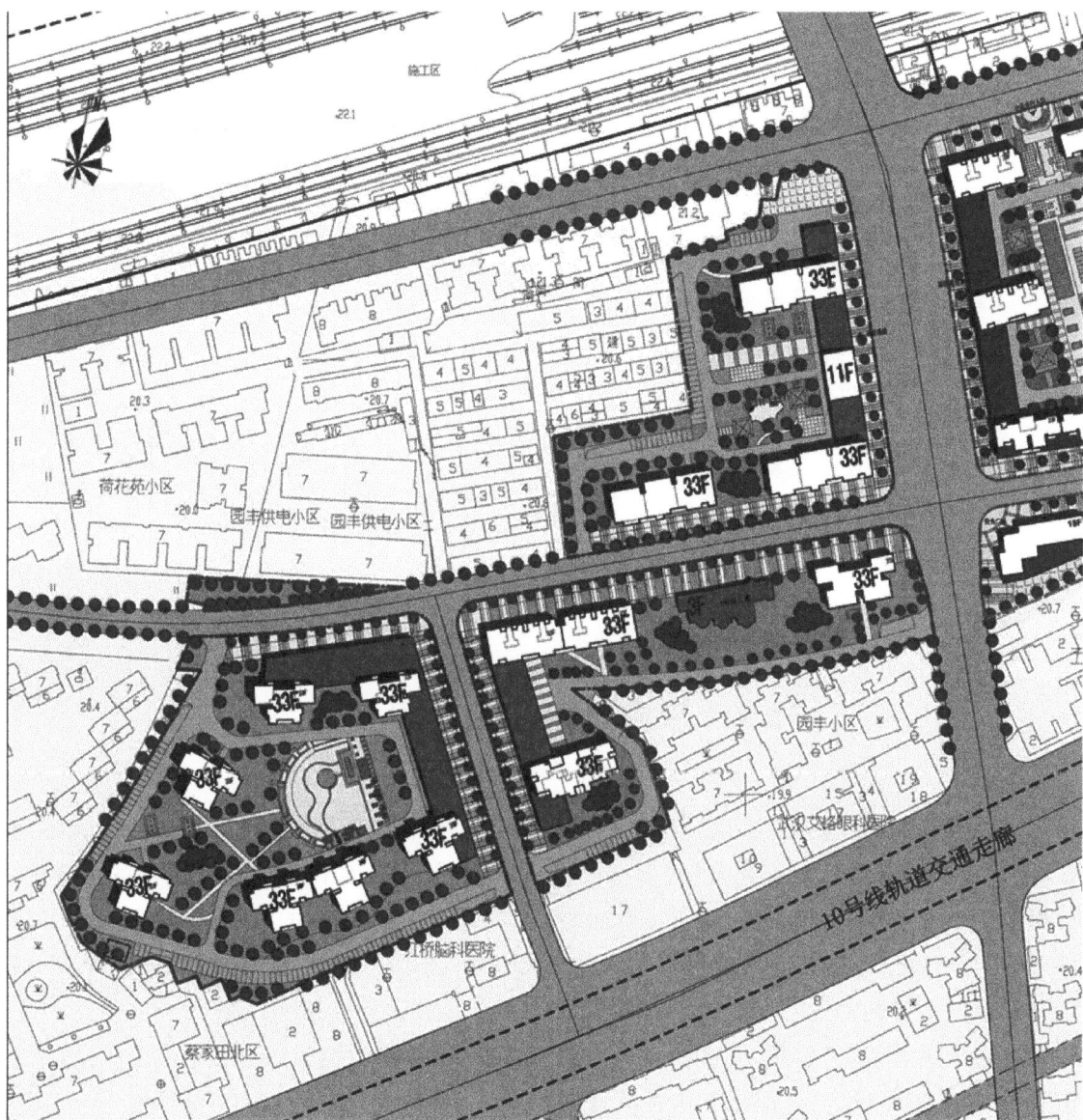

图 6-7 原规划方案总平面(三)

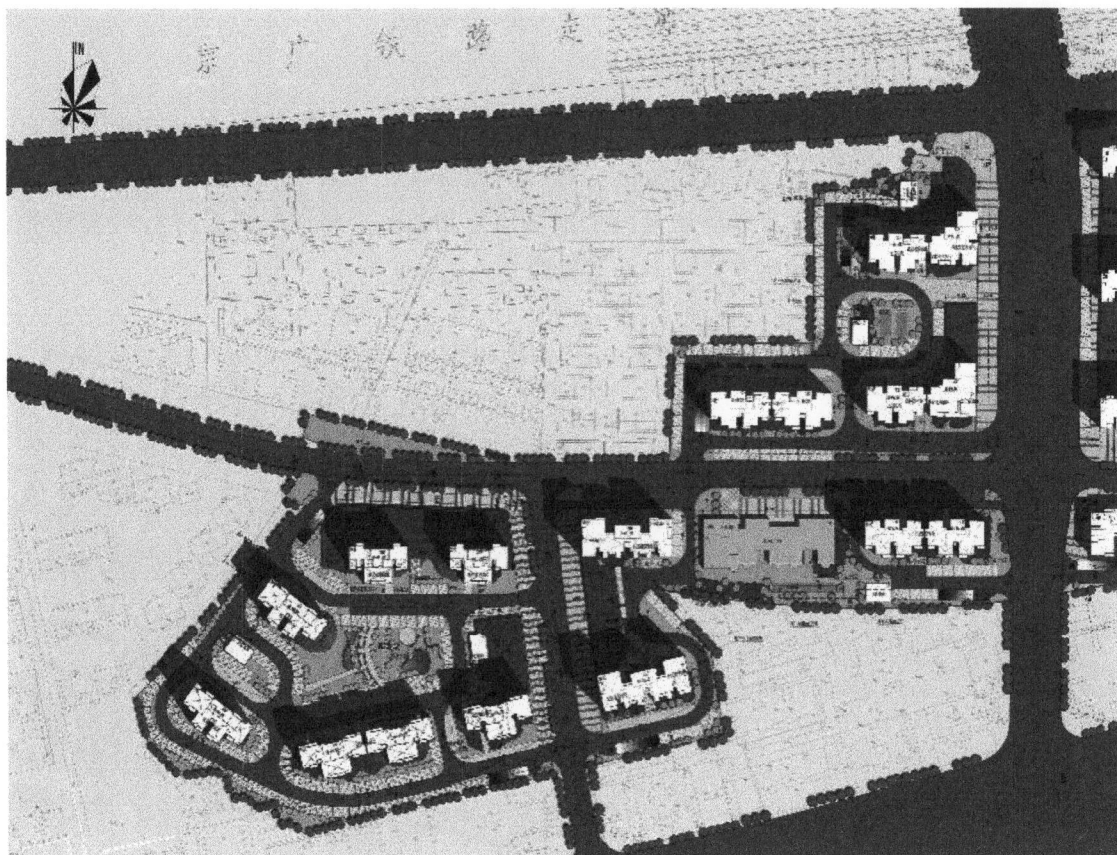

图 6-8　调整后规划方案总平面（三）

6.3　建成阶段案件成因分析

我国建筑日照维权案件的成因复杂，在我国城乡规划管理工作中，建筑日照纠纷问题备受争议，尤其是在当前城镇化高速发展、旧城改造如火如荼进行、乡村建设不断完善的背景下，日照纠纷案件不断发生。尽管我国建筑日照法规是针对全国范围制定的，但是很难考虑到全国各地详细的气候或地理特点，且建筑规划设计和日照分析技术直接影响建筑日照的结果，因此对建筑日照案件进行相关的分析就具有重要的意义。

通过对全国建筑日照司法案件的收集与整理，可从城乡建设行为、建筑日照技术、建筑环境与类型及其他因素四个层面来分析建筑日照纠纷产生的原因，其统计结果如表 6-8、图 6-9 所示。

表 6-8 建成阶段成因统计表

主要纠纷因素		案件数量	占比	裁判文书数量	占比
城乡建设行为	违规建设	22	23.91%	101	31.86%
	旧城改造	5	5.43%	8	2.52%
	村镇建筑	7	7.61%	13	4.10%
建筑日照技术	日照时数	21	22.83%	112	35.33%
	日照间距	8	8.70%	12	3.79%
建筑环境与类型	山地建筑	2	2.17%	2	0.63%
	类居住建筑	4	4.35%	4	1.26%
其他因素		23	25.00%	65	20.50%
共计		92	100.00%	317	100.00%

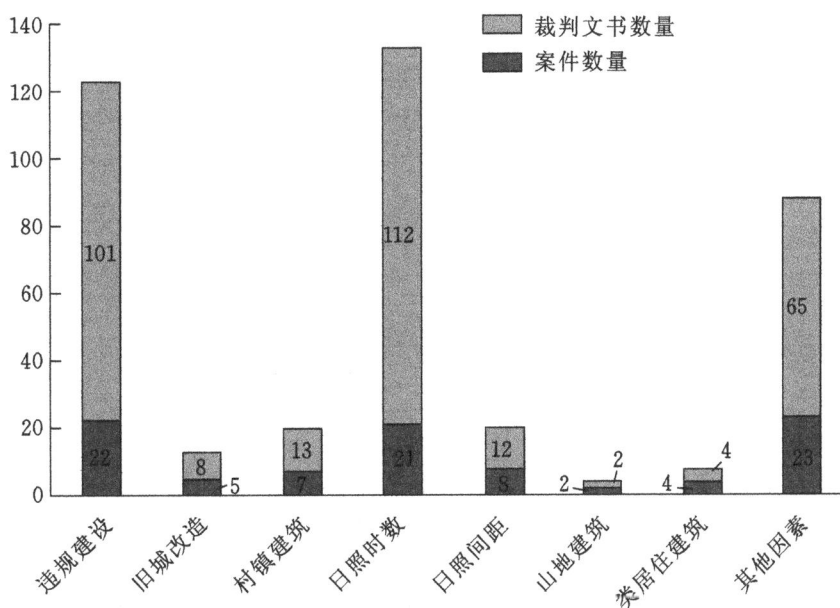

图 6-9 近年全国日照纠纷案件成因柱状图

从城乡建设行为层面对司法案件进行研究,与违规建设有关案件 22 件(占比 23.91%);与旧城改造有关案件 5 件(占比 5.43%);与村镇建筑有关案件 7 件(占比 7.61%),其中村镇建筑与旧城改造有关日照案件逐年增加。从建筑日照技术层面对司法案件进行研究,因日照时数不足产生的案件有 21 件,占比 22.83%;因日照间距不足产生的案件有 8 件,占比 8.70%。从建筑环境与类型层面对司法案件进行研究,因山地建筑产生的案件有 2 件,占比 2.17%;因类居住建筑产生的案件有 4 件,占比 4.35%。

6.3.1 城乡建设行为

(1)违规建设

违规建设是未经法律或行政许可施工建设的项目,该类项目产生日照的纠纷侵害较多。例如,L 某等人与辽宁某房地产公司日照纠纷案中,被告在修建××购物广场商服用楼时,擅自违反规划许可实施建设,将东临原告一侧四层以上建筑逐级退台建设改为垂直建设,影响了原告的采光;在湖北 W 某与 L 某日照纠纷案中,因被告 L 某在涉案小区前新建立体停车场,遮挡了原告住房的采光日照,核实项目日照分析报告后,发现设计方案中建筑物为一层,实际建成为二层,没有按照日照分析的高度建设,而超出原建筑方案设计高度、建筑底面面积建设停车场,属于违规建造。

（2）旧城改造

旧城改造的建筑日照纠纷案件逐年增多,老旧城区没有经过有序的规划,建筑日照严重不足,新建建筑满足日照要求的难度较大,易引发纠纷。例如,W 某与北京某房地产公司日照纠纷案中,被告涉案建筑属于旧城改造的项目,原告 W 某诉称被告所建楼房与原告房屋的间距小于国家标准,导致原告房屋的日照时间不足 1 小时,相关机构出具的日照分析技术报告证实被告所建楼房造成原告房屋的日照受到影响,侵犯了原告住宅的日照权。

（3）村镇建筑

因经济社会水平发展的原因,村镇规划建设法律意识淡薄,管理与服务水平不够,村镇建筑的建筑日照纠纷矛盾较多,而且多个项目无乡村建设规划许可证,日照纠纷案件屡见不鲜。例如,在安徽 F 某与 X 某日照纠纷案中,原告 F 某建设三层楼房未经规划许可,被告虽持有相关证件,但其房屋局部建筑（包括楼顶楼梯阁房）超出许可建设范围,F 某和 X 某建设行为均不合法,楼房依法不属于双方的合法财产,F 某不能作为案件的诉讼主体,驳回起诉;在浙江 S 某、T 某日照纠纷案中,S 某在原址上建新房时,虽取得乡镇组织同意,但报批手续不足,未依法取得乡村建设规划许可证。

6.3.2　建筑日照技术

（1）日照时数

日照时数的不足是建筑日照纠纷的主要焦点,无论是新建建筑自身存在遮挡还是其对周边现状建筑产生日照遮挡,都易产生日照时数不足纠纷。例如,在 Y 某与辽宁某房地产日照纠纷案中,被告所建高层住宅楼位于原告房屋南侧,日照分析报告证实被告致原告房屋大寒日的日照时数少于 2 小时,影响了原告房屋采光,应给予经济补偿。

在 H 某与辽宁某房地产、住房和城乡建设局相邻采光、日照纠纷案中,被告城建局委托某建筑工程咨询有限公司对涉案居住小区进行日照分析,日照分析报告显示,原告 H 某所居住房屋大寒日的日照时间为 1 小时 40 分钟,被告开发建设的住宅楼对原告居住房屋造成了遮挡,使其日照时间大寒日达不到 2 小时标准,被告应对原告进行相应补偿。

（2）日照间距

日照时数符合国家标准,但房屋间距不足,也易引起纠纷。在 L 某与襄阳某房地产开发有限公司相邻采光、日照纠纷案中,被告新建楼房对 L 某住宅日照时间的影响符合设计标准,但是依照地方规范控制的建筑间距 1∶1 要求,楼房到 L 某住宅的间距应为 27 m,实际仅为 12.6 m,不到法定间距的一半,缩短了 L 某的住宅日照时间,从而引发纠纷。

在 C 某与江阴市某镇人民政府相邻采光、日照纠纷案中,被告在 C 某所住房屋南侧新建六层农民拆迁安置房,日照时数满足规范要求,但间距不满足规范要求,最后法院判定,虽因案涉 6 层楼房与 C 某房屋之间间距不符合规范,对 C 某房屋构成妨碍,但未产生采光影响,C 某房屋的日照时数符合不小于 3 小时的规范要求,且该 6 层楼房系农民拆迁安置房并已建成,综合考虑后不应予以拆除。

6.3.3 建筑环境与类型

（1）山地建筑

山地建筑环境复杂，地势高差易造成建筑日照的不足，也是引起日照纠纷的因素之一。在贵州 L 某与 W 某相邻采光、日照纠纷案中，L 某房屋修建时间早于 W 某，W 某房屋二层高度与李某房屋一层相平，W 某房屋对李某房屋造成日照遮挡，L 某要求 W 某按照国家标准预留足够的房屋间距，保障其房屋拥有合法的日照权益，但法院认为案件发生在山区，可以不遵守国家和地方标准；在广西壮族自治区 L 某、N 某日照纠纷案中，L 某的房屋坐落在 N 某的房屋上方，因地势的缘故形成一定的落差，并且 L 某在修建房屋后，在与 N 某房屋之间的空地上修建围墙，影响了被告房屋的采光，法院判定应恢复原状。

（2）类居住建筑

除住宅外，幼儿园、学校、养老院等建筑也易引发建筑日照纠纷，需考虑老人、儿童、学生对日照的特殊要求。例如，河北某幼儿园与某学校日照纠纷案中，根据相关机构出具的日照分析报告证实，被告教学楼导致原告幼儿园生活用房的日照时数和最大连续时段均达不到国家标准，影响了原告的采光，应进行日照补偿。

7　日照权益与日照参与方价值重塑

7.1　日照权益的行使与诉求

随着城市规模不断扩大,人们的生活方式、居住方式、出行方式发生了改变,城市基础设施不断改善,城市文化不断提升,市民观念不断更新。早期的城市规划已经不能满足现如今城市居民的生活需求,而政府总是希望能通过新的规划、新的设计给城市居民规划出一片更美好的生活环境,各种新建、改建、扩建项目也随之诞生,并如火如荼地进行着。然而,在现实中,城市居民也在默默承受着城市成长的代价——楼房越建越高,绿化率越来越低,楼与楼的间距越来越小,邻里纠纷日益增多,与不动产相邻各方之间的利益冲突日趋复杂,由利益引起的相邻关系诉讼也屡见不鲜。

在日照纠纷中,权利受损害的利害关系人是一个相对独立主体,只有在法律主体地位上体现这种对立性,其权利和资格才能在行政许可申请程序中获得引入,并在其发现自己的房屋受到不法侵害时寻求法律部门维护自己受损害的权益。规划部门代表的是城市公共利益,其依法根据申请情况,经过审核之后向建设单位颁发建筑规划行政许可证,在完成该环节工作之后就形成建设单位、规划部门、利害关系人三方之间的利益结构关系。当建设单位拿到不法建筑规划行政许可证时,其必然会给相邻权人带来可预期的侵害,使其利益受损。一方面,当被许可之后的建筑规划建筑物建立起来时,相邻采光权受害人与建设单位加害人就会形成民法意义的二元结构关系;另一方面,当建筑规划许可做出之后,建设单位未开始建设或者开始建设还未建好之前,就在行政行为管理人、采光利益相邻权人和行政相对人之间形成了三元的利益结构关系。

权利与义务总是相伴而生,如影随形。日照权的行使应当以必要、便利为限度,不得因此损害相邻他方的合法权益。一般认为,只要被遮挡住宅的日照时数满足国家最低日照标准,权利人的日照权就得到了保护,除非双方另有设定地役权的特别约定,否则,权利人不得以日照时间比以前减少而提出赔偿或补偿要求。这是因为日照标准是为了维护正常生产和生活,在相邻地块未开发的情况下,权利人可以享受高标准的日照时间,但这只是一种暂时利益,而不是法律必须予以保障的权利;当相邻地块进行合法开发建设时,权利人原有日照时间的减少是法律认可的一种合法状态,也是权利人应予容忍的义务。

正确的价值观念才能准确地引导人们的行为。很多建设项目都是在遵守相关的建设规范、日照规范的前提下,本着"和谐社会"这一主旨,尽可能避免给周边的建筑带来过多的影响,但依旧纠纷不断,有时管理部门没有很好地出面协调,而促使局势进一步恶化的根源还在于建设单位对居民的日照权重视不够,企图搪塞蒙混过关,居民需要合理地提出诉求,来保障自己的日照权益,管理部门也应履行好自身引导城市发展的管理责任。

7.1.1 管理方权力的行使

近年来关于阳光权的纠纷事件日益增多。不动产的自身价值大,存续时间长,其产生的妨害后果短时间内难以补救和改变。因此,对日照侵害而言,防患于未然的意义远甚于事后赔偿。虽然近些年来从国家到地方管理部门均加强了日照权的保护,但其更注意事后赔偿,在防患于未然方面仍显得力不从心。这就要求主管部门在进行日照审批时严格把关,在技术审查阶段严格执行国家及地方相关规定,存在严重日照问题的项目必须修改达标,否则不予审查合格。在行政审批中,遵循公平客观的原则。依托社会技术力量,获取有效客观的数据,对方案的日照分析做到"事前规划",以避免因"事后调整"带来的两难境地。主管部门应运用多媒体平台,对项目审批全过程进行公示,鼓励公众参与,加强公众监督管理。

防患于未然需要通过严格的制度管理,把日照侵权问题消灭在源头。例如,南宁市一个旧城改造项目由于对附近住户日照造成影响,早在审批过程中,市规划局就已进行了把关。该项目于 2006 年取得审定总平图,但因征地拆迁困难,直至 2015 年初才得以申报单体方案。由于 2006 年未将日照影响分析纳入规划管理范畴,为避免项目建成后对周边住宅造成日照影响,市规划局要求进行日照影响分析,分析结果显示,该旧改项目拟建住宅大寒日日照时数不足 1 小时的户数占总户数比例为 22%,对周边 40 多户造成大寒日日照不足 1 小时的遮挡影响,因此,市规划局并未通过该项目建筑方案审批,要求该项目进一步优化单体方案,减少对周边建筑的日照影响,有效维护了居民合法权益,避免了日照纠纷。

总的来说,管理部门需要善于运用法定职权加强规划审查和执法监察,切实保障居民采光权,主要应做到以下几个方面。

(1)按照片区改造、片区规划的理念做好区域整体规划,充分协调保障片区内建筑的日照和采光。

树立片区规划的理念,引导各片区建设主体和设计单位,把具体项目纳入周边区域一并研究,编制片区的整体规划,统筹做好片区城市设计,制订分期建设计划,充分协调好规划建筑与现状建筑的空间关系,协调好整体与个体、改造开发地块与区域现有建筑的利益关系,保障各类建筑的日照、采光和房屋价值。

(2)加强规划方案日照间距、日照分析专项审查。

严格要求建设单位和设计单位,按照相关规范要求在报建方案时,应对规划和现状周边建筑日照间距进行重点分析,提供日照间距计算表,需进行日照分析的应委托有资质的勘察测绘单位出具日照分析报告。

(3)进一步做好规划公示,充分征求居民的意见。

在作出规划许可前,对可能影响相邻居住环境、公共利益或与较大范围公众利益密切相关的建设项目规划方案,在项目施工现场的显著位置进行规划公示,听取利益相关人的意见和建议。

对于拟建建筑造成原满足日照标准的现状住户日照不足或原不满足日照标准的现状住户日照时数减少的,建设单位应与上述住户通过协商或协议方式解决,这是规划审批的必备条件。

(4)加强执法监察,严肃查处违章乱建行为。

对于违章乱建行为严肃查处,因乱搭乱建对相邻合法建筑造成采光侵权的,应依法赔偿被侵权人的损失。根据《中华人民共和国城乡规划法》第六十四条规定:未取得建设工程规划许可证或者未按照建设工程规划许可证的规定进行建设的,由县级以上地方人民政府城乡规划主管部门责令停止建设;尚可采取改正措施消除对规划实施的影响的,限期改正,处建设工程造价百分之五以上百分之十以下的罚款;无法采取改正措施消除影响的,限期拆除,不能拆除的,没收实物或者违法收入,可以并处建设工程造价百分之十以下的罚款。

7.1.2 设计方追求和侧重点

在进行建筑设计时,需要充分考虑日照的因素;倘若欠缺考虑,容易导致建筑日照不足,违反国家和省市的强制性标准,同时建筑不满足居住者的基本生活需求,影响居住品质以及身心健康。

在住宅规划布置中,改变单纯的南北向行列式排列,充分利用太阳方位角的变化,采取灵活多样的排布方式,既能丰富空间环境,又能提高日照质量。在此基础上,设计方可以采用日照分析的方法来辅助建筑规划设计。利用日照分析相关软件,建立完整的地球与太阳数学模型,从几何和光学的角度运用计算机进行大量的数学计算,解决物体阴影之间的关系,以此准确地分析出任意地点、任意时间的任意建筑物的细部状况;对建筑群体间相互影响进行分析,以求更加科学合理地安排建筑物的位置,为居住区创造出更加舒适的环境。日照分析图示例见图 7-1。

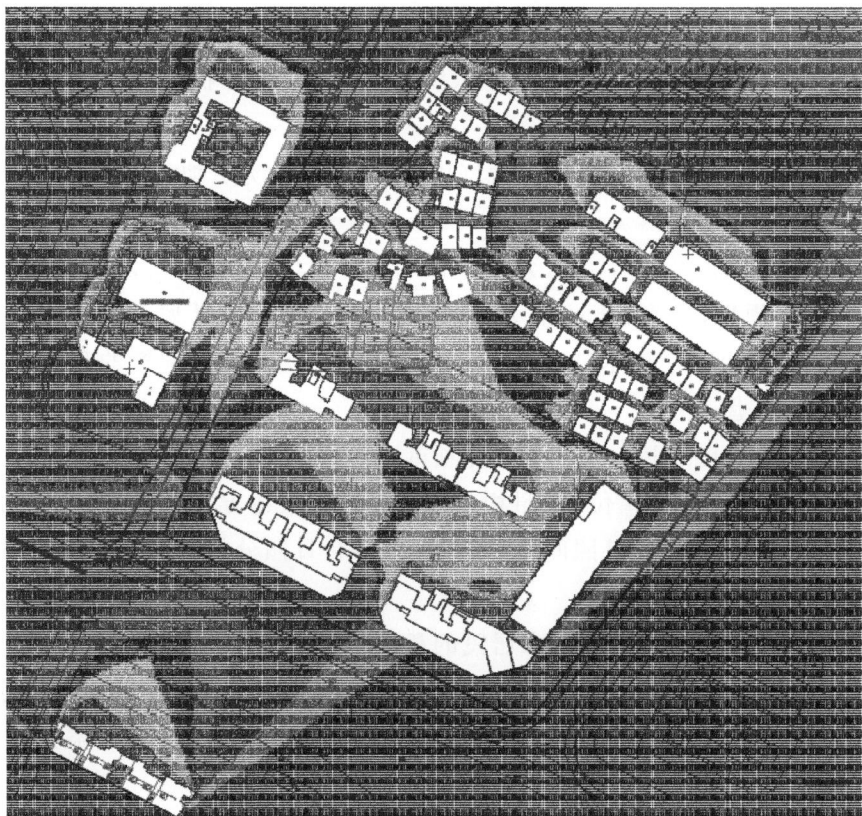

图 7-1 日照分析图示例

7.1.3 居民的日照诉求

诸多事物的纠纷大多涉及利益。在城市化进程下,人文艺术、城市建设、科学技术等都得到了前所未有的发展。总体的城市规划还是趋于为城市居民创造更为宜居、便捷的生活环境而设计,但是在部分公共设施、公共建筑的建设中,日照利益的公共选择,其对于一个特定的个体而言是一个私人的问题,涉及个人的成本、收益、生活环境等——一方面享有使用不动产权资源的权益,另一方面又具有维护不动产资源合理开发利用的法律义务。而对于社会而言,这又成为一个公益问题,一些公共建筑、设施建设受阻,影响的不仅仅是公共利益,有时甚至是城市居民的个人利益,作为个体的城市居民会寻求自身利益最大化,从而导致日照纠纷的产生与激化。

伴随着城市经济、科技的发展,城市居民的思维方式也产生了很大的变化,维权意识业已形成,这是一个良好的趋势。需要注意的是,正确的价值观念才能准确地引导人们的行为。居民的诉求主要有 4 个方面:停止侵害、排除妨碍、恢复原状和损害赔偿。居民主要诉求就是从日照侵权中得到损害赔偿。

(1)停止侵害

在日照维权中,施工单位或日照妨害人正实行建设建筑等行为,已经或将来可能会对相邻关系建筑物的所有权人或者用益物权人的日照权益造成妨害的,居民有权请求停止侵害。当居民提出诉求后,应当向法院就该日照维权案件的构成要件承担举证责任。妨害人正在建设的建筑物与居民住宅的距离或者妨害人建筑物的高度不符合国家相关的建设规范,且已经或者将来可能造成妨害,此时居民就有权提起停止侵害请求。但是对于居民的停止侵害请求法院还要视情况分析是否应该支持。如果法院支持居民的停止侵害请求,会责令妨害人停止侵害甚至可能会要求妨害人拆除建筑,这时需要考虑是否会造成更严重的财产损耗,这是因为若要拆除建筑,不仅浪费人力、物力、财力,甚至会导致社会资源的浪费。但如果支持居民的停止侵害请求并不会造成社会资源的浪费或者其他严重影响,这种情况下则应支持居民的停止侵害诉求。

(2)排除妨碍

排除妨碍,主要是指日照妨害人实施的利用不动产的行为对居民的日照权益造成了妨害,居民可以向日照妨害人请求排除妨碍。同停止侵害类似,是否同意采用排除妨碍的救济途径也要视具体情况而定,且二者确定准则是相同的,所以居民大多会一起主张排除妨碍与停止侵害。大部分日照妨害都是在侵权建筑物完工以后才被发现的,这时如果满足居民停止侵害、排除妨碍的诉讼请求则会造成社会资源的浪费甚至造成更重大的财产损失,维权的成本较高,所以这种条件下法院一般不会支持居民的维权途径。排除妨碍这种侵权责任承担方式主要适用于附加设施,即不会对建筑物的主要结构产生重大影响的部分,这种情况可以依法判决妨害人承担排除妨碍。

(3)恢复原状

恢复原状,是指居民请求侵权人将其财产恢复到原本最初的状态。法院在选择恢复原状的责任方式时应考虑到提出申请、期限、可能性等条件。在案件审理过程中只有居民向法院提出申请,法官才可选择适用恢复原状的方式。若后建建筑的所有权人将规划在获得审批之前进行了公示,居民可以在侵权建筑开工之日起一年之内申请恢复原状;如果没有对后建建筑的规划进行公示,则将期限自后建建筑完工之日起延长一年。设定期限是为了防止居民滥用自己的日照权益。当侵权建筑是临时性建筑或者违法建筑且不涉及公共利益的情况下才有申请恢复原状的可能性。所以恢复原状只有在满足居民提出的诉求申请、在申请期限内且有恢复原状的可能性这三个条件时才可以适用。

(4)损害赔偿

损害赔偿,是目前日照妨害纠纷里最需要解决的关键问题。然而我国在现如今的法律法规中并没有对日照妨害的赔偿标准进行明确规定,法官在审理采光案件的过程中就会缺少合法有效的判决标准,这加大了法官的自由裁量权,最后导致在同种类型的日照维权案件中,居民获得的赔偿结果也是不一样的。有些居民可能会得到足额的赔偿;部分居民获得的补偿很少,甚至不足以补偿所受到的损害;更有甚者会因为没有法律依据而导致被妨害的日照权益无法得到赔偿。

7.2 日照参与方合理的价值取向

7.2.1 价值准则

日照参与方应秉持公正、法治、诚信和友善的价值准则。价值准则是在人的价值关系和价值活动中对基本需求和利益的衡量准则,具有尺度的性质和功能,与真理原则构成对立统一关系。人类需要按照自己的尺度和需求去认识和改造世界,使社会适应人类的生存和发展。

价值准则中,诚信和友善涵盖了人们生活的各个方面,是居民必须遵守的准则。诚信是中华民族的传统美德,也是当前社会主义道德建设的重要内容,无论对于个人还是企业而言,诚信都是第一准则;友善强调的是公民之间要建立相互帮助、相互尊重的和谐人际关系。日照参与方应坚决抵制不良价值观念对自身的影响,培养正确的、科学的具有一定价值的思想观念。

7.2.2 价值目标

日照参与方都应具有自由、平等、公正、法治的价值目标。心理学上价值目标称为价值取向,它是人们对特定事物所采取的价值观。它是与具体事物和情境相联系的,是人们在特定对象之上所进行的价值选择。心理学上将价值观解释为人们关于事物重要性的观念,是依据客体对于主体的重要性,对客体进行价值评判和选择的标准。居民价值目标是个人价值观的内化和体现。

自由、平等、公正、法治这四个价值目标应成为居民始终坚持的基本理念。其中,自由是人类社会的美好愿望,是马克思主义追求的价值目标,自由是指人民大众未来发展的自由,是全方位的自由;平等是指居民在法律面前享有的平等权利,人权受到尊重;公正是人类能够享有平等和自由的前提和保障,也是国家层面应具备的核心价值观念;法治是我国社会主义民主政治的基本要求,社会的公平正义需要健全的法律法规来保障,法治同时也是人民群众根本利益实现自由平等的制度保证。

7.2.3 价值需求

(1)管理方的价值需求

管理方的价值需求在于依法审批。在项目审批过程中管理方应严格按照规划法律法规和各类技术规范进行审批,不符合法律法规和技术规范就不予行政许可,不核发建设工程规划许可证。审批阶段的主动权掌握在管理部门手上。现如今,告知承诺制在各地各级各项事项中开始全面推行,以实际行动落实"最多跑一次"的改革新举措,使群众来办事"最多跑一次"成为新常态。

(2) 设计方的价值需求

设计方的价值需求可分为艺术型和解决问题型:①艺术型。场地、风景、光、功能、形式(空间、形体、界面)是设计方最关注的建筑元素,设计方通过建筑(氛围的营造、形体的暗示等)表达思想、感染情绪,艺术型只有少数建筑需要并且能达到。②解决问题型。设计方通过建筑的设计解决功能、建造、场地、空间、经济、社会等各种问题,能创意性解决问题的建筑也是优秀建筑,例如雷神山医院、火神山医院等功能建筑。

设计方的价值需求取决于设计理念。设计理念是设计师在空间作品构思过程中所确立的主导思想,它赋予空间作品文化内涵和风格特点。好的设计理念至关重要,它不仅是设计的精髓所在,而且能令空间作品具有个性化、专业化和与众不同的效果。如何在保障日照时长的同时,满足设计理念的正常乃至超常发挥是设计师所需解决的重点问题。

(3) 居民的价值需求

居民对阳光的价值需求,即是生理需求、心理需求、卫生需求和节能需求。

① 生理需求

阳光不仅能提供光和热,为人类的生活提供方便,还能直接影响人类的身体健康。日照可以帮助居民晒干衣物,清除房间中的潮气,避免家具和物品等发生霉变,为人们提供一个干燥舒适的空间。

② 心理需求

阳光不仅对居民的生理产生巨大的影响,而且对居民的心理也有着不可忽视的作用。阳光对人们来说象征着光明,在阳光充足的日子里,人们会充满活力、心情舒畅、精神愉悦,如果缺少阳光,人就会感觉精神不振、无精打采、情绪低落,可见阳光对人的情绪有很大的影响。科学研究表明,阳光中包含的各种光线也对人体的神经系统和内分泌系统起到良好的调节作用,从而直接或间接地影响人们的心理状态。阳光可以通过调节情绪和生理机能,减轻人精神上的忧郁、疲劳、萎靡等症状,振作人的精神状态,从而提高工作、学习的效率。

③ 卫生需求

阳光中的紫外线是一种不可见光线,它具有杀菌的作用,许多霉菌在阳光下不能存活;经常晒太阳,可以增加人体抵抗细菌的能力,能够有效地刺激人体的造血功能,促进多种微量元素的新陈代谢。另外,人体合成维生素 D 的过程也必须有阳光的参与,阳光使人体骨骼更健康,提高人体的免疫力。

阳光中的红外线也是一种不可见光线。红外线穿透能力强,其热效应也更为明显。红外线在照射时可以透过人体的皮肤到达皮下组织,通过热作用促进血管扩张,从而加快人体组织内的血液流通。

④ 节能需求

当日照能够得到合理的利用,也就意味着居民的生理需求得到了一定程度上的满足,与此同时,日照可以为居住者提供自然采光,减少人工照明,节约能源。

综上所述,对人眼最为有利的自然光照是其他任何光源无法比拟的。日照为人类所提供的能源,不但是一种免费的资源,还是一笔宝贵的财富。

7.3 日照参与方价值重塑实现途径

（1）居民正确价值观的引导

在大部分日照纠纷中,建筑日照时数其实是满足国家标准的,但民众依旧对日照相关问题提出异议。例如,居民原来可以接收到全天的日照,如果按照 8 时～16 时的有效日照时间来衡量的话可以满足 8 小时的日照。但在其南侧新建一栋高层建筑之后,原本每天能享受到的阳光从 8 小时减少到了 3 小时,居民显然认为自己的日照权利受到了侵害,于是向规划管理部门投诉要求赔偿。但是从法律的角度来看,只要保证大寒日 2 小时的日照标准就可以满足要求,于是居民的日照权利和法律的认定就产生了矛盾。居民应在合理的范围内维护自身合法的日照权益,在相关法规的指导下进行法律诉讼。

政府可结合社区加强日照权益教育,引导居民树立正确的日照价值观。通过各种渠道来提高居民对日照问题的认识,塑造居民自身的价值信念。如在小区、学校、机关单位等地举办相关讲座,宣传日照权益的基本知识,并且倡导正确价值观理念,培育和践行社会主义核心价值观,加强居民对法律法规的学习。引领社会主义核心价值观的建设,倡导科学精神,传播正确的价值导向,有助于解决居民在产生日照纠纷时面临的问题和困惑,使他们更加客观、准确地把握社会发展现状,不断提高社会公德、职业道德和家庭美德,树立正确的社会主义荣辱观,实现其价值观的螺旋式上升。

（2）完善社区法治建设

完善社区法治建设,提高居民自主参与的程度,建立居民合理表达意愿的渠道。居民的日常生活大都在社区范围内,社区法治文化潜移默化地影响着居民的交往行为和交往方式。一方面,要建立积极健康的法治社区,营造良好的社区环境,完善社区法治建设;另一方面,可以通过新媒体等手段,宣传政策法规和日照知识,使居民认同正确的日照权价值观。

此外,还可以建立社区调解制度,由社区居民代表、企业组织负责人、行业专家等组建多类型、多种矛盾调解机制,同时增加多方之间的互动,鼓励居民通过志愿服务参与社区法治活动,增进他们之间的了解和认同,同时鼓励各种社会组织参与讨论,加强沟通,及时发现并化解社区矛盾,推动源头治理,强化社区基层法治建设,同时塑造以家国情怀、核心价值观、家风建设为核心的社区共同精神家园。

（3）提高整体管理水平、设计水平

从管理者的视角来看,建筑规划行政许可只涉及两个主体,其中的一个主体是建筑规划行政申请许可人,另一个则是许可行政机关。然而,建筑规划许可行为产生的效果除了会涉及规划局、申请人这两个主体之外,还与相邻建筑物权利人存在利益关系,具体涉及侵犯相邻建筑物的采光权、通风以及正常通行等诸多问题,这就需要对建筑规划行政许可相邻建筑物权利人的合法权益进行考虑,平衡好多方利益,提升管理水平,保障居民日照权。

对于设计方而言,在建筑设计过程中,需要坚持"以人为本、科学合理及和谐公平"的原则,不同的相邻建筑物之间的间隔距离可通过日照分析软件确定。建筑间距的设计是否合理关键在于是否充分考虑日照,不同建筑物之间的建筑距离是否符合相关规范。同时,周边所有的建筑物都可以利用日照分析来合理有效地解决其日照问题,进而使整个建筑在全生命周期都遵循"以人为本、科学合理及和谐公平"的原则。

8 我国建筑日照法制化完善策略

通过对我国建筑日照相关典型维权案件的统计,针对建筑公示阶段和建成阶段所存在的日照问题进行分析,提出土储阶段日照方案法定化、日照分区控制区域化、日照分析报告规范化、日照分析计算科学化以及设立日照奖励与赔偿机制五个优化策略。

8.1 土储阶段日照方案法定化

从我国建筑日照维权案件中可发现,在建筑公示阶段和建成阶段都会有不同的因素引发日照纠纷。为了避免类似纠纷案件的产生,应在建设项目土储阶段就确认日照方案,也就是说在进行征地拆迁时,制定和采用公示制度,对拆迁后的建筑设计方案和日照分析情况进行项目公示,并告知周边居民该地块新建项目的日照情况,尊重相邻居民的意见,如果建设项目的建筑方案日照遮挡情况严重,居民反馈意见较大,那规划管理部门可及时对建设项目用地条件进行调整,这样可以避免将纠纷矛盾不断延伸到项目建设后期。

8.1.1 土储阶段日照方案法定化的内容

由于规划部门对城市日照的管理进程不可逆,后期对地块用地条件进行沟通和调整的难度较大,应在规划选址阶段就制定有效试行方案。

土储阶段日照方案法定化,是指国家以法律形式确认土储阶段日照方案,以利于管理部门规定建设项目用地条件。土储阶段日照方案法定化是规划管理部门预防日照纠纷案件产生的有效途径。通过提前掌控经济技术指标,不仅可以减少日照纠纷案件的产生,还能合理有效地利用城市土地和空间,提高规划管理水平,合理管控容积率,提高建筑方案的优化程度,减少不科学的富余建筑间距,达到节约宝贵的城市土地资源的目的。

8.1.2 土储阶段日照方案法定化的方法步骤

(1)提出用地条件。在土储阶段,预估地块的容积率、建筑密度、建筑高度、绿地率、日照时数等经济技术指标。预先评价周边现状建筑日照水平,再根据地块自身情况,提出日照控制标准化需求。

(2)制定试行方案。通过提出的用地条件,规划管理部门制定地块的试行方案,该试行方案既要达到规划经济技术指标的要求,也要满足日照时数的需求。制定的试行方案应能合理有效地利用城市土地和空间,合理管控容积率,提高建筑方案的优化程度,减少不必要的建筑间距。

(3) 试行方案公示。在试行方案完成后,规划管理部门要在地块现场和部门网站进行土储阶段试行方案公示,将拟建项目的基本情况、土储阶段试行设计方案总平面图、日照分析结果公之于众,同时告知居民可申请参与听证会。

(4) 居民意见收集。在试行方案公示一周后,应召开土储阶段公示听证会,居民有权对试行方案建设内容的合法性提出质疑,规划部门有责任对其合法性进行解释和说明;居民也可对试行方案的合理性提出意见,最大限度地争取自身权益,对自身日照权的维护等事项发表意见。通过举办土储阶段公示听证会的方式,使居民提前介入规划,有利于最大限度地维护和实现其日照权。

(5) 调整用地条件。通过召开听证会、收集居民意见,规划部门和居民就试行方案的合理性进行商讨,最后达成一个均能接受的试行方案。当试行方案的合理性取得周边居民的同意,即可确认试行方案;当居民意见与试行方案有严重冲突时,规划部门需调整用地条件,尽可能满足居民的合理要求。

(6) 复核试行方案。复核试行方案主要是指规划管理部门接受居民意见后,对试行方案进行指标调整,修改试行方案并再次公示和召开听证会。

(7) 确认试行方案。当试行方案公示或调整后未收到有效意见,即可确认试行方案。确认试行方案,代表周边居民认同该方案的合理性,知晓试行方案的日照情况并认可。确认试行方案后,在建设项目落地全过程中,居民对已认可的建设项目方案提出异议的,相关行政主管部门不再受理。

在建设工程设计方案审查阶段,设计人员应将设计方案与土储阶段试行方案进行对比,如设计方案符合要求,则进入规划管理的正常通道。如有特殊情况,可共同协商后,调整设计方案使其与试行方案达成一致即可。综上所述,规划管理部门应加快土储阶段日照方案法定化,优化日照监管制度。

8.2 日照分区控制区域化

我国现已形成较为完善的建筑日照法规体系,但需根据不同地区经济发展水平差异、气候差异和城市建设发展规模差异,尽快完善日照标准分区制度,进一步细化完善地方建筑日照标准。

8.2.1 按日照标准分区

建议试行"三区三标一距",即划分三种日照标准分区,执行三种日照时数标准和一种日照间距的日照控制方法。

(1) 日照标准区

日照标准区既要满足日照间距要求,又要满足日照时数要求。该区域在通常情况下以城市的环线为界限,环线之外采取严格的日照标准。

城市的规模分类是按人口来划分,包含五类:第一类为小城市,人口数量在 50 万以下;第二类为中等城市,人口数量大于 50 万而小于 100 万;第三类为大城市,人口数量大于 100 万而小于 500 万;第四类为特大城市,人口数量大于 500 万而小于 1000 万;第五类为超大城市,人口数量大于 1000 万。城市规模等级与人口对应关系见表 8-1。

表 8-1　城市规模人口表

城市规模等级		城区常住人口规模/万人	城镇类型
超大城市		≥1000	Ⅰ类
特大城市		500~1000	
大城市	Ⅰ型大城市	300~500	
	Ⅱ型大城市	100~300	
中等城市		50~100	Ⅱ类
小城市	Ⅰ型小城市	20~50	Ⅲ类
	Ⅱ型小城市	<20	

注:① 城区,是指在市辖区和不设区的市、区、市政府驻地的实际建设连接到的居民委员会所辖区域和其他区域。

②常住人口包括:居住在本乡镇街道,且户口在本乡镇街道或户口待定的人;居住在本乡镇街道,且离开户口登记所在地的乡镇街道半年以上的人;户口在本乡镇街道,且外出不满半年或在境外工作学习的人。

结合表 8-2 所示各大城市的人口规模和城市的环线数量,以环线或旧城核心区作为日照分区的控制范围,比照日照控制原则,现对国内部分超大城市的日照标准区进行分析:

① 上海市四环线以外的区域建议作为日照标准区,严格按照国家及地方标准执行。

② 北京市三环线以外区域建议作为日照标准区,严格按照国家及地方标准执行。

③ 成都市一环线跨越金牛区、青羊区、武侯区、锦江区、成华区,沿线各区均为成都市中心城区。一环线以外区域建议作为日照标准区,严格按照国家及地方标准执行。

④ 广州市三环线以外区域建议作为日照标准区,严格按照国家及地方标准执行。

⑤ 深圳市二环线以外区域建议作为日照标准区,严格按照国家及地方标准执行。

⑥ 武汉市旧城核心区内建筑空间环境复杂,老旧小区较多。武汉市旧城核心区以外区域建议作为日照标准区,严格按照国家及地方标准执行。

⑦ 郑州市二环线以外区域建议作为日照标准区,严格按照国家及地方标准执行。

⑧ 西安市二环线以外区域建议作为日照标准区,严格按照国家及地方标准执行。

⑨ 杭州市二环线以外区域建议作为日照标准区,严格按照国家及地方标准执行。

⑩ 青岛市二环线以外区域应作为日照标准区,严格按照国家及地方标准执行。

⑪ 长沙市一环线以外区域应作为日照标准区,严格按照国家及地方标准执行。

⑫ 哈尔滨市二环线以外区域应作为日照标准区,严格按照国家及地方标准执行。

表 8-2　全国第七次人口普查部分城市人口数据表

城市名称	人口规模	城市规模等级	环线情况
上海市	2487 万人	超大城市	四环线
北京市	2189 万人	超大城市	七环线
成都市	2094 万人	超大城市	四环线
广州市	1868 万人	超大城市	四环线
深圳市	1756 万人	超大城市	四环线
武汉市	1232 万人	超大城市	四环线

续表 8-2

城市名称	人口规模	城市规模等级	环线情况
郑州市	1260 万人	超大城市	四环线
西安市	1295 万人	超大城市	三环线
杭州市	1194 万人	超大城市	三环线
青岛市	1007 万人	超大城市	三环线
长沙市	1005 万人	超大城市	三环线
哈尔滨市	1001 万人	超大城市	四环线

总的来说,超大城市一般选取主城区内、二环线以外的区域为日照标准区,相关日照分析指标依据国家及地方规范选取。日照标准区内的新建建筑日照要求应严格按照国家及地方标准执行。

（2）日照控制区

住宅建筑应综合考虑用地条件、群体组合和空间环境等因素,宜争取较好朝向。针对旧区改造可设立日照控制区。根据《城市居住区规划设计标准》(GB 50180—2018)中的规定,旧区改造的项目内新建住宅日照标准可酌情降低,但不应低于大寒日日照 1 小时的标准。

旧城改造区域主要分布在城市老旧城区,考虑到需要进行城市更新建设,设立日照控制区,满足日照间距,区域内的日照标准可以酌情降低,为了保障居民的基本生理需求,降低后的日照标准应符合规范。

日照控制区的范围以建设行为发生地行政主管部门确定的"旧区"改造范围为准,避免旧区改造被过度扩大化。

（3）日照中心区

日照中心区,仅满足日照间距要求。该区域内部的功能对日照需求不高,或者其日照资源条件复杂,自身不能满足日照标准要求。在中心区域,允许存在日照不满足要求的情况。如果在任何区域、任何建筑项目都需要满足同一个日照标准,那很多的城市建设无法进行。这时候需要因地制宜,有些区域从自身条件考虑灵活处理,可以通过法定程序将其设置为低日照区。

8.2.2　按城市发展规模分区

充分考虑大小城市、城乡之间的差异,可根据不同城市地域特点与实际情况,进行合理等级划分,因地制宜,细化日照标准。随着城镇化的不断推进,所引发的问题不断增加。针对不同城市发展规模,日照要求可进行一定调整。特大城市（及以上）建筑需满足国家日照标准要求,局部密集区域可允许在一定程度上降低标准,且不应低于标准日 1 小时日照时数;大城市需严格执行国家相关日照标准的要求;中等城市在符合国家要求的基础上,需提高日照标准,适当增加日照时数;小城市需完善当地建筑日照法规,在满足国家要求的基础上,需加强对建筑日照标准的管理。

8.2.3　按城市功能特征分区

在城市内部,可以旧城区、中心城区、开发区和新城区为分区划分标准,分别采用不同的日照标准进行管理,试行日照标准化分区制度。旧城区需要考虑旧城更新改造、基础设施和公共服务等因素,根据老旧小区改造的更新与规模程度进行日照管控,核心区地带建设项目可允许其建筑日照标准在一定程度上降低要求,对个别难以达到日照要求的住宅,应允许给予一定金额的补偿。开发区和新城区需要考虑经济开发、科技创新和生态环境等因素,根据城镇化发展规模的特色进行划分,建设项目应在符合相关规范标准基础上,越远离中心城区地带,越应该提高建筑日照标准。

随着可建用地持续减少,日照规范与土地使用率之间的矛盾日益突出。如果所有项目都以严格的日照标准为评判标准,那城市更新行动无法进行。在特定区域内,建筑可以不考虑日照时数要求,仅需要满足建筑与建筑之间的日照间距要求。应试行在特定的区域内,调整日照要求,特定区域包括城市中心区(市中心、商业中心、金融中心)、需旧城改造的建筑密集区和公共交通枢纽区。

8.3　日照分析报告规范化

推行日照分析报告规范化是立法监督的内在需求和深化建筑日照管理的必然要求,也是提升规划管理水平的重要举措。

8.3.1　日照分析报告现状

传统的日照分析报告是以文本的形式提交给规划部门,其内容包括项目概况、日照分析依据、日照分析、规划方案日照分析以及日照报告注意事项,并在最后附图。附图包括日照分析总平面图、遮挡建筑的影响范围图以及若干不同计算高度的日照分析计算图。

目前,部分城市对当地的日照分析报告审核制定了更加完善和详细的规程,但依然存在不足的地方。通过对维权案件的成因分析,发现在建筑日照技术方面,存在因日照分析报告的真实性而引起的日照纠纷。因为现状图纸缺乏有关部门的复核,部分存在人为因素的影响,日照分析报告的真实性得不到保障,存在日照纠纷隐患。

8.3.2　日照分析报告优化

对日照分析报告的优化可分为以下几个方面:

(1)核实周边现状。核实拟建建筑周边现状是日照分析报告规范化的重要基础,核查拟建建筑周边现状和规划最新情况,核实规划管理部门提供的现状电子地形图,避免存在差异,如有变化,需更新现状电子地形图。这是因为有些地块长期未进行上报审查,周边现状更新较大,与报审资料不一致,为避免此情况造成不良影响,应该注意核查。

(2)明确遮挡范围。进一步明确建筑遮挡范围是日照分析报告规范化的基础保障。报告中直观地将遮挡建筑范围绘制出来,避免部分抱有侥幸心理的人员通过自行缩小遮挡范围以减少需分析的现状建筑,试图弄虚作假的情况。除此之外报告还应对遮挡建筑、被遮挡建筑的基本情况进行说明。

(3)明确分析流程。这是日照分析报告规范化的本质要求。要统一设计机构日照分析报告的制作标准,推动日照分析计算的科学化、规范化,严格按照当地日照分析流程步骤进行成果表达。

(4)完善审核制度。完善第三方日照分析报告制作单位的审核是日照分析报告规范化的根本支持。目前,第三方委托单位承担了大部分对日照分析报告的审核工作,改善了规划部门工作压力,有利于提高管理水平。但不同第三方机构采用的计算软件、建模程度以及成果质量等各不相同,导致得到的日照结论存在隐患。规划部门应完善第三方审核制度,明确规范技术软件的对象选择及相关参数的设置等相关日照分析要求,以规范第三方委托单位的执行程度。

8.4 日照分析计算科学化

8.4.1 日照分析计算成果可视化

(1)控规制定阶段

控规制定阶段,是指规划部门在赋予土地用地条件时,应对该阶段制定试行方案,通过对区域或地块的日照评估,推演出最佳试行方案,此时区域或地块内的建筑日照标准与用地条件中的容积率处于一个平衡临界点。在设计出试行方案后,须将其日照分析结果进行可视化处理,避免出现设计机构为了达到规划条件要求,仅考虑制定最佳建筑方案,而不能满足日照标准规定的现象。

(2)计算公示阶段

计算公示阶段,是指建设项目在处于审批前公示阶段时,除了要提供规划方案总平面图、鸟瞰效果图和日照分析图等基本材料外,还需将该日照分析成果以可视化方式公示并存档。在公示期内,有关本项目的利害关系人都能通过可视化方式,了解到本项目的日照分析结果,如有异议需进行举证、质证、辩论。若对日照分析结果无异议,相关利害关系人不能再提出有关建筑日照方面的投诉和诉讼。

(3)建成实施阶段

建成实施阶段,是指建筑项目在建成并准备售卖时,需提供真实的项目日照情况,并将结果以可视化的技术展示给居民,避免产生日照纠纷隐患。若新建建筑存在建筑日照不满足国家规定的情况,双方最好能协商解决,比如进行房屋差异化定价,减少成交后不必要的日照纠纷。

8.4.2 日照分析计算评估团队化

(1)日照评估团队

国家规范规定了日照时数,制定了建筑日照技术参数标准,但是采用何种日照评估模式来提供最佳的相关参数,各团队在实践中做法不一,给规划管理工作增加了隐患。现阶段,需培养相关专业设计人员,组成一支或多支日照评估团队,研讨制定适合我国区域性或地域性建筑的日照评估模式,来改进我国建筑日照管理水平。

(2)日照实测团队

发生日照纠纷时,往往将实测日照时间作为最终的评判标准。一方面,实测的结果跟日照分析的结果不完全一致,使得日照分析的准确性受到质疑;另一方面,实测的国家标准也需要明确,提高日照实测工作的可操作性。虽然日照分析软件的计算精度已经很高,但这毕竟是对建成后状况的一种模拟,考虑到图纸的深度不足和建造水平的制约,日照实测不可避免地会出现与软件模拟的差异。

如何运用与选取适合当地的日照实测工具,组建科学可靠的日照实测团队是现阶段日照分析计算中遇到的难题,而如何认定实际遮挡范围,也急需管理部门出台相关的规定。

8.4.3　日照分析计算审图数字化

近年来,全国各地开始对建设项目施工图进行数字化联合审查,依托"互联网＋审图"进行项目监管和审查。数字化审图的实现有利于保证建设项目质量安全,统一标准,提高监管水平。对于日照分析计算而言,数字化审图是其发展演变的必然结果。

日照分析计算的原理就是通过计算机模拟出太阳运行规律,演示出项目建成后日照的可能情况。在此基础上,日照分析计算能够快速实现审图数字化,有利于相关部门依法监督,避免人为因素的影响,保障日照成果的真实性。

8.5　日照奖励与赔偿机制

8.5.1　日照奖励机制

日照奖励机制主要针对各个城市正在进行的旧城改造等城市更新建设项目。城市旧城区现存大量老旧住宅建筑,其设施衰败、老化,居住环境难以满足当前生活需求。在此背景下,新建项目难以避免地对周边现状住宅的日照产生一定程度的影响。

为了鼓励新建建筑建设单位自主自发地降低对现状住宅日照产生的影响,行政主管部门可以对未使周边现状住宅建筑原有日照标准降低,甚至能够满足周边现状建筑日照标准不低于大寒日2小时要求的新建建筑建设单位给予一定的经济奖励。

8.5.2　日照赔偿机制

通过对建成阶段维权案件的分析发现,大多数纠纷案件最后都是通过经济赔偿来解决。目前,由于缺乏日照纠纷的赔偿标准,居民的日照权益得不到标准一致、公开透明的补偿。我国有部分城市提出了日照赔偿制度,但是赔偿标准各不相同,通常以窗户面积、居住面积或房间数量为依据来进行赔偿,由于标准不一,居民意见颇大,急需制定统一的赔偿机制。

统一日照赔偿标准,建立赔偿机制,是对建筑日照规范的补充和完善,也是保障公民日照权的重要手段之一。为此,各城市可根据自身的经济发展水平,建立起相对匹配的日照赔偿标准,并将日照赔偿、规划建设许可和业主利益协调有效结合起来,形成一套完整、可行的日照赔偿机制,这必将对保护公民日照权、遏制规划建设侵权行为、规范行政审批行为产生一定的正面效应。

9 日照管理行为优化策略——以武汉市、襄阳市为例

本章先对武汉市建筑日照现行法规进行分析,提出"三区一特"日照分区控制和公共日照区域两种优化策略。再结合实际设计案例,运用众智日照软件、PKPM日照分析以及天正日照软件,对项目及其周边的日照情况进行计算,并推演出合适的设计方案;以武汉某城中村改造建设工程、襄阳市东津新区某建设项目为例,对日照管理行为的优化策略进行应用。

9.1 现行管理规定

目前,武汉市建筑日照依据《武汉市建筑日照规划管理办法(试行)》《建筑日照计算参数标准》(GB/T 50947—2014)、《武汉市建设工程规划管理技术规定第 248 号令》对建设项目执行日照管控。

《武汉市建筑日照规划管理办法(试行)》于 2011 年 1 月发布。该管理办法主要对武汉市建筑日照规划管理提出明确要求并制定了《武汉市建筑日照分析技术规程》。其对争议处进行了说明,并对各层相关人员应承担的责任进行了解释。

《武汉市建设工程规划管理技术规定第 248 号令》于 2014 年 1 月发布。该条令对武汉市内旧城改造、危房改造等项目提出大寒日日照不低于 1 小时的标准;新建建筑不得减少周边原不满足国家标准的现状建筑的日照时长;容积率 5.0 以上的新建项目,导致其周边居住建筑不符合国家日照标准的户数不得大于该栋建筑物总户数的 5%,建设单位应当征得周边受影响住户的同意,并签署协议认可。

《建筑日照计算参数标准》(GB/T 50947—2014)于 2014 年 1 月发布。湖北省参照该规范统一了省内各城市日照分析技术的参数、要素、分析范围等,加强了日照分析报告的严谨性,进一步完善了对建筑日照的管控,保证了日照分析结果的一致性。

随着城市建设的快速发展、城市更新的不断推进,建筑日照产生的日照纠纷问题逐年增加。通过收集日照纠纷问题的反馈意见,规划部门和设计机构对日照影响范围的合理管控进行了优化。目前地方规范中没有明确对建筑日照进行管控分区,缺少对纠纷问题的解决措施和纠纷赔偿的规范。

9.2 优 化 建 议

9.2.1 日照分区控制

根据武汉市主城区居住用地、公服用地建设强度分区区划图（图9-1、图9-2），以武汉二环线作为划分日照控制区的界线，将武汉市主城区划分为四个区域进行日照管控。执行"三区一特"的日照管控分区，分别为日照核心区、日照控制区、日照标准区、日照特别区。

图 9-1　武汉市主城区居住用地建设强度分区区划图

9.2.1.1　日照核心区

以武汉旧城核心区为日照核心控制区。核心区应满足日照间距的要求，对日照标准可酌情降低，且降低后的日照标准不能低于大寒日日照1小时标准。日照核心区的具体介绍如下：

（1）区域范围：武汉市旧城核心区。包含汉口京汉大道与沿河大道、沿江大道围合片区，西至硚口路，北至黄浦大街，主要包括汉正街与老租界两个片区；武昌临江大道至武金堤路段与中山路至白沙洲大道围合区域，南至江民路，主要包括昙华林、首义片、八铺街三个片区；汉阳知音大道、晴川大道与鹦鹉大道围合片区，主要为龟山片区。区域内建筑空间环境复杂，老旧小区较多。

图例
■ 强度一区
▨ 强度二区
▨ 强度三区
□ 强度四区
▨ 强度五区
■ 中心地标控制区
▨ 生态景观控制区
▨ 水域

图 9-2　武汉市主城区公服用地建设强度分区区划图

（2）日照分析技术参数：计算误差小于±5 min；时间间隔为 5 min。

（3）日照影响范围：南面为建筑高度的 1.2 倍且最大不超过 120 m 半径的扇形阴影区域。

（4）最大影响户数：容积率 5.0 以上的新建项目，最大影响户数不得大于该栋建筑物总户数的 10%，应取得住户的同意认可。

（5）奖励与赔偿机制：能够满足新建建筑不使周边现状住宅建筑原有日照标准降低，能够保证周边现状建筑的日照标准不低于大寒日日照 2 小时标准。符合以上情况的，政府予以奖励。新建建筑对周边现状住宅产生日照影响，需取得受影响住户的同意并协商赔偿金额。

9.2.1.2　日照控制区

以武汉市二环线以内、旧城核心区以外的区域为日照控制区，该区域范围内的日照标准、部分计算参数、日照影响范围可酌情降低，为了保障居民的基本生理需求，降低后的日照标准不能低于大寒日日照 1 小时标准。武汉市日照分区控制示意图见图 9-3。

（1）区域范围：武汉市旧城核心区以外二环线以内区域。二环线由发展大道段、汉西段、龙阳大道段、墨水湖北路段、马鹦路段、雄楚大道段、珞狮路段、东湖段、水东段、二七长江大桥和鹦鹉洲长江大桥组成。区域内建筑空间环境较良好，老旧小区分布较为集中。

（2）日照分析技术参数：计算误差小于±5 min；时间间隔为 3 min。

（3）日照影响范围：南面为建筑高度的 1.2 倍且最大不超过 150 m 半径的扇形阴影区域。

（4）最大影响户数：容积率 5.0 以上的新建项目，最大影响户数不得大于该栋建筑物总户数

146

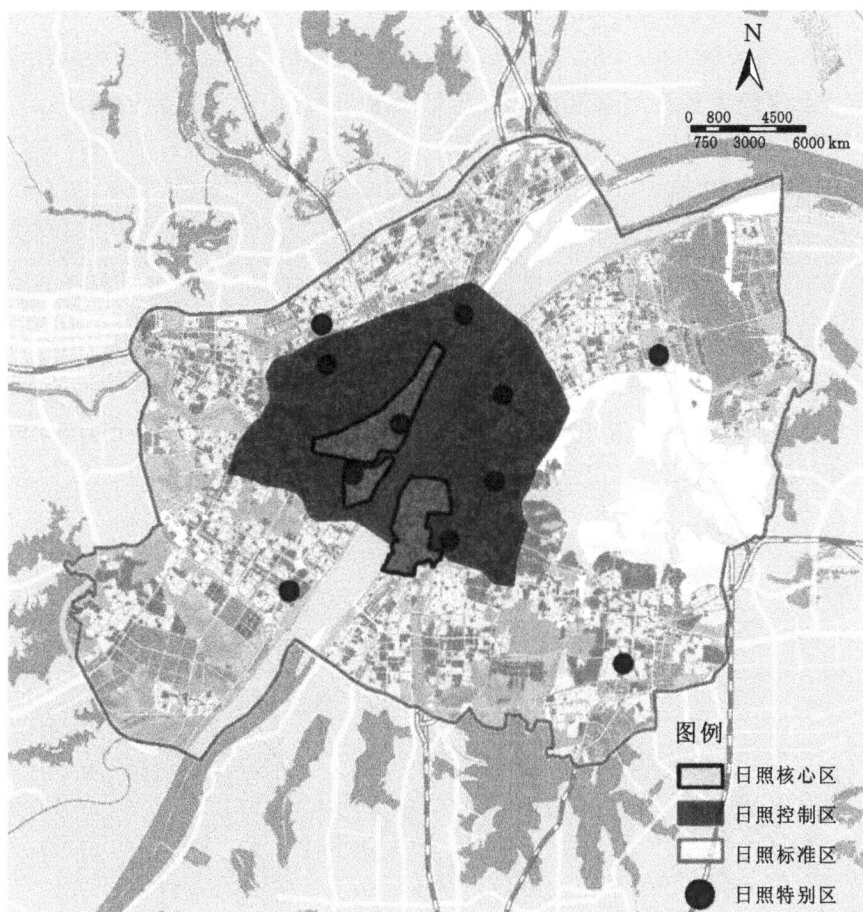

图 9-3 武汉市日照分区控制示意图

的 7%,应取得住户的同意认可。

（5）奖励与赔偿机制:同日照核心区。

9.2.1.3 日照标准区

以武汉市主城区内、二环线以外的区域为日照标准区,相关日照分析指标依据《建筑日照计算参数标准》(GB/T 50947—2014)等国家及地方规范。日照标准区内的新建建筑日照要求应严格按照国家及地方标准执行。

（1）区域范围:武汉市主城区内二环线以外区域。主要覆盖了包括江岸区、江汉区、硚口区、汉阳区、武昌区、洪山区、青山区七个行政区。

（2）日照分析技术参数:计算误差小于±3 min;时间间隔为 1 min。

（3）日照影响范围:南面为建筑高度的 1.2 倍且最大不超过 180 m 半径的扇形阴影区域。

9.2.1.4 日照特别区

在武汉市内,选取金融办公、商业娱乐、公交枢纽等特别区域为"零"日照试点。

（1）区域范围:武汉市主城区内特殊区域。

（2）功能类型:金融办公(武汉中央商务区、二七滨江商务区)、商业娱乐(江汉路片区、楚河汉街、徐东大街)、公交枢纽(汉口火车站、武昌火车站、武汉火车站)、文化博览(琴台剧院、武汉

国际博览中心）、产业开发（光谷天地）

（3）控制要求：在区域 600 m 的范围内，不考虑日照标准需求，采用日照间距为日照控制依据，应满足《武汉市建设工程规划管理技术规定第 248 号令》中建筑退距的要求。

9.2.2　公共日照区域

公共日照区域，是指在居住区内给居民提供一个公共日照区，主要起到为居民提供集中晾晒场所的作用。目前，居民对日照要求不仅限于室内，室外活动场地同样重要。公共日照区域是在满足规定的日照要求的前提下，可供安排娱乐活动设施的、供居民共享的晾晒场地，应包括居住楼的顶层屋顶和底层架空、居住区公园、小游园和中心组团绿地及其他块状带状绿地等，参见图 9-4 公共日照区域示意图。

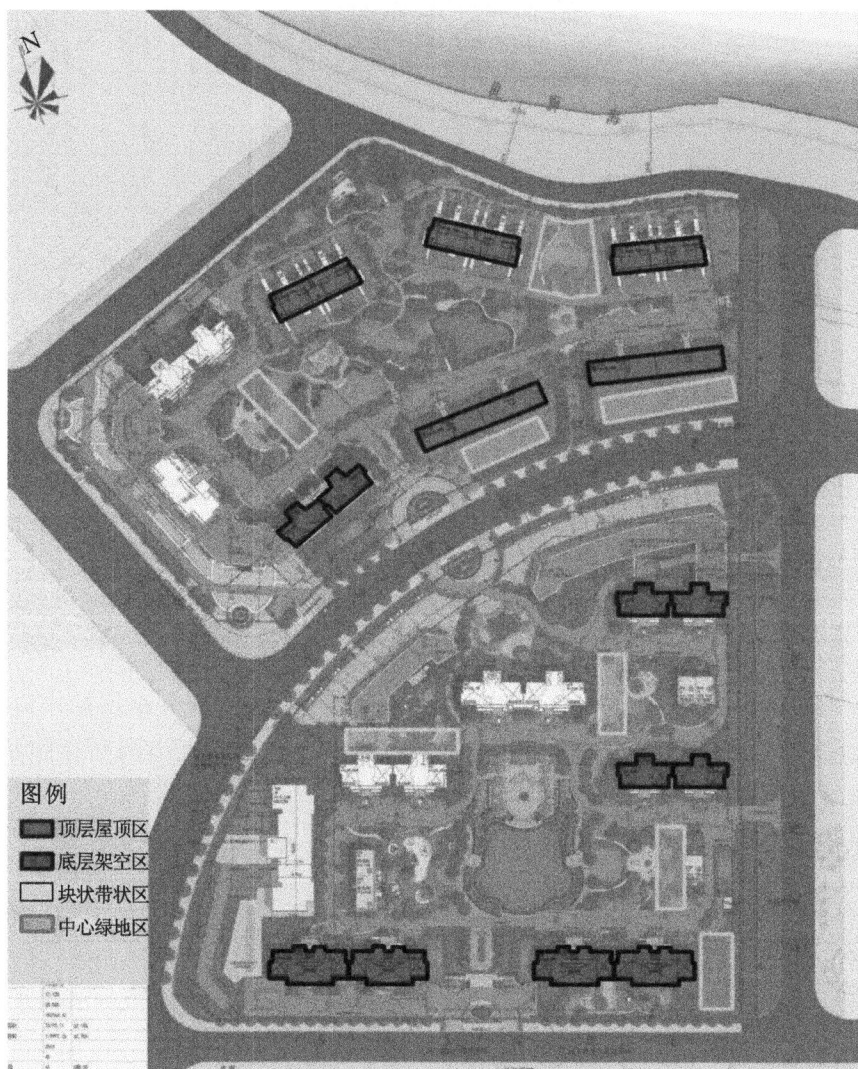

图 9-4　公共日照区域示意图

设置公共日照区域可以改善在城市更新中因建筑遮挡产生的日照不足影响居住品质的情况，提供给居民日常晾晒的空间，以满足居民基本生理需求，缓解日照不足产生的影响。公共日照区域具体有以下四种类型：

（1）顶层屋顶公共日照区域，即在住宅建筑上人屋顶划分出一片区域，供居民日常晾晒衣物，宜选取多层住宅建筑的屋面。

（2）底层架空公共日照区域，即在住宅建筑底层架空处划分若干区域，供居民进行晾晒、休闲及娱乐，宜选取底层自然采光良好的建筑物。

（3）块状带状公共日照区域，即在居住小区内划分出若干块状或带状区域，供居民进行晾晒、锻炼及娱乐，宜选取宅间绿化或组团绿化。

（4）中心绿地公共日照区域，即在居住小区内的中心组团或公共绿地划分一片区域，供居民进行集中晾晒、锻炼及娱乐。

规划部门要树立"以人为本"的正确定位，最大限度地考虑居民的生活需求和阳光需求，并结合地下高架、屋顶、花园道路、小区广场、中心绿化等多种方式，促进居民亲近自然，不仅为居民提供阳光和绿化，还为居民创造一个自然的生活和兴趣空间。

9.3 建设项目日照管理案例 1——利济北路项目

9.3.1 项目概况

本项目位于湖北省武汉市硚口区利济北路与顺道街交汇处，毗邻轨道交通 1 号线的利济北路站，距江汉桥 1.4 km，长江隧道 3.0 km，汉口火车站 4.7 km，长江二桥 5.7 km，交通便捷。地块处于城市核心武广商圈内，中山公园、新世界商圈、恒隆广场均在项目地块 1 km 生活圈内，拥有便利的交通和完善的配套设施、独特的生态文化创意和良好的景观视野。本项目着力打造区域城市地标，展现新都市形象，重点突出其标志化、现代化、都市化定位。该项目区位图、周边现状分析图、周边交通分析图见图 9-5 至图 9-8。

9.3.2 设计难点

（1）周边现状建筑

由于该项目位于城市主城核心区，东侧相邻地块是武汉银泰房地产开发建设的汉口中心嘉园。项目坐落于江汉区京汉大道 528 号，紧邻轨道交通 1 号线，小区总占地面积约为 23703 m²，建筑面积约为 100000 m²，约 920 户。

由于本项目的设计定位是打造区域城市地标，包含超高层写字楼、高品质住宅和商业购物中心，其建筑高度会对周边现状建筑的日照情况产生一定的影响，且周边老旧社区较多，随时面临着旧城改造。该项目的鸟瞰效果图、沿街立面图见图 9-9、图 9-10。如何在设计阶段来解决这个日照纠纷隐患，是该方案的一个设计难点。

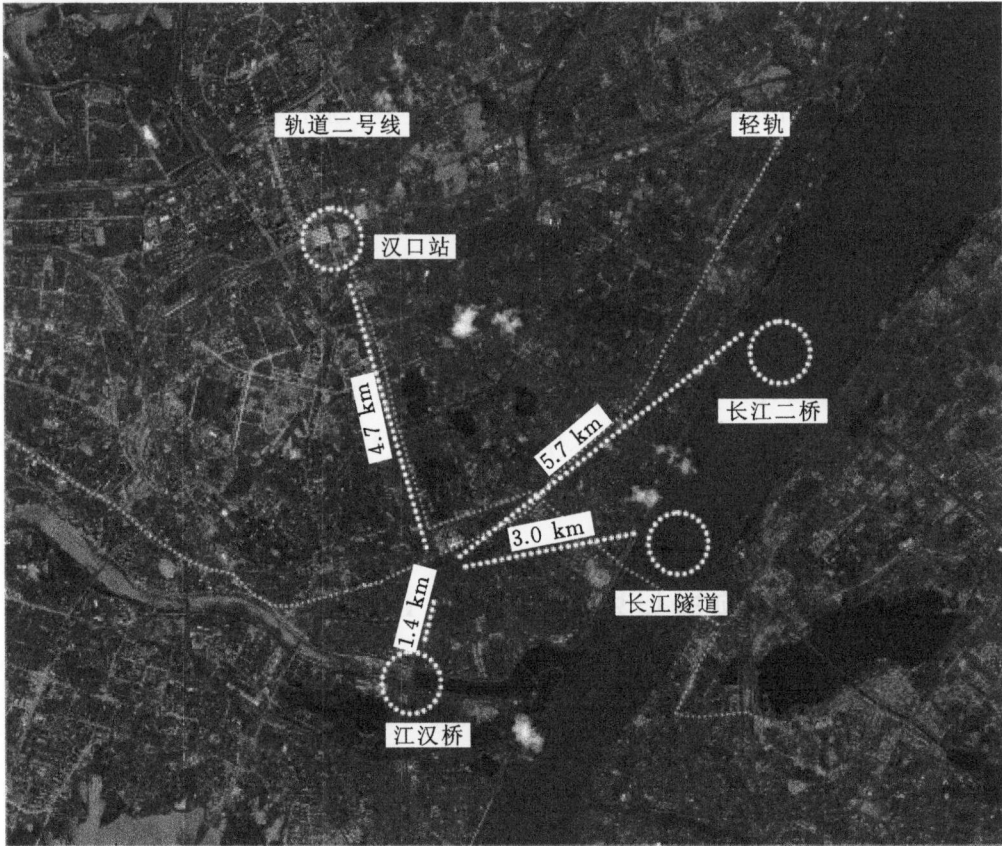

图 9-5　项目区位图 1

图 9-6　项目区位图 2

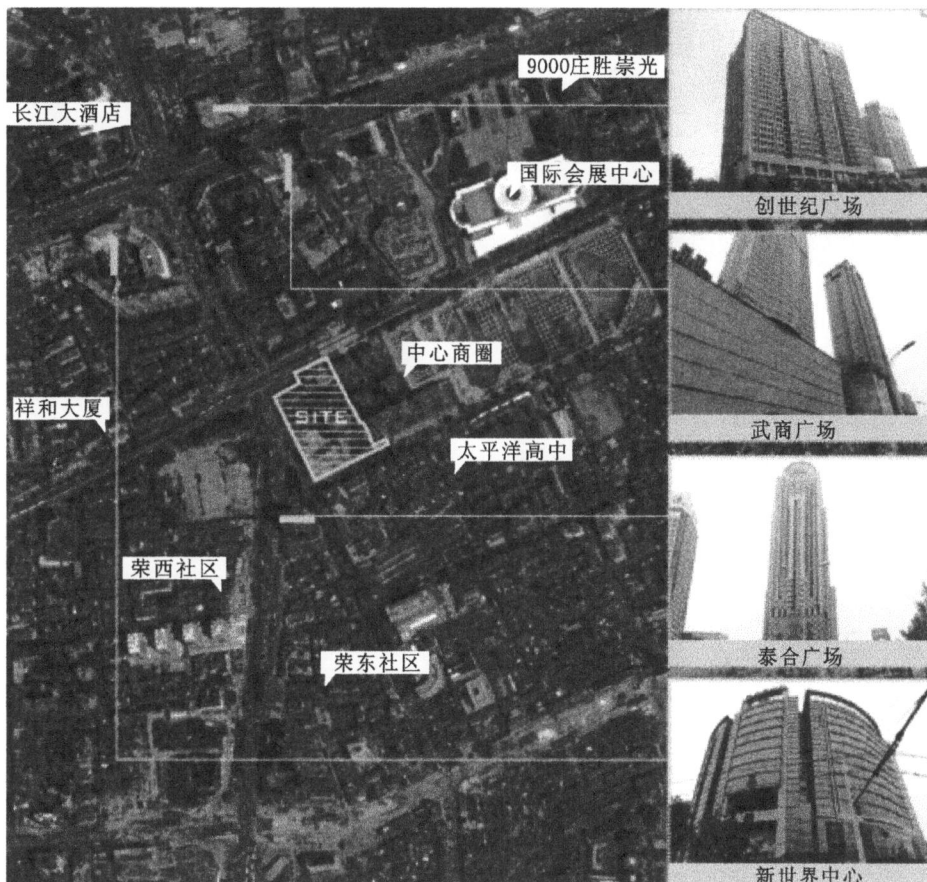

图 9-7 周边现状分析图

图 9-8 周边交通分析图

图 9-9　鸟瞰效果图

图 9-10　沿街立面图

（2）信息不匹配

如图 9-11 所示，在利济北路沿街一侧，汉口中心嘉园有一栋 1～5 层为底层商业、6～32 层为住宅的商住楼，底层商业现状图见图 9-11。通过对比建设单位提供的地形图电子资料发现，该商住楼应是 1～3 层为底层商业、4～30 层为住宅楼。发现信息不匹配后，经过和规划部门讨论，得出的结论是虽然存在电子信息图纸与现实不符合，但是还是以建设单位提供的图纸信息为准。如何在地形图信息不利的情况下，依然保证新建建筑未使周边现状住宅建筑原有日照标准降低，是该方案通过规划审批的一个难点。

图 9-11　底层商业现状图

（3）"零"影响

《武汉市建设工程规划管理技术规定第 248 号令》第五章第三十七条规定：列入市、区人民政府旧城改造、危房改造、棚户区改造的建设项目，其用地范围内的新建住宅建筑应当满足每套住宅至少有一个居住空间能获得大寒日不低于 1 小时日照时间的国家标准。第三十八条规定：容积率在 5.0 以上的新建项目，导致其周边居住建筑不符合国家日照标准的户数不得大于该栋建筑物总户数的 5‰,建设单位应当征得周边受影响住户的同意,并签署协议认可。根据以上规定,通过多次和规划部门交流沟通,得出的讨论结果是项目最好能够做到对周边现状住宅建筑"零"影响。而如何做到"零"影响,是该方案面临的一个挑战。

9.3.3 地块分析

本项目处在居住用地强度二区、公共服务用地强度一区。其中 A、B 地块用地面积为 5927 m²,C 地块用地面积为 15553.7 m²。根据《武汉市建设工程规划管理技术规定 248 号令》第四十一条规定,对项目地块进行建筑退让处理。项目用地性质见图 9-12,地块可建设范围分析见图 9-13。

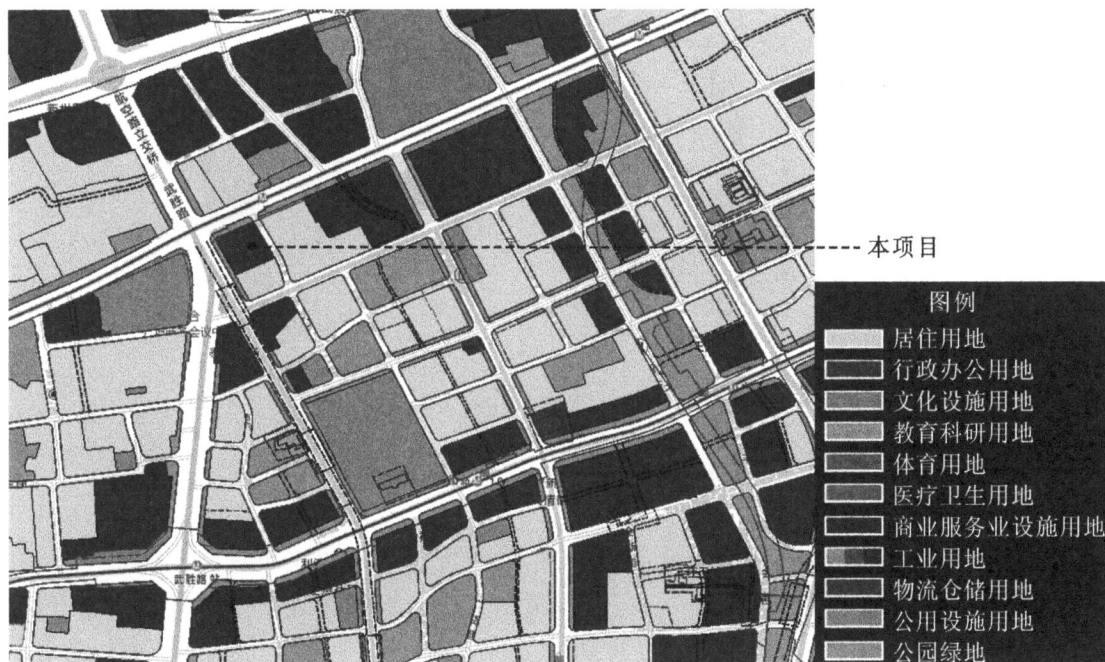

图 9-12 项目用地性质图

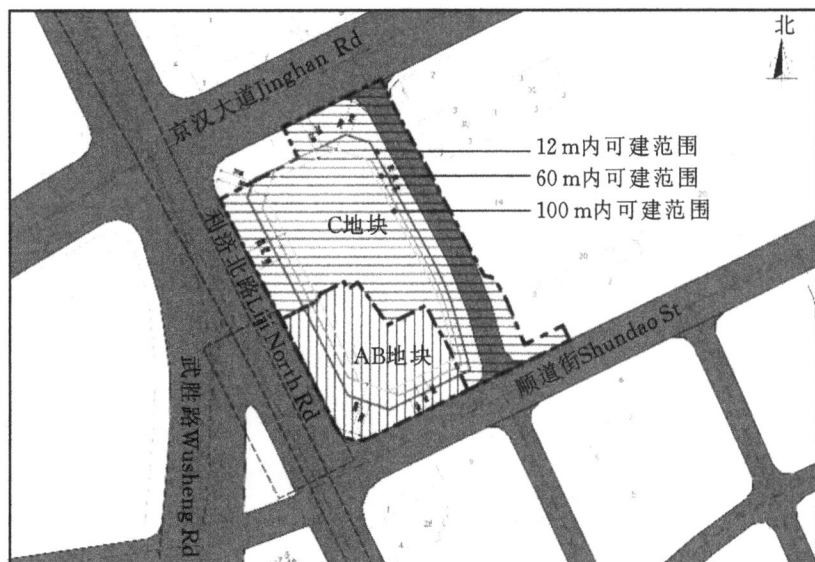

图 9-13 地块可建范围分析图

9.3.4 方案设计

（1）设计理念及形态设计

武汉地处"两江三镇"，长江是武汉重要的水资源，也是孕育文化的摇篮。故本方案中建筑取其形态，曲水流觞，蜿蜒动人。住宅公寓酒店的双塔造型，取"旭日东升"之意，寓意着武汉中部崛起，为打造武汉区域城市地标起到关键作用。项目设计形态、设计理念示意图见图 9-14、图 9-15。

图 9-14 设计形态示意图　　　　　图 9-15 设计理念示意图

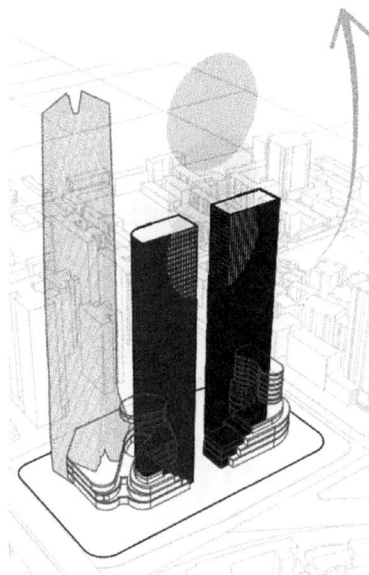

为了降低对东侧周边现状住宅的日照影响，尽可能将超高层建筑布置在其被遮挡范围外，故商业写字楼位于场地东北角，不遮挡临近居住区的光照。根据场地切出写字楼形态，留出主入口，并引导人流。商业写字楼层高 4 m，共 46 层，其中有 3 层避难层。每层楼板面积随着高度线性减少，可增加建筑稳定性并合理利用日照资源。同时，从底层至顶层，每层楼板旋转 1.2°，使建筑形体变化丰富，并争取到额外的日照与视野。扭转向上的线条使写字楼更具动态美，为老城区带来活力。建筑方案形态推演过程见图 9-16。

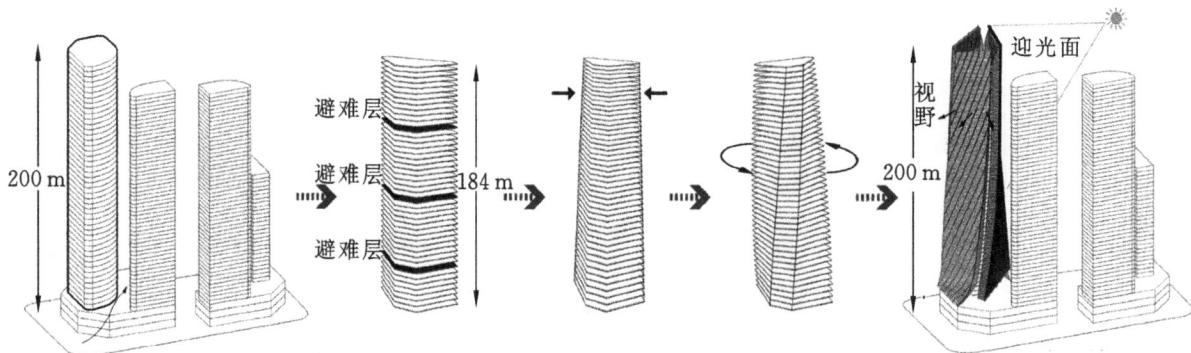

图 9-16 建筑方案形态推演示意图

（2）总平面图

本方案规划总用地面积为 21480.7 m²，分南北两个地块，其中北地块（C 地块）用地面积为

15553.7 m²,南地块(A、B地块)用地面积为 5927 m²。

A、B、C 地块总建筑面积为 160539 m²,计容总建筑面积为 126750 m²,商业金融建筑面积为 88650 m²,其中写字楼建筑面积为 51000 m²,办公楼建筑面积为 13400 m²,商场建筑面积为 12600 m²,酒店建筑面积为 5350 m²,商铺建筑面积为 6300 m²;居住建筑面积为 38100 m²,其中住宅建筑面积为 37924 m²,物业管理用房建筑面积为 80 m²,配电房建筑面积为 96 m²,地下室建筑面积为 33789 m²。项目容积率为 5.9,总户数为 426 户,建筑密度为 31.19%。

场地内规划有 50 层办公楼 1 栋,商住楼 1 栋,50 层住宅 1 栋,10 层酒店 1 栋。项目总平面图、鸟瞰效果图和仰视图见图 9-17、图 9-18。

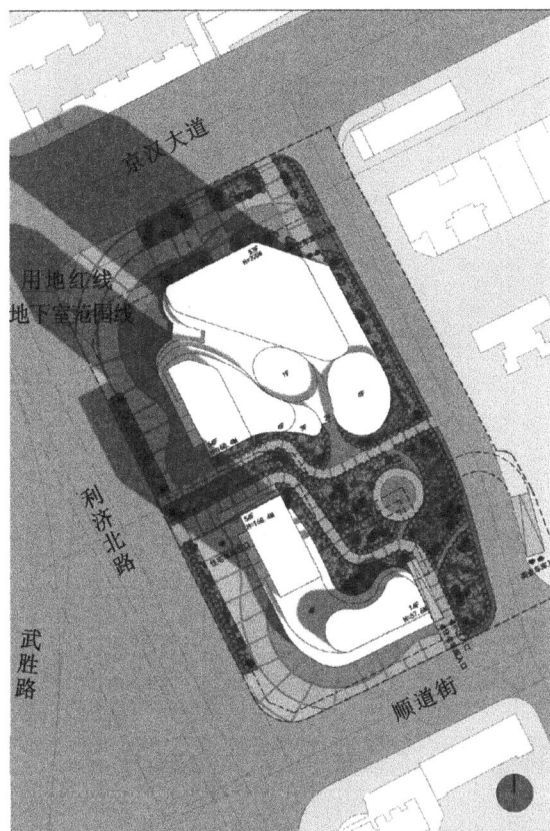

A、B地块主要经济技术指标			
项目		数量	单位
总用地面积		5927	m²
总建筑面积		45766	m²
其中	计容总建筑面积	36750	m²
	商业金融建筑面积	11650	m²
	其中 精品酒店建筑面积	5350	m²
	商铺建筑面积	6300	m²
	居住建筑面积	25100	m²
	住宅建筑面积	24924	m²
	其中 物业管理用房建筑面积	80	m²
	配电房建筑面积	96	m²
	不计容建筑面积	9016	m²
	地下室建筑面积	9016	m²
建筑基底面积		2200	m²
建筑密度		37.12%	
容积率		6.20	
总户数		288	户
机动车停车位		258	个
非机动车停车位		236	个

A、B、C地块主要经济技术指标			
项目		数量	单位
总用地面积		21480.7	m²
总建筑面积		160539	m²
其中	计容总建筑面积	126750	m²
	商业金融建筑面积	88650	m²
	其中 写字楼建筑面积	51000	m²
	办公建筑面积	13400	m²
	商场建筑面积	12600	m²
	精品酒店建筑面积	5350	m²
	商铺建筑面积	6300	m²
	居住建筑面积	38100	m²
	住宅建筑面积	37924	m²
	其中 物业管理用房建筑面积	80	m²
	配电房建筑面积	96	m²
	不计容建筑面积	33789	m²
	地下室建筑面积	33789	m²
建筑基底面积		6700	m²
建筑密度		31.19%	
容积率		5.90	
总户数		426	户
机动车停车位		965	个
非机动车停车位		1368	个

C地块主要经济技术指标			
项目		数量	单位
总用地面积		15553.7	m²
总建筑面积		114773	m²
其中	计容总建筑面积	90000	m²
	商业金融建筑面积	77000	m²
	其中 写字楼建筑面积	51000	m²
	办公建筑面积	13400	m²
	商场建筑面积	12600	m²
	居住建筑面积	13000	m²
	不计容建筑面积	24773	m²
	地下室建筑面积	24773	m²
建筑基底面积		4500	m²
建筑密度		28.93%	
容积率		6.79	
总户数		138	户
机动车停车位		708	个
非机动车停车位		1132	个

图 9-17 总平面图(一)

（3）鸟瞰效果图

（a）　　　　　　　　　　　　　　　　　　　（b）

图 9-18　鸟瞰效果图和仰视图

（4）日照分析计算

该方案采用原建设部评估认证的众智公司"SUN 日照分析软件"进行日照分析计算。根据项目区位，设置计算参数，选取武汉市的经纬度（东经 114°17′，北纬 30°38′），节气为大寒日，有效时间带为 8∶00—16∶00，日照基准年为公元 2001 年，时间统计方式为累计，时间间隔为 1 min，采样点间距为 0.5 m×0.5 m。具体计算参数设置详见图 9-19 和表 9-1。

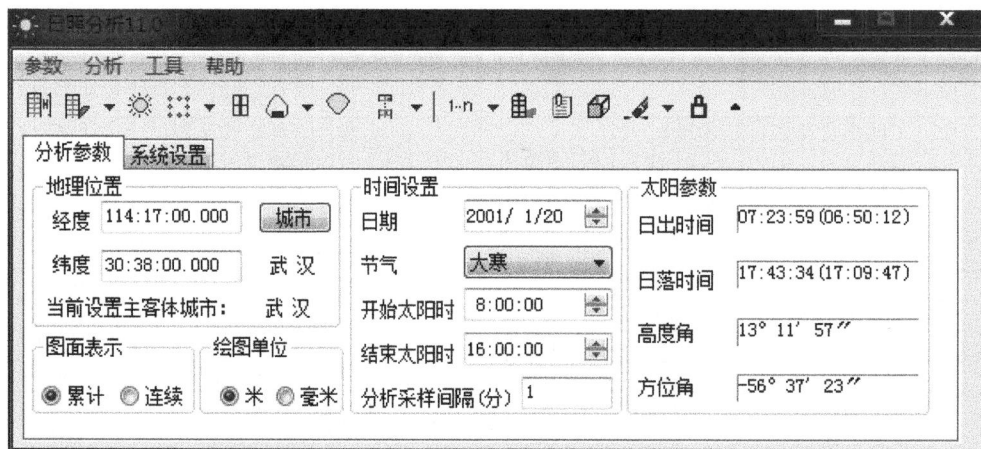

图 9-19　分析参数界面图

表 9-1 日照分析参数设置表

所属城市	武汉	经度	114°17′	纬度	30°38′
分析基准日	2001.1.20	节气	■ 大寒	□ 冬至	□ 其他
有效日照时间	8:00—16:00	控制标准	采样点间距/m	0.5×0.5	
分析高度/m	1.35、15、19.5		计算方法	□ 连续	■ 累计
分析方法	多点区域分析、立面多点区域分析				

首先对周边现状建筑进行日照分析,计算高度为 1.35 m。通过日照分析,发现现状住宅汉口中心嘉园 4♯住宅楼自身存在日照不满足大寒日 2 小时日照时数的问题。周边现状建筑分析情况见图 9-20。

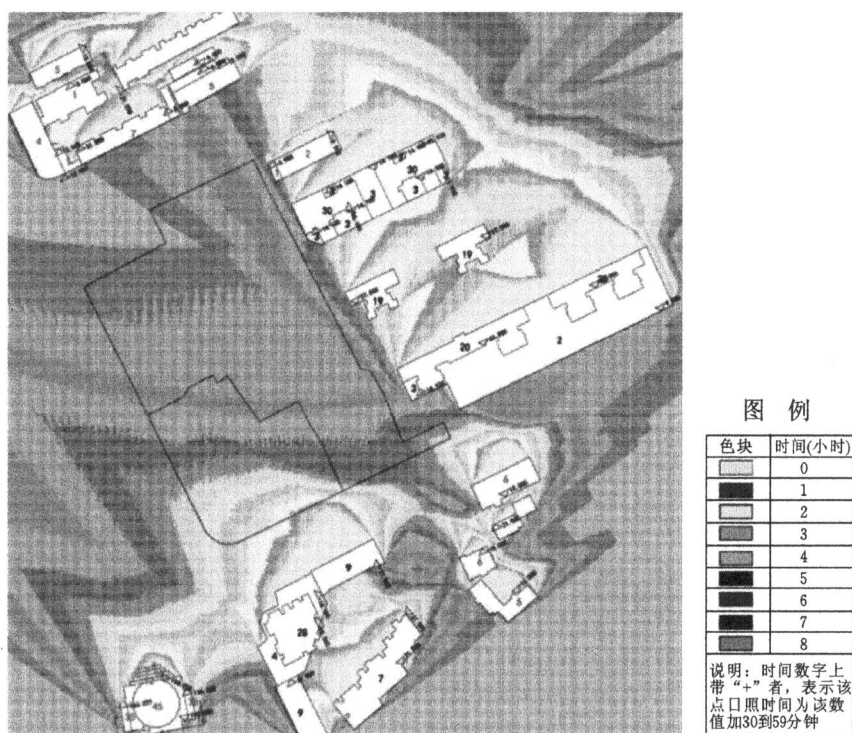

图 9-20 周边现状建筑日照分析图(计算高度 1.35 m)

对 4♯住宅楼进行立面多点区域分析,可得出不满足日照要求的户数。如图 9-21 所示,通过对 4♯楼进行日照分析,共有 15 户不满足日照标准。从左到右对该楼栋进行户型分析,边户1～7 层和中间户 1～8 层的日照时数不满足大寒日 2 小时日照标准。

然后加入拟建建筑,重新对现状建筑 4♯住宅楼进行日照分析计算。如图 9-22 所示,加入拟建建筑后再对现状 4♯住宅楼进行立面等时线计算,原来不满足日照标准的楼层还是不满足要求,但拟建建筑没有加深对现状建筑的日照影响。

对拟建建筑进行日照分析,如图 9-23 所示,地块内新建建筑均满足建筑日照相关规范要求,新建建筑未使周边现状住宅原有日照标准降低。

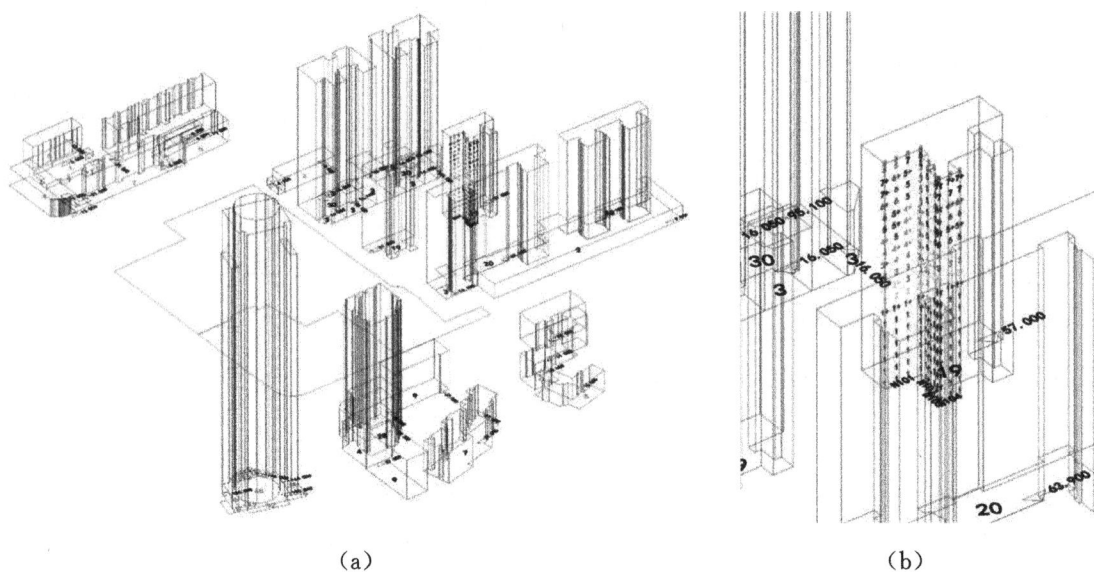

(a)　　　　　　　　　　　　　　　　　(b)

图 9-21　立面分析示意图（一）

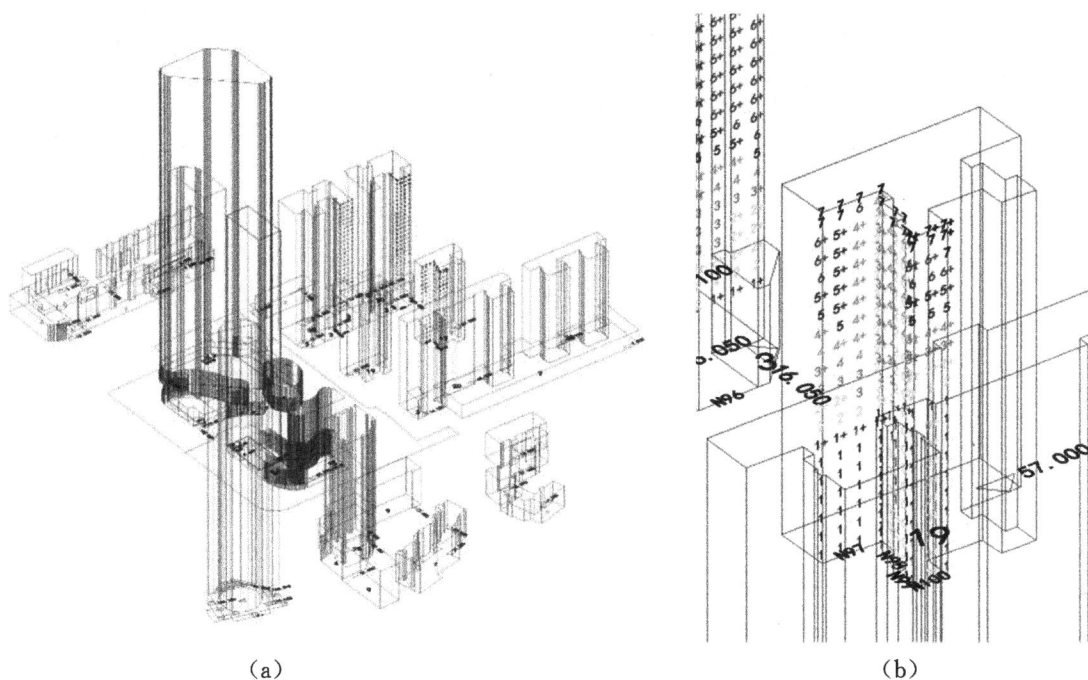

(a)　　　　　　　　　　　　　　　　　(b)

图 9-22　立面分析示意图（二）

　　设置计算高度为 15 m，分析计算对象为地块范围外现状建筑 1♯、2♯，软件分析过程见图 9-24、图 9-25。通过软件模拟发现，新建建筑仅对现状建筑 1♯ 有日照遮挡，对现状建筑 1♯ A1 户型第 4 层有影响，使其不满足每套住宅至少有一个居住空间能获取大寒日日照不低于 1 小时的国家标准。根据 9.3.2 节内容，这种情况下，若征得受影响住户的同意并签署协议，可以沟通解决日照问题。

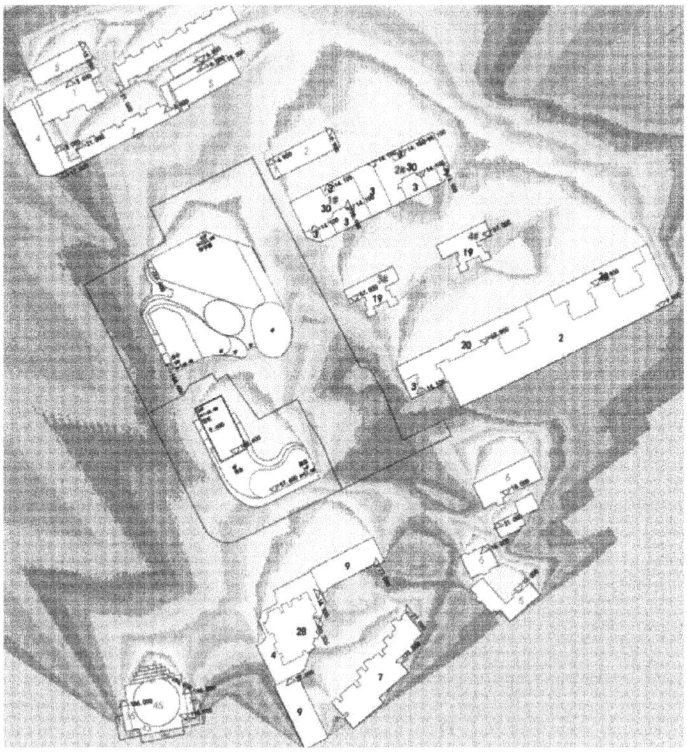

图 9-23 拟建建筑日照分析图(计算高度 1.35 m)

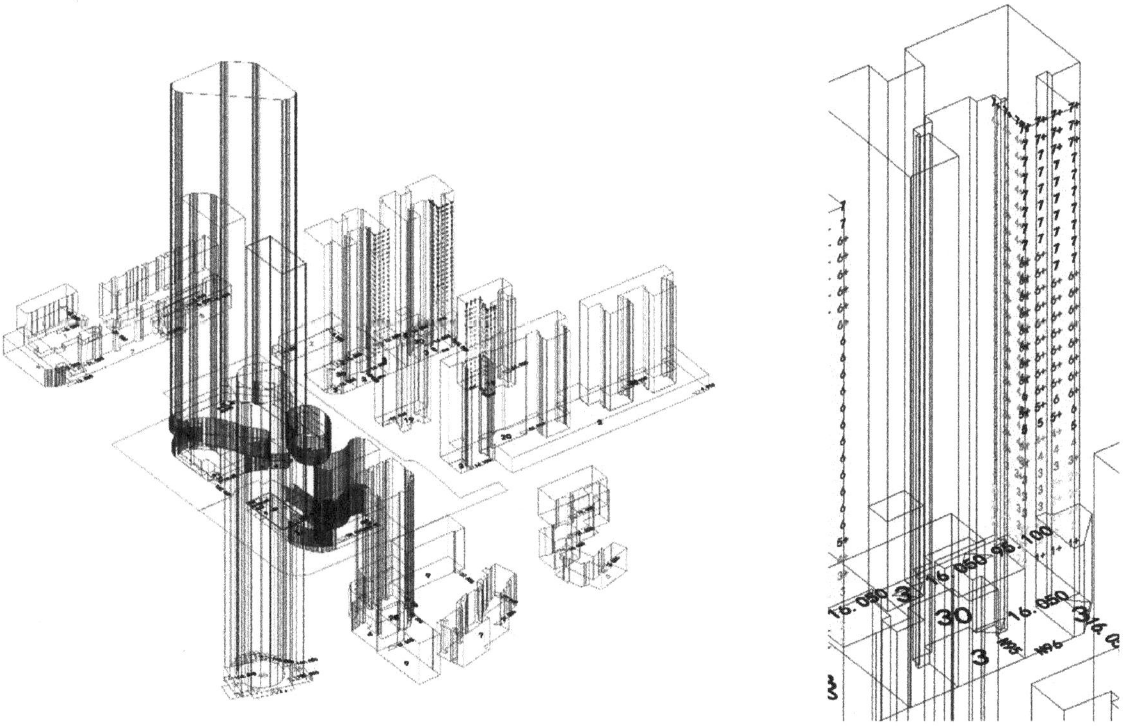

（a）

（b）

图 9-24 立面分析示意图（三）

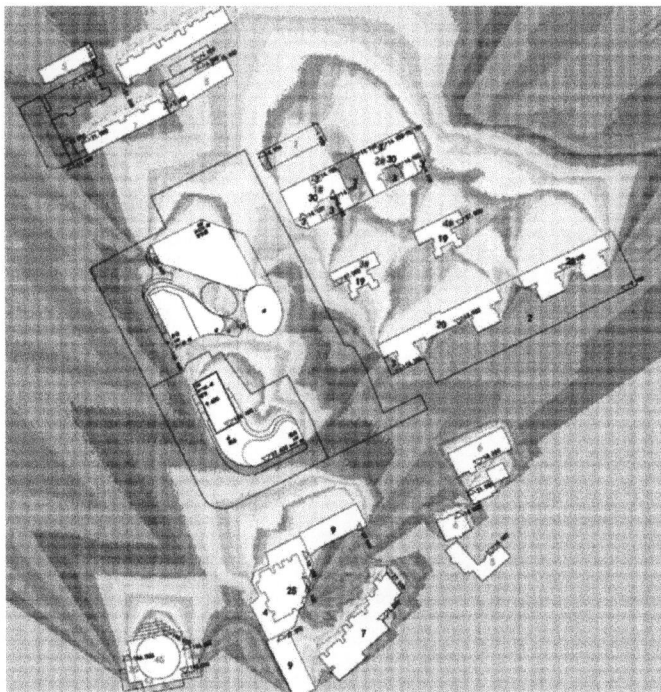

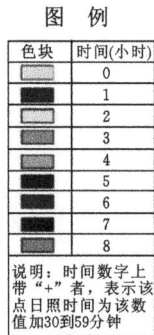

图 9-25　拟建建筑日照分析图（计算高度 15 m）

最后对地块范围内拟建建筑进行日照分析计算，计算高度为 19.5 m，如图 9-26 所示，地块内新建建筑均满足建筑日照相关规范要求，新建建筑未使周边现状住宅原有日照标准降低。

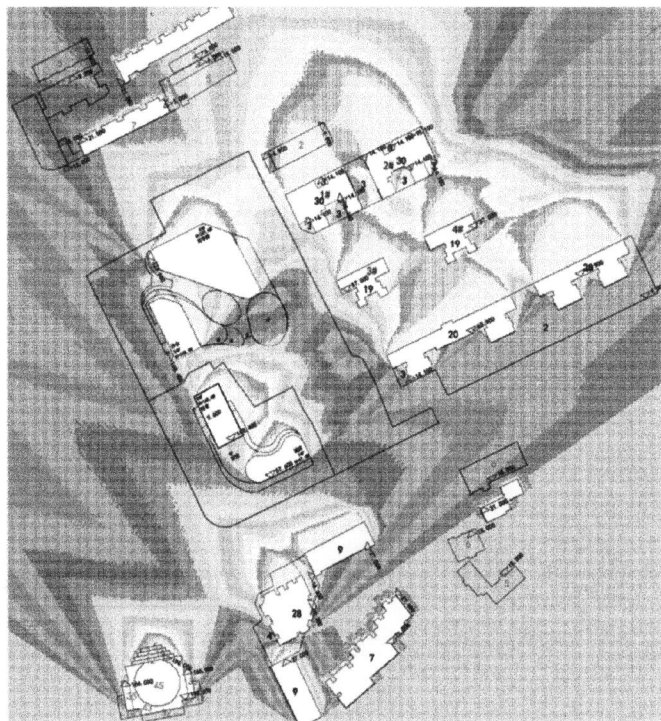

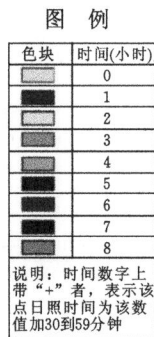

图 9-26　拟建建筑日照分析图（计算高度 19.5 m）

（5）方案调整

虽然现状商住楼存在电子资料与实际信息不匹配问题，只能以 3 层商业用房进行日照分析计算并推演设计方案，导致住宅中有 1 户受到日照遮挡。为了配合规划部门提出"零"影响要求,需要对方案进行调整。本次方案调整将运用 PKPM SUN 日照分析软件,输入周边现状条件,反推地块内建筑物的建设控制性。反推得到的日照可建高度示意图见图 9-27。

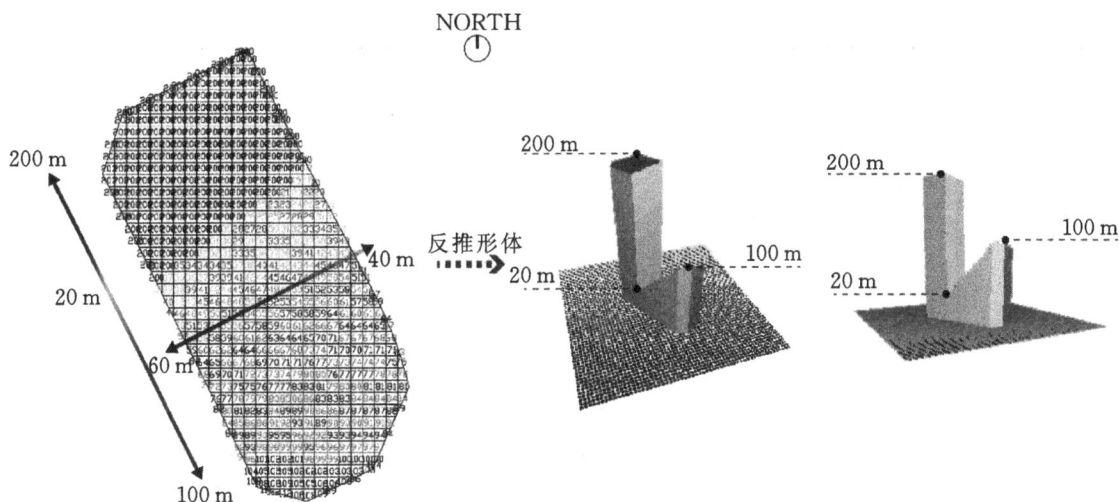

图 9-27　日照可建高度示意图

以反推得到的日照可建高度为界线,调整方案中的形体构成,再参考交通流线和景观视线进行体块分割,重新进行功能调整,建筑体块演变情况见图 9-28。调整后的方案以建设高端商务、城市公馆、街区式商业、生态景观于一体的城市综合体为目标,以写字楼、住宅、商业为主,再结合商业露台、退台空间以及超高层垂直绿化的形式,形成多层次的生态景观,以改善城市空间邻里关系。在满足居民基本的日照标准情况下,协调居民对日照的额外需求,从而达到提高土地利用率的目的。

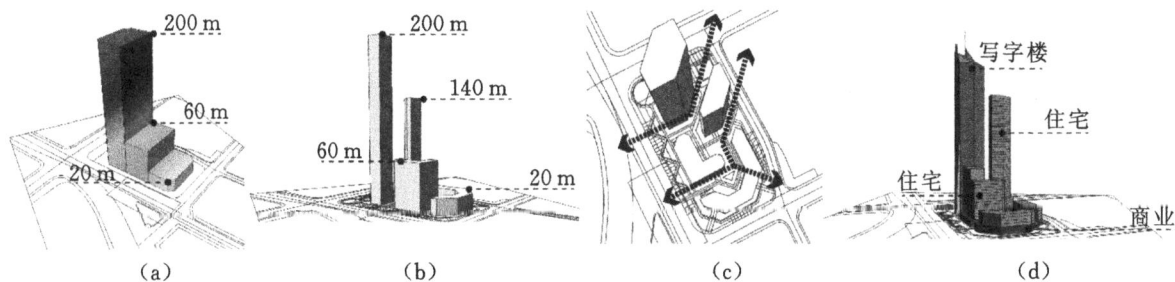

图 9-28　建筑体块演变示意图

（6）调整总平面

方案调整后,规划总用地面积为 21480.7 m²,总建筑面积为 178000 m²,计容总建筑面积为 133000 m²,其中办公建筑面积为 62058 m²,配套商业建筑面积为 7952 m²,住宅建筑面积为 62990 m²,地下室建筑面积为 45000 m²,容积率为 6.2,建筑密度为 28%。

场地内规划有 45 层办公楼 1 栋,2 层为底层商业、52 层为住宅的商住楼 1 栋,19 层住宅 1 栋,6 层住宅 2 栋。调整后项目总平面图见图 9-29。

（7）日照分析

利用天正日照软件对调整后的方案进行日照分析,分别对周边现状建筑（计算高度 1.35 m）、拟建建筑（计算高度 1.35 m、8.35 m、15 m）进行日照计算分析,软件分析过程见图 9-30 至图 9-33。调整方案后,地块内新建建筑均满足建筑日照相关规范要求,新建建筑未使周边现状住宅原有日照标准降低。

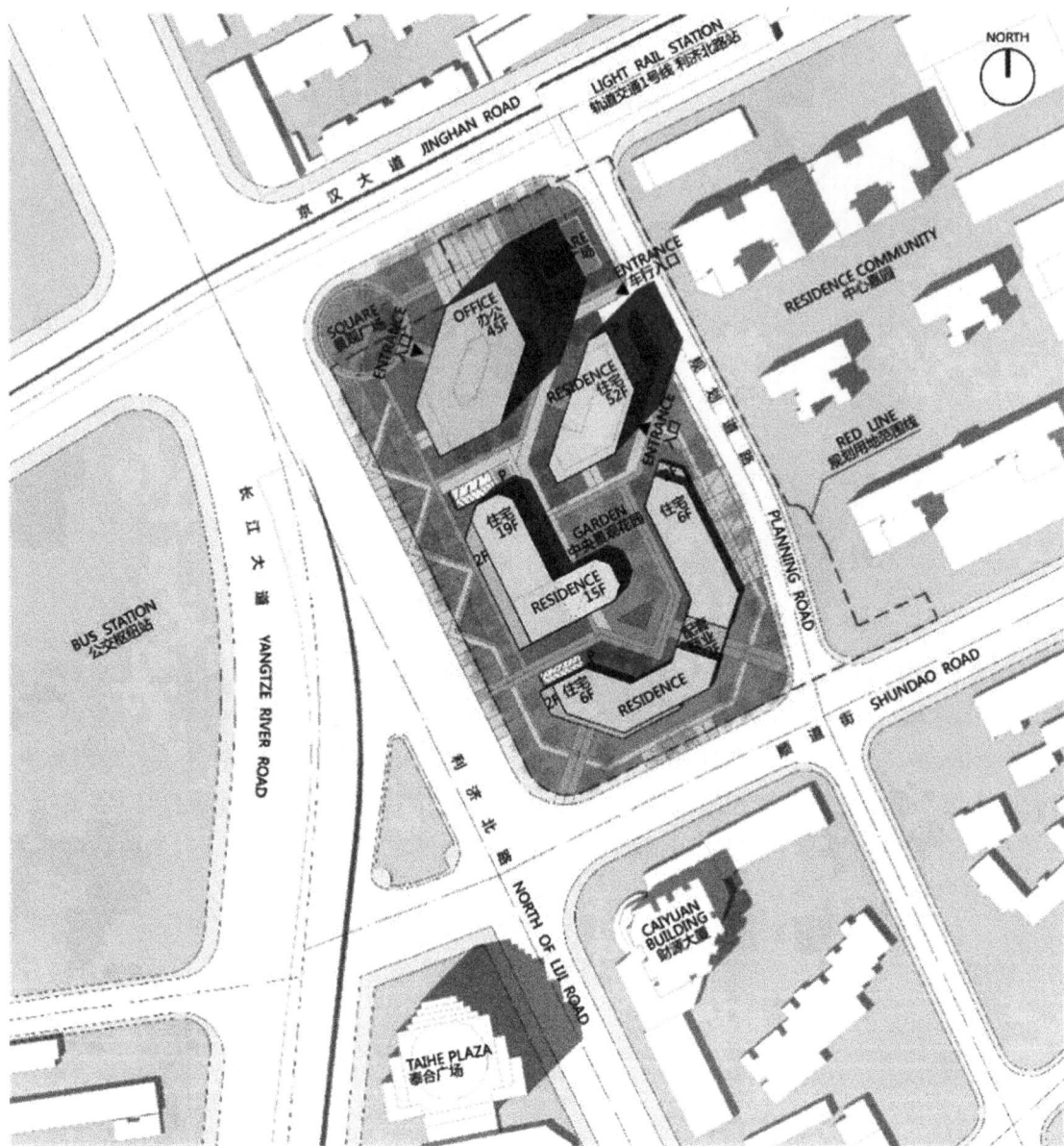

图 9-29　总平面图（二）

9.3.5　小结

本章利用软件模拟分析，通过对现状住宅建筑的实地调研，发现存在电子地形图与实际现状不符合的问题，且存在日照管理的不足。项目方及时将该情况反馈给有关部门，和规划部门进行沟通协商。在初步对体块的推演设计中，设计方案依然对现状住宅中的 1 户产生影响，虽然符合地方相关要求，仍需与住户协商解决日照问题。为了尽量全部满足日照标准，本案例通过调整方案，最终解决难题。本案例反映出日照管理中可能存在的隐患，需核实并制定土储阶段试行最佳方案和规范日照分析报告，以及时发现问题，防止日照纠纷的产生。此外，试行日照分区控制能够促进各方协商解决日照不足问题，提高土地利用率。而通过可视化手段将方案设计最终的日照成果呈现给居民是最为有效的协商解决办法。

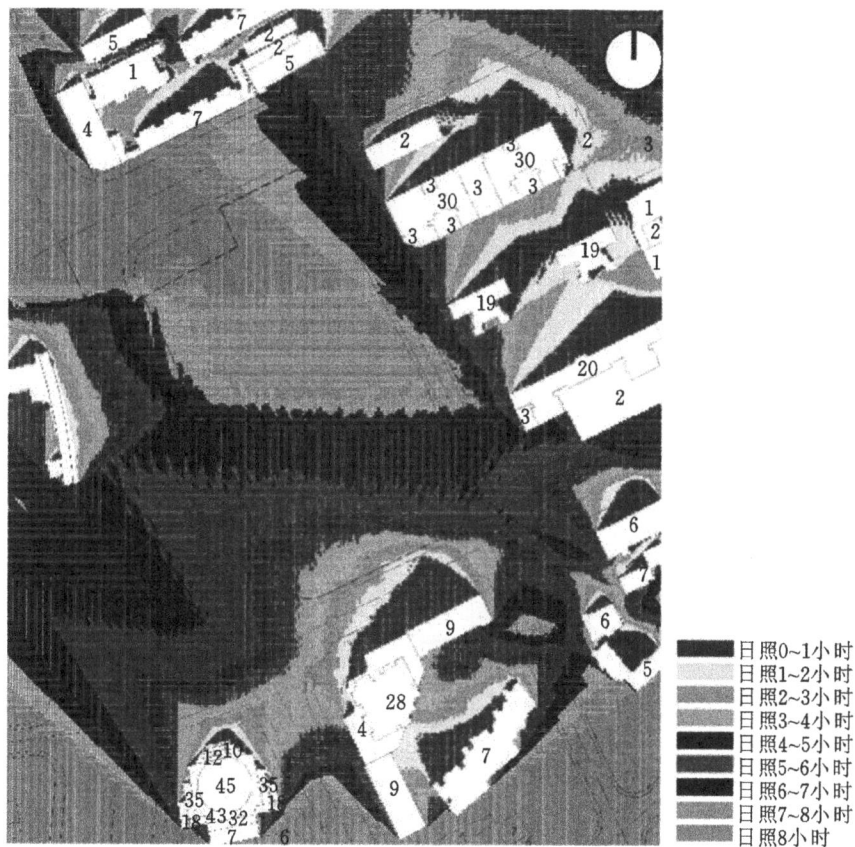

图 9-30 调整后现状建筑日照分析图(计算高度 1.35 m)

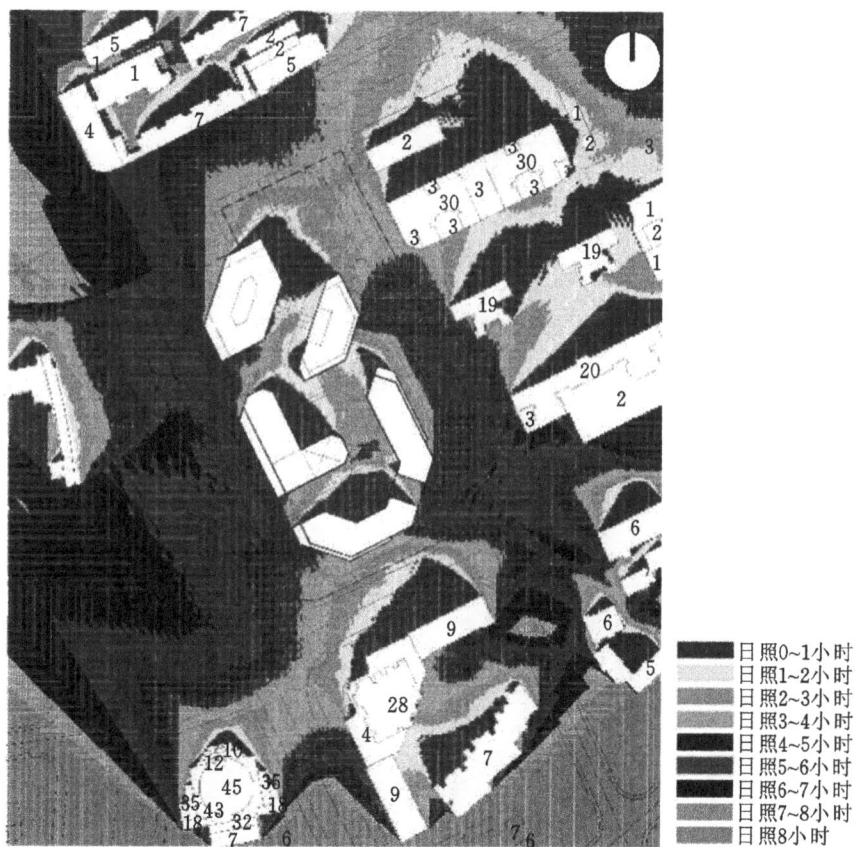

图 9-31 调整后拟建建筑日照分析图(计算高度 1.35 m)

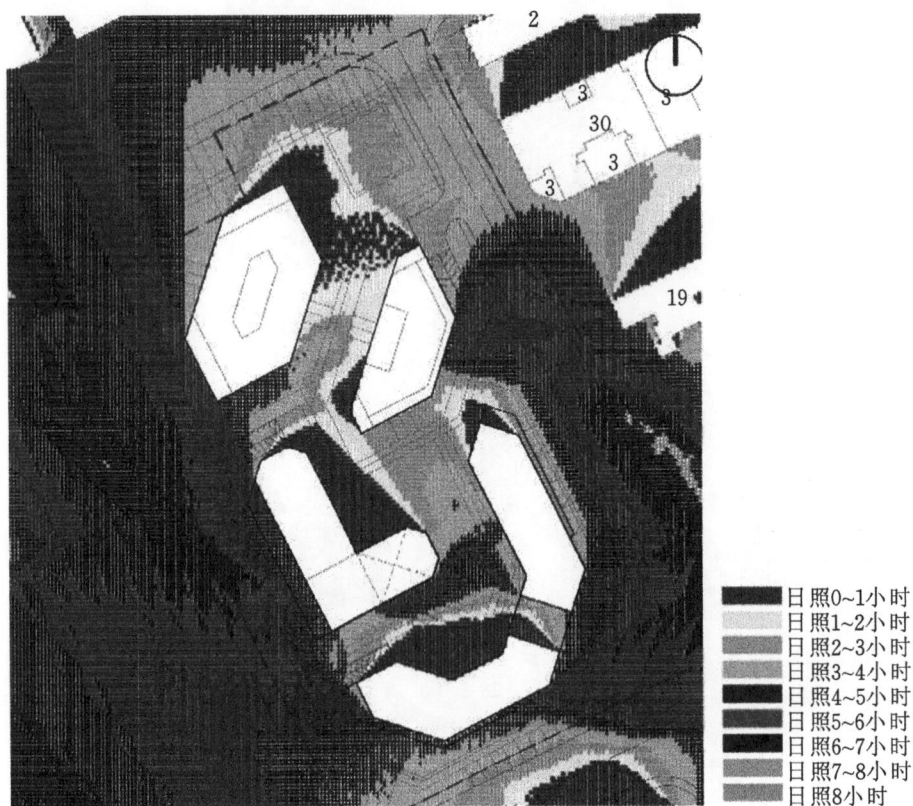

日照0~1小时
日照1~2小时
日照2~3小时
日照3~4小时
日照4~5小时
日照5~6小时
日照6~7小时
日照7~8小时
日照8小时

图 9-32　调整后拟建建筑日照分析图（计算高度 8.35 m）

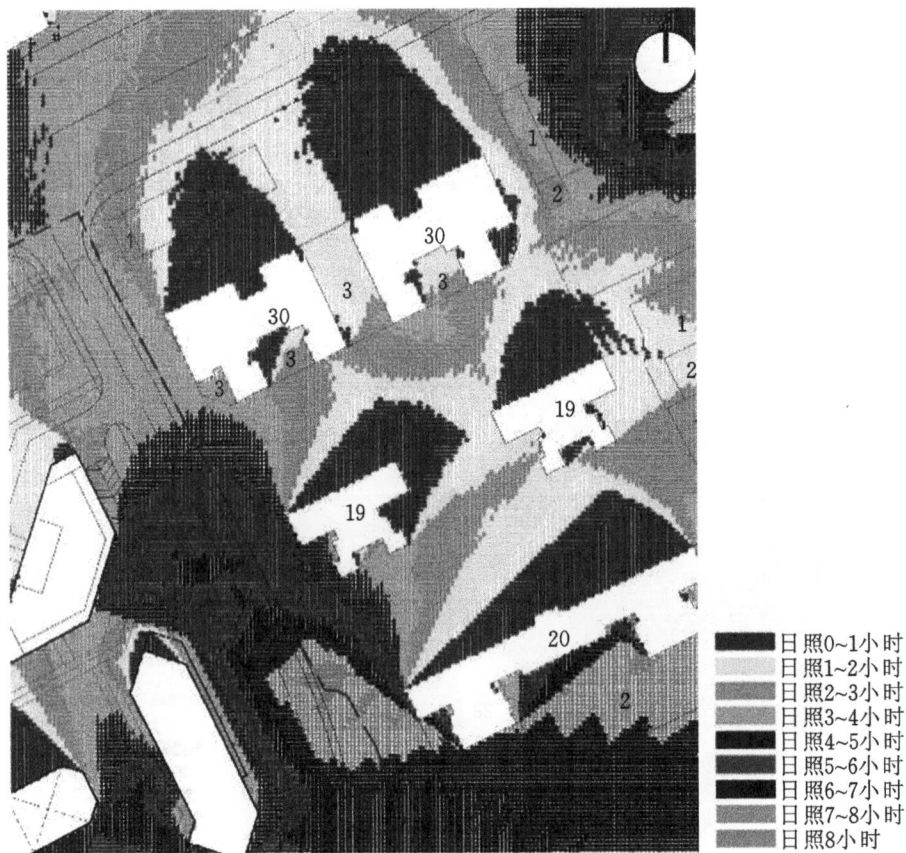

日照0~1小时
日照1~2小时
日照2~3小时
日照3~4小时
日照4~5小时
日照5~6小时
日照6~7小时
日照7~8小时
日照8小时

图 9-33　调整后拟建建筑日照分析图（计算高度 15 m）

9.4 建设项目日照管理案例 2——武汉某城中村改造工程

以武汉某城中村改造工程为例，根据简易的日照分析报告，提出相应的优化策略并进行应用。

9.4.1 项目概况

（1）项目背景

该项目位于武汉市江岸区正义二路与正义横路交汇处，项目区位见图 9-34。规划总用地面积为 6929.78 m²，总建筑面积 26874.21 m²，容积率 3.19，建筑密度 16.77%。武汉某公司（以下简称委托方），就拟建武汉市某城中村改造建设工程项目对其基地内外阴影范围内确定的客体的日照影响，委托第三方机构进行分析。

图 9-34 建设项目区位图

（2）建设情况

基地内新建 1 栋 34 层住宅楼，1 栋 4 层配套用房（底层为商业，二层为物业、养老活动用房，三层、四层为文化活动中心），1 栋 1 层公用配电房及门房。

基地西面为武汉供电公司德胜堂 220 kV 变电站。东北面为七一寄宿学校教师宿舍和七一中学教工社区。

（3）现状核实

周边现状住宅建筑存在自身日照不足情况，原始周边现状日照情况见图 9-35。

9.4.2 日照分析软件介绍

本日照分析报告采用经原建设部评估认证的众智公司"SUN 日照分析软件"进行分析计算。软件主要功能有单点分析、区域分析、窗户分析日照表、推算阴影分析、等时线分析、建筑位

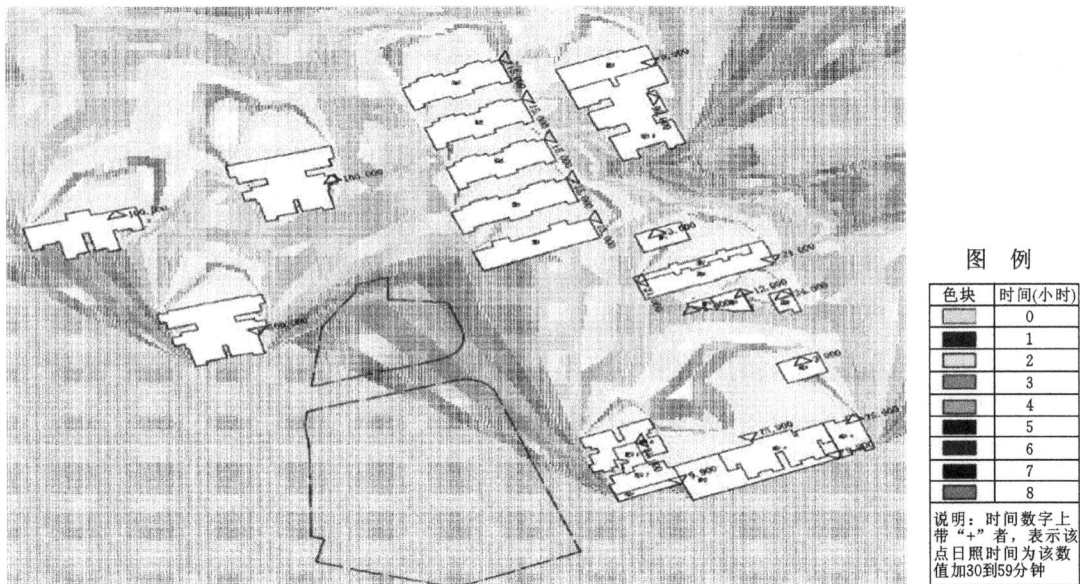

图 9-35　原始周边现状日照图

置及高度推算等,其中的窗户分析日照表和推算分析均为国内首创,并可任意扩充地理位置,自动确定有效时间,建模方便,具有功能强,计算速度快,计算结果直观定量、准确,界面友好,使用方便等特点。该软件已通过国家软件评测中心测试,并经过了长期大量用户的测试和实际使用,计算结果正确,可以满足实际使用要求。

9.4.3　日照分析技术过程

根据项目区位,在分析软件中设置必要的参数。具体设置见表 9-2。

表 9-2　日照分析参数设置表

所属城市	武汉	经度	114°17′	纬度	30°38′
分析基准日	2001.1.20	节气	■ 大寒 □ 冬至	□ 其他	
有效日照时间	8:00—16:00	控制标准	采样点间距/m	0.5×0.5	
分析高度/m	0.9		计算方法	□ 连续 ■ 累计	
分析方法	多点区域分析、窗日照分析				
分析结论	地块内新建住宅建筑满足每套住宅至少有一个居住空间能获得大寒日不低于 2 小时日照时间的国家标准;新建建筑未使周边现状住宅建筑原有日照标准降低				

（1）总平面图
建设项目总平面图见图 9-36。

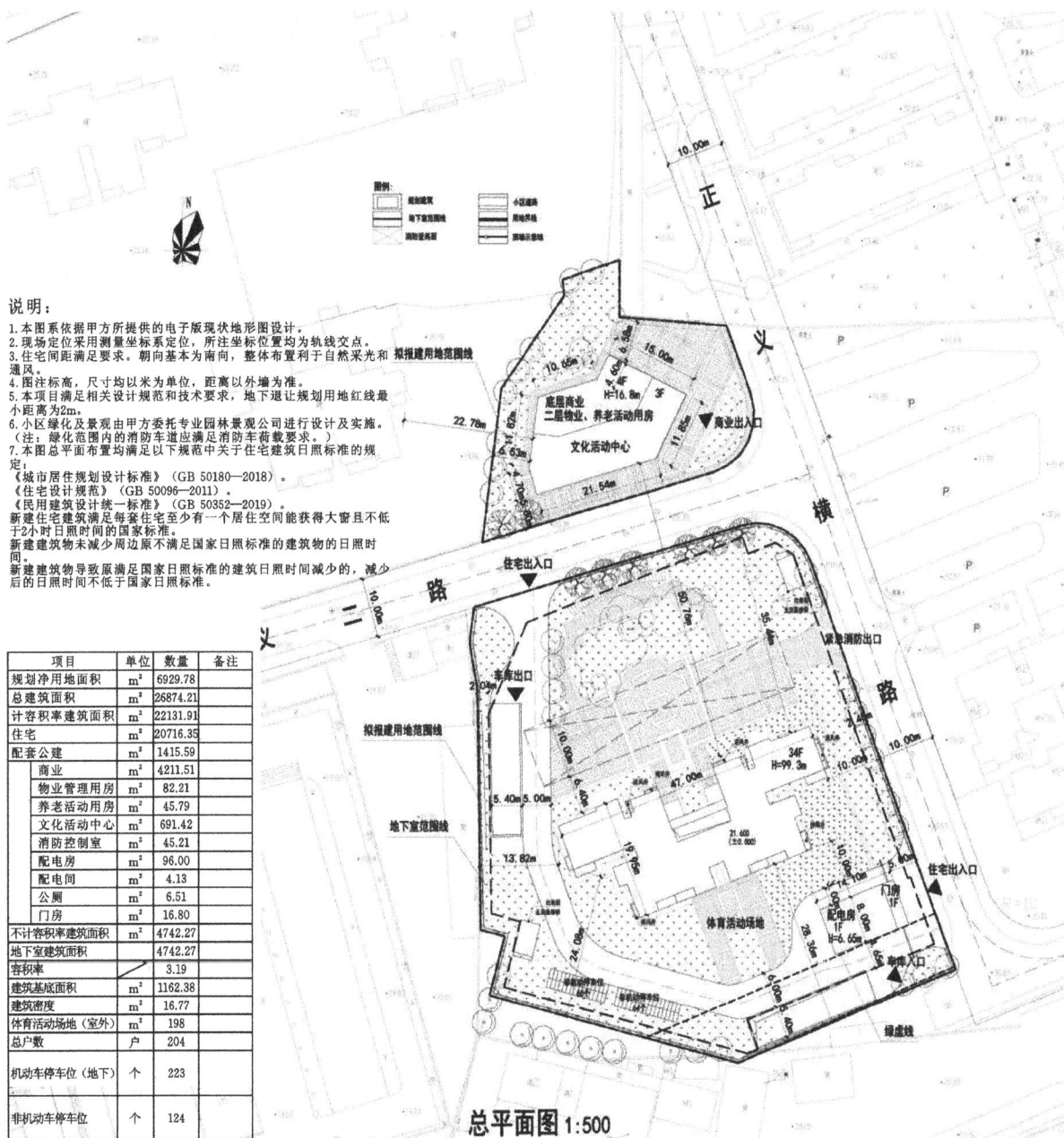

说明：
1. 本图系依据甲方所提供的电子版现状地形图设计。
2. 现场定位采用测量坐标系定位，所注坐标位置均为轨线交点。
3. 住宅间距满足要求。朝向基本为南向，整体布置利于自然采光和通风。
4. 图注标高，尺寸均以米为单位，距离以外墙为准。
5. 本项目满足相关设计规范和技术要求，地下退让规划用地红线最小距离为2m。
6. 小区绿化及景观由甲方委托专业园林景观公司进行设计及实施。（注：绿化范围内的消防车道应满足消防车荷载要求。）
7. 本图总平面布置均满足以下规范中关于住宅建筑日照标准的规定：
《城市居住规划设计标准》（GB 50180—2018）。
《住宅设计规范》（GB 50096—2011）。
《民用建筑设计统一标准》（GB 50352—2019）。
新建住宅建筑满足每套住宅至少有一个居住空间能获得大窗且不低于2小时日照时间的国家标准。
新建建筑物未减少周边原不满足国家日照标准的建筑物的日照时间。
新建建筑物导致原满足国家日照标准的建筑日照时间减少的，减少后的日照时间不低于国家日照标准。

项目	单位	数量	备注
规划净用地面积	m²	6929.78	
总建筑面积	m²	26874.21	
计容积率建筑面积	m²	22131.91	
住宅	m²	20716.35	
配套公建	m²	1415.59	
商业	m²	4211.51	
物业管理用房	m²	82.21	
养老活动用房	m²	45.79	
文化活动中心	m²	691.42	
消防控制室	m²	45.21	
配电房	m²	96.00	
配电间	m²	4.13	
公厕	m²	6.51	
门房	m²	16.80	
不计容积率建筑面积	m²	4742.27	
地下室建筑面积	m²	4742.27	
容积率		3.19	
建筑基底面积	m²	1162.38	
建筑密度	m²	16.77	
体育活动场地（室外）	m²	198	
总户数	户	204	
机动车停车位（地下）	个	223	
非机动车停车位	个	124	

总平面图 1:500

图 9-36 建设项目总平面图（一）

（2）日照分析建筑

参与日照分析的建筑具体情况见图 9-37、表 9-3。

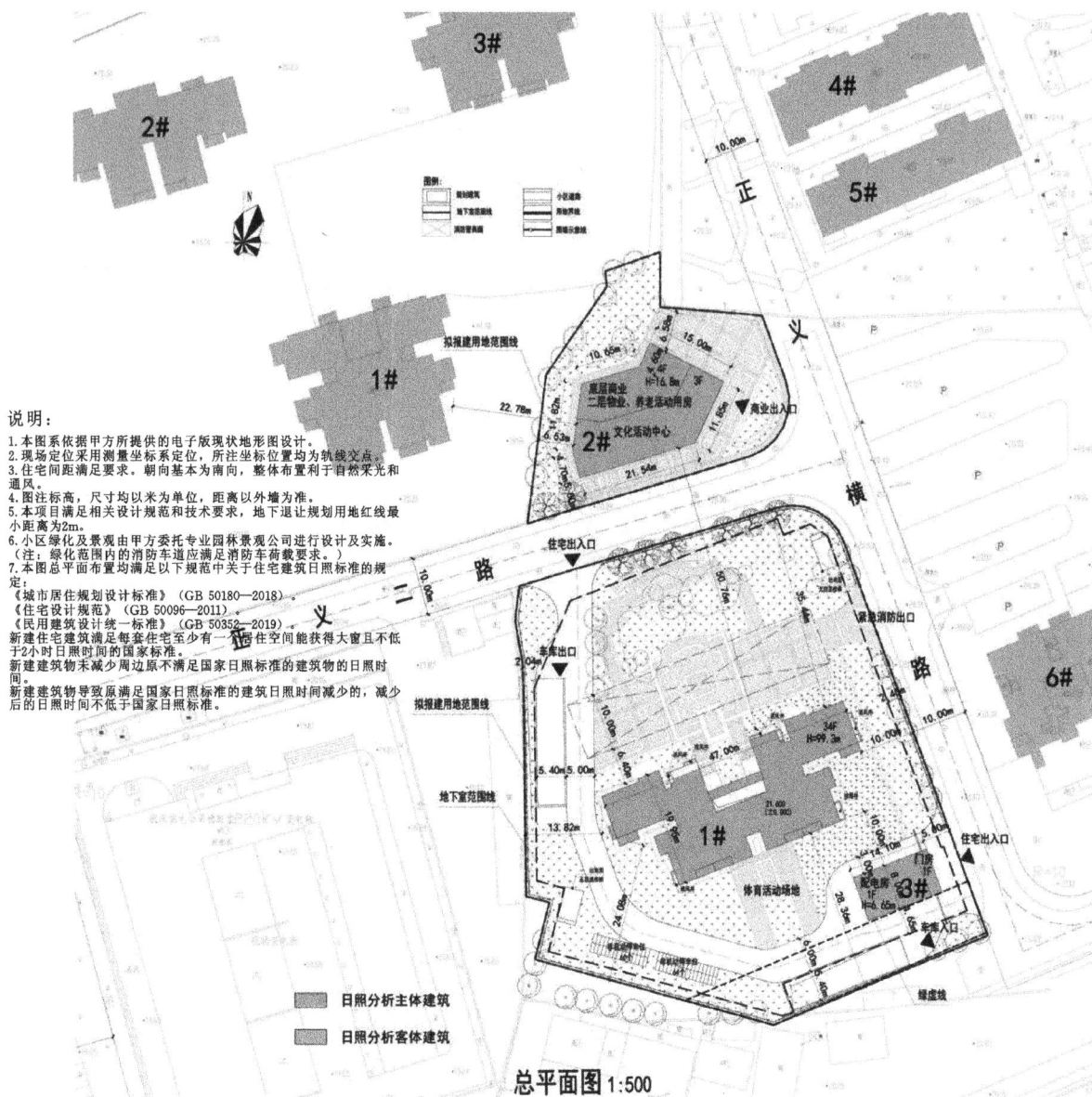

说明：
1. 本图系依据甲方所提供的电子版现状地形图设计。
2. 现场定位采用测量坐标系定位，所注坐标位置均为轨线交点。
3. 住宅间距满足要求。朝向基本为南向，整体布置利于自然采光和通风。
4. 图注标高，尺寸均以米为单位，距离以外墙为准。
5. 本项目满足相关设计规范和技术要求，地下退让规划用地红线最小距离为2m。
6. 小区绿化及景观由甲方委托专业园林景观公司进行设计及实施。
   （注：绿化范围内的消防车道应满足消防车荷载要求。）
7. 本图总平面布置均满足以下规范中关于住宅建筑日照标准的规定：
   《城市居住区规划设计标准》（GB 50180—2018）。
   《住宅设计规范》（GB 50096—2011）
   《民用建筑设计统一标准》（GB 50352—2019）
   新建住宅建筑满足每套住宅至少有一个居住空间能获得大寒日不低于2小时日照时间的国家标准。
   新建建筑物未减少周边原不满足国家日照标准的建筑物的日照时间。
   新建建筑物导致满足国家日照标准的建筑日照时间减少的，减少后的日照时间不低于国家日照标准。

总平面图 1:500

图 9-37　参与日照分析的建筑示意图

表 9-3　参与日照分析的建筑情况

类型	主体建筑			客体建筑					
编号	1#	2#	3#	1#	2#	3#	4#	5#	6#
名称	住宅楼	配套用房	配电房	住宅	住宅	住宅	住宅	住宅	住宅
层数	34 层	4 层	1 层	34 层	34 层	34 层	5 层	5 层	28 层
高度/m	99.3	16.80	6.65	100.00	100.00	100.00	15.00	15.00	81.90

（3）拟建建筑日照分析

对拟建建筑日照进行分析，遮挡范围的布置图如图 9-38 所示，确定遮挡范围如图 9-39 所示。最终分析结果如图 9-40 所示。

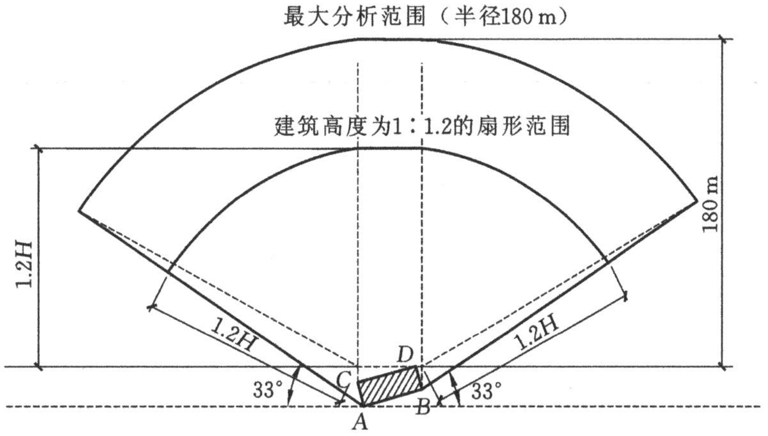

图 9-38 非正南北布置范围图

注：H 为建筑高度，m

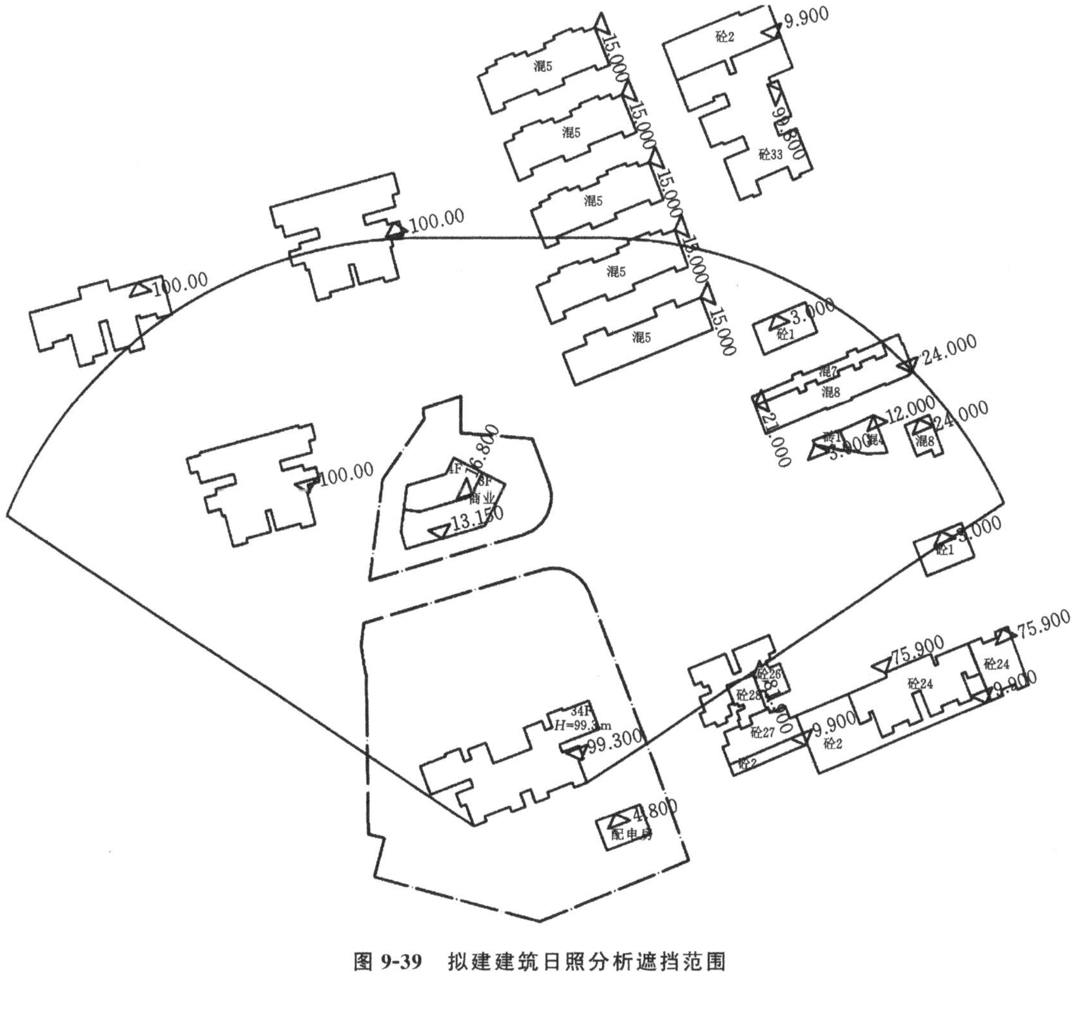

图 9-39 拟建建筑日照分析遮挡范围

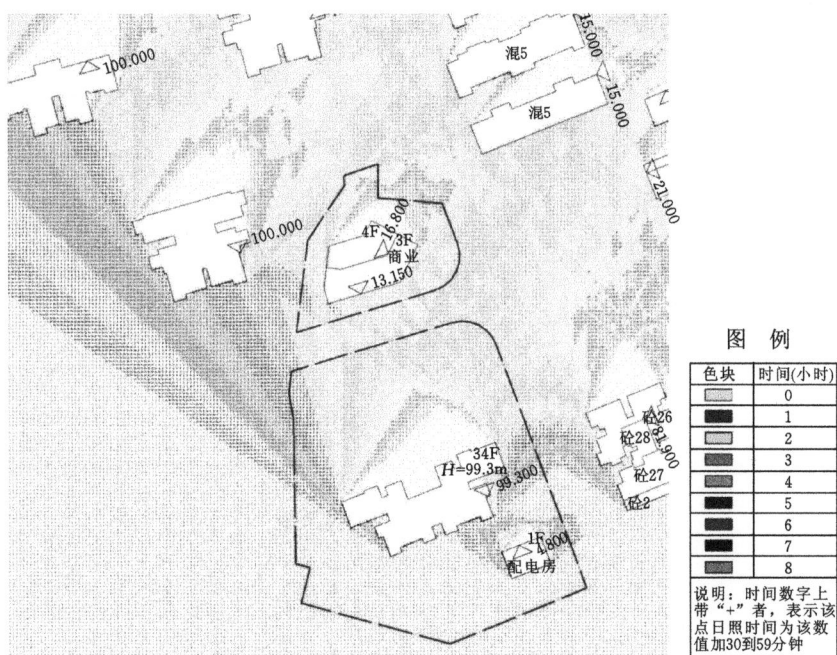

图 9-40　拟建建筑日照分析图

（4）窗户日照分析

对窗户日照进行分析，分布模型见图 9-41。部分分析结果见表 9-4。

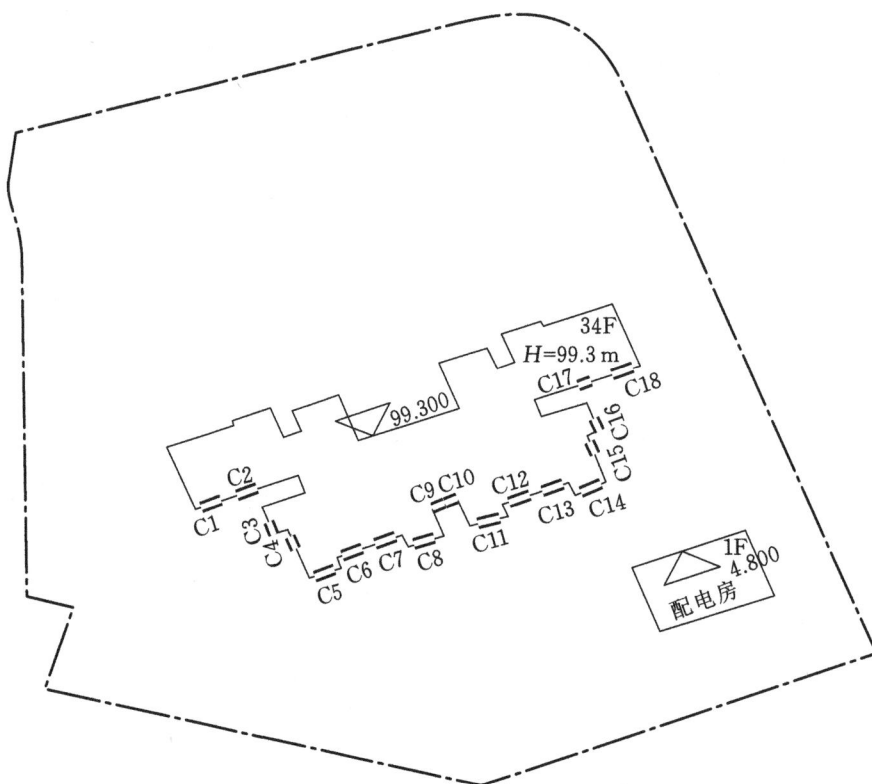

图 9-41　窗户日照分析分布模型

表 9-4 部分窗户分析报表

编号	层高/m	窗台高/m	窗宽/m	左端日照	右端日照	满窗日照（累计）
C1-1	2.9	1.20	1.8	7:28(08:32—16:00)	6:50(09:10—16:00)	6:50(09:10—16:00)
C1-2	2.9	4.10	1.8	7:28(08:32—16:00)	6:50(09:10—16:00)	6:50(09:10—16:00)
C1-3	2.9	7.00	1.8	7:28(08:32—16:00)	6:50(09:10—16:00)	6:50(09:10—16:00)
C1-4	2.9	9.90	1.8	7:28(08:32—16:00)	6:50(09:10—16:00)	6:50(09:10—16:00)
C1-5	2.9	12.80	1.8	7:28(08:32—16:00)	6:50(09:10—16:00)	6:50(09:10—16:00)
C1-6	2.9	15.70	1.8	7:28(08:32—16:00)	6:50(09:10—16:00)	6:50(09:10—16:00)
C1-7	2.9	18.60	1.8	7:28(08:32—16:00)	6:50(09:10—16:00)	6:50(09:10—16:00)
C1-8	2.9	21.50	1.8	7:28(08:32—16:00)	6:50(09:10—16:00)	6:50(09:10—16:00)
C1-9	2.9	24.40	1.8	7:28(08:32—16:00)	6:50(09:10—16:00)	6:50(09:10—16:00)
C1-10	2.9	27.30	1.8	7:28(08:32—16:00)	6:50(09:10—16:00)	6:50(09:10—16:00)
C1-11	2.9	30.20	1.8	7:28(08:32—16:00)	6:50(09:10—16:00)	6:50(09:10—16:00)
C1-12	2.9	33.10	1.8	7:28(08:32—16:00)	6:50(09:10—16:00)	6:50(09:10—16:00)
C1-13	2.9	36.00	1.8	7:28(08:32—16:00)	6:50(09:10—16:00)	6:50(09:10—16:00)
C1-14	2.9	38.90	1.8	7:28(08:32—16:00)	6:50(09:10—16:00)	6:50(09:10—16:00)
C1-15	2.9	41.80	1.8	7:28(08:32—16:00)	6:50(09:10—16:00)	6:50(09:10—16:00)
C1-16	2.9	44.70	1.8	7:28(08:32—16:00)	6:50(09:10—16:00)	6:50(09:10—16:00)
C1-17	2.9	47.60	1.8	7:28(08:32—16:00)	6:50(09:10—16:00)	6:50(09:10—16:00)
C1-18	2.9	50.50	1.8	7:28(08:32—16:00)	6:50(09:10—16:00)	6:50(09:10—16:00)
C1-19	2.9	53.40	1.8	7:28(08:32—16:00)	6:50(09:10—16:00)	6:50(09:10—16:00)
C1-20	2.9	56.30	1.8	7:28(08:32—16:00)	6:50(09:10—16:00)	6:50(09:10—16:00)
C1-21	2.9	59.20	1.8	7:28(08:32—16:00)	6:50(09:10—16:00)	6:50(09:10—16:00)
C1-22	2.9	62.10	1.8	7:28(08:32—16:00)	6:50(09:10—16:00)	6:50(09:10—16:00)
C1-23	2.9	65.00	1.8	7:28(08:32—16:00)	6:50(09:10—16:00)	6:50(09:10—16:00)
C1-24	2.9	67.90	1.8	7:28(08:32—16:00)	6:50(09:10—16:00)	6:50(09:10—16:00)
C1-25	2.9	70.80	1.8	7:28(08:32—16:00)	6:50(09:10—16:00)	6:50(09:10—16:00)
C1-26	2.9	73.70	1.8	7:28(08:32—16:00)	6:50(09:10—16:00)	6:50(09:10—16:00)
C1-27	2.9	76.60	1.8	7:28(08:32—16:00)	6:50(09:10—16:00)	6:50(09:10—16:00)
C1-28	2.9	79.50	1.8	7:28(08:32—16:00)	6:50(09:10—16:00)	6:50(09:10—16:00)
C1-29	2.9	82.40	1.8	7:28(08:32—16:00)	6:50(09:10—16:00)	6:50(09:10—16:00)
C1-30	2.9	85.30	1.8	7:28(08:32—16:00)	6:50(09:10—16:00)	6:50(09:10—16:00)
C1-31	2.9	88.20	1.8	7:28(08:32—16:00)	6:50(09:10—16:00)	6:50(09:10—16:00)
C1-32	2.9	91.10	1.8	7:28(08:32—16:00)	6:50(09:10—16:00)	6:50(09:10—16:00)
C1-33	2.9	94.00	1.8	7:28(08:32—16:00)	6:53(09:07—16:00)	6:53(09:07—16:00)
C1-34	2.9	96.90	1.8	8:00(08:00—16:00)	7:42(08:18—16:00)	7:42(08:18—16:00)

9.4.4　日照分析报告结论

新建住宅建筑满足每套住宅至少有一个居住空间能获得大寒日不低于 2 小时日照时间的国家标准;新建建筑物未减少周边原不满足国家日照标准的建筑物的日照时间;新建建筑物导致原满足国家日照标准的建筑日照时间减少的,减少后的日照时间不低于国家日照标准。

9.4.5　小结

建设单位通过编制项目的简易版日照分析报告,对周边现状情况进行核查,预防建设单位提供的图纸信息与实际情况不符的情况,并对拟建建筑日照分析范围进行绘制,确定遮挡建筑的范围,可减少日照纠纷的产生。

9.5　建设项目日照管理案例 3——武汉市中心城区某住宅项目

9.5.1　项目概况

项目位于东湖新技术开发区民族大道以东、南湖大道以南,规划净用地面积为 69414.85 m²,建筑面积 197835.01 m²,容积率 2.13,建筑密度 20.00%。就拟建武汉市中心城区某住宅项目对其基地内外阴影范围内确定的客体的日照影响,委托某公司进行分析。

9.5.2　日照分析软件介绍

本日照分析报告采用经原建设部评估认证的众智公司“SUN 日照分析软件”进行分析计算。软件主要功能有单点分析、区域分析、窗户分析日照表、推算阴影分析、等时线分析、建筑位置及高度推算等,其中的窗户分析日照表和推算分析均为国内首创,并可任意扩充地理位置,自动确定有效时间,建模方便,具有功能强,计算速度快,计算结果直观定量、准确,界面友好,使用方便等特点。该软件已通过国家软件评测中心测试,并经过了长期大量用户的测试和实际使用,计算结果正确,可以满足实际使用要求。

9.5.3　日照分析技术过程

根据项目区位,在分析软件中设置必要的参数,见表 9-2。
(1)总平面图
建设项目总平面图见图 9-42。
(2)日照分析建筑
参与日照分析的建筑具体情况见图 9-43、表 9-5。

图 9-42　总平面图

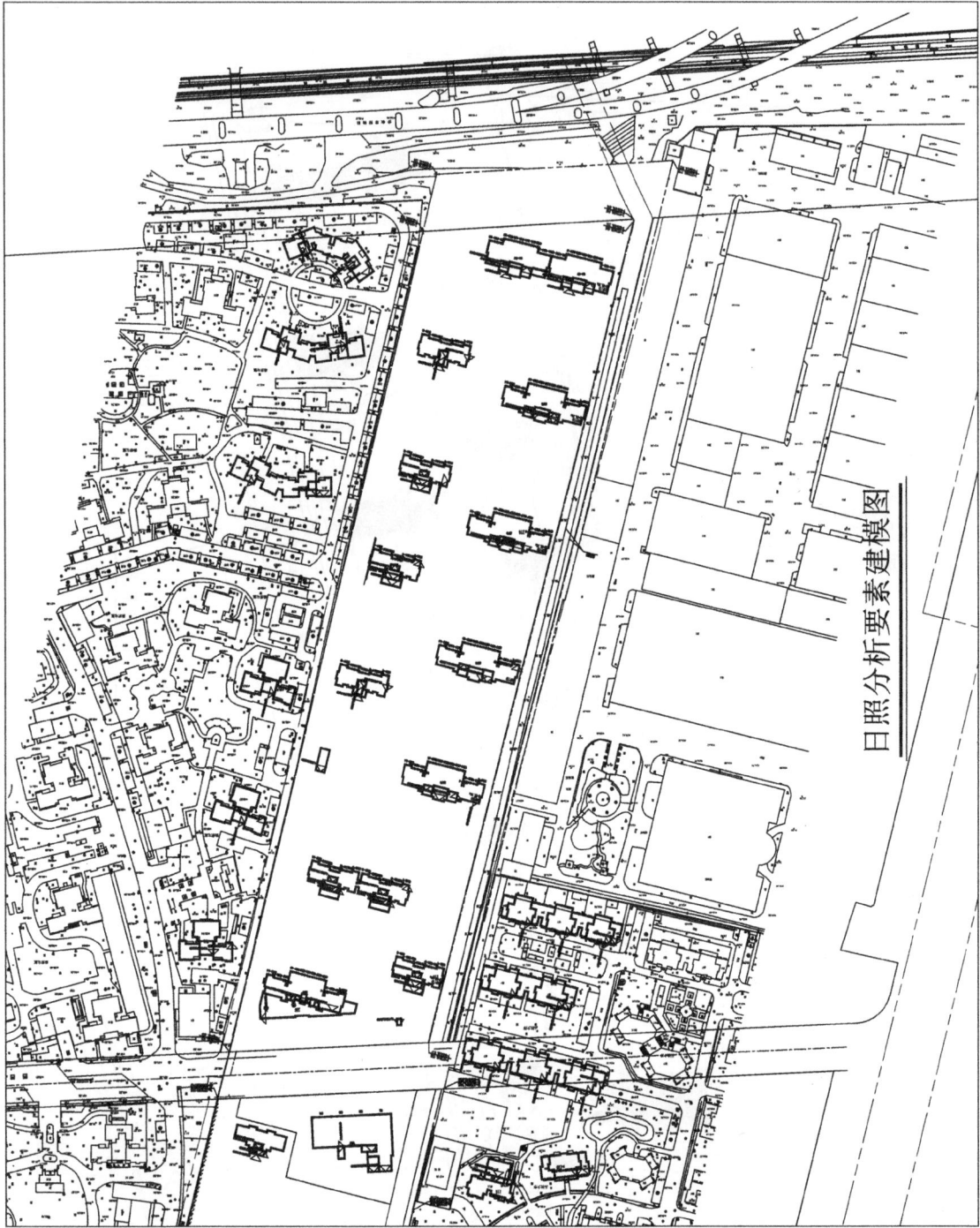

日照分析要素建模图

图 9-43　日照分析要素建模图

表 9-5　参与日照分析的建筑情况

编号	建筑功能	层数	标准层层高/m	基底标高/m	室内外高差/m	女儿墙高度/m	建筑高度/m
20#	住宅	10	3.00	32.75	0.30	0.55	36.90
21#	住宅	33	3.00	32.75	0.30	0.60	99.30
22#	住宅	24	3.00	32.95	0.30	0.60	72.30
23#	住宅	29	3.00	33.25	0.30	0.50	87.30
24#	住宅	17	3.00	33.45	0.30	0.60	51.30
25#	住宅	28	3.00	33.60	0.30	0.50	84.30
26#	住宅	24	3.00	33.80	0.30	0.60	72.30
27#	住宅	33	3.00	33.95	0.30	0.50	99.30
28#	住宅	19	3.00	34.05	0.30	0.50	57.30
29#	住宅	33	3.00	34.30	0.30	0.50	99.30
30#	住宅	14	3.00	34.35	0.30	0.60	42.30
31#	住宅	33	3.00	34.60	0.30	0.50	99.30
S1 商业	商业	2	6.00	24.50	0.10	2.60	12.10
门房	门房	1	3.00	32.75	0.10	1.20	3.10
垃圾收集站	垃圾收集站	1	6.85	33.05	0.10	0.20	6.95

（3）日照分析

确定日照分析范围，如图 9-44 所示。平面区域日照分析结果如图 9-45 所示。

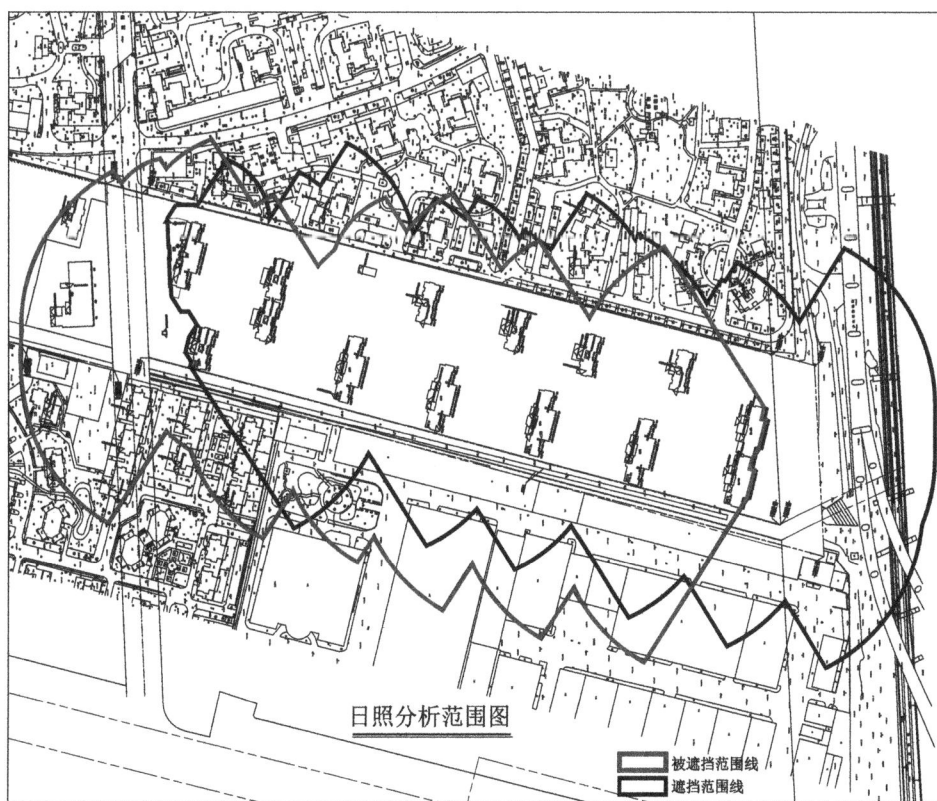

图 9-44　日照分析范围图

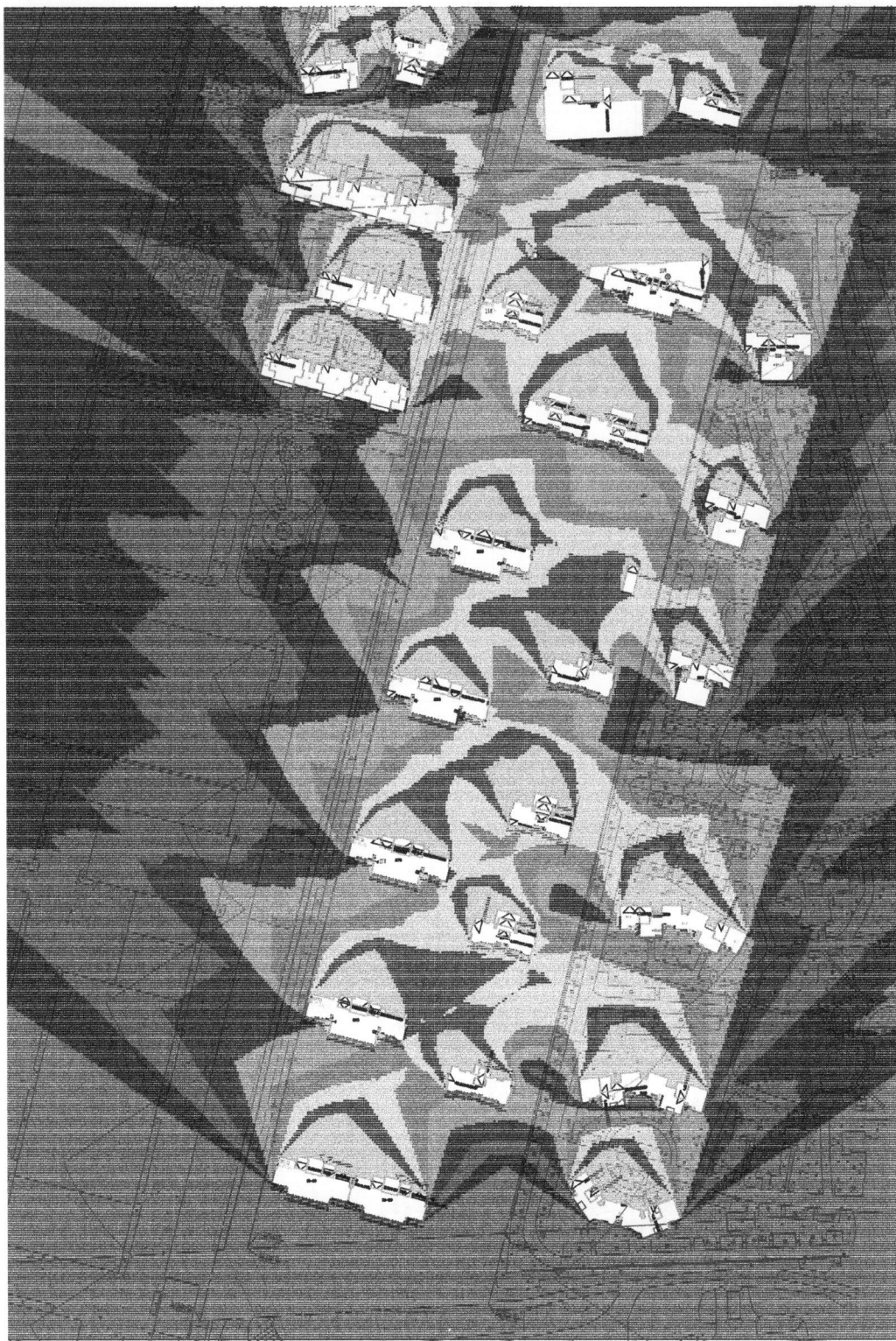

图 9-45　平面区域日照分析图

9.5.4　日照分析报告结论

根据住宅日照相关规范要求:每套住宅至少应有一个居住空间大寒日能获得 2 小时日照,

对现状建筑 19♯楼 1 至 8 单元、11 至 12 单元,53♯至 56♯楼、60♯至 61♯楼和拟建建筑 20♯
至 31♯住宅、S1 商业、门房、垃圾收集站进行日照分析得知:现状建筑在拟建建筑建成后均满足
大寒日日照 2 小时标准,幼儿园满足冬至日日照 3 小时标准,拟建建筑均满足大寒日日照 2 小
时标准。

9.5.5   小结

建设单位通过编制简易版日照分析报告,对周边现状情况进行核查与分析,尤其是对幼儿
园进行重点分析,经软件模拟发现幼儿园满足冬至日日照 3 小时的标准,其他住宅楼栋均满足
大寒日日照 2 小时标准,经软件模拟后的工程项目可提前预判对现状建筑产生的日照影响,通
过日照分析结论调整方案,大大减少产生日照纠纷的可能性。

9.6   以襄阳市东津新区某建设项目为例

9.6.1   项目概况

项目位于湖北省襄阳市东津新区,该建设项目的建设用地面积为 24829.39 m²,城市道路面
积为 6399.69 m²,公共绿地面积为 951.11 m²,项目方案容积率为 2.998,建筑密度为 13.62%,绿
地率为 37.96%,方案地上计容面积为 74427.25 m²。

该项目设计方案中包含 7 栋高层住宅建筑,同时设有 2 个公共配电房。方案总平面图、方
案效果图见图 9-46、图 9-47。

图 9-46   方案总平面图

图 9-47 方案效果图

该项目进入审批流程时为 2022 年 4 月，在方案设计阶段需要按照 2021 年 9 月发布的《襄阳市城市规划管理技术规定（试行）（建筑工程·绿化篇）》中的相关条例与规定执行。

9.6.2 日照影响范围的确定

方案在设计阶段完成了日照相关内容的分析和审查。对第一版的方案进行分析，确定了拟建建筑日照影响范围的区域（图 9-48）。

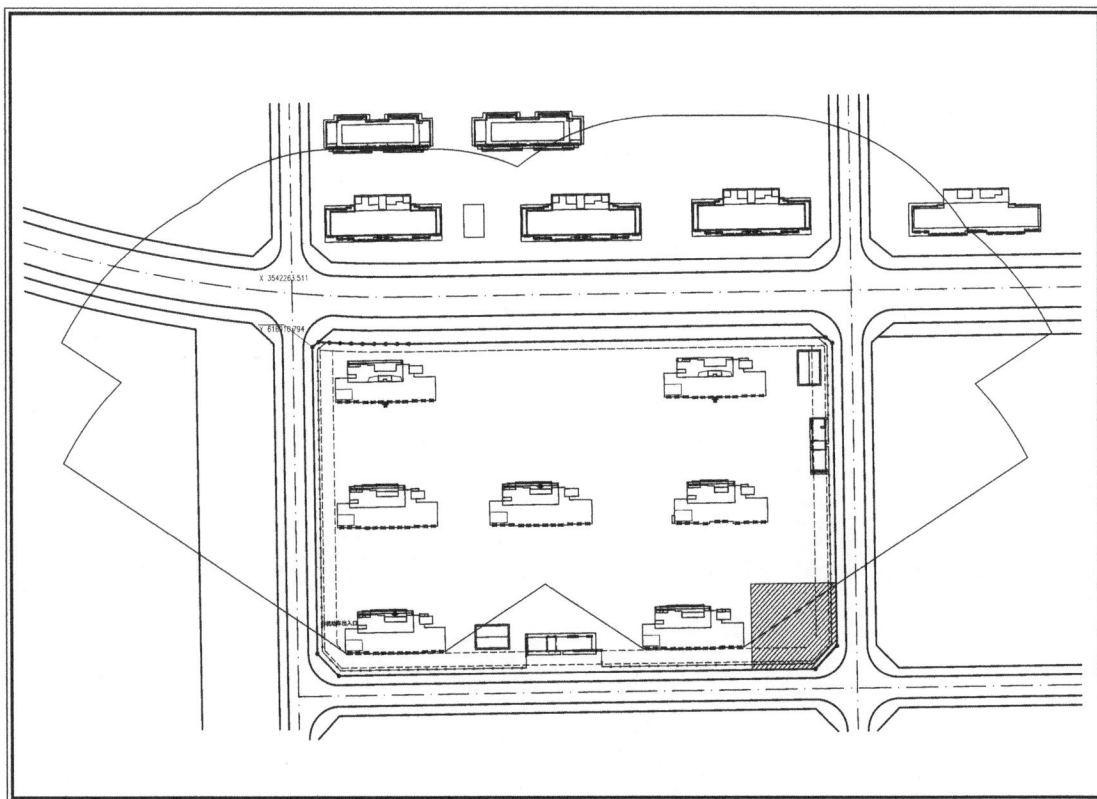

图 9-48 拟建建筑日照影响范围图

通过对日照影响范围的分析,发现拟建方案将会影响到北侧相邻地块的几栋建筑,然后对这几栋受影响建筑分别展开初步分析,分析得到的建筑南立面等时线图如图 9-49 至图 9-52 所示。由于条件限制,线条色彩未予显示。

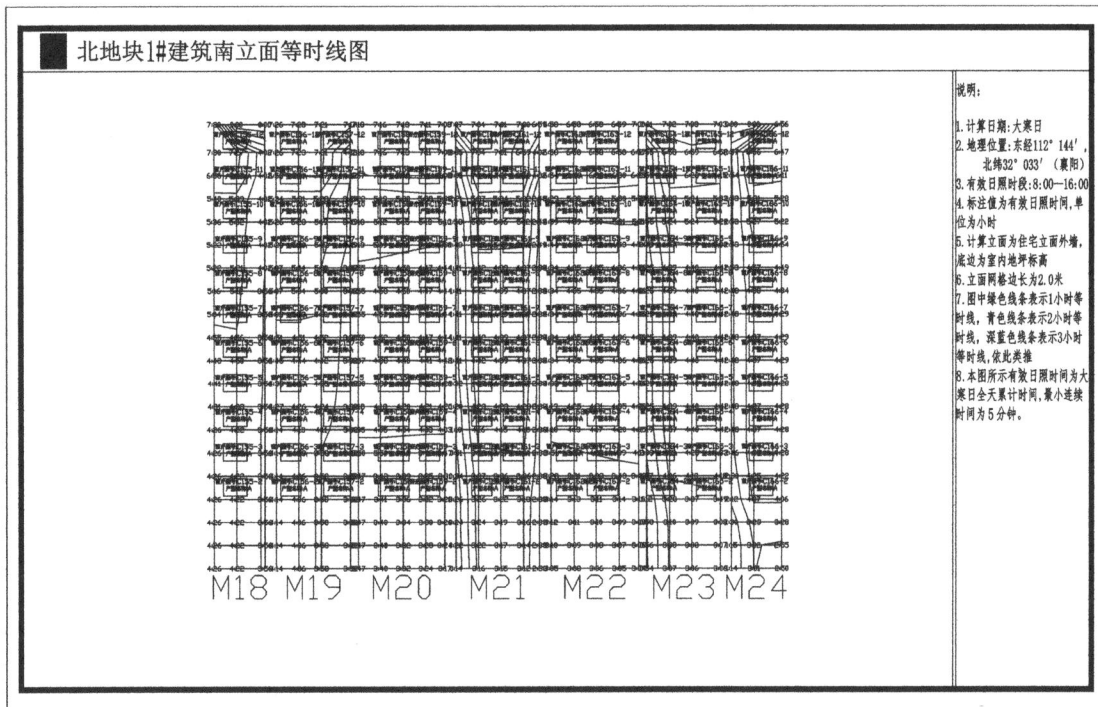

图 9-49　北侧 1# 建筑南立面等时线图

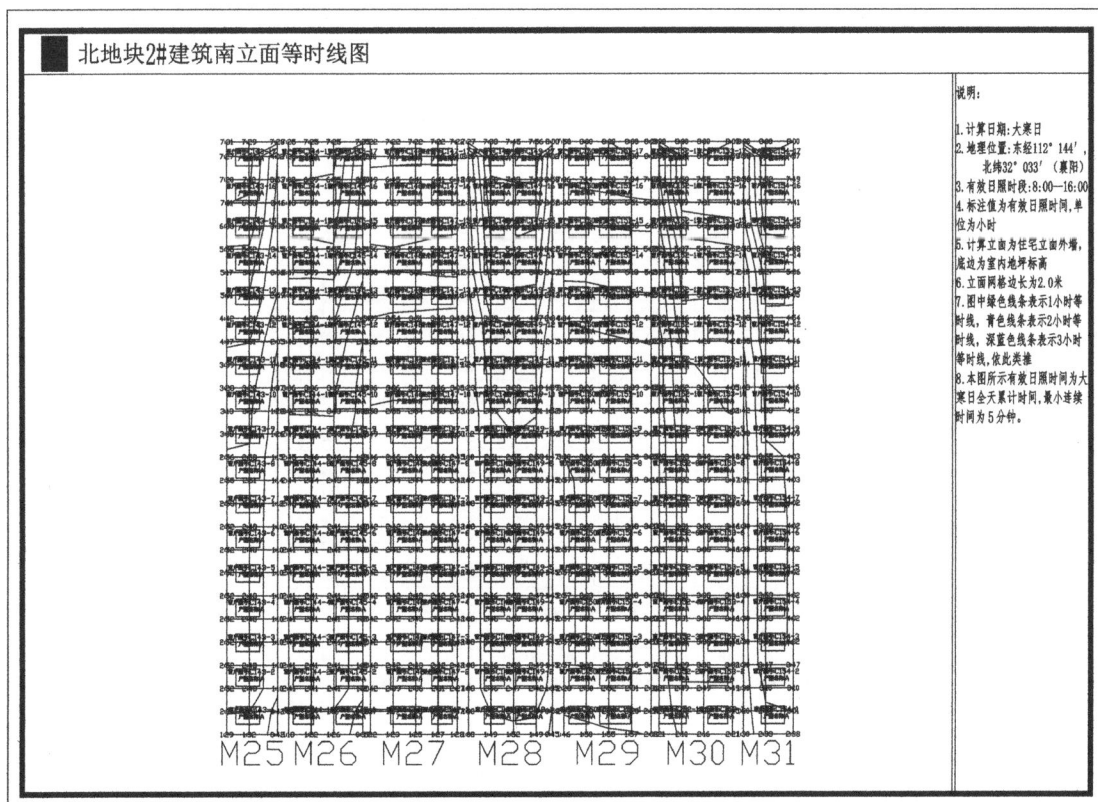

图 9-50　北侧 2# 建筑南立面等时线图

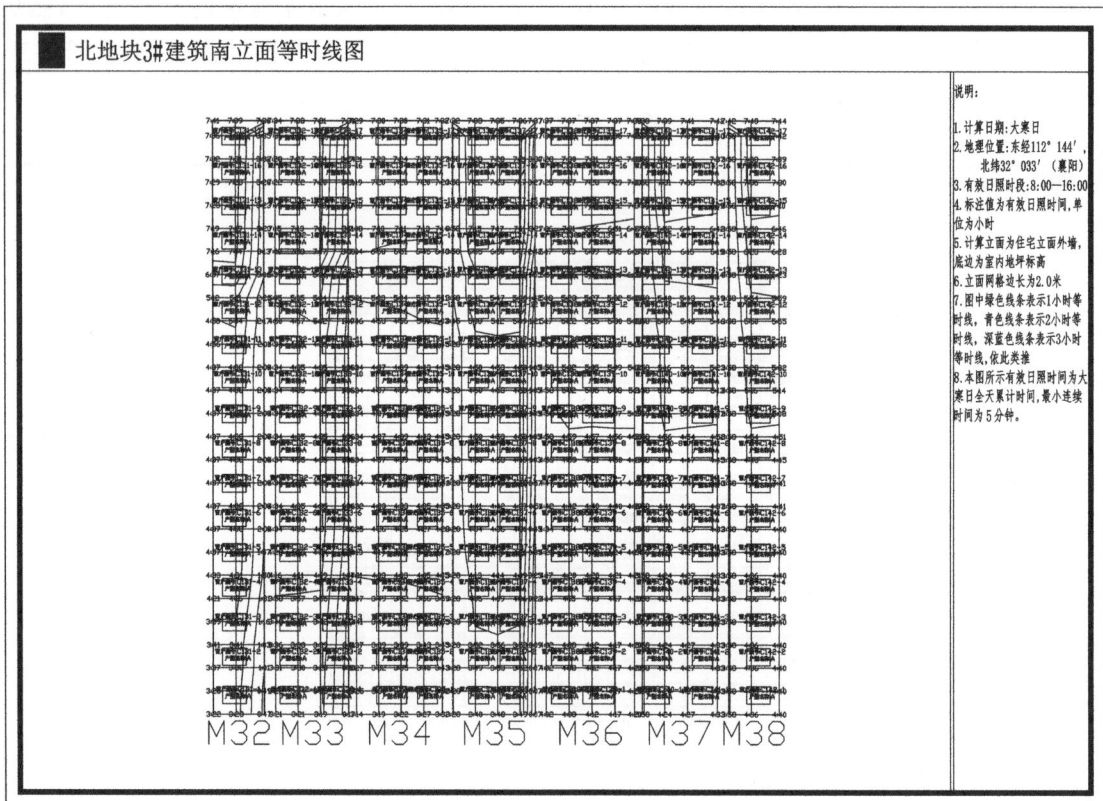

图 9-51　北侧 3♯建筑南立面等时线图

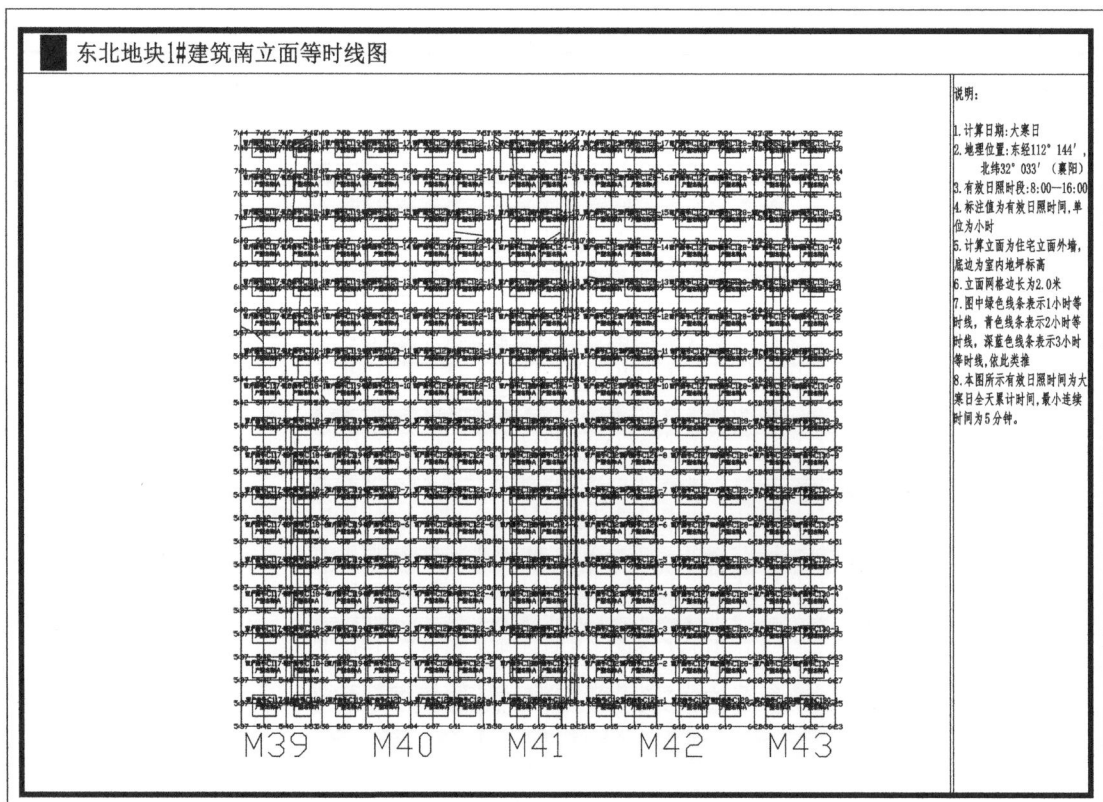

图 9-52　东北侧 1♯建筑南立面等时线图

由于在项目地块的拟建建筑建设前,南侧地块上并没有其他建筑,所以不会对北侧建筑造成日照遮挡,所以在初步的分析中,仅用考虑分析北侧的几栋建筑是否受拟建建筑影响,导致不满足日照需求的情况产生。由初步划定的受影响范围内建筑的立面分析可知,当前的设计方案将会影响到北侧2♯建筑的日照,并会导致首层的两户日照无法满足需求。

对设计方案进行调整,将1♯建筑的原设计位置向东侧移动,从而减少其投影对于2♯建筑产生的日照影响,如图9-53所示。建筑位置调整后,形成了一个新的日照影响范围(图9-54)。在新的日照影响范围下,恰好将北侧的4♯与5♯建筑排除在日照影响范围以外,这也就意味着,拟建建筑将不再影响北侧的4♯与5♯建筑。

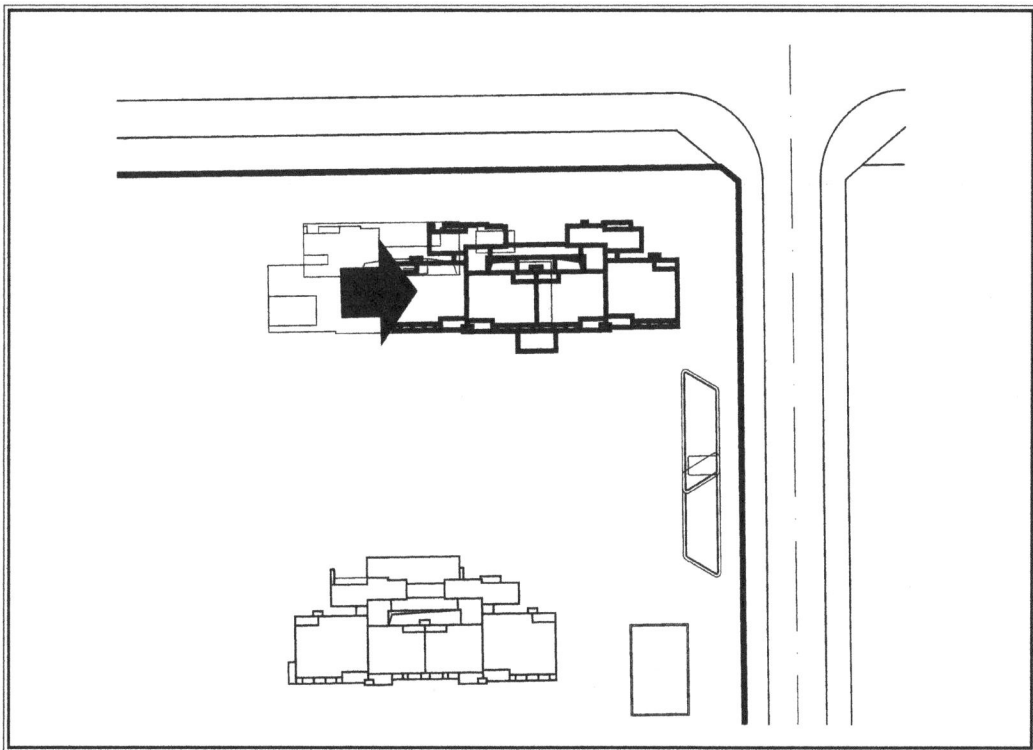

图9-53 方案调整后1♯建筑东移示意图

9.6.3 日照分析

方案调整后,确定了现状建筑中遮挡建筑及被遮挡建筑的范围,选定本次日照分析任务的对象,重新进行拟建建筑日照分析。

(1)具体任务

① 分析项目内规划高层住宅楼(项目内1♯至7♯楼)的日照情况;

② 分析周边在建建筑住宅楼(某建设项目1♯楼;B0210-2地块1♯至3♯楼)的日照影响情况。

(2)日照分析标准及依据

①《城市居住区规划设计标准》(GB 50180—2018);

②《住宅设计规范》(GB 50096—2011);

③《建筑日照计算参数标准》(GB/T 50947—2014);

④《湖北省建筑日照分析技术规范》(DB42/T 952—2014);

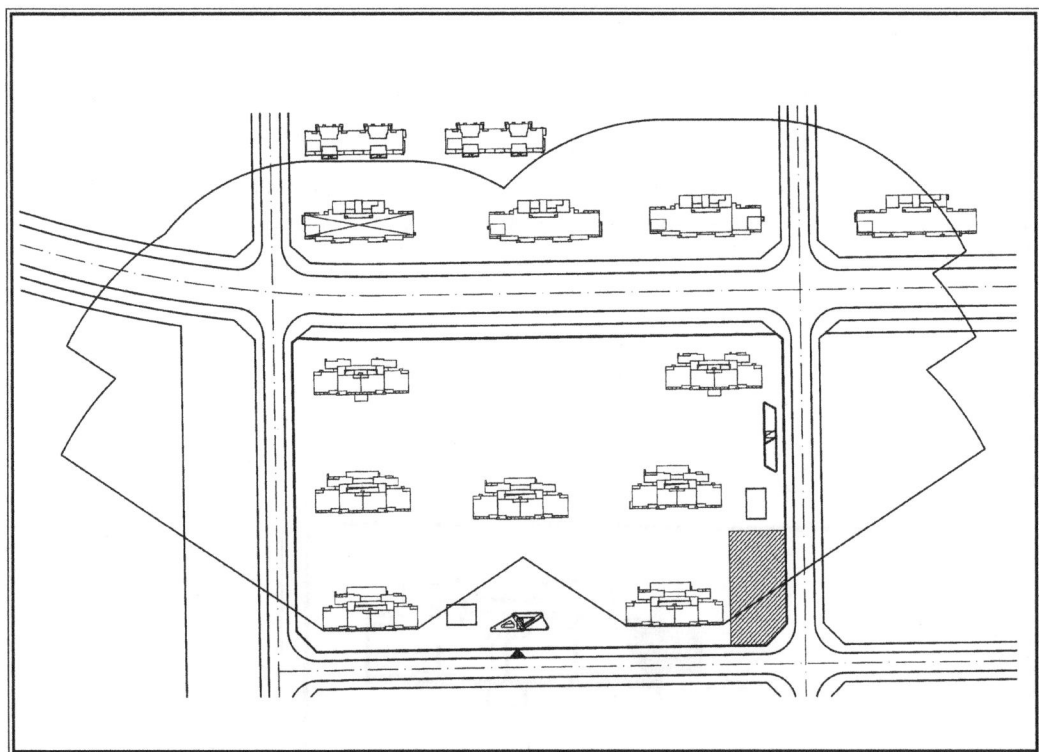

图 9-54　调整后拟建建筑日照影响范围图

⑤《襄阳市城市规划管理技术规定(试行)(建筑工程·绿化篇)》。

(3) 日照分析计算软件

本次日照分析采用"众智日照分析 V11.0"软件。

(4) 日照分析计算条件

① 计算日期:大寒日(住宅),冬至日(幼儿园)。

② 地理位置:东经 112°144′,北纬 32°033′。

③ 建筑气候区:第三气候区。

④ 有效日照时段:8:00—16:00 (大寒日),9:00—15:00(冬至日)。

⑤ 最小扫掠角:5°;最小连续时间:5 min。

⑥ 现状遮蔽集合:规划用地北侧在建某建设项目。

⑦ 规划遮蔽集合:本次案例建设项目(1♯至 7♯楼),与周边相邻地块的建筑信息。

(5) 日照标准

项目位于襄阳市东津新城区,根据《城市居住区规划设计标准》(GB 50180—2018)第 4.0.9 条规定,该区住宅日照标准采用大寒日住宅底层窗台面日照时间应不低于 2 小时的计算标准。

(6) 日照分析说明

① 本案例项目用地内规划高层住宅楼(1♯至 7♯楼)的住宅日照情况如下:

a. 依据本案例项目的总平面定位图及建筑方案可知,项目内高层住宅 1♯楼为南北朝向的建筑,每套住宅均有一个居住空间的窗户设置在建筑南侧立面上,且建筑的南侧立面为主要计算面。

由图 9-55 所示的 1♯楼南立面 A—D 段等时线图分析可知,在规划遮蔽集合条件下,规划高层住宅 1♯楼 2 至 25 层住宅(首层架空)南立面均能够保证每套住宅至少有一个居住空间的窗户在大寒日的日照有效时间达到 2 小时以上。

b. 依据本案例项目的总平面定位图及建筑方案可知,项目内新建高层住宅 2♯楼为南北朝

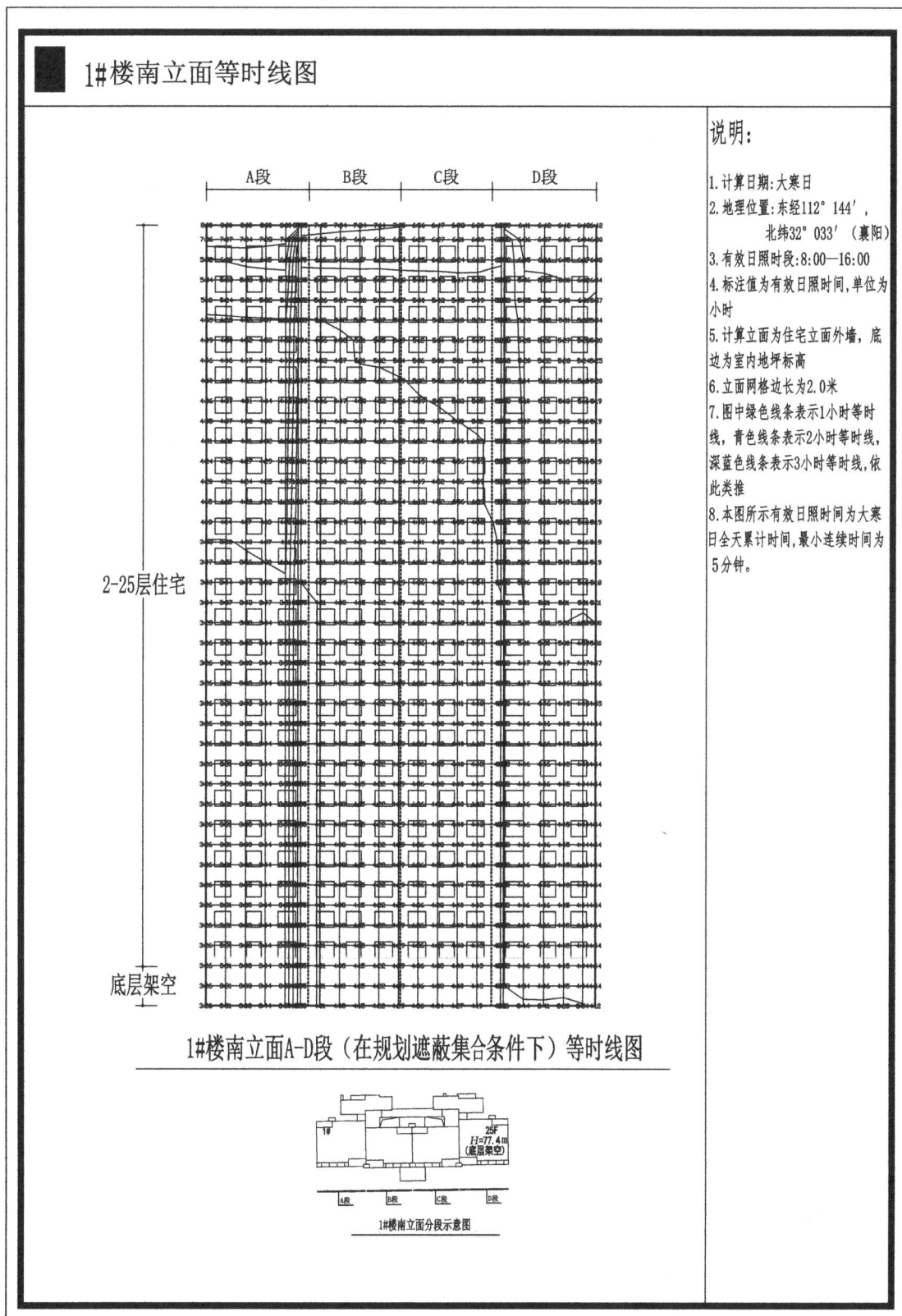

1#楼南立面等时线图

A段　B段　C段　D段

2-25层住宅

底层架空

1#楼南立面A-D段（在规划遮蔽集合条件下）等时线图

1#楼南立面分段示意图

说明:

1.计算日期:大寒日
2.地理位置:东经112° 144′，
　　　　　北纬32° 033′（襄阳）
3.有效日照时段:8:00—16:00
4.标注值为有效日照时间,单位为小时
5.计算立面为住宅立面外墙,底边为室内地坪标高
6.立面网格边长为2.0米
7.图中绿色线条表示1小时等时线,青色线条表示2小时等时线,深蓝色线条表示3小时等时线,依此类推
8.本图所示有效日照时间为大寒日全天累计时间,最小连续时间为5分钟。

图 9-55　1#楼南立面等时线图

向的建筑,每套住宅均有一个居住空间的窗户设置在建筑南侧立面上,且建筑的南侧立面为主要计算面。

183

由图 9-56 所示的 2♯楼南立面 A—D 段等时线图分析可知,在规划遮蔽集合条件下,规划高层住宅 2♯楼 1 至 32 层住宅南立面均能够保证每套住宅至少有一个居住空间的窗户在大寒日的有效日照时间达到 2 小时以上。

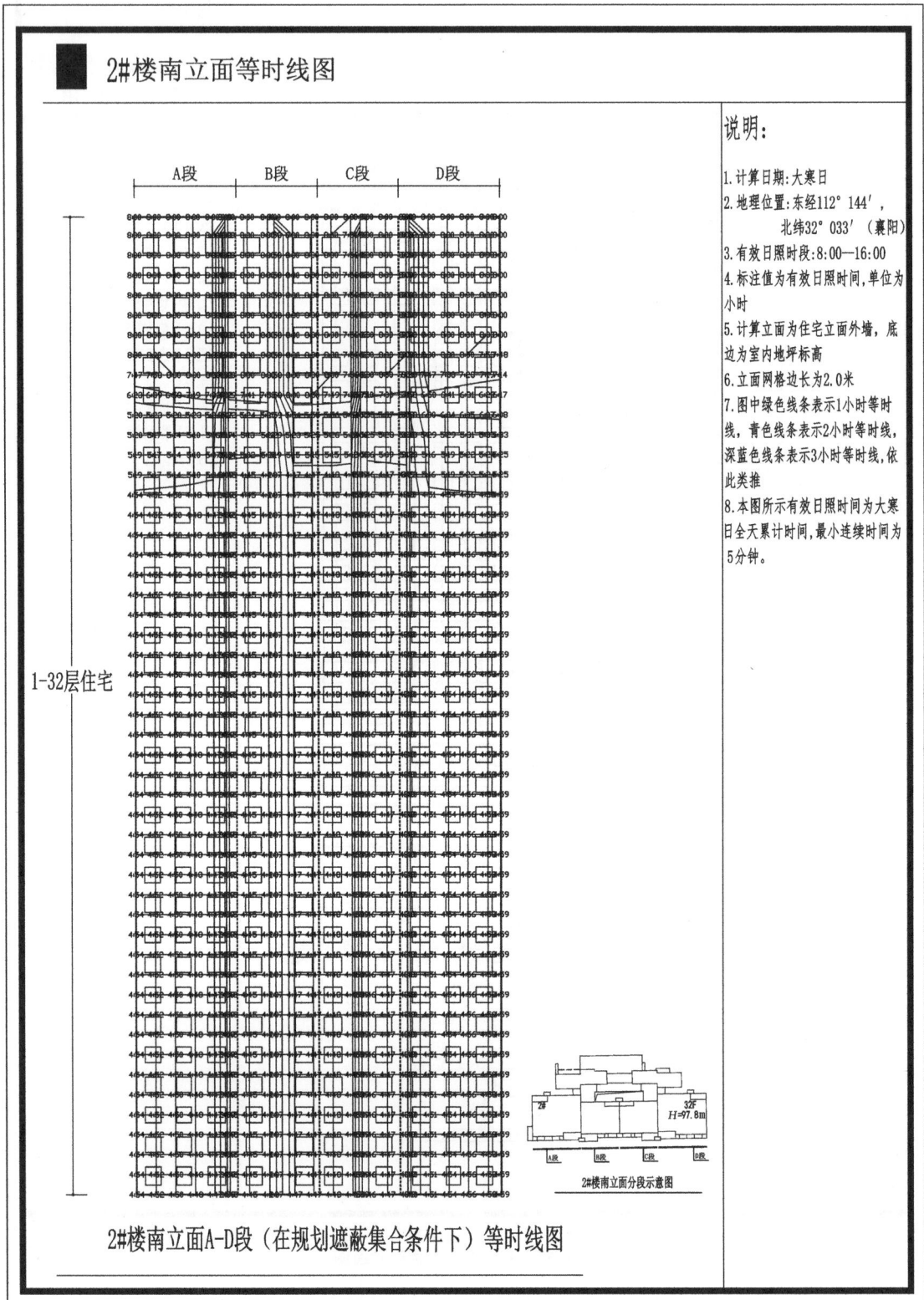

2#楼南立面等时线图

A段　B段　C段　D段

1-32层住宅

说明:

1. 计算日期:大寒日
2. 地理位置:东经112°144′,
   北纬32°033′(襄阳)
3. 有效日照时段:8:00—16:00
4. 标注值为有效日照时间,单位为小时
5. 计算立面为住宅立面外墙,底边为室内地坪标高
6. 立面网格边长为2.0米
7. 图中绿色线条表示1小时等时线,青色线条表示2小时等时线,深蓝色线条表示3小时等时线,依此类推
8. 本图所示有效日照时间为大寒日全天累计时间,最小连续时间为5分钟。

32F
H=97.8m

2#楼南立面分段示意图

2#楼南立面A-D段(在规划遮蔽集合条件下)等时线图

图 9-56　2♯楼南立面等时线图

c. 依据本案例项目的总平面定位图及建筑方案可知,项目内新建高层住宅 3♯(B0312 地块)楼为南北朝向的建筑,每套住宅均有一个居住空间的窗户设置在建筑南侧立面上,且建筑的南侧立面为主要计算面。

由图 9-57 所示的 3♯楼南立面 A—D 段等时线图分析可知,在规划遮蔽集合条件下,规划高层住宅 3♯楼 1 至 33 层住宅南立面均能够保证每套住宅至少有一个居住空间的窗户在大寒日的日照有效时间达到 2 小时以上。

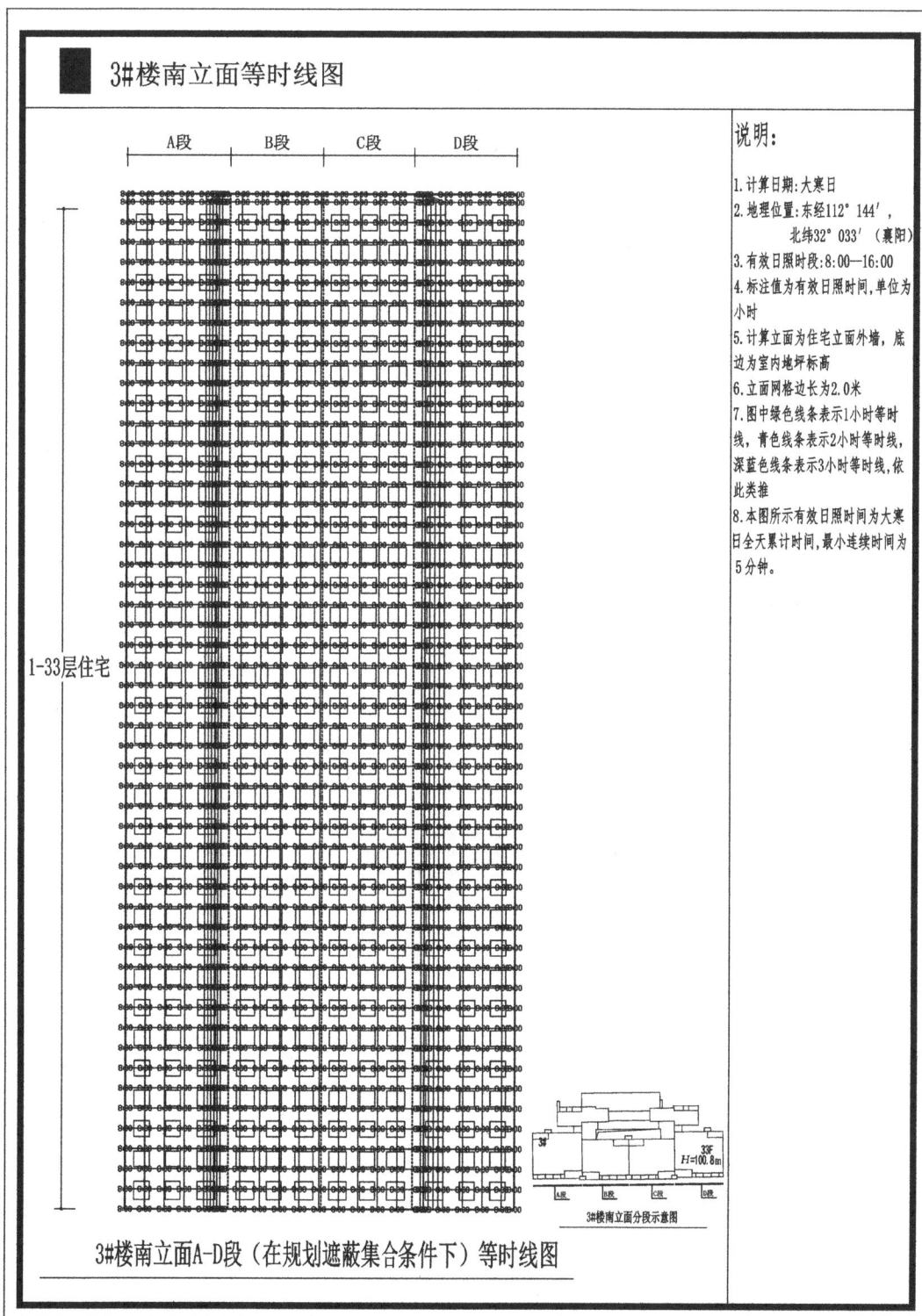

图 9-57 3♯楼南立面等时线图

d. 依据本案例项目的总平面定位图及建筑方案可知,项目内新建高层住宅 4♯楼为南北朝向的建筑,每套住宅均有一个居住空间的窗户设置在建筑南侧立面上,且建筑的南侧立面为主要计算面。

由图 9-58 所示的 4♯楼南立面 A—D 段等时线图分析可知,在规划遮蔽集合条件下,规划高层住宅 4♯楼 2 至 23 层住宅(底层架空)南立面均能够保证每套住宅至少有一个居住空间的窗户在大寒日的日照有效时间达到 2 小时以上。

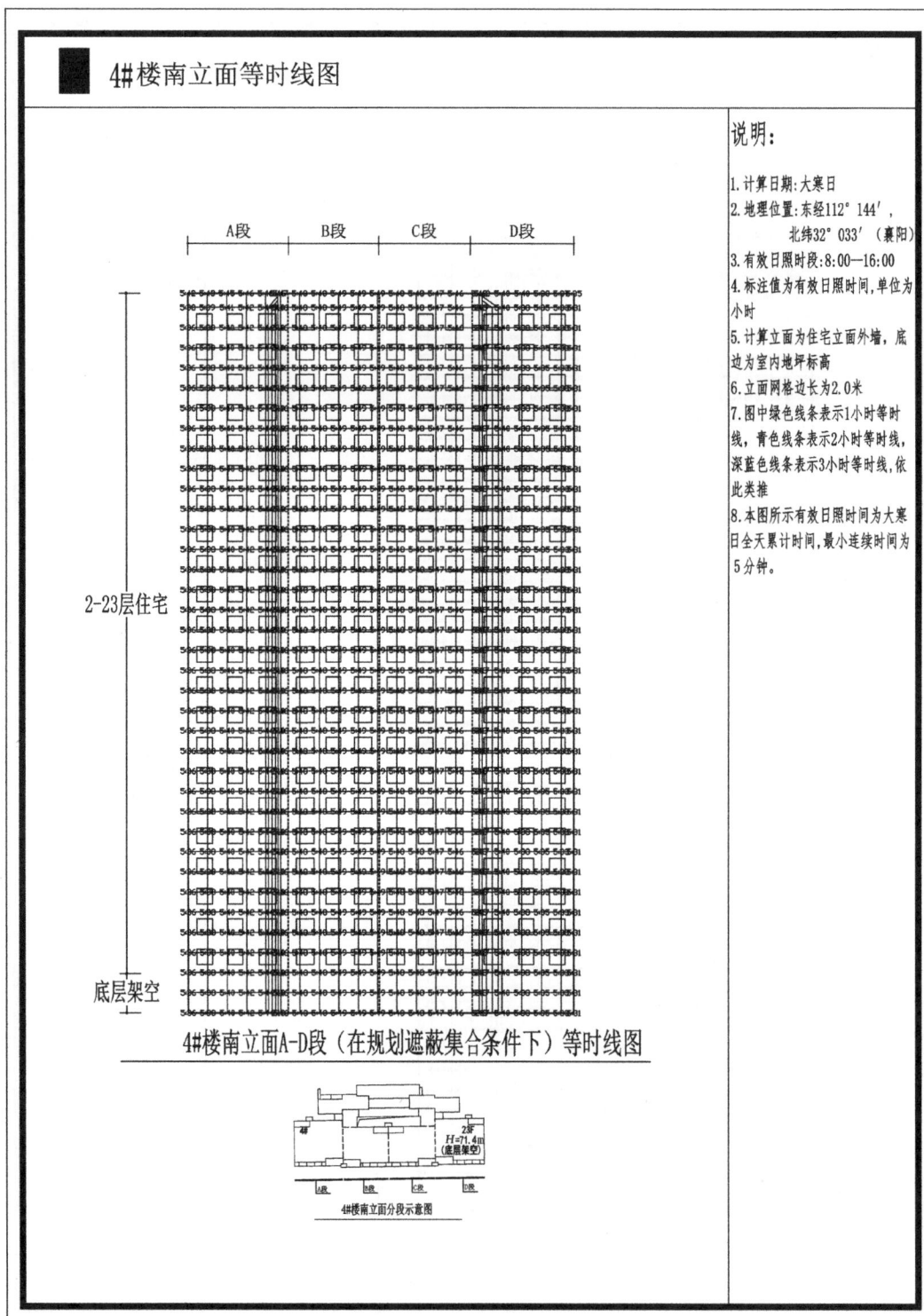

图 9-58　4♯楼南立面等时线图

　　e. 依据本案例项目的总平面定位图及建筑方案可知,项目内新建高层住宅 5♯ 楼为南北朝向的建筑,每套住宅均有一个居住空间的窗户设置在建筑南侧立面上,且建筑的南侧立面为主要计算面。

　　由图 9-59 所示的 5♯ 楼南立面 A—D 段等时线图分析可知,在规划遮蔽集合条件下,规划高层住宅 5♯ 楼 1 至 33 层住宅南立面均能够保证每套住宅至少有一个居住空间的窗户在大寒日的日照有效时间达到 2 小时以上。

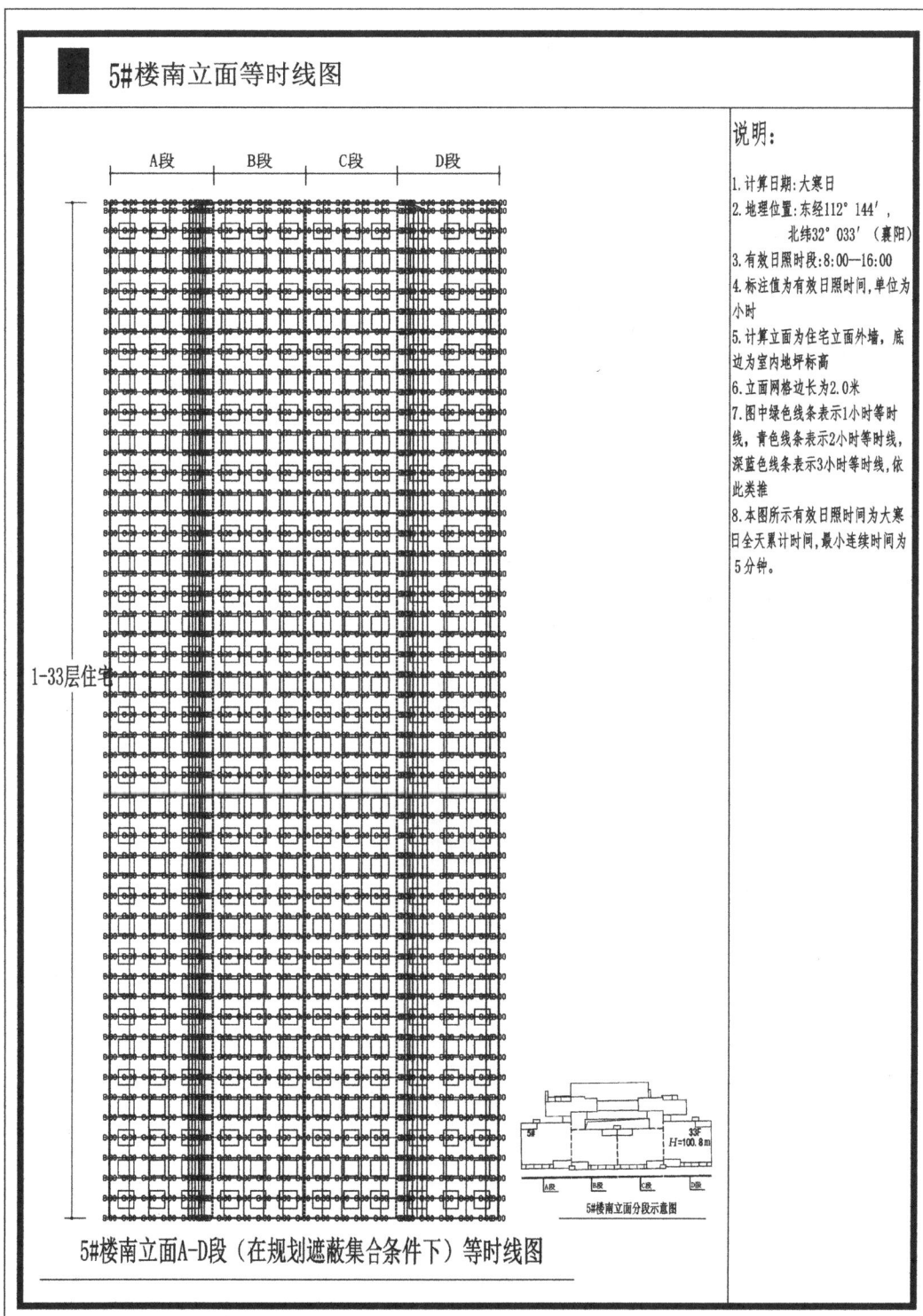

5#楼南立面等时线图

说明:

1. 计算日期:大寒日
2. 地理位置:东经112° 144′,
　　北纬32° 033′(襄阳)
3. 有效日照时段:8:00—16:00
4. 标注值为有效日照时间,单位为小时
5. 计算立面为住宅立面外墙,底边为室内地坪标高
6. 立面网格边长为2.0米
7. 图中绿色线条表示1小时等时线,青色线条表示2小时等时线,深蓝色线条表示3小时等时线,依此类推
8. 本图所示有效日照时间为大寒日全天累计时间,最小连续时间为5分钟。

1-33层住宅

5#楼南立面分段示意图

5#楼南立面A-D段(在规划遮蔽集合条件下)等时线图

图 9-59　5♯ 楼南立面等时线图

f. 依据本案例项目的总平面定位图及建筑方案可知,项目内新建高层住宅 6♯楼为南北朝向的建筑,每套住宅均有一个居住空间的窗户设置在建筑南侧立面上,且建筑的南侧立面为主要计算面。

由图 9-60 所示的 6♯楼南立面 A—D 段等时线图分析可知,在规划遮蔽集合条件下,规划高层住宅 6♯楼 2 至 32 层住宅(底层架空)南立面均能够保证每套住宅至少有一个居住空间的窗户在大寒日的日照有效时间达到 2 小时以上。

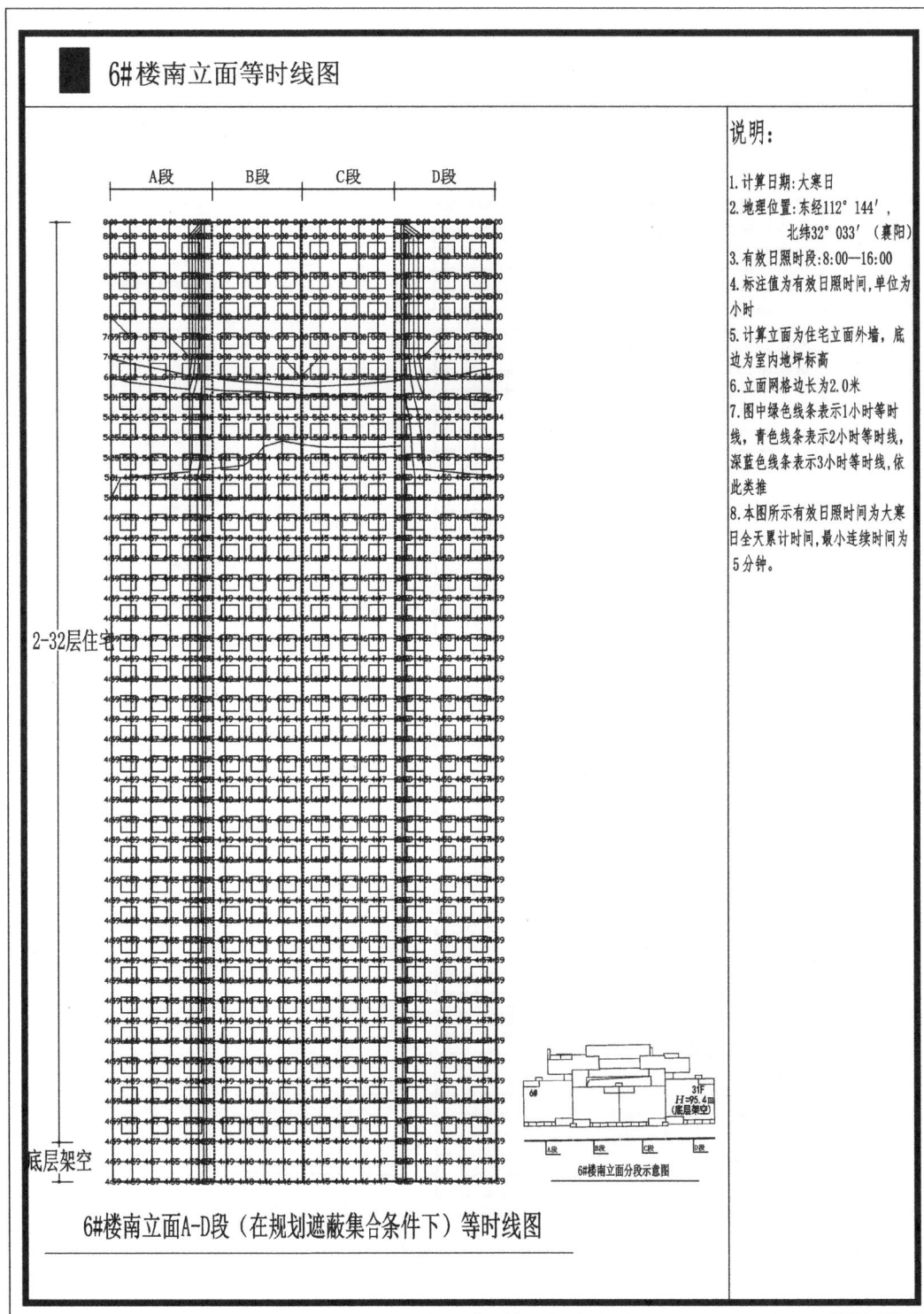

图 9-60 6♯楼南立面等时线图

　　g. 依据本案例项目的总平面定位图及建筑方案可知,项目内新建高层住宅7♯楼为南北朝向的建筑,每套住宅均有一个居住空间的窗户设置在建筑南侧立面上,且建筑的南侧立面为主要计算面。

　　由图9-61所示的7♯南立面A—D段等时线图分析可知,在规划遮蔽集合条件下,规划高层住宅7♯楼2至21层住宅(底层架空)南立面均能够保证每套住宅至少有一个居住空间的窗户在大寒日的日照有效时间达到2小时以上。

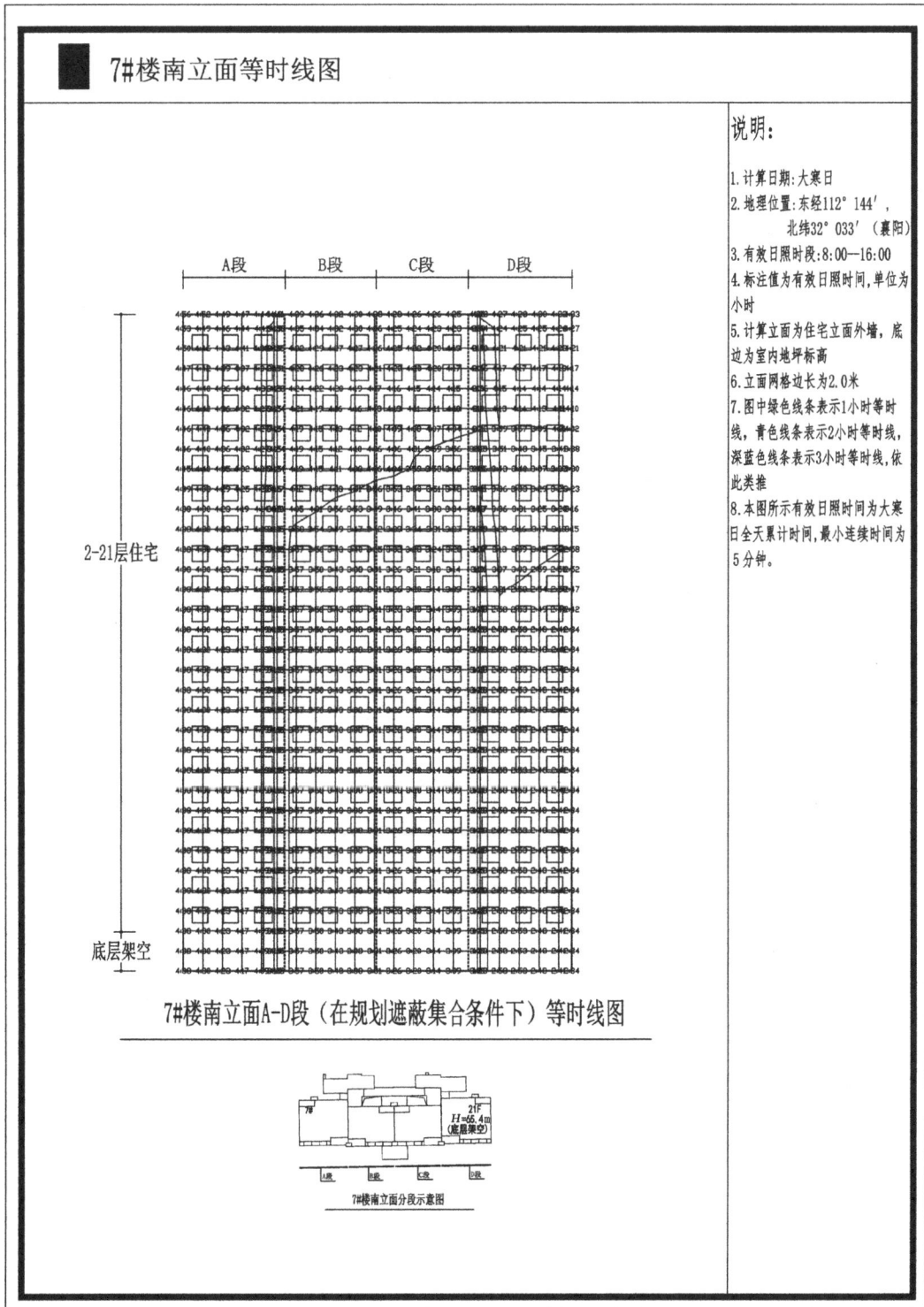

图 9-61　7♯楼南立面等时线图

② 本次的案例项目用地内规划拟建建筑建成后,项目用地外日照影响范围内所确定的分析对象的影响情况如下:

a. 结合本案例项目的总平面定位图,及项目用地外日照影响范围内在建建筑的相关资料,北侧住宅楼1♯楼2至12层(底层架空)为住宅,每套住宅均有居住空间的窗户设置在建筑的南立面上,且建筑的南立面为主要计算面。

对比北侧住宅楼1♯楼南立面(A—D段)现状与规划条件下等时线图可知(图9-62),在现状遮蔽集合条件下,北侧住宅楼1♯楼2至12层(底层架空)住宅在大寒日的有效日照时间都能够达到2小时以上。

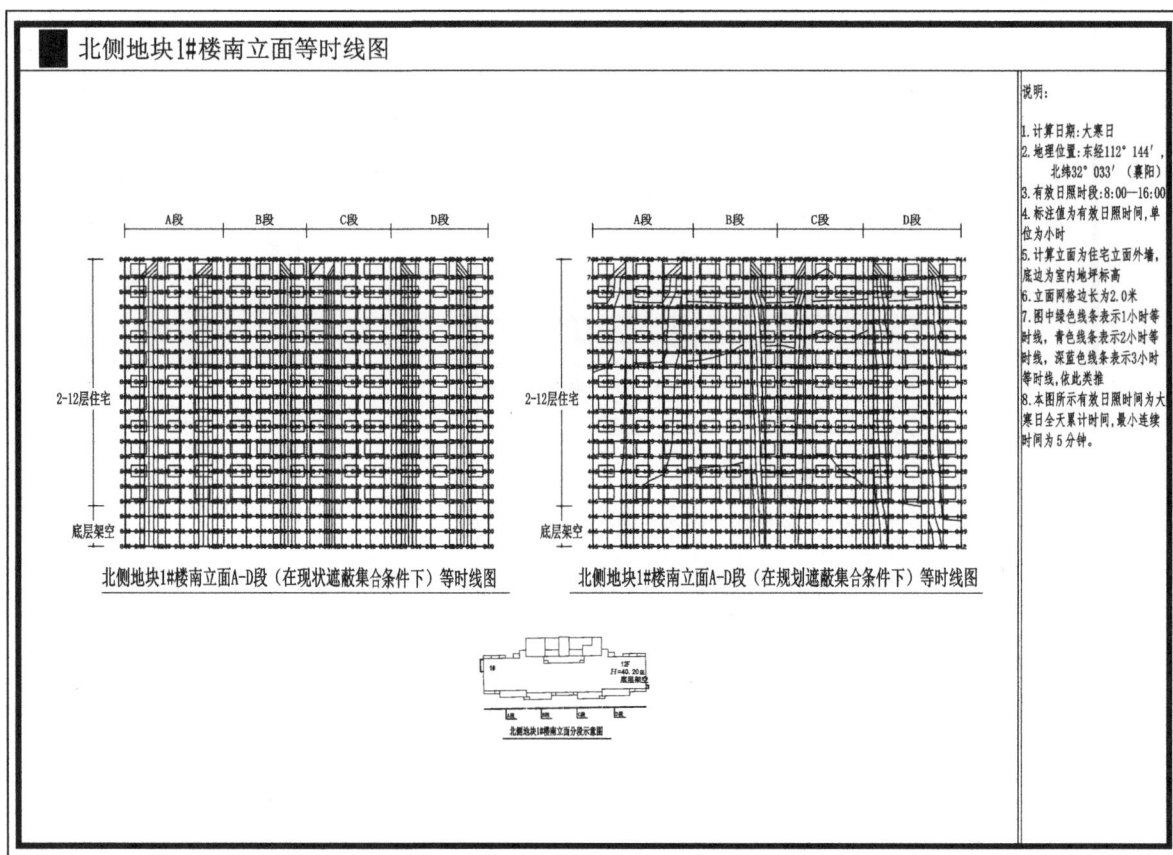

图9-62 北侧1♯楼南立面现状与规划条件下等时线图

在规划遮蔽集合条件下,在建建筑1♯楼2至12层(底层架空)住宅在大寒日的有效日照时间都能够达到2小时以上。

b. 结合本案例项目的总平面定位图,及项目用地外日照影响范围内在建建筑的相关资料,北侧住宅楼2♯楼1至17层为住宅,每套住宅均有居住空间的窗户设置在建筑的南立面上,且建筑的南立面为主要计算面。

对比北侧住宅楼2♯楼南立面(A—D段)现状与规划条件下等时线图可知(图9-63),在现状遮蔽集合条件下,北侧住宅楼2♯楼1至17层住宅在大寒日的有效日照时间都能够达到2小时以上。

在规划遮蔽集合条件下,北侧建筑2♯楼1至17层住宅在大寒日的有效日照时间都能够达到2小时以上。

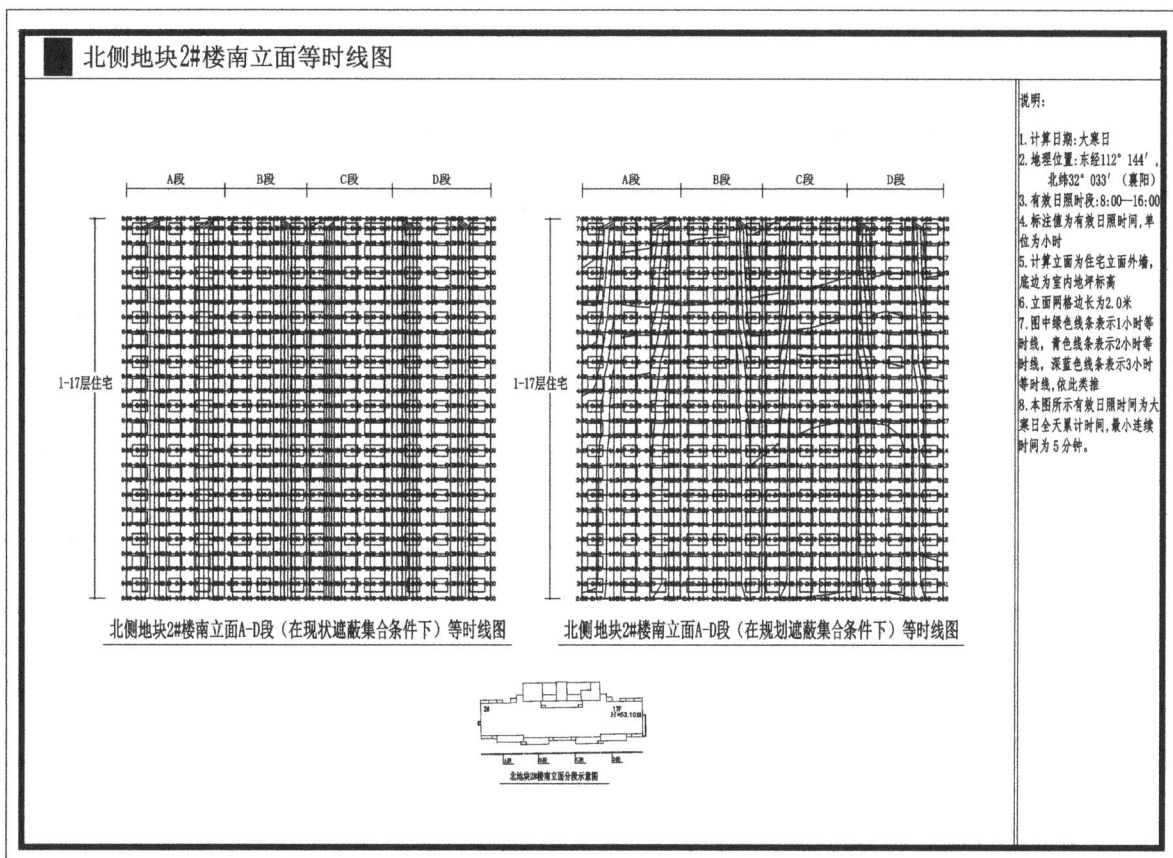

图 9-63　北侧 2♯楼南立面现状与规划条件下等时线图

c. 结合本案例项目的总平面定位图,及项目用地外日照影响范围内北侧建筑的相关资料,北侧住宅楼 3♯楼 1 至 17 层为住宅,每套住宅均有居住空间的窗户设置在建筑的南立面上,且建筑的南立面为主要计算面。

对比北侧住宅楼 3♯楼南立面(A—D 段)现状与规划条件下等时线图可知(图 9-64),在现状遮蔽集合条件下,北侧住宅楼 3♯楼 1 至 17 层住宅在大寒日的有效日照时间都能够达到 2 小时以上。

在规划遮蔽集合条件下,在建建筑 3♯楼 1 至 17 层住宅在大寒日的有效日照时间都能够达到 2 小时以上。

d. 结合本案例项目的总平面定位图,及项目用地外日照影响范围内东北侧建筑的相关资料,东北侧住宅楼 1♯楼 1 至 17 层为住宅,每套住宅均有居住空间的窗户设置在建筑的南立面上,且建筑的南立面为主要计算面。

对比东北侧住宅楼 1♯楼南立面(A—D 段)现状与规划条件下等时线图可知(图 9-65),在现状遮蔽集合条件下,现状住宅楼 1♯楼 1 至 17 层住宅在大寒日的有效日照时间都能够达到 2 小时以上。

在规划遮蔽集合条件下,东北侧建筑 1♯楼 1 至 17 层住宅在大寒日的有效日照时间都能够达到 2 小时以上。

(7) 日照分析结果

综上所述,本报告得到以下日照分析计算结果:

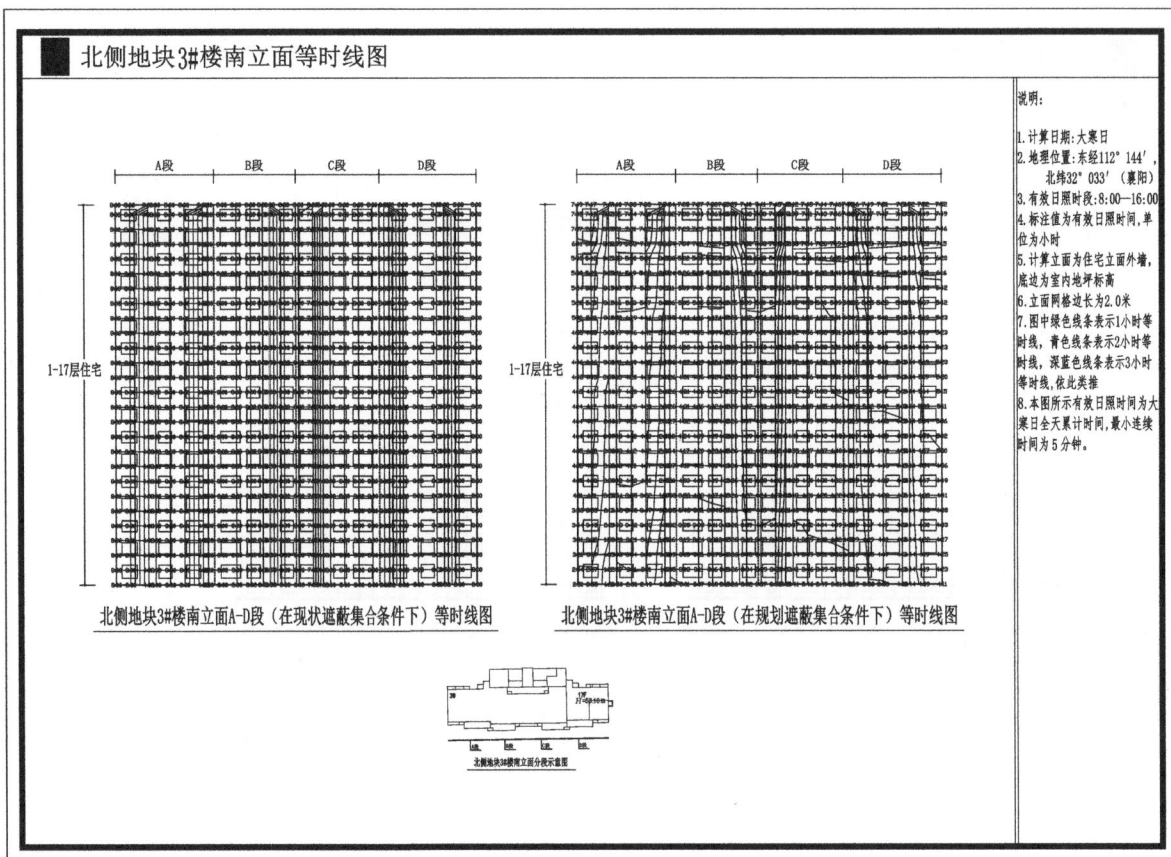

图 9-64　北侧 3#楼南立面现状与规划条件下等时线图

① 本案例项目用地内规划高层住宅楼(1#至 7#楼)均能满足新建住宅日照标准。

② 项目内规划高层住宅楼及其他配套用房建成后,现状在建住宅楼(东北侧地块 1#楼;北侧地块 1#、2#、3#楼)所有住宅均能够满足日照标准的要求。

9.6.4　小结

由该建设项目的案例分析可知,日照的影响分析环节应尽量提前,在方案还存在调整空间的情况下需要及时调整,同时在产生日照遮挡的环境下,方案的调整有多种方式,不仅可以对拟建建筑方案进行建筑距离的调整,还可以从建筑高度和偏移角度着手,通过多项选择对比来选取最优的方案。

建设项目在进行方案设计时,需要考虑到建筑方案对于周边建筑日照的影响。在方案设计阶段,往往就会开展日照影响分析的工作。在项目建设的过程中,若方案尚能调整,需要极大限度地减少对周边环境和住宅带来的影响,从源头上降低因为日照影响而带来的纠纷。

随着当前阶段居民的素质和维权意识逐步增强,建筑的日照权益逐步被重视,建筑方案的日照分析显得越来越重要,建设项目的周边影响分析中尤为注重日照的影响分析环节。在项目建设过程中,往往需要进行多次的日照分析,除了要控制相对应的建筑控制线以外,还要分析出列选的建筑方案是否会对周边或内部建筑产生日照的遮挡。当方案由初步设计阶段逐步完善直至规划审批阶段时,日照的分析也需要实时更新,不断检查。由于方案的完善和建筑体系结

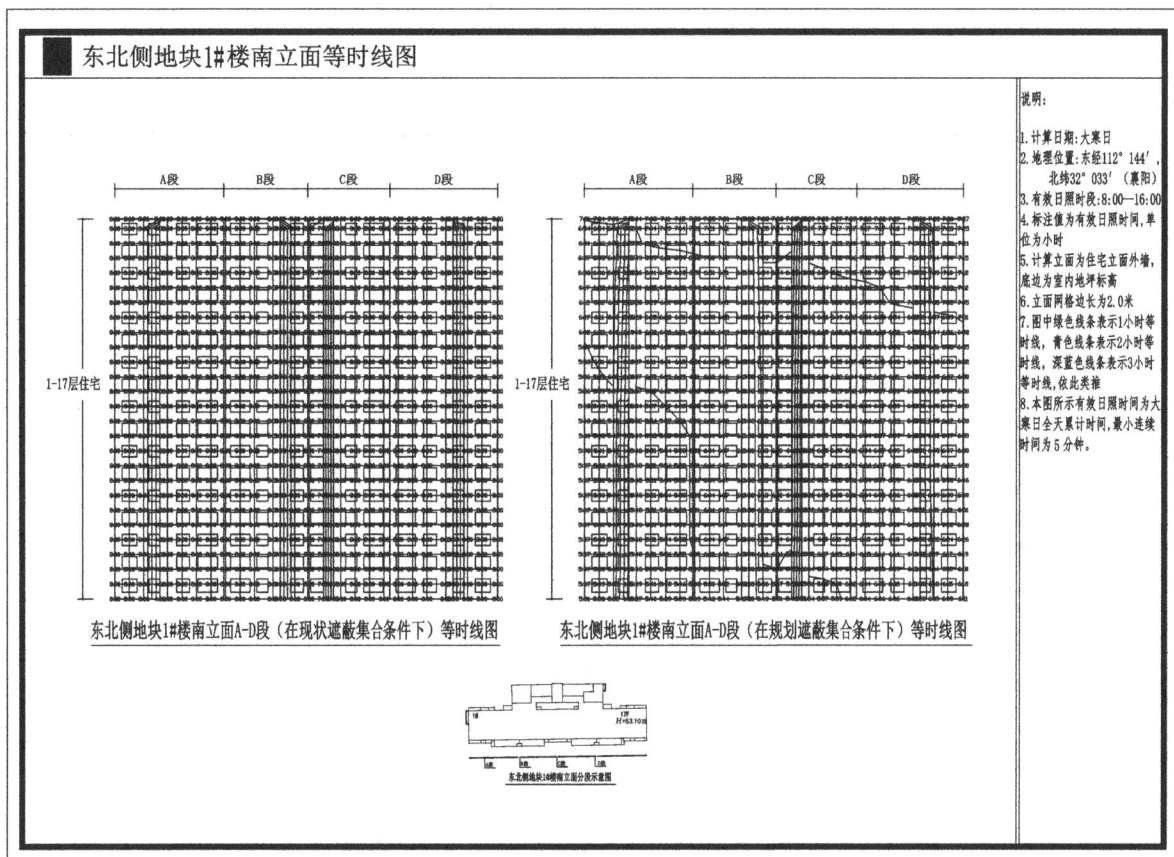

图 9-65　东北侧 1♯楼南立面现状与规划条件下等时线图

构的调整,建设方需要确保调整的部位是否会产生建筑的日照影响,并确认影响的范围是否会影响到周边建筑与方案的审批。在方案的调整阶段,除了要调整建筑的各项控制线间距以外,还要考虑建筑日照遮挡的调整空间。在一定的调整范围内选取最优的设计方案,尽量减少日照给内外空间带来的影响。在排查建筑日照的影响因素时,要尽量先避免设计方案的日照影响范围涵盖周边的建筑,若遇到建筑方案调整空间较小的情况,且没办法将周边的建筑排除到建筑日照的影响范围之外,应尽量减小对周边建筑日照的遮挡时长。

10 日照评估与设计方法体系重构策略

随着城镇化水平持续提高,城镇建设用地长期处于紧张状态,大中城市高层、高密度住宅的开发已成为普遍现象。在分地块逐步开发过程中,先开发地块为了自身利益,会占用较多日照资源,造成相邻后开发地块日照资源不足,达不到预设的容积率、建筑面积。这一现象在南侧地块先开发,北侧地块后开发,特别是地块内建筑以高层、高密度住宅为主体时,比较常见。

许多欠发达地区城市的旧城存在着建筑低矮、建筑密度大、建筑以居住功能为主的问题,居住建筑本身能获得日照并满足基本日照时数要求实属不易,要在这类区域建设高层建筑,同时保证周边建筑能满足日照要求,对设计单位、开发企业提出了较高的要求。而特殊情况下,无论规划设计方案如何调整,建设项目可能均不能满足日照要求。结合国家"三旧"改造的政策,为满足旧城环境改善以及宜居城市创建等的要求,《城市居住区规划设计标准》(GB 50180—2018)延续了对旧城日照的政策支持,降低其标准日照时数到 1 小时。

10.1 日照评估模式与范式

10.1.1 日照评估模式思考

制定合理的日照分析办法,设计一组恰当合理的规划方案,能在相当程度上影响住宅小区的建筑功能布局、体现比例和轮廓天际,并正确导引规划设计,凸显交通、日照、通风、景观视线的生态和谐统一。在规划设计中充分应用日照分析技术,科学合理地进行规划设计与管理,解决因为空间布局、建筑后退、建筑高度不合理而造成的资源浪费问题,在当前的城市规划管理工作中显得非常重要。

目前的日照分析大多在项目公示阶段(建设工程规划许可证阶段)进行,由设计单位自评加管理部门抽检或指派第三方复核方式开展。以此模式进行的日照分析没有贯穿方案设计、施工图设计的全流程,存在方案阶段满足日照要求,但施工图深化后日照减少的可能。由于其滞后性,日照分析也较少指导建筑设计。

10.1.2 日照评估范式流程

实际上,在选址论证阶段,地块中待建建筑物的位置已经确定时,可将其定义成包络体基底进行计算(可同时计算多个)。这样推算出的结果,可用来确定建筑物能够建造的体量或样式。规划部门可以此为依据向建设方提供日照规划设计条件图。

在方案设计阶段,就需要掌握必要的建筑群体、建筑内部日照设计方法。虽然可以按照传统模式先按照间距排布总图,设计单体,最后校验日照,调整方案,但在设计初期即考虑建筑日照需求,可以避免后期设计返工问题。

简而言之,完善的日照评估范式是将日照分析软件作为管理部门、设计单位、第三方咨询机构的工具,指导城市规划、建筑设计,以及用于校验建筑方案日照是否满足要求。日照评估范式流程图如图 10-1 所示。

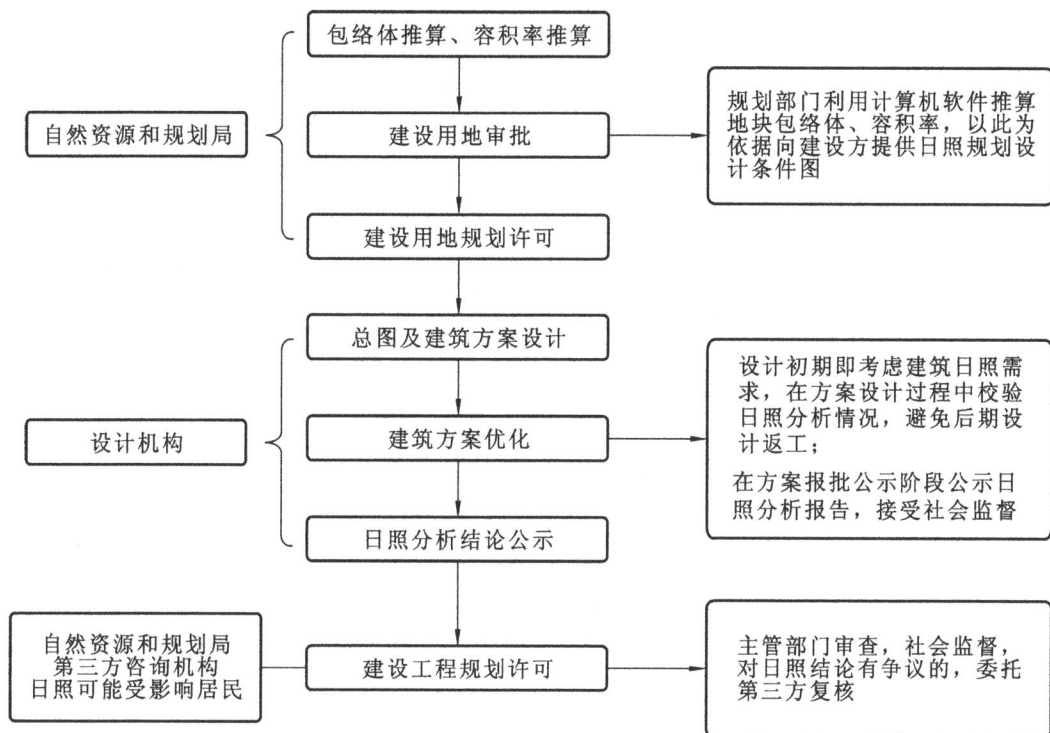

图 10-1 日照评估范式流程图

10.2 区域日照布局设计

日照分析易产生巨大成本,与管理部门简化行政程序的趋势相矛盾。在城市中心区,各类用地没有明确的分区概念,属于综合性用地。城市中心区住宅用地与其他用地相互混杂,建筑空间关系错综复杂,不同年代建设的多层、高层建筑对周围住宅产生多重遮挡。在高层建筑群的阴影不断叠加的情况下,对城市中心区住宅日照分析技术的要求不断提高且成本巨大,这就使得城市核心区建筑设计中的日照因素更为重要,设计更为复杂。

10.2.1 区域日照布局设计原则

我国现已形成较为完善的国家、行业与地方建筑日照法规体系,但需考虑社会经济发展水平、不同气候分区和城市建设发展规模的差异,共同完善日照标准分区制度,进一步细化完善地方建筑日照标准。相关部门编制日照规范时考虑了各种因素的影响,体现了日照规范的灵活性与因地制宜的特点。同样,在同一城市不同地区,其城市建设发展程度也是不尽相同的,应将分区治理的必要性与可行性纳入各省市的日照规范编制探讨中。区域日照布局设计原则如下：

（1）兼顾原则

兼顾时间、地理、城市功能的方法，用以划分不同日照标准区域。找出一条城市中有明确分解作用的道路或河流等，用其中一种或几种连续的界限划分城市，如城市环线道路、不同时期的城市发展区域等。

（2）重点原则

以体现城市功能要求为重点，也就是综合考虑高地价区域、交通枢纽区域等。经过分析研究，综合这两条原则来进行城市区域划分是比较科学和可行的。

10.2.2　区域日照布局设计方法

（1）区域划分法

充分考虑大小城市以及城乡之间的差异，可根据不同城市地域特点与实际情况，进行合理等级划分，因地制宜地细化日照标准。随着城镇化的不断推进，所引发的城市病害不断增加，特大城市（及以上）建筑需满足国家相关日照标准要求，局部密集区域可允许在一定程度上降低标准，且不应低于标准日 1 小时日照时数；大城市需严格执行国家相关日照标准的要求；中等城市在符合国家相关日照标准的要求的基础上，需提高日照标准，适当增加日照时数；小城市需完善当地建筑日照法规，在满足国家相关日照标准的要求的基础上，需加强对建筑日照标准的管理。

在城市内部，可以旧城区、中心城区、开发区和新城区为分区划分标准，分别采用不同的日照标准进行管理，试行日照标准化分区制度。旧城区需要考虑旧城更新改造、基础设施和公共服务等因素，根据老旧小区改造的更新与规模程度进行管控，中心城区建设项目可允许其建筑日照标准在一定程度上降低要求，对个别难以达到日照要求的住宅，应允许给予一定数额的经济补偿。开发区和新城区需要考虑经济开发、科技创新和生态环境等因素，根据城镇化发展规模的特色进行划分，建设项目在符合相关规范标准的基础上，越远离中心城区地带，其建筑日照标准的要求越高。

（2）高密度区域（日照免责区域）

我国经济发达的城市一般均有高层建筑分布密度较高的片区，这些片区存在以下主要特征：①一般位于城市地理中心、交通中心或人口集中区；②土地价格明显高于城市平均水平；③功能上以商务办公、商业、酒店及文化娱乐为主体。这一区域一方面由于高层建筑的客观存在，日照资源的分布情况复杂，且大部分建筑已不能满足既有的日照标准要求；另一方面其建筑内部对日照的需求并不高。但是这些区域内部仍存有一定的住宅用地，这些用地参照当前的日照法规标准对该区域的高强度开发及集约化利用有一定的制约作用。例如，在南京新街口地区，金鹰商厦南侧既有的两栋多层住宅建筑对周边土地的高强度开发起到了很大的限制作用。

目前相关日照规范中对城市高密度区域的日照要求与城市一般区域相同，只是在老城更新项目中略有降低，但实际差异不大。笔者认为针对该区域的日照法规应当与城市一般区域有所不同，可以进一步降低该区域的日照标准，以满足城市高层建筑集中布局、集约化利用中心区基础设施的需求。事实上部分城市已有类似的法规，例如，中国香港为了满足其高层建筑的建设需要，取消了相关的日照法规。纽约对高层建筑的退台法案，从严格意义上说并不是为了满足日照的相关要求，更多的是考虑街道采光角度而不是考虑直接日照。

10.2.3　区域日照布局设计案例

武汉市某住宅项目因分期建设,时间间隔比较久远,因此最后一期的日照分析颇为复杂。武汉市旧城核心区只包含汉口京汉大道与沿河大道、沿江大道围合片区,西至硚口路,北至黄浦大街,主要包括汉正街与老租界两个片区,区域内建筑空间环境复杂,老旧小区较多。本次项目属于某大学校区,地块周边的已建建筑主要包括教职工宿舍、教学楼、幼儿园和其他商品住宅楼等。

该项目拟建建筑总平面图,如图 10-2 所示,从中可以看出加粗的线条为拟建建筑。项目地块左边均为住宅建筑,受建设初期某些因素影响,左边的住宅建筑并不是全部都满足大寒日日照 2小时的标准,因此在拟建建筑建成后软件模拟的过程中存在 5% 的住户日照不满足要求。受地块本身因素和建筑布局的影响,模拟后的结果始终有大于 5% 的住户日照不满足要求。

图 10-2　拟建建筑总平面图

对建筑日照模型进行分析,如图 10-3 所示,拟建建筑对周边日照产生影响的有 16 栋,主要产生影响的是左边 3 栋住宅楼。因住宅楼的正立面较宽,导致处于中间位置的住户日照不满足条件。

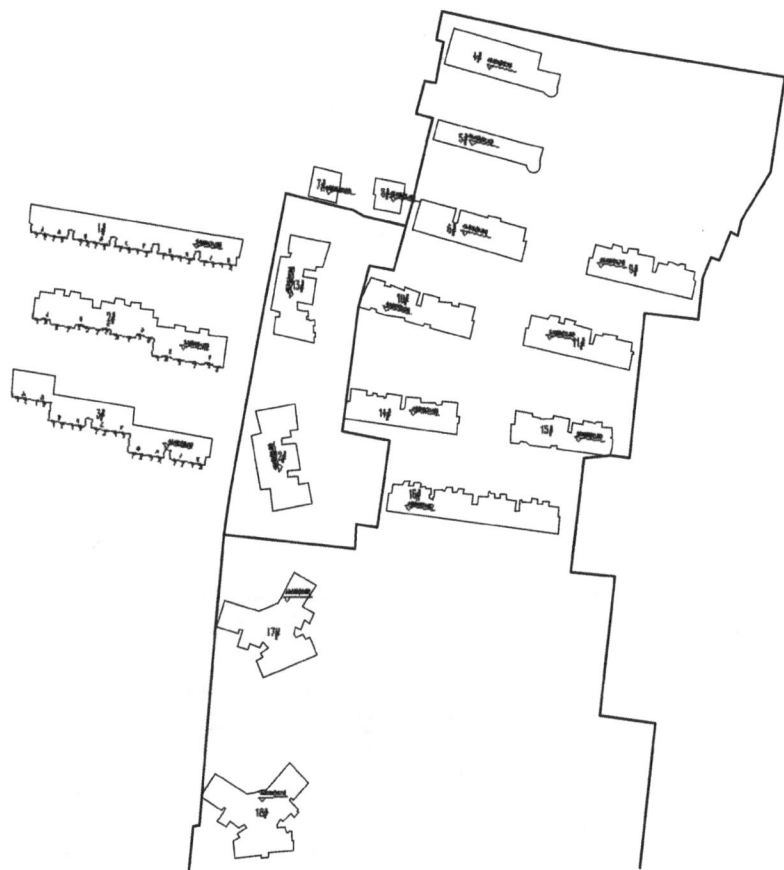

图 10-3　建筑日照模型

采用日照软件进行分析,其结果如图 10-4、图 10-5 所示,可以清晰地看出左边第二栋楼的中间部分是不满足大寒日日照 2 小时标准的。因此老旧城区需要考虑旧城更新改造、基础设施

图 10-4　平面区域分析图 1

和公共服务等因素,根据老旧城区改造的更新与规模程度进行管控,而不是一概而论进行日照管理,新建建筑的日照要求应根据实际情况由主管部门进行松紧适宜的把控。

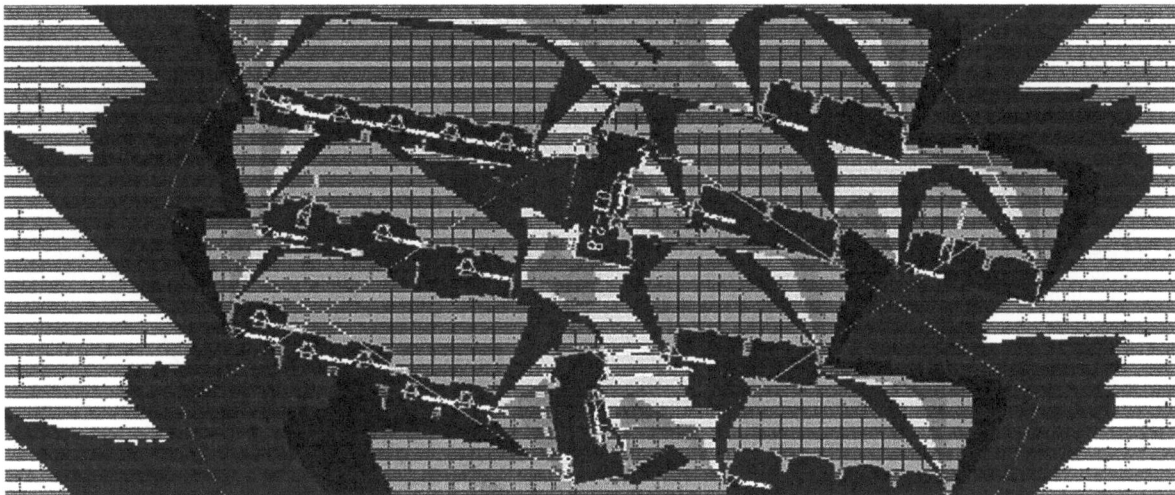

图 10-5　平面区域分析图 2

10.3　地块日照方案设计

从建筑层面已有的日照控制方法来看,建筑阴影的大小和影响范围主要与建筑基底、建筑相对高度(建筑高度与投影面高度之差)、地块本身因素以及建筑组合方式等四个控制因素有关。地块层面的日照控制与建筑层面相似,其不同点在于:遮挡阴影产生的主体是建筑,在明确上述四个控制因素的条件下,每个遮挡阴影范围均能由精确的计算划定,因此可以通过软件的辅助对日照时数予以精确控制;而在控规阶段所能得到的指标有限的情况下,地块的阴影范围并不唯一确定,因此,在采用地块层面日照控制方法之前,必须对地块的日照阴影范围作出规定。

10.3.1　地块日照方案设计原则

在控规阶段能够影响地块阴影的指标有容积率、建筑密度、建筑限高、地块形状、建筑后退边界距离,以及太阳角度。其中主要影响地块阴影的因素有地块形状和建筑后退边界距离。由于城市道路的划分,地块形状通常是不规则的,因此建筑的布局会大大受到地块形状的影响。另外在地块形状已定的情况下,建筑后退边界距离也会直接影响建筑物的布局,部分地块在拿地之初,其规划设计条件会表明含有部分特殊功能的面积,因此建筑红线的退距会格外大,例如,含城市绿地范围、高压线走廊区域(图 10-6)、铁路区域等,这些区域会直接影响最终的建筑布局,从而影响地块阴影面积区域。

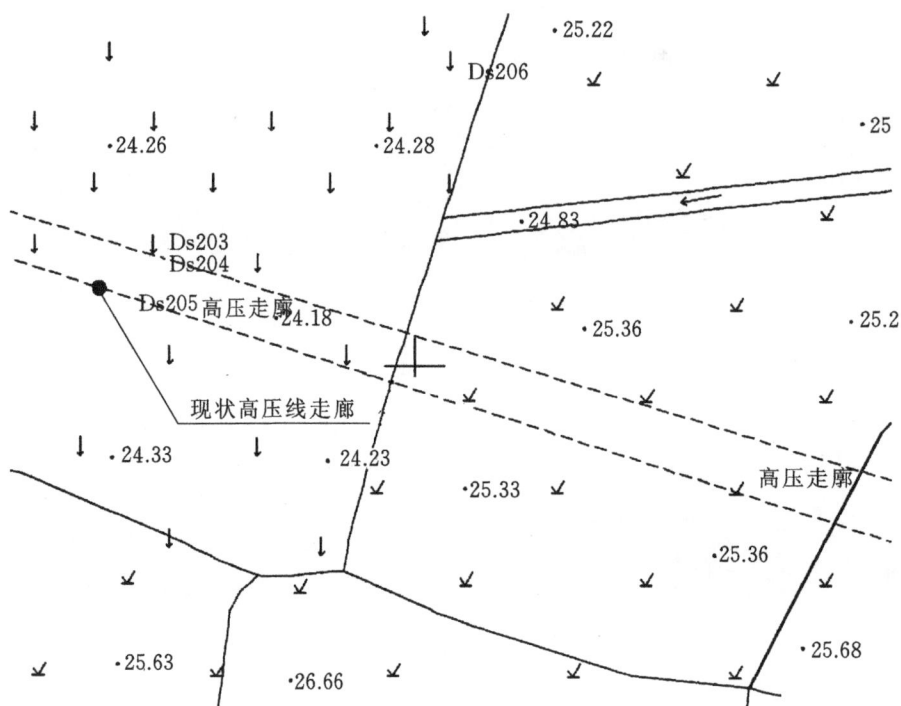

图 10-6　高压线走廊图

　　如果将地块及地块上的建筑物假想为一栋巨大建筑物,其建筑控制线划定的是可建设区域,相当于建筑基底;其建筑限高为地块内可建设的最大高度,相当于建筑高度;太阳角度也可通过计算获得。因此在控规阶段的已知条件下,完全能够利用现有日照分析软件,对地块的阴影范围进行大致的划定。

10.3.2　地块日照方案设计方法

10.3.2.1　通过确定主客体范围进行日照设计

　　(1) 主体范围确定方法

　　主体范围的确定方法有三种,分别为最大范围限值法、建筑三向限值法、南边界矩形法。

　　① 最大范围限值法

　　最大范围限值法是以客体建筑为中心,按照一定的半径 R(R 为日照间距系数 K 与建筑高度 H 的乘积)作出扇形分析区域(图 10-7),日照间距系数 K 的取值可参照《城市居住区规划设计标准》(GB 50180—2018)中全国主要城市不同日照标准的间距系数表。

　　② 建筑三向限值法

　　建筑三向限值法主体分析范围是以拟建建筑高度的 K(日照间距系数)倍为北面界线,东面、西面界线距离范围为 D(D 的取值应结合当地实际情况通过测量和计算得出),由这三个因素围合而成的主体范围。可以看到,这种主体范围计算方法并没有对太阳方位角进行明确规定,而是对方位角和计算范围进行了简化处理,使得分析范围近似于一个方形。

　　③ 南边界矩形法

　　南边界矩形法是以客体建筑为中心,向其东西端和南端偏移固定距离,所构成的矩形即为主体范围。该方法中偏移的距离按当地实际情况确定,以济南市为例,按照《济南市日照分析管

图 10-7 遮蔽扇形区域范围图

理规定》的要求,确定被遮挡的生活居住类建筑后,在其东、西、南三个方向各 75 m 范围内确定其他遮挡建筑。

通过以上方法对比可以发现，不同的主体范围计算方法适用的条件不同，前两种主体范围计算方法更适合高度大于 24 m 的高层主体建筑，对于高密度城市和地区更加适用；而最后一种方法适合于多层主体建筑。

（2）客体范围确定方法

客体范围的确定方法有 3 种，分别为建筑外包系数法、建筑阴影截取法、建筑三向限值法。

① 建筑外包系数法

建筑外包系数法一般以主体遮挡建筑高度的 K（日照间距系数）倍为扇形范围线长度，该扇形区域即为客体范围。

② 建筑阴影截取法

建筑阴影截取法是对建筑实际阴影范围的两端部分进行截取，以客体建筑为圆心，以日照间距系数与建筑高度的乘积为半径，取其与实际阴影的交集区域，即为客体范围。

③ 建筑三向限值法

建筑三向限值法以建筑主体遮挡建筑为中心，东面、西面界线距离最大设定范围为 D，D 的取值按当地实际情况计算得出，北端设定日照间距系数 K 与主体建筑高度 H 的乘积为界线距离范围，K 的取值默认为当地日照间距系数。

将后两种方法的客体范围分析结果与建筑外包系数法的结果进行对比可以发现，后两种方法能够在日照分析计算中划分出主要遮挡的主体建筑（本案例只分析了建筑高度在 24～100 m 区间内的主体建筑）。通过分析发现，对于主体高度小于 24 m 的遮挡建筑应按阴影范围进行计算（建议运用建筑外包系数法）；对于主体高度大于 24 m 且不大于 100 m 的遮挡建筑，应在阴影范围内确定合理的计算范围（三种方法均适用，其中建筑外包系数法的计算结果更为准确）。

10.3.2.2 通过研究进行日照设计

日照的研究方法主要有实地调研法、归纳总结法、案例分析法、软件模拟法。

（1）实地调研法

实地调研是一种常用的研究方法，其形式多样、方法简单、可信度高。通过对现场进行实地考察、发放调查问卷、与参与者进行谈话、现场拍照等多种方式获取需要研究的对象最真实可信的数据，从而进行客观的评价。实地调研是其他各项研究的基础，有研究者亲自参与，一般具有较强的真实性和针对性，调研结果作为第一手资料，在整个研究过程中具有举足轻重的作用。就本书而言，笔者主要通过对大连多个居住区进行现场考察，对一些居住区住宅的内部和外部进行拍照，调查走访不同居住区内不同年龄层的住户，并选取具有代表性的居住区发放调查问卷等方式进行研究。对调查问卷的结果进行汇总分析，得出相应的结论，可作为进一步研究和分析的参考依据。

（2）归纳总结法

所谓归纳，就是在观察的基础上，发现不同对象之间的联系和区别，然后归纳出它们共有的特征，进而得出一般性的结论。归纳是一种由个别到一般的推理方法。所谓总结，就是在开展的活动、执行的任务告一段落或全部完成之后，回顾执行阶段时肯定成绩、寻找不足、总结经验教训的过程。

无论是理论知识还是实地调研，所提供给我们的都只是一些客观信息，如果想要这些信息为我们的研究所用并形成新的成果，就必须对大量的信息和资源进行分类、重组、演绎，在归纳总结的基础上得出新的结论性成果，从而不断地推进研究。简单地说，归纳总结就是将外界的资源或者前人的成果通过一定的方法转化成为可以直接利用的信息，这一转化过程十分重要，是形成研究成果的主要途径。

（3）案例分析法

作为实践型学科，案例分析在建筑与规划相关的研究中有着举足轻重的作用，它是在进行研究过程中，有机地结合已经掌握的典型个案进行分析、综合和评价，从而由具体到抽象得出概念、范畴和理论的研究方法。案例分析法运用广泛，它的优点是将抽象的东西形象化、具体化、系统化，特别是刚刚开始从事相关研究的人员，由于基础薄弱，研究的思路还不够清晰，如果能从具体的案例出发，可以很好地熟悉研究内容，本着由浅入深、从易到难的原则，往往能取得最有效的研究成果。

案例分析法可通过列举正反两个方面的案例，分析两者之间的差异性，从正面案例中总结经验，从反面案例中吸取教训，从而总结出合理的设计方法，最终提出经验性的策略和方法。

（4）软件模拟法

由于专业的特殊性，一些设计方法的检验不可能在建筑建成后进行，这就需要我们在前期通过一定的手段去模拟建成后的效果，随着计算机技术的发展和软件运用的逐步成熟，用计算机进行模拟的方法已经开始广泛使用。借助计算机，通过软件模拟的方法可以避免研究人员因为缺少经验而带来的一系列问题。一些计算软件的精度相当高，与实际情况的误差很小，可以完美地模拟建筑物建成之后的效果。除此之外，研究者可以利用软件自身的特性，在研究的过程中屏蔽掉一些起干扰作用的因素，在一种理想的状态下去进行分析研究，从而更准确地反映出某个因素对于研究的影响。

本章案例将采用大连地区广泛使用的 PKPM 系列日照分析软件对案例中居住区的日照环境进行模拟和分析，其主要工作有两个方面：一是对既有居住区的日照环境进行模拟，提出日照环境的客观评价与分析，结合近年来由于日照遮挡而出现的民事纠纷，总结出建筑与规划设计中影响日照的因素；二是根据以上的研究结论，提出相应的设计策略，在设计前期就采用这些手段和方法进行优化，将相关理念融入设计中，在完成设计后再反过来用软件检验研究者设想的准确性。另外值得注意的是，在研究某些复杂问题的时候，一种研究方法往往不能达到预期的效果，所以一般要求同时使用两种或两种以上的方法，这样多种方法相互配合，综合使用，能达到事半功倍的效果。整体而言，在研究前期，实地调研法应用较多，为研究提供第一手资料和理论支持；在研究中期，归纳总结法和案例分析法应用较多，通过这两种方法研究者可以对前期取得的信息进行有计划的梳理和分析，从而提出自己的观点；在研究后期，则会结合软件模拟法的运用对一些具体案例或者设计进行综合分析，论证自己的观点，进而形成系统的研究成果。

10.3.3　地块日照方案设计案例

（1）通过软件模拟法进行日照优化设计

某地块的日照圆锥面与设计调整示意图如图 10-8 所示，两栋楼间距较小，通过日照软件模拟日照圆锥面发现北面楼栋受到南面楼栋的遮挡，会出现日照不满足相关规范要求的情况，在总平面图还有富余空间的情况下可以适当调整北面楼栋的位置，以此来增大两栋楼的南北间距，但不影响整个地块的整体格局。

（2）通过日照设计改变建筑部分空间功能

在进行日照分析的过程中，建筑的首层往往是最不容易满足日照要求的，若南北间距较紧张不支持加大间距，且日照相差较大时有三种方法，如图 10-9 所示，首先可以加大建筑间距（在总平面图建筑间距还有富余的情况下）；其次可以将建筑首层的用途改为非住宅功能，例如，商

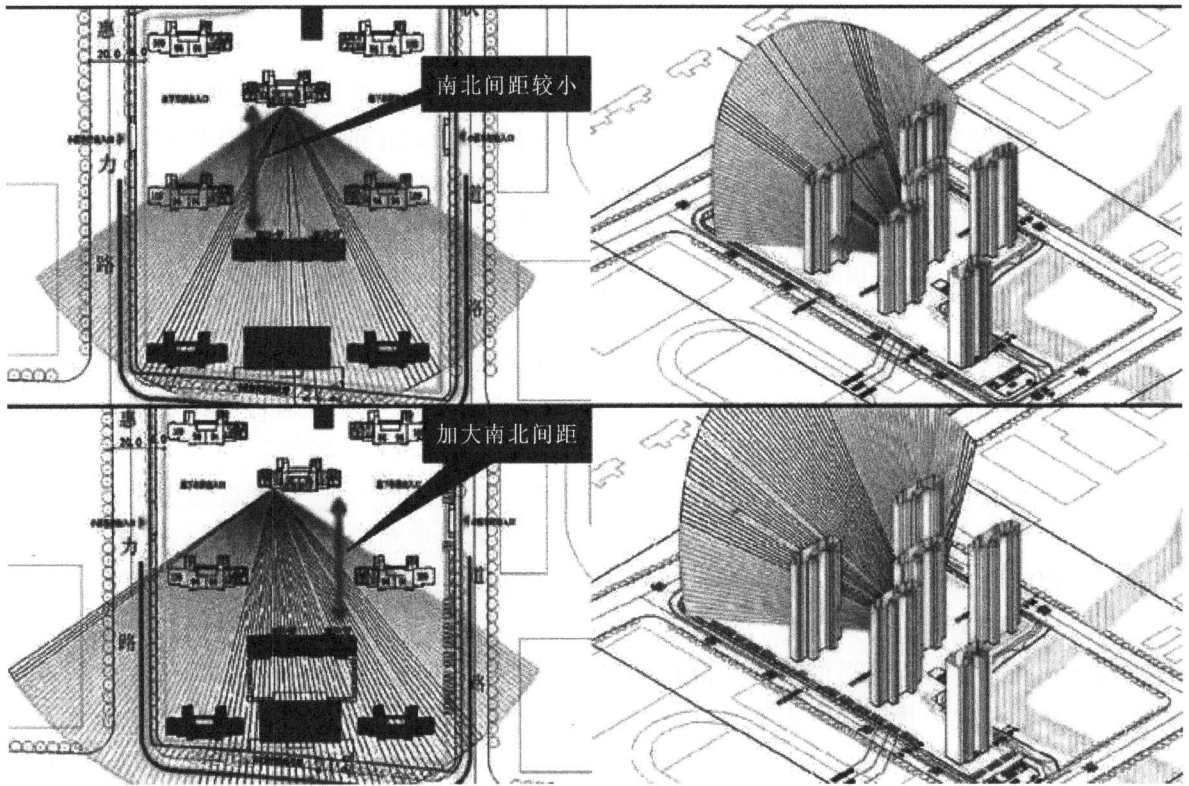

图 10-8　日照圆锥面与设计调整示意图

业性质或者是某些公共空间功能；最后也可以考虑将南侧建筑进行降层，这会影响到开发商的利益，应慎重选择此方法。

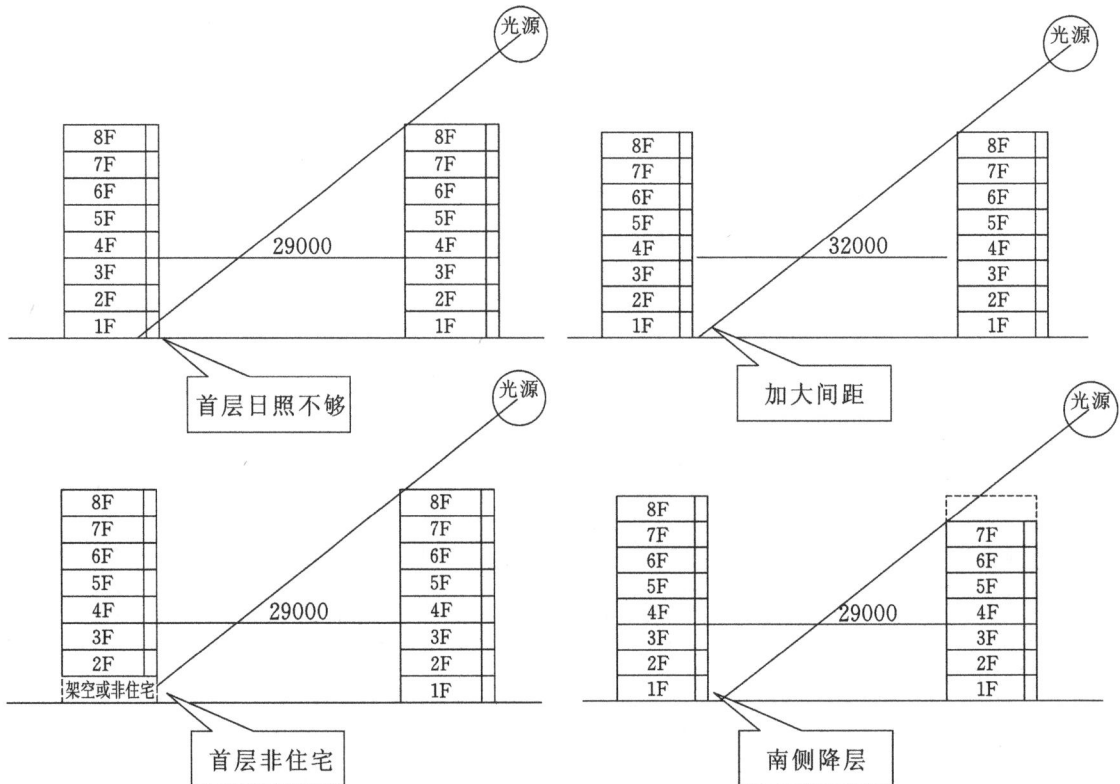

图 10-9　首层功能日照需求与设计调整示意图（单位：mm）

10.4 建筑群体日照关系设计

我国幅员辽阔,气候差异明显,因此南北方对日照有着不同的要求,南方地区具有低纬度和高温、高湿的特点,在住宅设计上需要注重防热、防晒、通风以及采取遮阳和隔热等处理方式。相反,北方地区具有高纬度、冬季时间长的特点,则应注重阳光辐射的热效应及其所带来的温暖感受。因此北方的住区设计相比南方更受日照的影响。

随着城市化进程逐步加快,城市建设用地不断减少,高层高密度的围合式住区形态在南方地区应运而生。这种住区形态因其庭院阴影面积大,有利于环境降温,提高能源利用率,在一定程度上得到了社会的认同。相比之下,北方住区多为南北朝向的行列式布局,这不仅影响了住区的多样性与容积率,还与集约型社会的发展理念相违背。现以日本和韩国住区作为研究对象,借鉴日、韩发展经验,探索日照规范的发展演变与住区形态之间的关系,在此基础上,对我国北方住区设计多样化和集约化发展提出一些建议。

10.4.1 建筑群体日照关系设计标准

10.4.1.1 节能性原则

面对建筑能耗日益增加和能源短缺的现状,许多有责任感的建筑师已经从节能的角度对生态建筑设计进行了有益的尝试,一些适应地域气候条件、具有鲜明节能特色的建筑创作不断涌现。目前,很多发达国家已经逐步淘汰许多传统意义上的住宅,开始使用能耗低、舒适度高的新型住宅。由于采用了先进的建筑材料和建造技术,这种住宅能根据当地的气候特点,对作用于建筑物的多种自然因素进行自动调节,并且充分利用阳光等清洁能源,减少自然因素对建筑能耗和居住舒适度的不利影响,最大限度地将室内环境控制在人们的舒适范围内。

10.4.1.2 节地性原则

人类进行建筑活动的一个必要条件就是土地,城市化本身就是对土地资源的利用所构成的一种社会形态。地球上的各种资源包括土地资源是不可再生的,土地随着人们的利用将变得越来越稀缺。人类一方面需要控制自身的发展规模,另一方面,需要尽可能地节约有限的土地。以我国为例,为了生产足够的粮食保障十几亿人的生存,必须保证18亿亩的耕地面积,剩余的土地中可以用来建楼房的也并不多,因此"节地"的原则就显得尤为重要。

土地是人类的财富,但是随着城市化的发展,人类对土地无休止的利用,使得全球范围内都产生了土地危机。一些城市急速扩张,导致大量的耕地、水田、林地被吞噬,即便如此,城市用地仍旧十分紧张。对于这种现状,相关部门早已将"节约用地"作为我国城市发展和建设中的指导思想,写入相关法律规范。因此,在满足日照要求和其他环境要求的同时,如何把握"节地"的原则,提高土地的利用率,将土地价值最大化,是我们进行住区日照研究和设计的一个主要目标。

值得注意的是,良好的日照环境与节约用地本身是相互矛盾的。越来越多的高层建筑虽然起到了明显的"节地"作用,但是这些高层建筑产生的阴影却严重影响了人们日常生活的日照环境,特别是高纬度地区的日照问题尤为突出。以我国东北的黑龙江省为例,冬季太阳高度角很低,要保证这一地区满足冬至日2小时的日照要求,则日照间距系数需要达到3以上,普通6层住宅之间的南北间距将达到 50 m 以上,这显然会使建筑密度过小,不利于节约用地。因此,如何从建筑设计的角度去解决这一矛盾,将是我们研究的重点。

10.4.1.3 可持续发展原则

面对越来越多自然灾害的发生,一些人开始清醒地认识到,人类对于地球资源的索取不能是永无止境的,要想继续生存和发展,人类就应当控制住自己不断膨胀的欲望,否则将遭受到大自然无情的报复。

20 世纪以来,现代建筑行业蓬勃发展,各种设计思潮不断涌现,建筑界也开始重视环境问题。设计者逐渐认识到建筑与自然之间密不可分的关系,特别是在从事建筑活动的过程中,对自然资源的利用方式逐步从消费型向循环再利用型转变,在改善人类生活环境的同时,也更加关注自然环境和生态平衡。设计者对建筑与生态环境之间相互关系的深层次理解还为建筑设计提供了新的思路,而是否对自然资源进行可持续的利用已经成为当今建筑优秀与否的一个评价维度。太阳能的利用无疑成为建筑设计的一个热点。

"可持续发展"的概念最早是在 1972 年瑞典举行的联合国人类环境研讨会上提出来的。可持续发展是一种注重长远发展的经济增长模式,它要求社会经济的发展既满足当代人的需求,又不损害后代人满足其需求的能力,是科学发展观的基本要求之一。研究统计表明,建筑及其相关产业的温室气体排放量接近全部排放量的一半,必须通过各种方法和手段减少人类建筑活动对自然生态环境的压力。"可持续发展"对建筑界的要求,就是在建筑物的设计、建造、使用、维护、回收等各个环节中,充分考虑节约能源、减少能耗、减少污染物排放的原则,在快速发展与保护环境之间求得平衡点。从本书研究的太阳能资源的利用来看,就涉及建筑、规划、设备、结构、构造、景观、气象、地理等多个学科门类。作为一个跨学科的研究课题,"可持续发展"建筑的相关研究必将给建筑界带来一场深刻的变革。

10.4.1.4 布局优化设计

一般来讲,建筑物获得日照主要通过高度角和方位角。对于南北向多层板式住宅而言,在规划布局时,一般只要满足日照间距系数的要求,就可以使阳光通过南侧住宅照射到北侧住宅底层窗台面,对于高层板式住宅而言也存在通过高度角来获取日照的可行性;塔式建筑的日照情况与板式住宅不同,其主要通过南侧建筑之间的间隙获取日照,如果通过高度角来获取日照会使建筑用地量增加,这显然是不经济的,因此,通过方位角获取日照、建筑侧向间距不小于正面间距是塔式住宅建筑布置的主要特点。

通过方位角获得日照按照遮挡建筑与被遮挡建筑的平面位置关系可以分为两种情况。当遮挡建筑位于被遮挡建筑主朝向的正前方时,正午的太阳光线被遮挡,因此,被遮挡建筑的光照往往通过上午和下午的斜向通道来获得;当遮挡建筑位于被遮挡建筑主朝向前方两侧位置时,正午阳光可以到达被遮挡建筑。通过观察可以发现,要想使被遮挡建筑获得足够的有效日照时间,就需要通过调节遮挡建筑的侧向间距、面宽以及遮挡建筑和被遮挡建筑的朝向来控制。

在进行居住区群体优化调整时应遵循以下调整原则:①调整次序:遵循由外至内、由限定到可变、由南向北、先易后难、先多层后高层的分析顺序进行调整;②调整思路:塔式住宅为主导时,先考虑方位角,再考虑高度角;③分区分块:根据规划条件确定性,叠加地块条件限定性,调整难易程度,将分析地块进行划分,逐步进行调整。

居住区群体优化调整的基本思路主要包括以下三个层面:①调节通道高度,扩大建筑正向建筑日照间距;②调节通道方位,可通过增大侧向间距来达到调节目的;③由于前两种调节方式涉及建筑用地范围、容积率等方面,调节力度有限,如果仍然不能达到日照标准要求,可对建筑方案进行适当的调整,如将底层受影响的房间进行架空处理或者将其改造成其他通道空间,以增加该日照计算的高度通道。

10.4.2　建筑群体日照关系设计方法

10.4.2.1　行列式布局

行列式布局是采用条式单元住宅或联排住宅,按一定的朝向和间距成排布置,这种布置方式可以使每户都能获得良好的日照和通风条件。但如果处理得不好,形成的空间往往会单调呆板,某行列式布局小区效果图如图 10-10 所示。

图 10-10　某行列式布局小区效果图

行列式布局最差的位置是处在前方建筑正后方的建筑,在修建的时候前方建筑也不宜过宽、过长,要尽量避免影响后方建筑的通风和采光。

（1）角度旋转法

针对上述行列式布局存在的问题,在保证容积率不变的情况下,可通过对建筑群体进行整体角度偏移以达到扩大建筑间距、相对减少建筑面宽遮挡的目的。

角度旋转形成斜列可以弥补行列式布局的日照缺陷,对建筑容积率几乎不造成影响,但是斜列式布局在偏转过程中可能会牺牲建筑的景观朝向优势,同时也会造成原先日照充足房间的日照质量下降,在设计过程中可以辩证地使用此法。

单点日照问题是一个基本算法,只有分析出每一个点的日照情况,才能计算出整个建筑的日照情况。

将任意一个待观测点作为顶点,把太阳的运行轨迹当作底面,这样就形成了一个日照圆锥,行列式布局整体偏转朝向有利日照变化如图 10-11 所示,日照圆锥上的每一根母线都是太阳在不同时间上照射到该点的光线。当所选建筑物突出圆锥面的时候,就对观测点形成遮挡,此时建筑物和圆锥面形成相贯线,同时作出相贯线的切线。该切线对应一个太阳方位角,通过太阳方位角可以求出太阳在该位置时的太阳高度角和真太阳时,从而通过两条切线的位置求出建筑物对该点形成遮挡的时间范围。对于多个建筑物,需要求出各个建筑物在该计算点的遮挡时间范围。总的日照时间减去各个建筑的遮挡时间范围,剩余的时间段为日照时间范围,从而可以求出该观测点的日照时间。

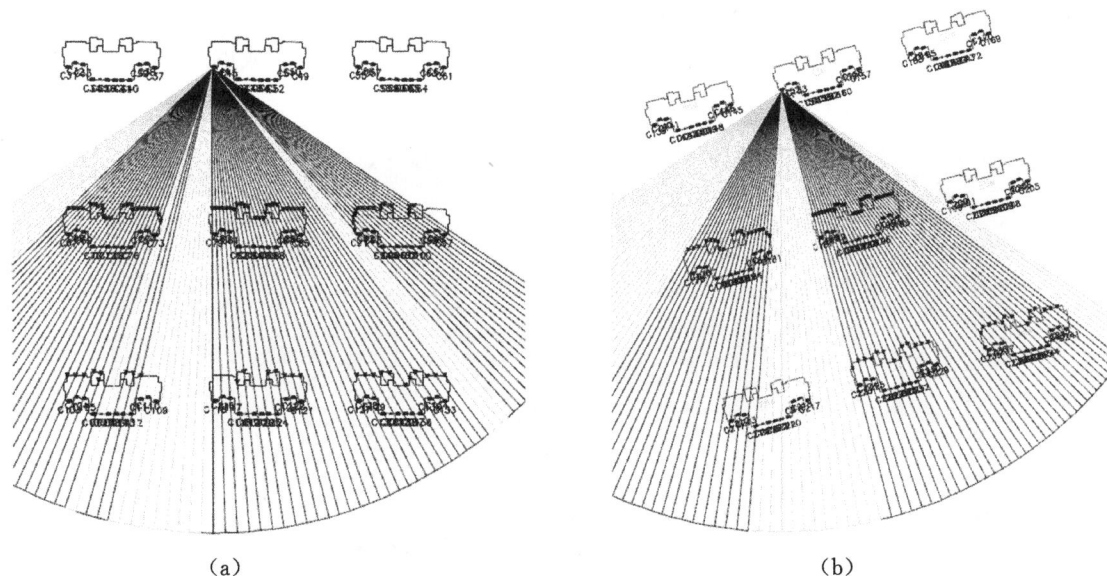

(a) (b)

图 10-11 行列式布局整体偏转朝向有利日照变化

(2)东西、南北错位法

将行列式布局进行东西错位式变化,虽然后排建筑的日照情况没有明显改善,但北侧中部受遮挡建筑的日照阴影遮挡面下降,增加了被遮挡建筑的南向受日照面积,这是由于东西错位布置,中间部位建筑南侧采光口的日照方式发生了改变,偏移以后,其日照主要依靠南侧建筑侧向间距的空隙,同时建筑群的日照不利区域由原先的中间部位转向西北方向。

行列式布局主要靠太阳高度角获取日照,对于方位角并未进行合理的利用,如果对进深方向上的建筑横排面进行错位布置,设置合理的建筑侧向间距,能够大幅度提高被遮挡建筑的有效日照时间,避免大跨度地增加建筑正向间距而造成土地浪费,实现节约建设用地、提高容积率的目的。

南北错位是指建筑通过在南北方向上的移动来改变原先的平行排列布局,经过南北错位之后,第二排建筑的日照情况得到改善,建筑中间日照情况优于建筑两端。这种布局形式并没有对小区道路布局产生大的改变,且能为北侧建筑提供更多的方位日照。由于这种布局形式是向后形成错位,可能会导致相邻建筑之间的间距变小,影响到建筑的高度角日照情况,对正午左右的日照情况没有较明显的改善,但对于改善后排建筑日照情况十分奏效。

10.4.2.2 围合式布局

建筑布局中的围合式布局,有的形似口字,有的形似回字,像口字的是单围合式,像回字的是双围合式。单围合式布局类似四合院,这种围合方式是在模仿中国传统建筑的布局方式。围合式建筑就是各栋住宅沿周边布置,建筑中心形成较大的中心花园,从而创造出一个具备私密性的生活空间。围合式布局小区效果图如图 10-12 所示。

图 10-12　围合式布局小区效果图

因为沿用地周边设计可以形成有效的社区边界,小区环境也容易封闭。小区有了明确的边界,就有了可以被辨识的可能,才能创造社区感和归属感。采用围合式布局的建筑可以在区域中心修建较大的花园,尽可能做到户户朝景,让更多的家庭能够欣赏到小区精心打造的景观,为住户营造舒适安全的社区环境。

围合式布局的主要特点是建筑沿基地的周边布置,在基地内部通过建筑围合形成一定数量的次要空间共同支撑主要空间,基地主次入口按基地周边的具体环境设置,如公共交通流线、功能分区布局等。相较于传统的行列式布局,围合式布局在节约用地和容积率控制方面具有一定优势,但应注意控制建筑高度避免造成大面积日照遮挡。

（1）优势朝向开口法

采用围合式布局的建筑拐角处的日照遮挡情况比较严重,个别部位处于全天无日照状态,围合空间北侧住户的日照受影响程度较高,其日照水平与围合式布局开口的尺寸与数量有直接关系,增加开口尺寸和数量即可增加北侧建筑的方位角采光通道,使其能够获得更多的日照时间。

由于围合式布局建筑的阴影遮挡主要来自于其东、西、南三侧的高层建筑遮挡以及建筑自身形体遮挡（如建筑拐角处）,这是无法避免的,只能通过合理的优化设计手法进行缓解,因此,在进行围合式布局建筑的优化设计时,应注意控制东、西、南三侧的建筑高度来使北侧建筑获取一定的高度角采光通道,同时合理控制开口的数量和尺寸,增加其方位角采光通道。围合式布局建筑的布局特征决定了当在南侧设置开口（如 U 形开口）时其日照效果最佳,因此,在优势朝向上的开口,其尺寸不宜过小。

（2）巧设建筑功能法

围合式布局是现在常见的一种布局形式,可以提高容积率和改善庭院效果,但会导致很多朝向不好或者拐角位置的房间得不到良好的日照,对自然通风也不利。建筑转角自身阴影遮挡是围合式布局无法克服的日照缺陷,其解决办法为将阴影角设计成小户型、辅助房间或者局部架空（图 10-13）,避免居住空间设置在日照不达标区域;减少东西向的围合,即使围合,其层数也不应太高,东西向尽可能通透,增加方位通道的日照,围合处的建筑最好能够架空几层。

图 10-13　建筑物底层日照不利时设置架空层

10.4.2.3　混合式布局

混合式布局形式是通过多种布局形式组合形成多种共同空间和组合空间,使住宅区中的住宅、道路等都具有各自的特点,形成住户在住宅区中的归属感。充分自由的布局形式有利于提高住宅区的建筑容积率,但会产生复杂的建筑阴影遮挡,在这种情况下,通过传统计算很难计算出建筑日照间距。因此,在采用混合式布局时应尽可能地合理布置建筑,以避免多种建筑形体产生的复杂阴影遮挡,满足正常的日照需求。

（1）方位角调整法

高层住宅混合式布局往往采用塔式、板式高层住宅建筑混合布置的形式。设计方可利用不同面宽建筑混合布置来解决日照问题,在住宅区东南、西南面利用点状布置缩小建筑间距,有利于日光射入;北面设置高层条式或板式住宅。具体的优化设计措施有:首先评估住宅区内的整体日照情况,若只存在个别高层住宅日照遮挡问题,可尝试通过调整方位角采光通道的方式进行解决。

（2）侧向孔隙法

当住宅区内整体日照情况不佳时,可尝试调整住宅区内的规划布局方案,这往往对原有规划方案是颠覆性的。以混合式住宅为例,可先将塔式住宅布置在南侧朝向好的位置,板式住宅布置在塔式住宅的北侧,以便更好地利用建筑侧向空隙来获取日照。

此外,还可以使点式住宅和板式住宅相结合,错列布置。通常来说,板式住宅中户型具有较为规整的特点,其采光条件相对而言比较优越,但是其建筑阴影的影响面积较大,因此板式面宽通常最多为三个单元,否则会产生较大范围的阴影。点式住宅在户型方面的优势会比板式住宅弱,但点式住宅具有占地小和体量小的特点,因此其产生的阴影移动速度较快,并且阴影的影响范围也较小。对板式和点式住宅进行有规划的合理布置,不但能够实现更加科学的日照设计,同时对于土地利用率以及经济效益的实现也是至关重要的。

（3）高低错落法

高低错落法是指在同一小区里规划几种不同层高的建筑进行合理的错落搭配,其具体措施为减少层数或者降低层高。当已经确定好建筑间距,并且不能对其进行改变时,可以适当地减少遮挡建筑的层数,从而能够有效地降低建筑物的高度,但要注意的是不能减少过多的层数,通常减少1~2层比较合适,这样能够保证整个小区内建筑具有统一性和完整性的特点。除此之外还可以适当地降低建筑的层高,但是层高会影响到住户的体验,因此为保证舒适性,建筑结构应保证层高最低为2.8 m。

10.4.3 建筑群体日照关系设计案例

随着国内商品房住宅的发展,城镇建设用地趋于紧张,规划管理部门对于日照的管理也随着日照权被大众重视而日趋严格。设计人员的日照设计理念也在逐渐加强,更多的设计人员开始将日照分析软件作为方案优化和调整的工具,这使得日照分析软件在国内得到广泛应用。有时利用日照分析软件模拟进行小小的位移调整,就能满足建筑的日照时数要求。

某住宅建设项目用地范围外有一片住宅小区,西侧是城市主干路,东侧是建筑空地,北侧是住宅小区,无医院病房楼、托儿所、幼儿园及疗养院等建筑类型。通过日照分析软件评估拟建建筑与已建建筑住宅小区之间的日照影响情况,各项参数设置参考表9-2。

该项目的日照要求为:每套住宅至少应有一个居住空间能获得2小时日照,将现状建筑5♯、6♯和拟建建筑1♯、2♯、3♯、4♯、5♯、6♯、7♯、8♯、9♯、10♯、S1♯、S2♯、S3♯、S4♯、S5♯、S6♯、垃圾房、门房、开闭所确定为分析范围,对其进行多点沿线分析及平面区域分析、窗户分析。住宅小区主客体范围分析图见图10-14。

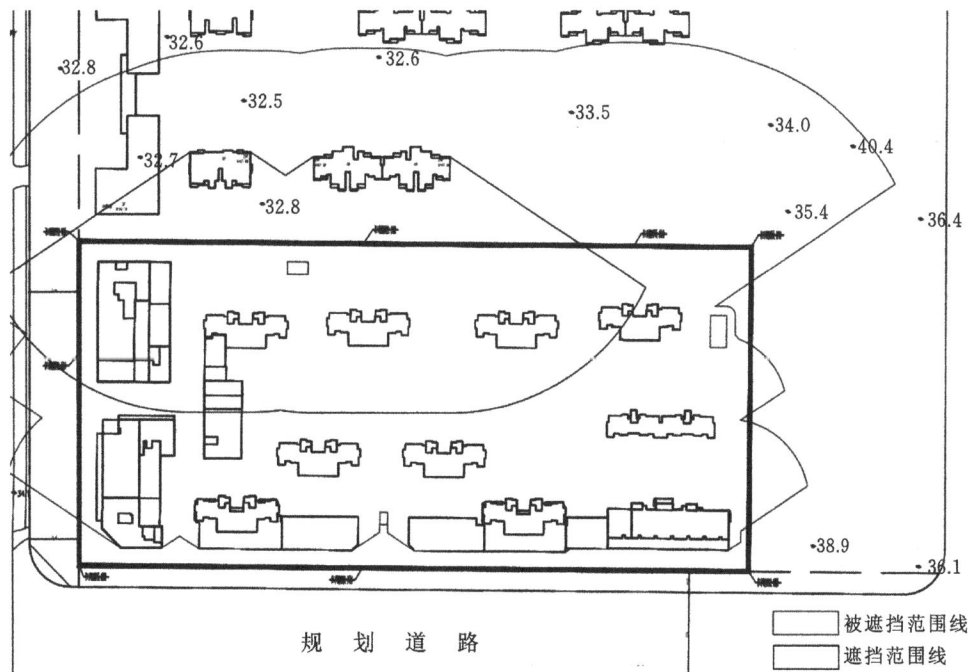

图10-14 主客体范围分析图

最初方案的日照分析结论为:拟建建筑4♯楼有396个窗户,其中15个窗户不满足日照标准,一套住宅不满足日照标准。日照分析过程如图10-15、图10-16所示。

在保证日照要求的前提下,利用日照圆锥模型可对规划建筑做出优化调整和遮挡分析。日照圆锥面遮挡分析图如图10-17所示。

将日照圆锥面的图形转为三维,旋转至便于观察遮挡建筑光线通道的位置,直接对遮挡建

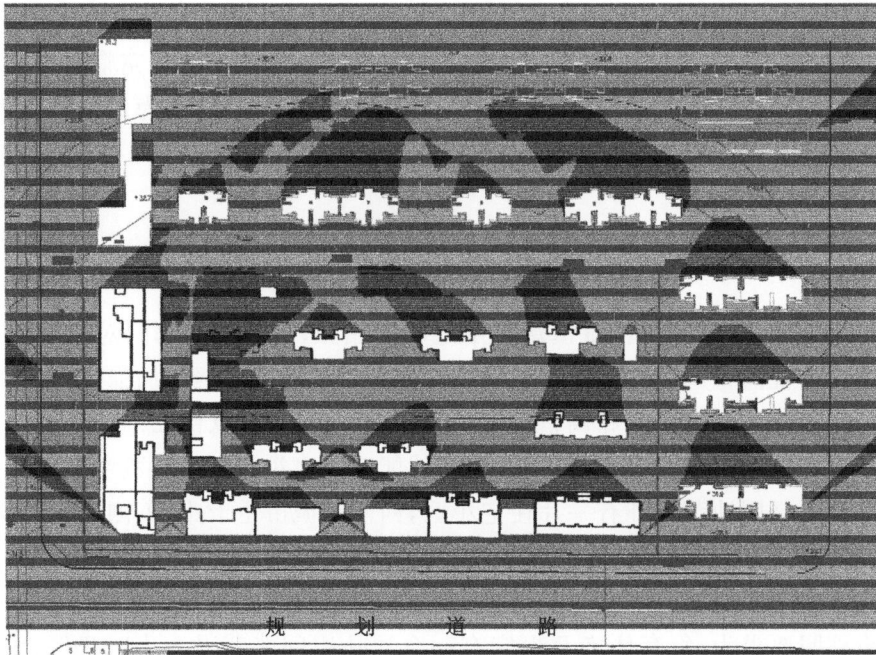

图 10-15　平面区域分析图

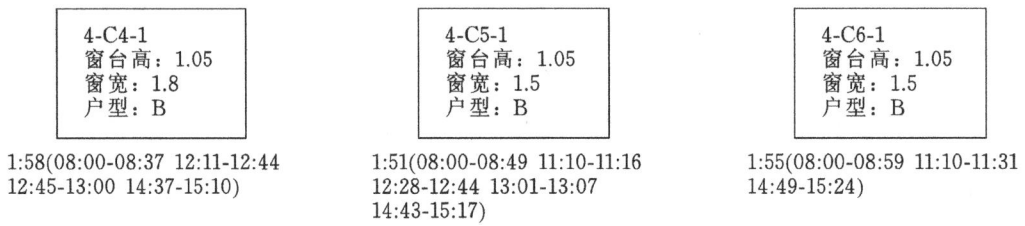

<table>
<tr><td>4-C4-1
窗台高：1.05
窗宽：1.8
户型：B</td><td>4-C5-1
窗台高：1.05
窗宽：1.5
户型：B</td><td>4-C6-1
窗台高：1.05
窗宽：1.5
户型：B</td></tr>
</table>

1:58(08:00-08:37 12:11-12:44
12:45-13:00 14:37-15:10)

1:51(08:00-08:49 11:10-11:16
12:28-12:44 13:01-13:07
14:43-15:17)

1:55(08:00-08:59 11:10-11:31
14:49-15:24)

图 10-16　方案调整前窗户分析图

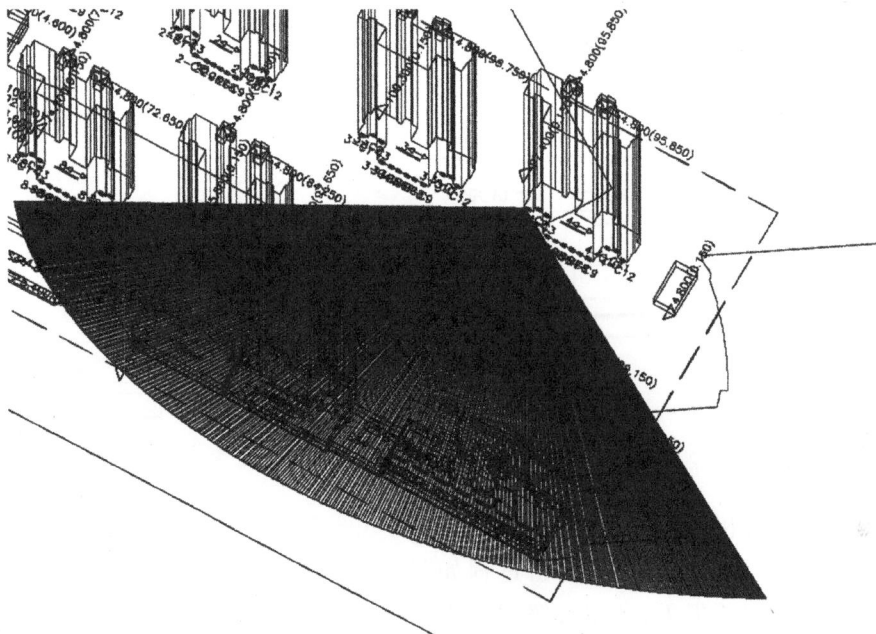

图 10-17　日照圆锥面遮挡分析图

筑或被遮挡建筑进行位置调整或旋转,直到得到所需要的光线遮挡时间段为止。

将拟建建筑 4#楼整体向北移动 0.18 m,可达到日照要求。调整后窗户分析图如下图10-18所示。

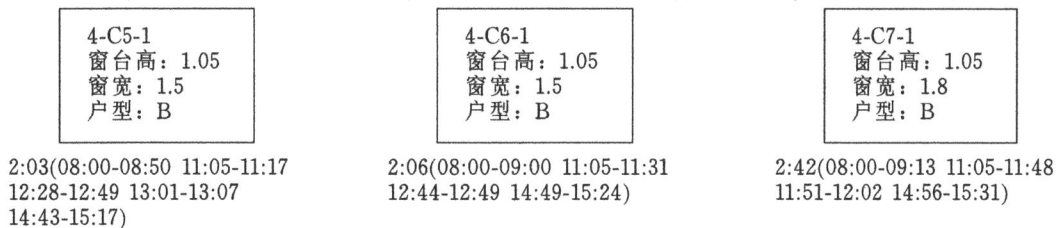

4-C5-1
窗台高：1.05
窗宽：1.5
户型：B

2:03(08:00-08:50 11:05-11:17 12:28-12:49 13:01-13:07 14:43-15:17)

4-C6-1
窗台高：1.05
窗宽：1.5
户型：B

2:06(08:00-09:00 11:05-11:31 12:44-12:49 14:49-15:24)

4-C7-1
窗台高：1.05
窗宽：1.8
户型：B

2:42(08:00-09:13 11:05-11:48 11:51-12:02 14:56-15:31)

图 10-18　方案调整后窗户分析图

调整后的方案日照分析结论为:拟建建筑 4# 有 396 个窗户,其中 12 个不满足日照标准,0套住宅不满足日照标准。

通过对该建设项目的分析可知,日照受到建筑群体位置影响较大,同时在产生日照遮挡的环境下,方案的调整方式有多种,不仅可以对拟建建筑的方案进行建筑距离调整,还可以从建筑高度、建筑周边环境和偏移角度着手考虑,通过多项比较选取最优的方案。

本案例中,首先对规划方案进行日照分析,如窗户分析、单点分析、多点沿线分析等,找出不满足日照的最不利点,然后生成该点的日照圆锥面。可直观地观察日照和遮挡的时刻和时间段。最终对拟建建筑进行较小的位置调整以满足日照要求,最大限度地保留原方案的布局设计。

10.5　建筑内部日照需求设计

除了规划布局因素造成的外部建筑遮挡,住宅自身的单体设计方面的影响也不容忽视。住宅单体设计方面的问题基本来自于建筑自身的遮挡,包括阳台的遮挡、凸立面的遮挡、窗口大小和位置导致的遮挡等,其中来自建筑自身阳台和凸立面的遮挡最为严重,直接影响室内的采光质量。

根据笔者的调研,华东、华中地区规划部门会采用虚拟建筑法,即委托规划设计专业人员,凭经验对多个地块的建筑进行大致布局、设计,有关住宅基本满足既定的日照标准,对相关建筑高度、形态做出限制性的规定,将其作为土地出让前的规划设计条件,后续建设项目的真实建筑设计不得突破虚拟布局方案的约束。在实际操作过程中,真实项目肯定受虚拟建筑很大强度的制约,开发商的变动余地很小,会经常受到监管。当可开发地块面积较小(可能只允许布置 2～3 幢高层建筑),周围已有建筑很密集,日照要求明确、固定时,才适合采用虚拟建筑法,其预先布局、设计的工作量很大。虚拟建筑的面积、形态容易受到主管部门、开发商的干预,其中限制性规定不一定有法规依据,透明度不高,这是该方法难以普遍使用的另一个原因。

在高层建筑密集,建筑物之间关系复杂,建筑物自身的朝向、形体、窗台位置、户型复杂的条件下,须明确日照水平下降的责任由谁承担,是由一家承担还是多家承担(包括该建筑物的业主)。从土地批租到规划设计、施工验收、房屋维修、局部改建阶段,特别是相邻地块建设顺序有先后时,各个环节都会影响日照,这时均应设置对应的责任规定。例如,上海市规定,建筑物的次要朝向按规定的建筑间距控制就行,可以不做日照分析。显然,这项规定隐含了责任的划分,即被遮挡建筑的次要朝向上有窗户,即使达不到日照标准,只要达到规定的间距,建设方可以不承担责任。笔者认为,这有利于提高土地的利用率,而且简化了管理程序,如果为了保护某个朝向不合理的窗户,后建的建筑可能需要设置较大的间距,这对相邻土地的利用率是很大的限制,而且在现实中,对于建筑物内部居室的调整,规划管理机构很难控制,更难事先防范。

10.5.1 建筑内部日照需求设计标准

10.5.1.1 阳台的设计标准

阳台设计是住宅设计中的重要一环。阳台是住宅建筑中不可或缺的室内外过渡性空间,一般要求每套住宅都应设置阳台。阳台不仅丰富了建筑的外立面设计,更为居民生活带来了便利,例如,生活阳台一般都设置在南侧,并与起居室、卧室相连通,为住户提供半室外的生活空间,方便衣物晾晒、休闲娱乐等日常生活需求。因此,对于城市居民尤其是高层住宅住户来说,阳台的作用十分重要。

阳台由于其悬挑结构而突出于建筑主体之外,在一定程度上遮挡了一部分直接照射进室内的阳光,如果设计不合理很可能影响到室内的日照情况。对于相邻户型而言,如果住宅阳台设计不合理,如阳台悬挑尺寸过大,很可能对相邻住户居住空间的日照产生影响甚至造成遮挡,因此,研究减少阳台对居住空间日照遮挡的设计策略是十分必要的。

10.5.1.2 窗户的设计标准

建筑日照主要是通过阳光透过窗口照射到室内的持续时间来衡量的,因此,不同的建筑构件对建筑日照都存在一定的影响。在分析窗口的日照影响时应从窗洞口的大小、位置及外墙厚度等方面进行分析。

居住建筑的窗宽尺寸存在很大差别,总体来讲有越来越宽的趋势,窗户宽度越大,越有利于提高室内日照水平,增强室内视野的开阔度。但是,从日照计算的角度来说,当窗户所处位置的日照状况不佳时,窗户宽度越宽,满足相关日照标准所规定的有效日照时数的难度也相应增加。因此,窗户的宽度需要界定一个合理的取值范围。

按照《建筑日照计算参数标准》(GB/T 50947—2014)的相关规定,宽度不大于1.8 m的窗户,应按实际宽度计算;宽度大于1.8 m的窗户,可选取对日照有利的1.8 m计算。为了从日照计算分析的角度验证窗户宽度与日照影响的关系,以山东地区某小区为例,选取的目标建筑为一栋11层住宅,对其窗户日照进行讨论,其6个窗户均设置1.8 m、2.1 m、2.4 m三种窗宽尺寸。不同窗宽对日照的影响见表10-1。

表 10-1　不同窗宽对日照的影响(一)

窗户号	窗宽1.8 m日照时数	窗宽2.1 m日照时数	窗宽2.4 m日照时数
C1	1小时55分钟	1小时50分钟	1小时50分钟
C2	2小时	2小时	1小时55分钟
C3	2小时15分钟	2小时15分钟	2小时10分钟
C4	2小时10分钟	2小时10分钟	2小时5分钟
C5	1小时50分钟	1小时50分钟	1小时45分钟
C6	1小时45分钟	1小时40分钟	1小时40分钟

窗户宽度均沿窗中线向两侧递增,排除了窗户位置水平移动带来的影响。通过分析发现,

随着窗户宽度的增加,窗户的有效日照时数总体呈递减趋势。

为了验证是不是窗宽尺寸越小对室内的日照水平的提升越有利,笔者对上述案例中的窗户重新进行了建筑沿线分析,通过沿线分析发现,缩减窗户宽度使得窗户的有效日照时间得到增加,是因为在建筑日照计算中,由于窗户分析采用的是满窗日照计算,以日照计算窗台面的左右两端为分析点,窗户宽度缩减过程中,部分原有的日照不利点被减去,使得日照时间得到了提升,但是通过分析 C1 至 C4 号窗户部分的沿线分析数据发现,缩减过程中同样有大量的日照有利点也被减去,因此,也会产生部分窗户的有效日照时数变小的情况。缩减窗户宽度并不适合所有的南向窗户,应在对实际分析数据进行建筑沿线分析后得出结论。

本小节对于窗宽的研究是基于按窗户左右端同时为满窗日照,并未对窗中点情况下的满窗日照进行考虑,因此仍然存在诸多的不确定性,可能不利于居室实际日照水平的提升,而且窗户宽度变小会影响住户视野的开阔度,缩小室内的日照面积,也不利于建筑内部的整体协调处理,因此,在建筑日照优化设计中除非不能采用其他日照优化手段,一般应尽量避免调整窗户宽度。

10.5.2　建筑内部日照需求设计方法

10.5.2.1　阳台设计方法

在进行阳台设计的时候,应将阳台出挑的尺寸合理控制在 1.5 m 以内,并且控制阳台的数量,一户中朝南的阳台不宜多于两个。阳台不宜封闭,若需封闭,应采用透光性能好的玻璃和透光面积大的封闭阳台形式。阳台应选择合理的位置,尽可能将阳台与客厅相连,若必须与卧室相连,为保证主卧室采光,阳台宜设计成与次卧室相连。连接阳台的房间的窗应尽量扩大面积,可以设计成大面积的落地玻璃门或者窗。阳台边梁尽可能设置在阳台板上面,即采用"反梁"的结构形式,阳台装修时应采用反光效果好的浅色建筑材料铺装。

在进行立面设计的时候,在保证立面效果的同时,应尽可能减少立面的凹凸,通过其他设计方法丰富建筑立面。如果立面必须设计有凹凸变化,那么在设计凹立面的窗的时候宜采用飘窗、一步阳台等元素,将采光面向外延展,争取更多的阳光。在塔式住宅户型的设计过程中,要注意各户型凹进凸出的尺寸,以及窗位的布置,尽可能使窗位远离外墙面的转角处,减少来自建筑自身的遮挡。

对于必须设计凹槽的住宅,应尽可能扩大凹槽的范围,使其成为凹立面,而不是狭窄的凹槽。合理安排主要房间的位置和尺寸,将凹槽的形式适当变化,形成"外大内小"的形式,尽量不要将主要功能用房如书房、次卧室等的窗开在凹槽内。凹槽内应该采用白色墙面装饰材料,增大外来光线的漫反射。

根据阳台用途和样式的不同,主要可以从以下几点分析阳台对建筑日照的影响:

(1)阳台的布局设计

通常来讲,居住空间中的南向主卧、起居室等是日照设计的主要考虑对象之一,阳台布局若采用卧室与起居室共用大阳台的设计,考虑到主卧具有较强的私密性,因此,卧室与阳台连接处的窗宜采取间隔处理,以保证其私密性,但这往往会影响到卧室的日照水平,不利于满足住户日常生活的需要,再加上阳台自身对阳光的遮挡作用,一般来讲卧室尤其是进深较大的卧室的日照效果往往不佳。

鉴于以上情况,在进行阳台布局设计时往往结合起居室综合考虑,起居室是供家庭成员日常活动、交流的开放性空间,对于私密性要求较低,在设计与起居室相连的阳台时可将中间的连窗加大或者设计成落地玻璃窗,减少阳台自身对日照的不利影响,改善起居室的视觉感受,提升其视觉开阔感,同时,也有利于家庭成员更加方便地利用阳台,因此从室内日照情况来看阳台适合与起居室相连接。

（2）阳台的大小与数量

一般来讲阳台的悬挑尺寸大多都在 1.2 m 左右,这对于居民的日照需求而言略显局促,倘若把阳台封闭,将其改造成其他空间如书房、次卧等则内部空间会更加紧张,因此居民普遍有增大阳台悬挑尺寸的呼声,但笔者认为,一味地增大阳台的尺寸并无必要,大阳台的结构设计也不经济,而且还会对相邻居住空间的日照造成一定不利影响,阳台出挑过大不仅使阳光照射深度和日照面积减少,而且在南向及接近南向的房间,还会缩短室内日照时间。因此,阳台的悬挑尺寸宜控制在 1.2 m、1.5 m 左右。笔者认为阳台的数量并不是越多越好,某些利用阳台将南向所有主要生活空间连通的做法也不科学,这不仅会对室内围合空间的日照造成不利影响,使其难以保证居室内正常的日照水平,同时各个房间同阳台相连通,影响了由于不同房间使用性质不同而产生的不同私密性诉求,也增加建筑成本。

（3）阳台的封闭问题

阳台设计的最初理念是为住户提供一个便捷的室外或半室外的活动空间,从这一观点看,阳台是不宜封闭的,但通过查阅相关资料以及调研住户对开敞式阳台的意见发现开敞式阳台存在如下问题:开敞式阳台容易积灰,且灰尘容易带入相邻房间之中;人们习惯在阳台上种植花木,开敞式阳台在冬季无法为花木保温,而把花木搬入室内会造成室内空间的拥挤。对于寒冷地区而言,考虑到高层住宅冬季防风、隔音、防尘等诸多诉求,需要封闭阳台时,应采取措施弱化因封闭阳台对居住空间造成的日照不利影响,设置了封闭阳台后,房间的日照质量会明显减弱。应当让封闭阳台和居室功能一体化,例如,不设隔口,让阳台和相邻的房间共同形成一个大的居住空间。此外要把客厅区域设置在有效进深区域内,应注意封闭阳台可能会减少日照的有效进深,减少的部分大约为阳台进深方向的宽度,同时采取透光性好的白玻璃,尽量避免使用茶色、镜面玻璃。

（4）阳台挡板的日照遮挡影响

挡板是阳台设计的必要构成要素之一,它主要起着安全防护的作用,通常来讲,主要分为实体式、空透式、组合式三种形式。从对日照的影响来看,实体式对居室日照的影响最明显,组合式次之,空透式影响最小,可不纳入日照计算的考虑范围。

以实体式挡板为例,从正向和侧向两个方面分析其对居室的日照影响。按照 2005 年 7 月 1 日起实施的《民用建筑设计统一标准》（GB 50352—2019）规定:临空高度在 24 m 以下时,栏杆高度不应低于 1.05 m,临空高度在 24 m 及 24 m 以上（包括中高层住宅）时,栏杆高度不应低于 1.10 m。

① 正面挡板的日照影响

考虑到现代为了使室内日照效果最佳,在卧室或起居室与阳台连接处一般都设置大面积落地窗,提高室内空间的通透性,随着阳台挡板高度的增加,原先满足要求的窗户,其日照时数开始降低,这是由于阳台挡板高度提升的部分遮挡了原先能够照射进室内的日照,同时增大了窗户接收光照的窗台面积,导致居室内的有效日照时间减少。因此,在进行阳台挡板的设计时应该把握挡板的使用功能和选取原则,做到既能保证阳台的安全舒适性又能保证居室的日照水平不受到较大影响。

② 侧面挡板的日照影响

相较于正面挡板对于窗户的日照遮挡影响,侧面挡板对窗户日照影响更为严重。由于左右两户侧阳台紧邻,考虑到安全防护和隐私问题,在阳台设计中,侧向挡板一般都被设计成实墙,这种做法使得窗户无法获得侧向日照,而造成日照影响。

侧向挡板限制了窗户通过两侧方位角接受日照,只能通过正向区域获取日照。因此,在进行阳台侧向挡板的设计时,应该极力避免侧面挡板采用实墙或其他产生日照遮挡的装饰性构件,使阳台外凸部分尽可能地增加受日照面,当考虑到其他因素而必须采用实墙时,应该合理控制阳台的进深、窗户位置等影响因素,尽量缓解侧向挡板造成的日照遮挡。

(5)设有阳台的居室窗户设计

对于设有阳台的卧室可适当增大窗户面积,降低窗台高度来增大受光面积,对于设有阳台的起居室而言应采用大面积落地玻璃窗来减少阳台对居室日照的影响,同时为了避免夏季白天居室接受过多的辐射热量,应在落地窗内挂设遮阳百叶窗帘以达到隔热处理。此外,出于安全考量,当居室采用大面积落地玻璃窗时应增加安全防护栏杆等防护设施。

(6)阳台的结构构造与装饰

悬挑尺寸较大的住宅阳台为了保证结构的安全性往往采用悬挑梁板结构,在阳台底板下周边加设边梁,然而边梁会阻碍阳光照射进室内。当阳台下部有边梁的时候,考虑边梁对日照的影响,可将阳台边梁设计成"反梁",与阳台栏板结合,达到减少阳台对居室日照影响的目的。假设阳光进入室内的最大照射角度为 α,阳台边梁高度为 h,阳光照射进室内的最大距离为 D,建筑层高为 H,则有

$$D = \frac{H-h}{\tan\alpha}$$

公式中 α 的取值应为某一天中太阳高度角的最大值,即为正午时刻的太阳高度角。由此可见,当 h 的取值越小时 D 的取值越大,室内的日照效果越好,因此,当边梁进行处理后,h 的取值为 0,此时进入室内的阳光最多。对于不封闭的阳台,应当设计通透性强的栏杆来增大透光面积,此外,为了增加阳台地面对居室内的阳光反射性,建议阳台地面采用浅色且反光性好的铺装材料。

10.5.2.2 窗户设计方法

(1)窗户的位置

窗口在墙面上的位置决定了室内日照质量的均匀度情况,合理的窗口位置可以保证室内日照光线均匀,满足居民对良好居住环境的需求。关于窗口位置对日照影响的情况,主要从两个方面进行分析,一种是窗口在墙角的竖向位置,另一种是窗口在墙面的水平位置。窗口竖向位置主要影响室内进深方向的日照强弱变化,其位置的移动区间由底层窗台面的高度和上部的过梁高度决定,采光口底层窗台面的高度在实际工程案例中的取值差别较大,取值范围为 200～1000 m。新建住宅有越做越低的趋势,这里存在一个矛盾点,《建筑日照计算参数标准》(GB/T 50947—2014)中对于落地窗、凸窗、落地凸窗设定了虚拟窗台面位置作为计算起点,这与实际生活中的窗台高度产生了冲突。

《建筑日照计算参数标准》(GB/T 50947—2014)中规定的落地窗和凸窗的计算起点如图 10-19 所示,通过观察可以发现,在窗户高度尺寸一定时,随着窗台面高度的提升,南北住宅的日照计算间距随之提高,窗户获得的有效日照时间增加。由此可得出结论,对于建筑日照计算而言,提升计算窗台面的高度,可以使被分析的窗户更容易达到日照标准对有效日照时间的规定,对开发商更为有利;而对于住户而言,在高层住宅实际建造过程中,提升窗台面高度实际上造成了住户的日照损失,而当计算窗台面高度高于实际窗台面高度时,住户室内的实际日照效果是优于计算数值的。

对于落地窗而言,由于其窗台面较低,在日照计算时窗台高度的取值对于窗户日照有效时

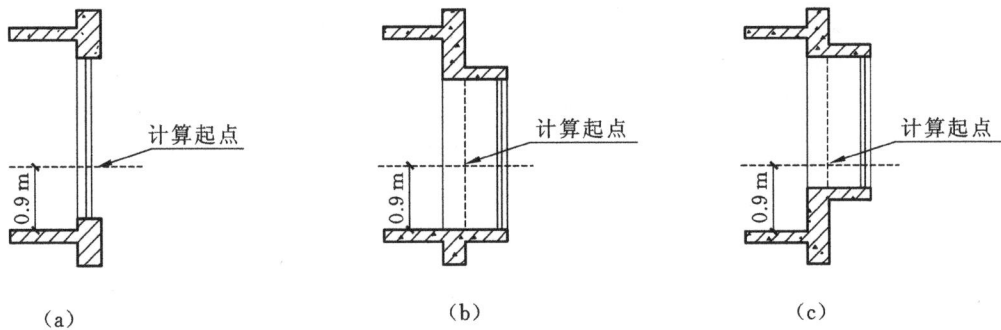

图 10-19　落地窗和凸窗的计算起点

(a)落地窗；(b)凸窗；(c)落地凸窗

间的计算结果有很大影响。例如,对于宽度一样的两个窗户,当其中一个的窗台面计算高度取值较小时,即使该窗户的日照时间很充足,满窗日照有效时间的计算结果仍然偏小,这显然是不合理的。

窗口在墙面上的水平位置同样影响室内日照的舒适度,一般来讲,主要房间如起居室、卧室的窗户位置多位于所在房间墙面的中间,而次要房间的窗户多偏于墙面的一侧。具体而言,起居室、卧室的开间较大,占用了居室中的有利墙面,中间开窗能够获得较好的日照效果,而厨房、餐厅、卫生间等由于开间较小,其开窗外墙面往往处在建筑的凹槽部位,有自然采光已属不易。

从日照计算的角度来讲,由于考虑到自身及周边建筑的日照遮挡情况,占据起居室、卧室墙中间部位的窗户不一定能够满足日照标准所规定的有效日照时数,在这种情况下,需要对窗户的水平位置进行平移处理,这种处理手法虽然在一定程度上破坏了室内日照的均匀效果及建筑立面的美观性,但却保证了住户居住空间的日照时间。

(2)窗户的宽度

窗户宽度越大,越有利于提高室内日照水平,增强室内视野的开阔度。但是,从日照计算的角度来说,当窗户所处位置的日照状况不佳时,窗户宽度越宽,满足相关日照标准所规定的有效日照时数的难度也相应增加,因此,窗户的宽度需要界定一个合理的取值范围。

按照《建筑日照计算参数标准》(GB/T 50947—2014)的相关规定,宽度小于或等于 1.8 m 的窗户,应按实际宽度计算;宽度大于 1.8 m 的窗户,可选取对日照有利的 1.8 m 计算。

以某项目 4♯楼为例,在同等条件下对该楼栋进行窗户宽度调整的对比分析,其分析结果如表 10-2 所示。

表 10-2　不同窗宽对日照的影响(二)

窗户编号	窗宽 1.5 m 日照时数	窗宽 1.8 m 日照时数	窗宽 2.1 m 日照时数
C1	3 小时 17 分钟	3 小时 12 分钟	3 小时 15 分钟
C2	2 小时 15 分钟	1 小时 49 分钟	2 小时 12 分钟
C3	1 小时 46 分钟	1 小时 42 分钟	1 小时 45 分钟
C4	2 小时 00 分钟	1 小时 58 分钟	1 小时 58 分钟
C5	1 小时 51 分钟	1 小时 48 分钟	1 小时 49 分钟
C6	1 小时 57 分钟	1 小时 55 分钟	1 小时 56 分钟
C7	2 小时 28 分钟	2 小时 25 分钟	2 小时 27 分钟
C8	2 小时 55 分钟	2 小时 53 分钟	2 小时 55 分钟

从表 10-2 分析数据看,随着窗户宽度的增加,窗户的有效日照时数总体呈不规律变化趋势。对于窗宽的研究是基于窗户左右端同时被视为满窗日照,但是仍然存在诸多的不确定性。调整窗户大小对日照时长的影响较为复杂,而且窗户宽度变小会影响住户视野的开阔度,也缩小了室内的受日照面积,不利于建筑立面的整体协调处理。因此,在建筑日照设计和优化中除非其他日照优化手段对于提升建筑日照有效时间无效,一般应尽量避免调节窗户宽度。

(3)窗口及立面附属构件

① 采用恰当的平面设计手法优化窗口的朝向,争取南侧阳光。

② 慎重选择窗口玻璃的材质和颜色,建议选择透射率高的无色玻璃,提高阳光的透射率,定期清理,保证玻璃的清洁度。这一点不是单纯为了提高日照水平,而是确保居住空间的阳光实际摄入效果。

③ 减少不必要的窗口附属构件。对于日常必需的防盗窗、纱窗等附属构件建议采取一体化设计,同时注意控制窗户配套设施的厚度,避免厚度增加造成采光口受光范围变小造成的日照损失问题。临近阳台布置的窗户要注意保持与阳台等悬挑构件的距离,减少建筑构件造成的自身遮挡问题。

④ 从日照计算优化调整的角度来看,应注意建筑立面的整体美观,协调处理,避免调整过的窗户过于突兀。

10.5.3 建筑内部日照需求设计案例

10.5.3.1 阳台的设计案例

(1)案例分析

实际操作中,由于分析对象立面上有阳台、凸窗等,在不同的位置日照时间有差异,因此需要通过日照分析客观、合理地确定一个位置作为日照基准面。日照基准面是日照分析过程中用于反映被遮挡建筑日照情况、布置日照分析采样点的建筑外墙面。

《湖北省建筑日照分析技术规范》(DB42/T 952—2014)规定:两侧均无隔板遮挡也未封闭的凸阳台,以居室窗户、阳台门的外墙面为计算基准面;两侧或一侧有分户隔板的凹阳台、半凹半凸阳台,以阳台栏杆面与外墙(隔板)相交的墙洞口为计算基准面。阳台计算基准面示意图见图 10-20。

值得注意的是,当人们坐在与开敞凸阳台相邻的客厅门窗位置晒太阳时,所享受的日照时长理论上会大于(等于)软件计算的日照时长。因为在日照分析建模的时候,模型不包含南侧开敞凸阳台,所以南侧楼栋的体型有可能被简化,造成最终日照时长的误差。开敞凸阳台计算基准面示意图见图 10-21。凹凸形式和开敞形式不一的阳台日照基准面也会不同,在进行阳台设计时也要格外注意项目所在地对于阳台日照基准面的规定。

现以台州市某项目方案设计的 A1 户型阳台方案为例进行分析。原始方案中的阳台计算基准面如图 10-22 所示,该户的阳台为凸阳台,两侧无分户隔墙,故进行日照分析的基准面为该阳台与起居室连接的门窗处,由于受阳台上两个立面片墙的影响(该项目所在地管理部门规定在日照分析时需考虑此类构架),该窗的日照不满足要求而需要调整方案,且这两个片墙的宽度也超过了当地所规定的可以隐藏构架的宽度,所以为了使该窗满足日照要求,建议设计单位调整方案。设计单位在不愿破坏立面造型的情况下,不能减少该阳台片墙的宽度,所以优化方向为调整阳台形式使日照基准面外移,排除自身片墙对该窗日照的影响。

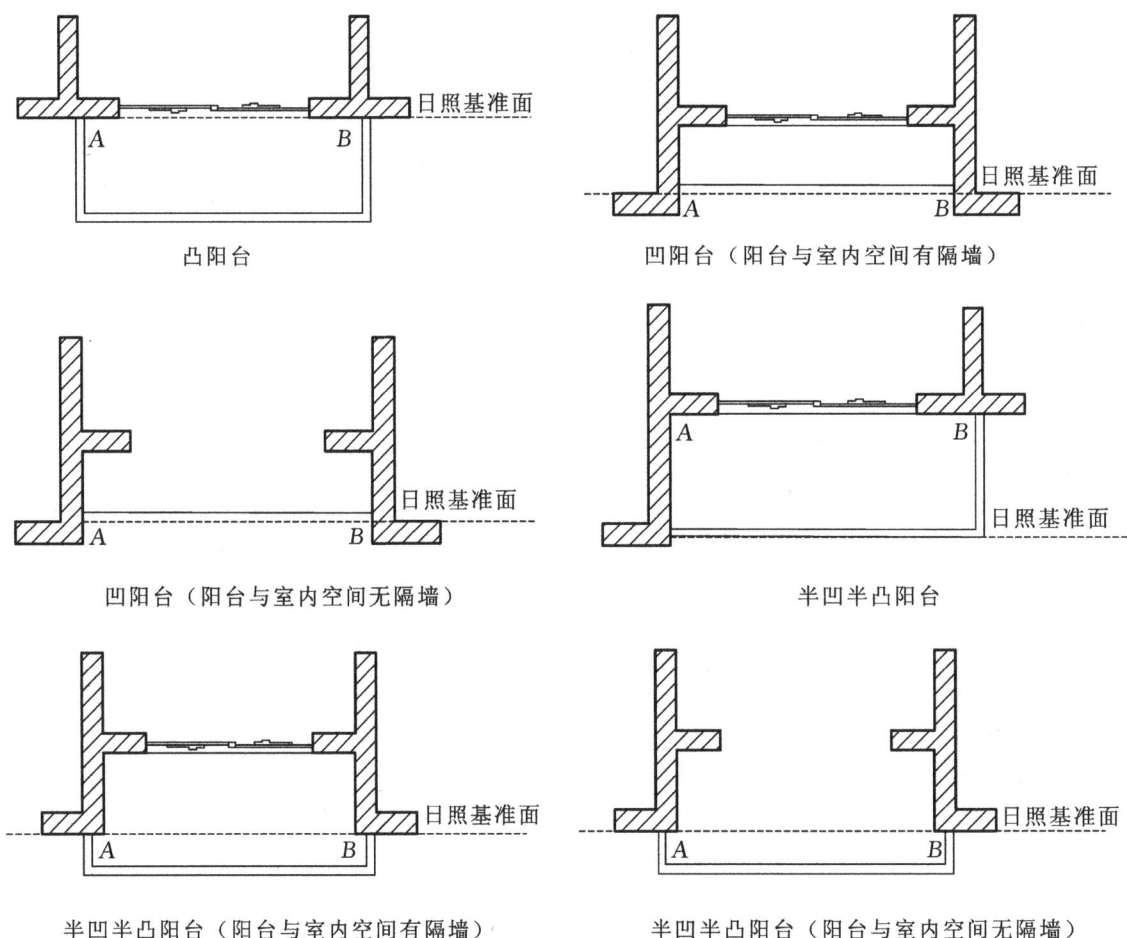

图 10-20　阳台计算基准面示意图

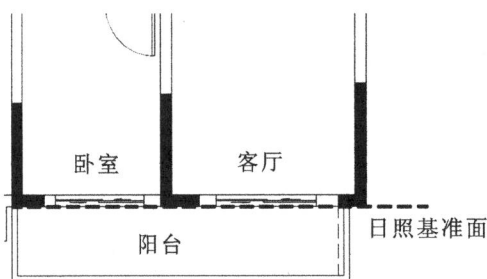

图 10-21　开敞凸阳台计算基准面示意图

　　阳台方案调整后,阳台计算基准面如图 10-23 所示,该阳台一侧为封闭的实墙,所以分析的基准面为阳台的栏杆的外侧,不再受阳台上自身片墙的遮挡,满足了日照的要求。但是整个阳台的通透性不如原来的方案好,做此调整仅仅是为了满足日照分析的要求,而对于实际居住体验来说,日照情况并没有好转。

　　该案例所在地管理部门不允许将阳台的片墙隐藏,设计方可以通过改变阳台形式、调整日照基准面的方式解决该案例的日照不达标问题,但从现实角度考虑,最好是既不破坏整个阳台的通透性又能满足日照的要求。

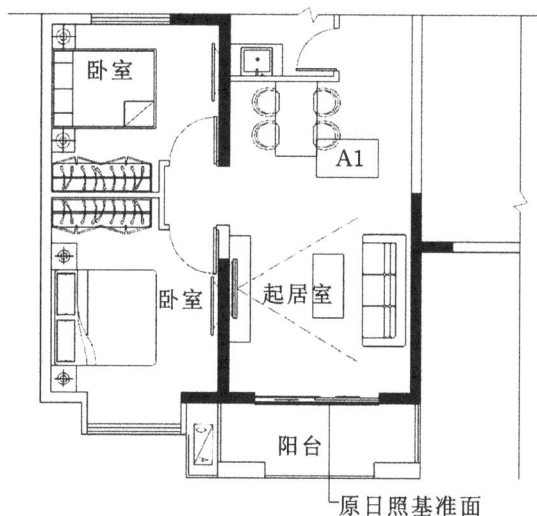

图10-22 方案调整前阳台计算基准面示意图　　　图10-23 方案调整后阳台计算基准面示意图

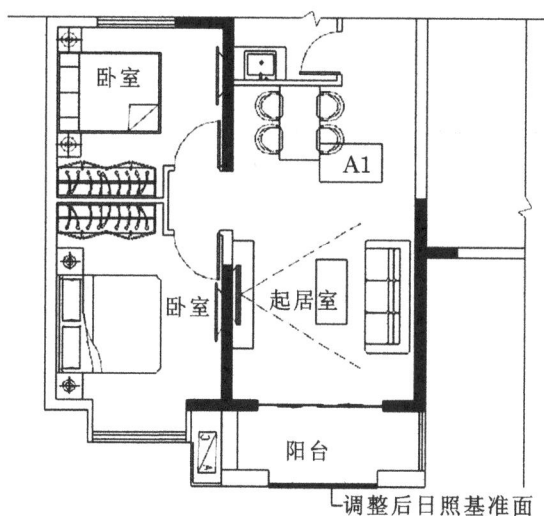

不少地区已经针对建筑物自遮挡做出有利于建筑日照分析的规定,例如,《湖北省建筑日照分析技术规范》(DB42/T 952—2014)中规定:为了反映建筑自身遮挡与被遮挡的实际情况,超出计算基准面的阳台、隔板等属于建筑自身遮挡,对其他建筑不产生遮挡时,可不纳入日照分析范围。本案例通过对阳台形式的调整实现计算基准面外移,排除日照干扰,仍然对指导阳台设计有现实意义。

(2) 其他优化策略

基于日照影响的阳台优化设计策略如下:

① 生活阳台的进深控制在 1200~1600 m,悬挑尺寸大的阳台宜与进深较浅的空间(如次卧)相连接,这样不仅可以减少阳台对大进深空间的日照遮挡效果,而且能保证主要空间的日照需求。

② 阳台下底板的边梁对居室日照有较大的遮挡作用,因此,对阳台边梁进行上翻设计,从而减少对居室的日照遮挡情况。合理地设计阳台栏板的样式,可避免栏板过高造成的日照遮挡。

③ 尽可能结合南向客厅布置阳台,将客厅与阳台连接处的窗户设计成大面积落地玻璃窗,以增大客厅接收日照的面积,减少阳台遮挡造成的日照损失。

④ 当阳台与起居室、卧室等居住空间之间设置隔离口时,可通过以下措施改善居室的日照情况:透光好的隔离口和阳台玻璃可以提升阳光对玻璃的可穿透性;围护结构的内表面(如顶棚和内墙)用白色乳胶漆,阳台地板宜选择色浅、反光性好的铺装材料,增强阳台地面对居室内部的反光性,增强室内采光;阳台窗尽量高,例如 3 m 的层高,阳台梁高 0.4 m,挡板高 0.8 m,阳台窗高 1.8 m,刚好满足节能标准 0.6 阳台窗墙比的要求;阳台用高反射比材料,例如白色乳胶漆;隔离口尺寸尽量大,取节能标准允许的最大窗墙比。

⑤ 注意选择窗框的材料,避免因窗框太粗造成的日照遮挡。

10.5.3.2　窗台的设计案例

(1) 案例分析

《建筑日照计算参数标准》(GB/T 50947—2014)对窗台的日照时间的计算起点作出规定:窗台设计应符合现行国家标准《城市居住区规划设计标准》(GB 50180—2018)的有关规定,并应符合下列规定：

① 落地窗、凸窗和落地凸窗应以虚拟的窗台面位置为计算起点。落地窗、凸窗的计算起点示意图见图 10-19。

② 直角转角窗和弧形转角窗应以窗洞口所在的虚拟窗台面位置为计算起点。直角转角窗和弧形转角窗的计算起点见图 10-24。

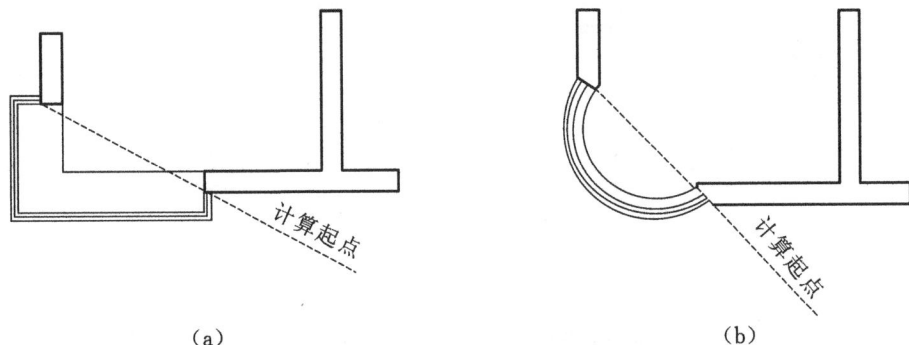

（a）   （b）

图 10-24　直角转角窗和弧形转角窗的计算起点示意图

（a）直角转角窗；（b）弧形转角窗

在实际的建筑日照计算中，经常会遇到多种窗户形式，如凸窗，常规以窗洞位置作为计算起点，但有时会出现一侧或两侧有墙体的情形。

现以某项目方案设计的 A2 户型飘窗方案为例进行分析。设计人员检验方案时发现，对于该方案中飘窗计算有两种方式：一种是不考虑侧墙的影响，以图 10-25 所示基准面 1 为计算起点，计算结果能达到日照标准，但与客观情况不相符；另一种是考虑侧墙的影响，仍然以基准面 1 为计算起点，计算结果达不到日照标准，而不能满足日照标准主要是由侧向墙体的自身遮挡造成的，往往会影响其相邻建筑的开发，不利于土地的节约集约利用。

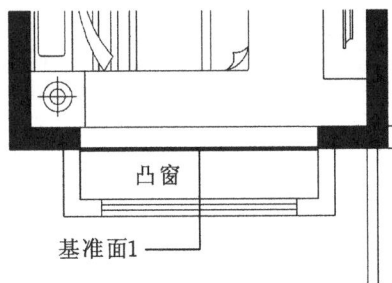

图 10-25　调整前计算基准面

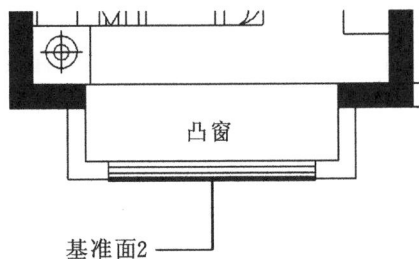

图 10-26　调整后计算基准面

对案例进行分析后发现，窗台设计的优化方向是客观、真实、准确地选取凸窗的计算起点，计算基准面由墙洞位置移到窗户位置，以图 10-26 所示的基准面 2 为计算起点，则计算结果与前面不同，能满足日照标准。该方案既可解决建筑自身遮挡的问题，又使计算结果与客观实际相吻合，能避免一些不必要的日照纠纷。

（2）其他优化策略

在窗口及立面附属构件设计上有以下五点策略：

① 针对不同户型、不同面积房间合理设计窗口的数量和大小。

② 采用恰当的平面设计手法优化窗口的朝向，争取南侧阳光。

③ 慎重选择窗口玻璃的材质和颜色，建议选择透射率高的无色玻璃，提高阳光的透射率，

定期清理,保证玻璃的清洁度。

④ 减少不必要的窗口附属构件,对于日常必需的防盗窗、纱窗等附属构件建议采取一体化设计,同时注意控制窗户配套设施的厚度,避免厚度增加使采光口受光范围变小,造成日照损失。临近阳台布置的窗户要注意保持与阳台等悬挑构件的距离,减少建筑构件造成的自身遮挡问题。

⑤ 从日照计算优化调整的角度来看,可通过调节窗口的宽度、位置来达到增加日照有效时间的目的,采取窗户水平偏移、窗宽缩减等处理方式达到优化目的,在调整过的窗户达到日照标准规定后,应注意建筑立面的整体美观,协调处理,避免调整过的窗户过于突兀。

10.6　建筑日照设计案例

10.6.1　案例概况

该案例项目用地位于襄阳市襄州区,用地西侧为规划道路,东侧为规划道路($L=15$ m),北侧为已建道路($L=50$ m)。根据规划设计条件该项目位于襄州区某片区,规划用地性质为居住配套商业用地,用地面积为23793.00 m^2。

10.6.2　日照需求分析

该案例项目规划建筑设计方案总平面图及建筑单体设计方案由某项目单位提供,其总平面布局由六栋规划高层住宅、两栋商业、一栋三层幼儿园和一处开闭所组成,案例项目效果图见图10-27。

图 10-27　案例项目效果图

　　该案例项目的规划条件中明确要求设置以下功能空间:建筑面积不大于 68980.00 m² 的住宅建筑,配建建筑面积不低于 300.00 m² 的社区综合服务设施,配建占总建筑面积的 2‰ 且不低于 100 m² 的物业管理用房,配建建筑面积不大于 5000.00 m² 的商业建筑,配建建筑面积不小于 50 m² 的公厕,须独立设置用地面积不小于 2200.00 m²、建筑面积不小于 1700.00 m² 的 6 班幼儿园,幼儿园设置满足 6 个班级的室外活动场地。案例项目规划条件详见图 10-28。

规划条件

编号:

地块位于　　襄州区　　,四至范围见建设用地规划红线图,《规划条件》及其附图《建设用地规划红线图》作为办理该地块有建设用地使用权出让、转让、划拨手续及进行规划和建设工程方案设计的依据。

规划用地性质	居住配套商业用地	其他用地性质	
建设用地面积(m²)	23793	容积率	≤3.2
城市道路面积(m²)	10592.53	建筑密度(%)	≤20
公共绿地面积(m²)	2984.6	绿地率(%)	≥35
建筑规模(m²)	≤76130	建筑高度控制	
出入口要求	禁止在航空路设置机动车入口		
停车位要求	按《襄阳市城市规划管理技术规定》要求执行		
建筑形式与风格要求	1.建筑色彩应符合《襄阳市城市色彩规划》的要求。2.空调机位应结合建筑立面设计一体化考虑,隐蔽设计,合理、有序;阳台外立面需封闭。		
历史文化保护与环境保护要求			
保障性住房配建要求	保障性住房严格按照《襄阳市市区公共租赁住房管理办法》(襄阳市人民政府令第3号)执行。		

配套服务设施要求	1.按每100户配套30 m²且不低于300 m²的标准配建社区综合服务设施,社区综合服务设施应布置在方便周边居民出入的位置,布置在沿街建筑底层且空间规整,便于使用;确需分层设置的,应在首层布置净使用面积不小于100 m²的大厅和独立直达的楼梯和电梯且有独立的对外出入口,建成后按现行政策规定无偿移交给相关部门。2.须独立设置用地面积不小于2200 m²、建筑面积不小于1700 m²的6班幼儿园,建成后按现行政策规定无偿移交给相关部门。3.按照建设项目总建筑面积的2%配建物业管理用房,并最少不低于100 m²。4.按室内人均建筑面积不低于0.1 m²或室外人均用地不低于0.3 m²的要求配建小区健身设施。5.建筑底层配建建筑面积不小于50 m²的公厕,公厕建成后无偿对外开放。
其他要求	一、相关要求 1.商业建筑面积不大于5000 m²,住宅建筑面积不大于68980 m²。 2.取得本地块的建设单位应将该地块西北角约2000 m²的公共绿地统一规划建设,建成后无偿移交给地方政府。 二、其他要求 1.地下空间开发按《襄阳市市区地下空间开发利用管理暂行办法》执行;土地使用权人在取得建设工程规划许可证(含地下空间)前须办理地下空间建设用地使用权出让手续。 2.建筑高度须符合城市设计要求。 3.建设工程阶段须按《襄阳市城乡规划局规划与建筑方案设计竞选管理办法》进行建筑设计方案竞选,参加方案竞选的设计单位须为具有甲级设计资质的大型设计单位。提供的规划总平面图建筑造型方案须差异化,具有可比性,禁止雷同。 4.应按照相关标准同步配套建设生活垃圾分类设施。 5.海绵城市各类低影响开发设施设置须符合海绵城市规划设计导则要求,年径流总量控制率达到70%。 6.规划配建的机动车停车位应100%预留充电设施并符合建设安装条件,并按照不低于规划机动车停车位的10%建设充电桩。 7.通信设施应采用光纤到户方式建设,并与住宅区和住宅建筑同步设计、同步验收。 8.装配式建筑严格按照《襄阳市关于大力发展装配式建筑的实施意见》执行。 9.回购房源按襄政办函[2018]38号文件执行。 10.其他未尽事宜按现行政策规范执行。

图 10-28　案例项目规划条件

　　根据现状信息和周边的环境情况,大致将周边的日照需求分成了几个部分,其中,西侧的用地为已拆除用地,所以暂不考虑日照需求,南侧和东南侧为现状的高层住宅,由于日照的角度因素,只有南侧的地块对该项目地块造成遮挡影响。南侧遮挡区域如图 10-29 所示。

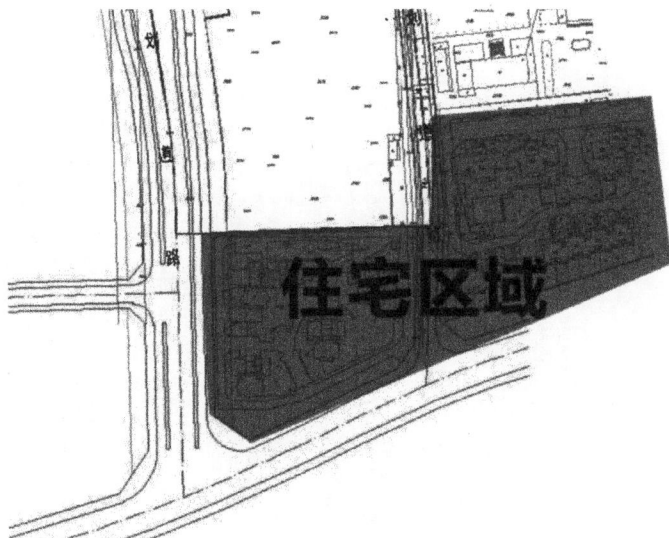

图 10-29　南侧遮挡区域示意图

由于东侧仅有一栋为住宅楼,需要考虑拟建建筑建设完成后对日照的遮挡是否满足需求和该栋建筑对自身的遮挡影响。办公楼和食堂均不考虑日照遮挡影响;北侧马路对面为商业建筑,也可以暂不考虑日照的需求。周边日照需求如图 10-30 所示。

图 10-30　周边日照需求示意图

根据日照的角度和遮挡关系原理,首先将地块划分为三个区域,地块内部的日照条件和日照需求相对应,自南向北为优秀、良好、较差三个档次,分别对应日照需求低、中、高三个层级。内部日照需求如图 10-31 所示。

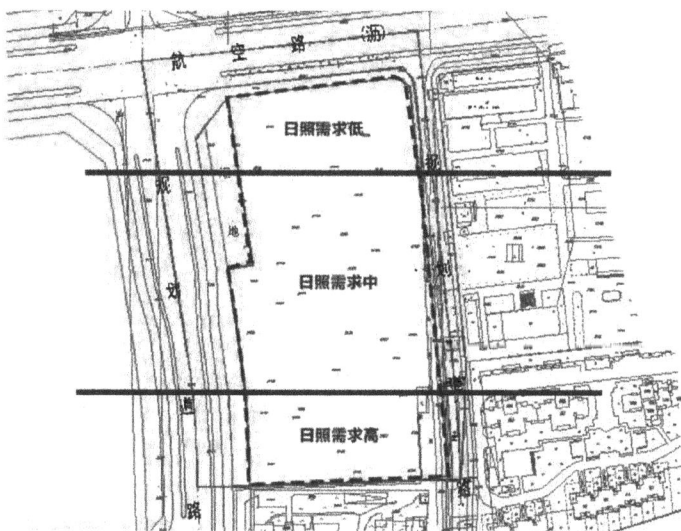

图 10-31　内部日照需求示意图

梳理用地规划条件中的各项要求,对各项建筑空间的日照需求进行分类、排序,得到的优先级顺序为:幼儿园≥住宅>商业、配套用房。根据该顺序,可将相应的建筑按其属性放置于对应的建设用地空间之中。所以项目用地内南侧为幼儿园,中间为住宅,北侧为配套用房和商业,由此进行区域划分,内部日照需求区域划分如图 10-32 所示。

在完成对内部用地的初步划分之后,再对内部的大致区域进行进一步细化和划分。由于地块西侧相邻地块建筑已拆除,所以对方案地块的影响极低,地块内部西侧的日照条件明显优于东侧的日照条件;由于入射夹角的影响,地块内部南侧的日照条件会优于地块的北侧的,但是介于地块南侧相邻地块存在高层的住宅建筑,其直接影响将波及地块内部南侧建筑,所以需要考

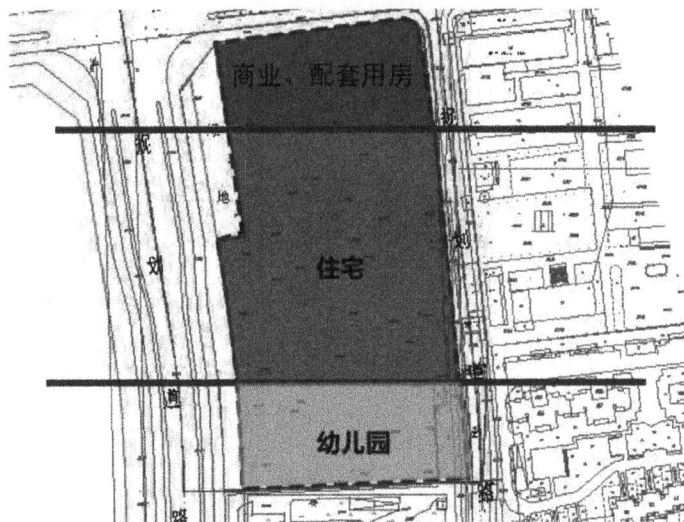

图 10-32　内部日照需求区域划分图

虑南侧相邻地块的建筑是否会对地块南侧产生日照影响,所以对其进行初步的周边影响分析和拟建建筑影响分析,分析结果如图 10-33、图 10-34 所示。

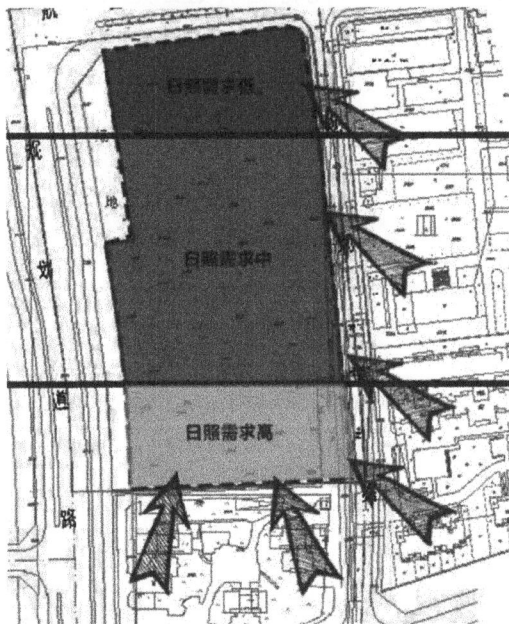

图 10-33　日照外部对内影响示意图

　　根据用地情况进行日照分析,对方案地块的建筑进行初步排列,得到了一版初步满足建筑间距和建筑退距控制红线的方案成果。根据初步方案图,进行日照遮挡范围的确定,并对遮挡范围中的已建建筑进行建模。

　　在完成对方案的初步划分之后,便对整个地块拟建建筑情况展开平面等时线分析,通过平面等时线中的日照区域判断,方案设计的北侧配套楼存在日照遮挡不满足要求的情况,但是由于北侧建筑为商业建筑和配套建筑,没有相应的日照时长需求,所以在此方案中不予考虑。除此之外,在场地的设置中,存在日照需求的建筑里可能不满足日照要求的建筑为 5♯住宅建筑,对此展开相应的日照分析。

　　通过对 5♯建筑南侧立面窗户的分析,可以确定该建筑确实存在有两户建筑日照不满足要

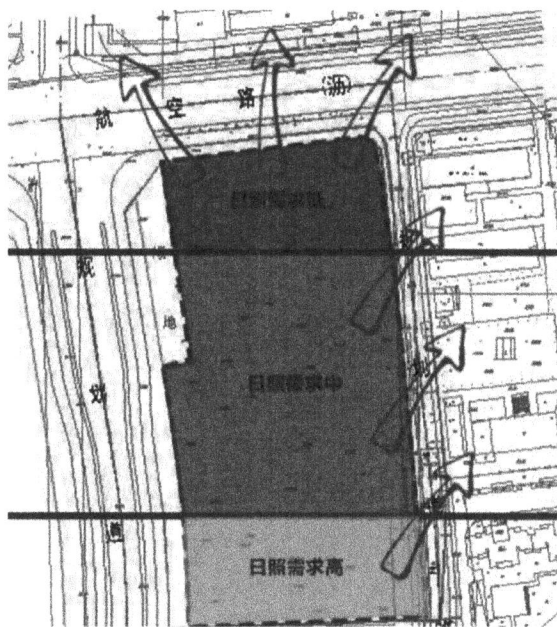

图 10-34　日照内部对外影响示意图

求的情况。针对这一情况,需要对建筑方案做进一步的调整。调整方案,将 2# 楼与 6# 楼分别向南侧移动 3.2 m 与 8 m,即可使投影线向南侧移动,使得 5# 建筑中的日照时长延长,原本不满足日照需求的建筑窗户调整后能获得更多的日照时长。方案调整如图 10-35 所示。

图 10-35　方案调整示意图

当方案调整完成后,整个建筑方案中的建筑间距均满足相关的指标要求与控制距离。现通过对日照模型的完善,对日照成果进行分析。

(1) 有日照需求的建筑及场地

有日照需求的建筑及场地为:住宅建筑,老年人居住建筑,残疾人住宅的卧室、起居室,托儿所、幼儿园活动室、寝室及具有相同功能的区域,中小学普通教室、科学教室或生物实验室,医院病房楼,疗养院半数以上的疗养室。

项目分析对象具体为:①规划住宅建筑1♯、2♯、3♯、5♯、6♯、7♯楼,一栋幼儿园建筑(8♯楼),两栋商业(S1♯、S2♯),以及一处开闭所(S3♯);②东侧现状民房建筑(A1♯楼、A2♯楼)日照的相互影响情况。

(2) 日照分析依据

① 《城市居住区规划设计标准》(GB 50180—2018);

② 《建筑日照计算参数标准》(GB/T 50947—2014);

③ 《民用建筑设计统一标准》(GB 50352—2019);

④ 《住宅设计规范》(GB 50096—2011);

⑤ 《中小学校设计规范》(GB 50099—2011);

⑥ 《托儿所、幼儿园建筑设计规范》(JGJ 39—2016)(2019年版);

⑦ 《宿舍建筑设计规范》(JGJ 36—2016);

⑧ 《节能建筑评价标准》(GB/T 50668—2011);

⑨ 《老年人照料设施建筑设计标准》(JGJ 450—2018);

⑩ 《湖北省建筑日照分析技术规范》(DB42/T 952—2014);

⑪ 《襄阳市城市规划管理技术规定(用地·建筑工程专项)》(2014年)。

(3) 资料来源

① 项目建设工程规划总平面图(含电子文档)。

② 本案例项目建筑设计方案中各建筑单体立面图、剖面图及平面图(含电子文档)。

③ 本案例项目提供的项目周侧建筑日照影响范围内现状民房建筑地形图、现状照片等相关资料。

④ 根据本案例项目提供的资料,除上述已确定的日照分析对象外,在该项目分析范围内目前尚无其他在建或已经批准方案待建的建筑。

(4) 日照分析软件

本次日照分析采用经住房和城乡建设部鉴定的"众智日照分析11.0"软件。

(5) 计算参数

① 计算日期:大寒日(住宅),冬至日(幼儿园);

② 地理位置:东经112°144′,北纬32°033′;

③ 有效日照时段:8:00—16:00(大寒日),9:00—15:00(冬至日);

④ 最小扫掠角:5°;

⑤ 最小连续时间:5分钟;

⑥ 现状遮蔽集合:南侧为住宅小区,东侧为某党校及其附属建筑;

⑦ 规划遮蔽集合:南侧为住宅小区,东侧为某党校及其附属建筑,规划用地内拟建的六栋住宅楼、两栋商业建筑、一栋幼儿园以及一处开闭所。

(6) 日照标准

依据《襄阳市城市规划管理技术规定(用地·建筑工程专项)》(2014年)规定,某项目位于襄阳市旧城区,住宅应遵守《城市居住区规划设计标准》(GB 50180—2018)(2018 年版)中的规定,该区住宅日照标准为大寒日住宅底层窗台面日照时间应不低于 1 小时;托儿所、幼儿园的生活用房应遵守《湖北省建筑日照分析技术规范》(DB42/T 952—2014)规定,应能满足冬至日底层满窗日照不少于 3 小时的要求。

依据《老年人照料设施建筑设计标准》(JGJ 450—2018)规定,老年人照料设施建筑日照标准不应低于冬至日日照时数 2 小时。当居室日照标准低于冬至日日照时数 2 小时时,老年人居住空间日照标准应按下列规定之一确定:①同一照料单元内的单元起居厅日照标准不应低于冬至日日照时数 2 小时;②同一生活单元内至少 1 个居住空间日照标准不应低于冬至日日照时数 2 小时。

(7) 日照分析情况

① 建筑沿线及平面区域分析

a. 本案例项目用地内规划高层住宅楼(1♯、2♯、3♯、5♯、6♯、7♯楼)、现状民房建筑(A1♯、A2♯楼)住宅的日照情况:依据本案例项目总平面图及建筑单体设计可知,每栋建筑底层沿线在大寒日的有效日照时间须满足 1 小时标准。

b. 本案例项目用地内幼儿园及活动场地的日照情况:依据本案例项目总平面图及建筑单体设计可知,幼儿园建筑底层沿线在冬至日的有效日照时间为 2 小时 50 分以上,不满足冬至日底层日照不少于 3 小时的要求,需进行窗照时间分析。幼儿园活动场地在冬至日的有效日照时间在 3 小时以上。

② 窗户分析

a. 本案例项目用地内规划高层住宅楼(1♯、2♯、3♯、5♯、6♯、7♯楼)、现状民房建筑(A1♯、A2♯楼)住宅的日照情况:依据本案例项目总平面图及建筑单体设计可知,项目内规划高层住宅楼 1♯楼(30 层)为南北朝向的建筑,每套住宅均有一个居住空间的窗户设置在建筑的南立面上,且建筑的南立面为主要计算面。

1♯楼南立面 A—D 段(在规划遮蔽集合条件下)窗户日照分析如图 10-36 所示,在规划遮蔽集合条件下,1♯楼(30 层)南立面所有窗户在大寒日有效日照时间为 3 小时 22 分钟以上。

b. 依据本案例项目总平面图及建筑单体设计可知,项目内规划高层住宅楼 2♯楼(30 层,首层架空)为南北朝向的建筑,每套住宅均有　个居住空间的窗户设置在建筑的南立面上,且建筑的南立面为主要计算面。

2♯楼南立面 A—D 段(在规划遮蔽集合条件下)窗户日照分析如图 10-37 所示,在规划遮蔽集合条件下,2♯楼(30 层,首层架空)南立面所有窗户在大寒日有效日照时间为 3 小时 29 分钟以上。

c. 依据本案例项目总平面图及建筑单体设计可知,项目内规划高层住宅楼 3♯楼(30 层)为南北朝向的建筑,每套住宅均有一个居住空间的窗户设置在建筑的南立面上,且建筑的南立面为主要计算面。

3♯楼南立面 M—L 段(在规划遮蔽集合条件下)窗户日照分析如图 10-38 所示,在规划遮蔽集合条件下,3♯楼(30 层)南立面所有窗户在大寒日有效日照时间为 2 小时 17 分钟以上。

d. 依据本案例项目总平面图及建筑单体设计可知,项目内规划高层住宅楼 5♯楼(34 层)为南北朝向的建筑,每套住宅均有一个居住空间的窗户设置在建筑的南立面上,且建筑的南立面为主要计算面。

5♯楼南立面 L—M 段(在规划遮蔽集合条件下)窗户日照分析如图 10-39 所示,在规划遮蔽集合条件下,5♯楼(34 层)南立面所有窗户在大寒日有效日照时间为 1 小时 4 分钟以上。

1#楼南立面等时线图

说明:

1.计算日期:大寒日
2.地理位置:东经112°144′,
北纬32°033′(襄阳)
3.有效日照时段:8:00--16:00
4.标注值为有效日照时间,单位为小时
5.计算立面为住宅立面外墙,底边为室内地坪标高
6.立面网格边长为2.0米
7.图中绿色线条表示1小时等时线,青色线条表示2小时等时线,深蓝色线条表示3小时等时线,依此类推
8.本图所示有效日照时间为大寒日全天累计时间,最小连续时间为5分钟。

30层住宅

1#楼南立面A-D段(在规划遮蔽集合条件下)等时线图

1#
(30F 88.9m)

A段 B段 C段 D段

1#楼南立面分段示意图

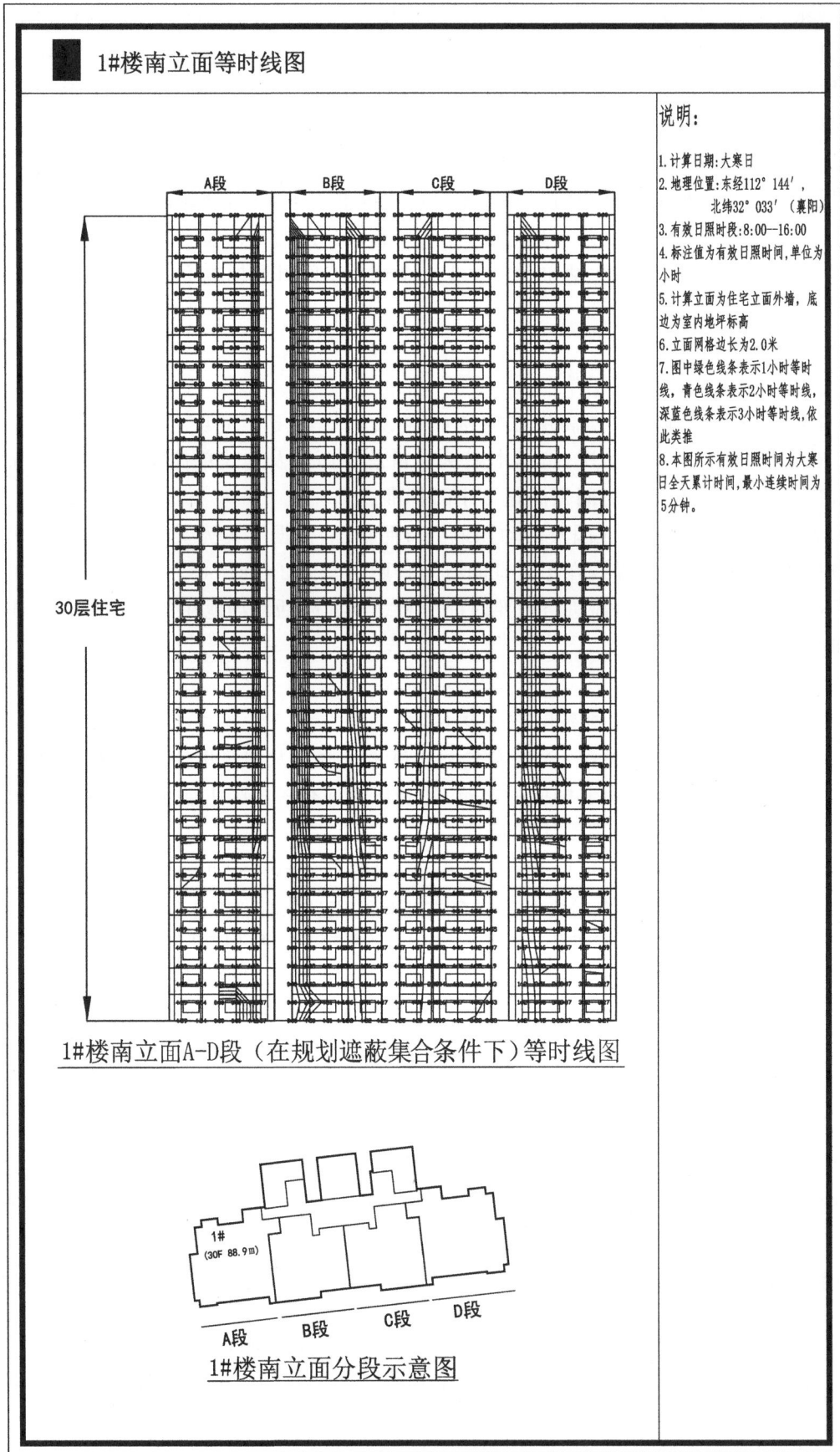

图10-36 1#楼南立面等时线图

2#楼南立面等时线图

A段　　B段　　C段　　D段

29层住宅

1层架空

2#楼南立面A-D段（在规划遮蔽集合条件下）等时线图

说明：

1. 计算日期：大寒日
2. 地理位置：东经112° 144′，北纬32° 033′（襄阳）
3. 有效日照时段：8:00—16:00
4. 标注值为有效日照时间，单位为小时
5. 计算立面为住宅立面外墙，底边为室内地坪标高
6. 立面网格边长为2.0米
7. 图中绿色线条表示1小时等时线，青色线条表示2小时等时线，深蓝色线条表示3小时等时线，依此类推
8. 本图所示有效日照时间为大寒日全天累计时间，最小连续时间为5分钟。

2#
(30F 89.6m)

A段　　B段　　C段　　D段

2#楼南立面分段示意图

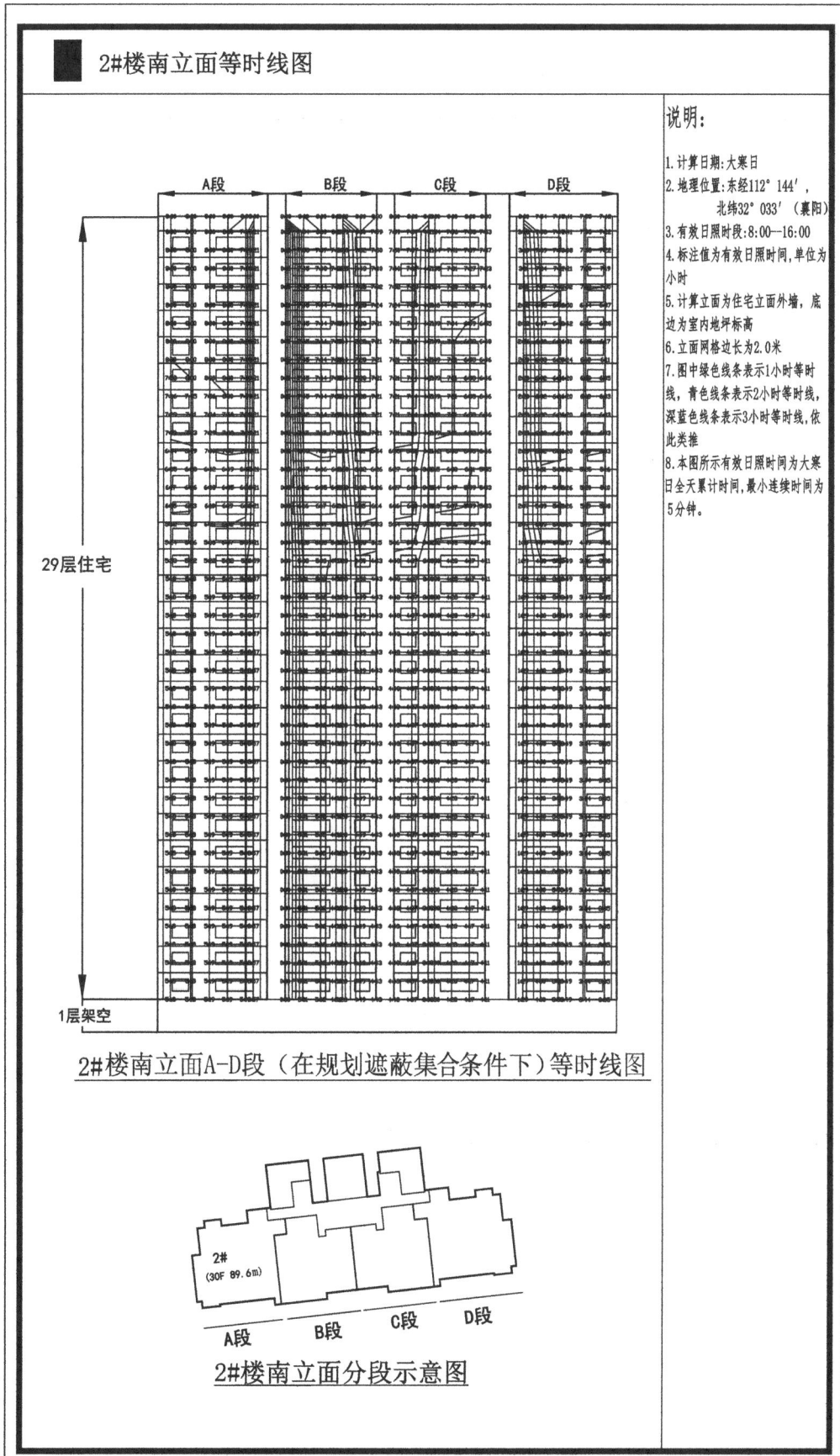

图 10-37　2#楼南立面等时线图

3#楼南立面等时线图

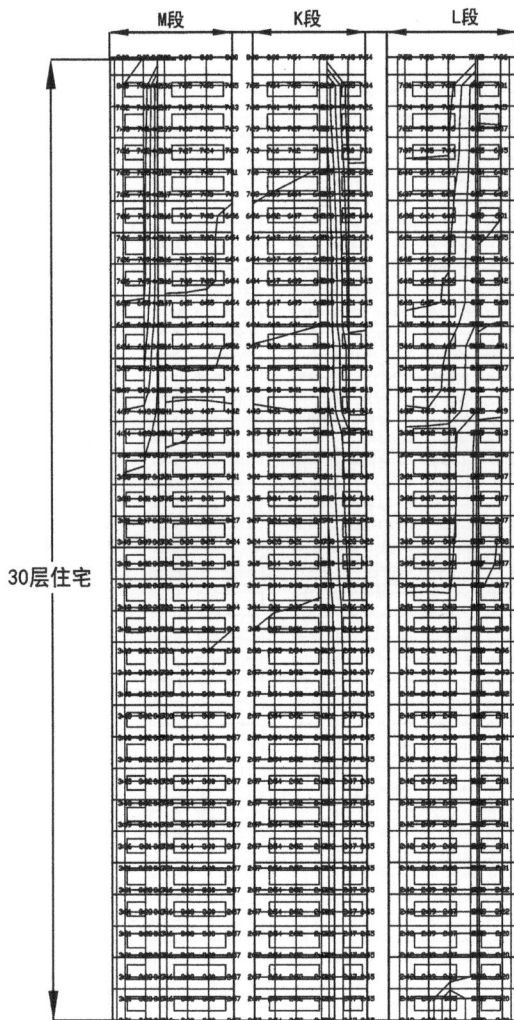

M段　　　K段　　　L段

30层住宅

3#楼南立面M-L段（在规划遮蔽集合条件下）等时线图

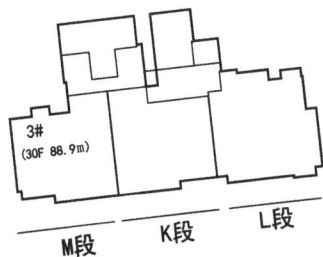

说明：

1.计算日期:大寒日

2.地理位置:东经112°144′，
北纬32°033′（襄阳）

3.有效日照时段:8:00--16:00

4.标注值为有效日照时间,单位为小时

5.计算立面为住宅立面外墙,底边为室内地坪标高

6.立面网格边长为2.0米

7.图中绿色线条表示1小时等时线,青色线条表示2小时等时线,深蓝色线条表示3小时等时线,依此类推

8.本图所示有效日照时间为大寒日全天累计时间,最小连续时间为5分钟。

3#
(30F 88.9m)

M段　　K段　　L段

3#楼南立面分段示意图

图10-38　3#楼南立面等时线图

■　5#楼南立面等时线图

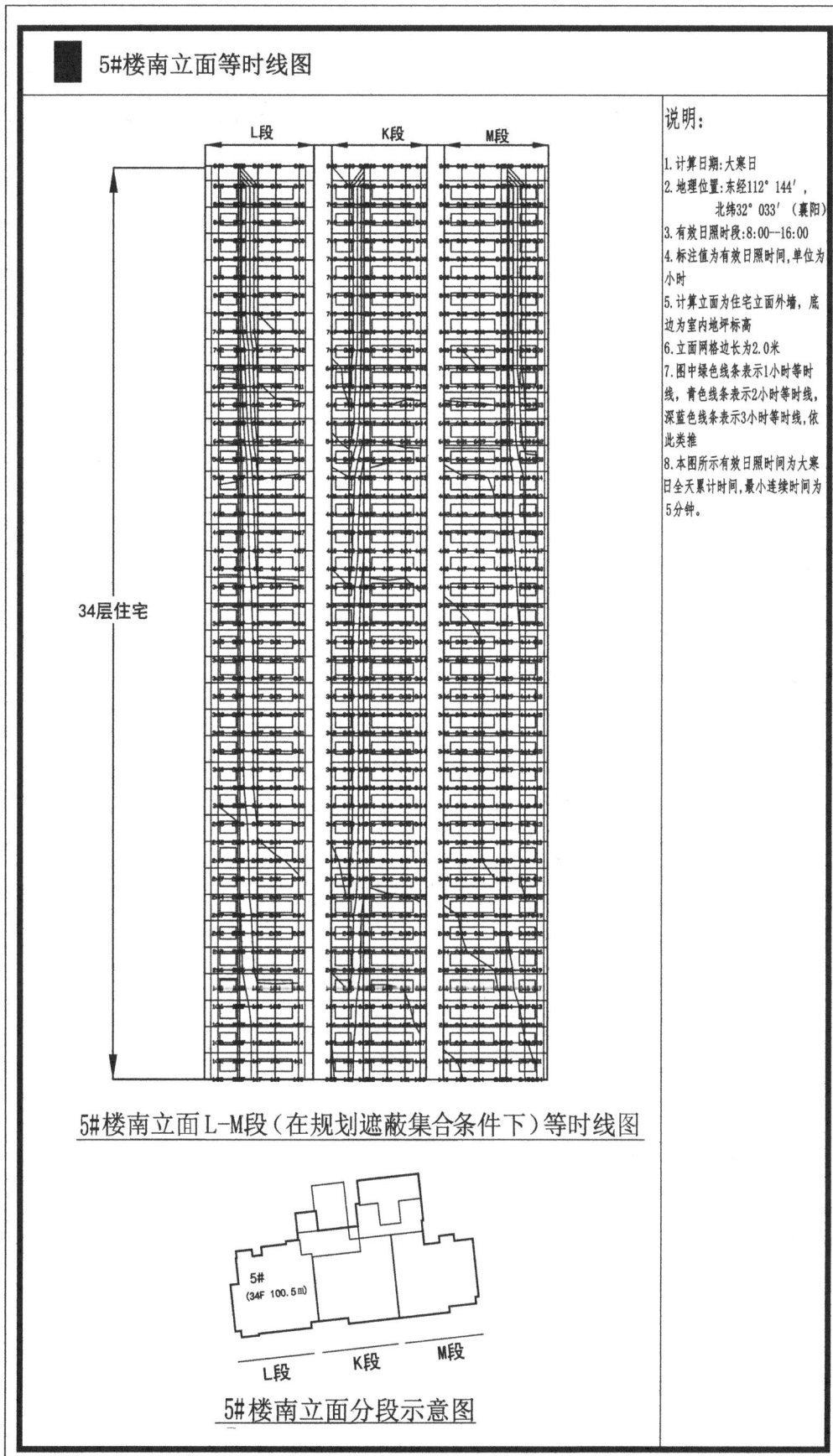

说明:

1. 计算日期:大寒日
2. 地理位置:东经112° 144′,
   北纬32° 033′(襄阳)
3. 有效日照时段:8:00—16:00
4. 标注值为有效日照时间,单位为小时
5. 计算立面为住宅立面外墙,底边为室内地坪标高
6. 立面网格边长为2.0米
7. 图中绿色线条表示1小时等时线,青色线条表示2小时等时线,深蓝色线条表示3小时等时线,依此类推
8. 本图所示有效日照时间为大寒日全天累计时间,最小连续时间为5分钟。

5#楼南立面L-M段(在规划遮蔽集合条件下)等时线图

5#楼南立面分段示意图

图 10-39　5#楼南立面等时线图

　　e. 依据本案例项目总平面图及建筑单体设计可知,项目内规划高层住宅楼 6♯楼(34 层,首层架空)为南北朝向的建筑,每套住宅均有一个居住空间的窗户设置在建筑的南立面上,且建筑的南立面为主要计算面。

　　6♯楼南立面 L—M 段(在规划遮蔽集合条件下)窗户日照分析如图 10-40 所示,在规划遮蔽集合条件下,6♯楼(34 层,首层架空)南立面所有窗户在大寒日有效日照时间为 1 小时 9 分钟以上。

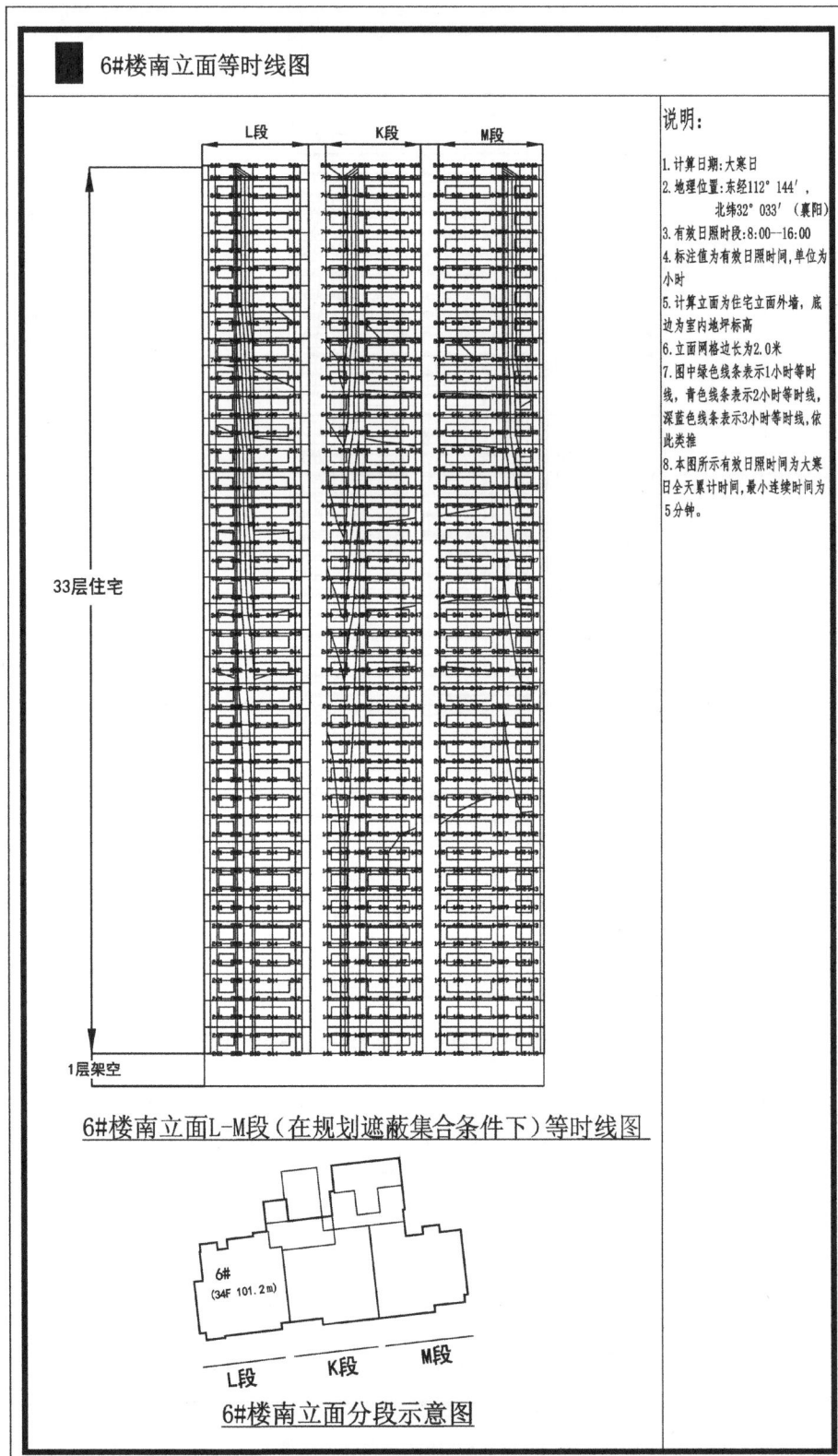

6#楼南立面 L-M 段(在规划遮蔽集合条件下)等时线图

6#楼南立面分段示意图

图 10-40　6♯楼南立面等时线图

f. 依据本案例项目总平面图及建筑单体设计可知,项目内规划高层住宅楼 7♯楼(34 层)为南北朝向的建筑,每套住宅均有一个居住空间的窗户设置在建筑的南立面上,且建筑的南立面为主要计算面。

7♯楼南立面 L—M 段(在规划遮蔽集合条件下)窗户日照分析如图 10-41 所示,在规划遮蔽集合条件下,7♯楼(34 层)南立面所有窗户均满足在大寒日有效日照时间为 4 小时 25 分钟以上。

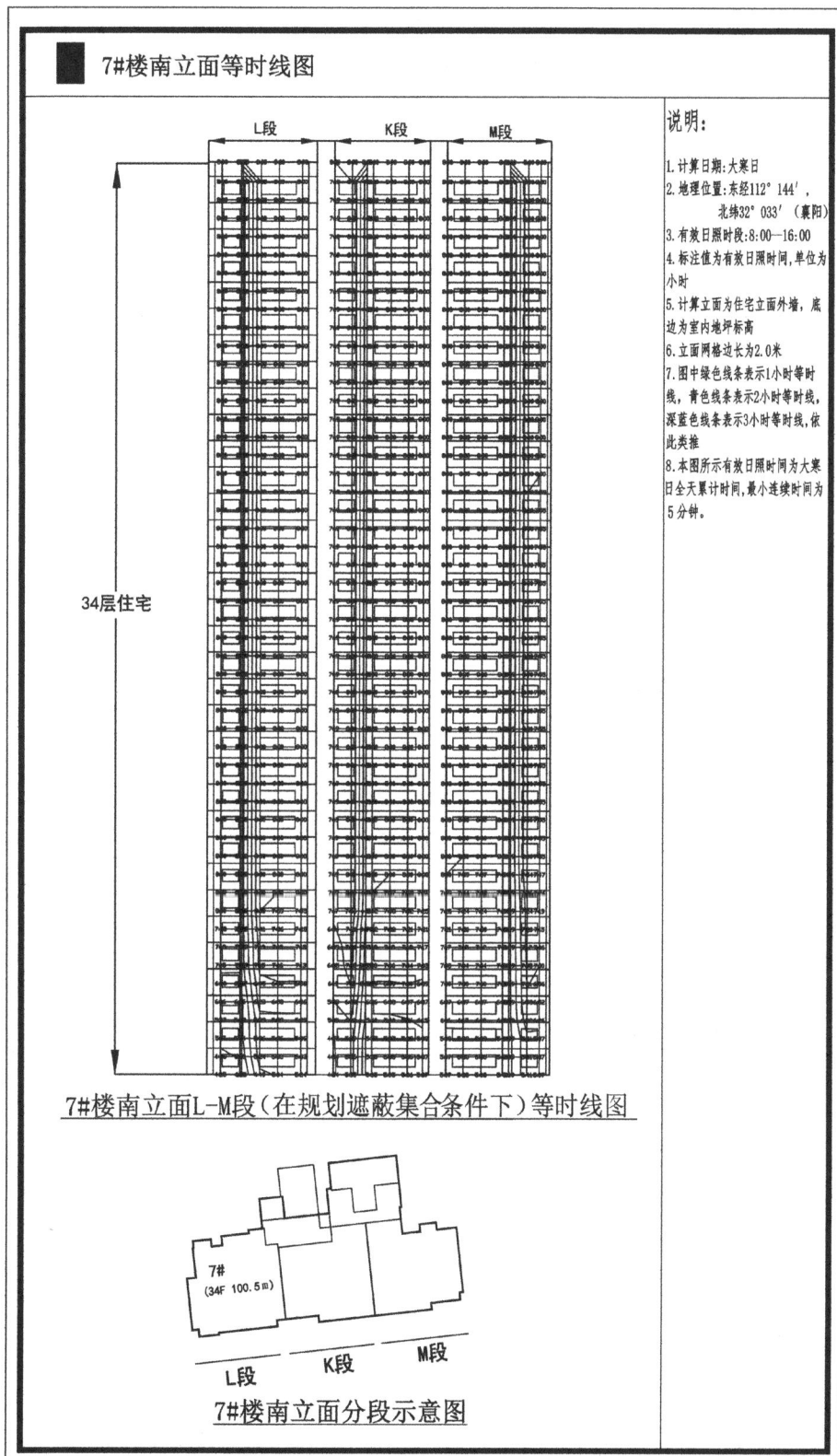

图 10-41 7♯楼南立面等时线图

（8）结论

综上所述,本报告得到以下日照分析计算结果:(1)经日照分析可知,在规划遮蔽集合条件下,项目规划住宅楼(1♯、2♯、3♯、5♯、6♯、7♯)所有窗户在大寒日有效日照时间均满足1小时以上;每套住宅均能够保证至少有一个居住空间的窗户在大寒日的有效日照时间满足1小时以上,满足老城区新建建筑日照标准要求。

从此案例项目来看,在方案设计阶段时,对于日照的内部关系要充分地考虑到自身的需求和周边的设计需求,在初步方案确立完成的情况下,应当采取简化的日照模型分析,需要分析出方案在设计阶段上的日照遮挡,结合用地情况和周边环境,对内部的需求进行划分,区分出用地内需要达到较高日照需求的部分和一般日照需求的部分,再结合对应的区域和需求进行方案设计。在得到初步方案成果之后,再结合日照分析软件对方案进行进一步优化,确保整个设计方案能够满足日照的需求。

11 居民日照维权尺度引导策略

11.1 居民日照维权起因

广义上的居民日照权维护是指居民在知道自己的日照权可能受到侵害时产生的自我保护行为,包括向行政主管部门投诉,提起民事诉讼、行政诉讼等。

居民日照权维护的起因又分为已建建筑居民维权,新建建筑自购房屋的业主与房屋开发商之间的日照权维护纠纷。

11.1.1 已建建筑居民维权起因分析

采光是衡量人们居住质量的重要标准之一,随着人们生活水平的提高,人们对采光的需求越来越高,因采光问题引发的矛盾也越来越多,甚至有些矛盾引发了维权纠纷。对于已建建筑的原住民来讲,在城市更新的进程中,附近的高楼迅速拔地而起,配套也越来越成熟,随之而来的日照权被侵犯的案例也在日益增加。

近日,菏泽中院发布了一起典型的基于开发建设行为引起的日照权纠纷案件,揭示了纠纷产生的起因。张某居住在某小区 13 号住宅楼,盖楼共五层,张某居住在 102 室(80 m²),房屋坐北朝南。甲公司按照规划局批准所开发建设的 3 号楼位于张某所居住的住宅楼南面。3 号楼建成后,张某所居住的房屋在冬至日天气晴朗、日照充分的情况下,基本接收不到阳光。张某因而诉至法院。

法院审理认为,公民的合法权益应受法律保护。为调节开发建设利益与居民日照利益之间的关系,住房和城乡建设部制定了《城市居住区规划设计标准》(GB 50180—2018)。据此,本案中张某日照利益最低限度不应低于冬至日日照 1 小时的标准。法院委托相关专业机构鉴定明确张某居住的 102 室冬至日的满窗日照时间为 0 小时,虽然甲公司领取了建设工程规划许可证,但张某的房屋建筑建设在先,后建建筑应注意保护已建合法建筑的权利,故不能因此免除甲公司应承担的民事侵权责任。甲公司构成侵权,综合考虑张某住宅的朝向、层数、建筑面积、布置方式、日照等情况,酌定甲公司以每平方米 200 元的标准予以赔偿,总计赔偿 16000 元。

根据检索裁判文书网和媒体公开报道,已建建筑居民提起的日照维权投诉基本都是因为周边的开发建设的新建建筑对原始建筑的日照产生了显著的影响。

11.1.2 新建建筑居民维权起因分析

相对于已建建筑居民采光受新建建筑影响引起的日照纠纷,新建建筑自购房屋的业主与房屋开发商之间的日照权纠纷以开发商违法规划许可建设或者造成实际日照权损害为前提。

新建建筑居民维权起因是居住期间,自我感觉采光不足,日照不够,主要是依据主观感受提起的纠纷协商或者行政诉讼。

购买房屋时最先考虑的都是户型和采光,但最终迫于预算、期房等问题,部分居民仍会遇到日照不足问题。一般在购房合同中并不会对采光情况进行特别说明,仅仅在公示阶段会公开项目建设前使用软件模拟的日照情况。因此,新购商品房日照不足引起的维权纠纷也屡见不鲜。新建建筑自购房屋的业主与房屋开发商之间的日照权纠纷需要以开发商违法规划许可建设或者造成实际日照权损害为前提,业主一般很难去证实自己的日照权受到损害,以及受到多大程度的损害。房屋采光不足能不能要求退房,要依据双方签订的房屋买卖合同而定,如果买卖合同中有明确约定采光问题的,就可以退房。

11.2　居民日照维权解决方法

11.2.1　现阶段解决方法

要科学判定日照权受侵害情况,就需要科学测量日照条件,现阶段日照分析结果主要是由各地的规划部门委托测算或者由建设单位和设计单位进行测算得到的,其来源一般为软件模拟。

因此,当纠纷发生时,到法院诉讼阶段,一般会选择第三方机构独立开展该建筑物的日照分析,以施工图纸为依据进行模拟演算,例如,采用目前市场推出的日照模拟软件确定采光时间和范围。

南京某"日照权"胜诉案中,因自家房子被附近大厦挡住阳光,市民陈某提起维权诉讼,结果却因找不到律师代理而撤诉。6年后,陈某的儿子接替年迈父母继续维权。南京市某法院经审理,于2015年11月23日一审判决大厦的建设方——南京某公司一次性补偿原告陈某10万元。而被告则因不服一审判决而提起上诉,2016年3月17日,南京市某法院经审理,判决驳回上诉,维持原判。

在这起案件中,居民维权胜诉的关键在于法院第二次开庭时,原告调取到了当年被告补偿另3户同楼层邻居的相关依据。这份由建设单位当年委托、由南京市城市规划编制研究中心出具的计算机日照分析结论表明,原告的房屋在大厦建成前,大寒日连续日照时间为一个半小时以上,不足两个半小时。大厦建成后,原告房屋大寒日连续日照时间为一小时以上,不足一个半小时。这一权威分析数据说明,原告房屋的日照时长因受大厦影响,已达不到国家标准。

显然,软件日照模拟在行政和司法环节都是科学鉴定日照权是否受到侵害以及侵害程度的有效手段。

11.2.2　引导居民正确的维权价值观

采光权是一种有条件、有范围的权利。由于我国土地资源紧缺,城市房屋居住密集,现在的住宅都会有不同程度的遮挡阳光现象,不能因为有遮挡就认定影响了采光权。况且由于地理位置的不同,南方和北方的日照条件和生活习惯都存在较大的差异。

居民普遍认为新增建筑物只要使其居住的原有建筑物的日照标准降低,就影响了其日照权,但依据国家和省市的现有日照规范,若降低后的日照标准尚在规范范围内,是否还认定为侵权?目前司法实践采用的日照标准为《民用建筑设计统一标准》(GB 50532—2019)和《城市居住区规划设计标准》(GB 50180—2018)等规范中的相关规定,通过计算日照时间来衡量。从《住宅设计规范》(GB 50096—2011)规定来看,每套住宅至少应有一个居住空间能获得日照,当一套住宅中居住空间总数超过四个时,其中宜有两个获得日照。《城市居住区规划设计标准》(GB 50180—2018)规定,住宅间距应该保证被遮挡住宅建筑底层向阳的窗户在大寒日或冬至日至少有1小时的满窗日照时间。

司法实践中,出于比例原则的考虑,通常会用"以金钱补偿阳光"来代替"恢复原状"。拆除新建筑所消耗的社会成本远远大于对权利人赔偿之所需,所以法院很难判决侵权方将新建筑拆除、恢复原状。

日照纠纷中,在日照影响尚在法律规定范围内且不影响生活的情况下,居民应对城市更新进展中导致的轻微日照影响有一定的容忍度,维权的尺度在未建阶段以排除妨害为诉求,在已建阶段以化解矛盾为导向。实际上,居民对日照权的追求本质上是对美好生活的愿景,主管部门与建设方应维护居民的日照利益。

管理部门要引导居民合理维权,适度维权,侵权方要对受侵害的对象真诚道歉,设身处地地站在居民立场考虑,争取谅解,补偿损失,满足其合理诉求。化解双方矛盾,有利于创建美好城市家园。

12　总结与展望

12.1　总　　结

12.1.1　新概念

（1）本书以"日照权"为出发点,从与日照权益关联的日照时数出发对建筑日照的计算量化阶段、建设实施阶段和维权保障阶段的演变过程进行说明,提出一个"日照权全生命周期"的理论框架。在日照权全生命周期视角下,在权益赋予阶段、计算量化阶段以及建设实施阶段都可以对其建筑方案的日照分析成果进行可视化处理,这样可以防止、阻止以及解决日照纠纷。

（2）提出了"日照免责"概念及日照分区控制要求。在城市更新加快进行的时代背景下,如果所有建设项目都需要满足同一个日照标准,那很多的城市更新建设将由于日照条件受限无法进行。合理合法地划分特定的区域,特定区域不需要考虑日照要求,允许"零"日照,但需满足建筑与建筑之间基本的退距要求。

12.1.2　新技术

由于建成阶段的日照侵权影响已经产生,受影响居民往往倾向于相信身处其中的实际感受,而非软件测算的理论日照时长。因此,除了软件模拟分析,日照实际情况测量也逐渐成为项目相关方选用的技术手段。但现阶段的日照实测方法、技术都未得到规范,尚处于探索阶段。

日照实际情况测量即是用简便易行的工具测量任意一点的日照被遮挡状况,如:
（1）检测点一天中的实际日照情况;
（2）遮挡的具体时段;
（3）遮挡角度来源。

12.1.3　新行业

日照分析和鉴定是一个专业性很强的问题,需要专业鉴定机构做出鉴定意见才能做出判断。但目前日照测定技术等标准和程序都有待通过立法规范,加之,我国日照鉴定单位的资质和成立门槛复杂,管理并不规范,缺乏统一登记管理机制,无法全面实现对日照、采光进行正规化、系统化、标准化、便捷化的鉴定,无法满足日益增长的日照纠纷的司法需求。

发生日照纠纷时,往往将实测日照时间作为最终的评判标准。一方面,实测的结果跟日照分析的结果不完全一致,使得日照分析的准确性受到质疑;另一方面,实测的国家标准也需要明确细则,以提高日照实测工作的可操作性。虽然日照分析软件的计算精度已经很高,但这毕竟是对建成后状况的一种模拟,考虑到图纸的深度和建造水平的制约,日照实测不可避免地会出现与软件模拟不同的结果。而且在实测过程中,阳台、立面装饰物、景观植物、构筑物等造成的实际遮挡如何认定,也急需出台相关的规定。

相关的行业准入规则和鉴定标准出台后,日照第三方评估单位和实测单位也将更加权威和规范。

12.2　展　　望

12.2.1　研究不足

(1) 在二线及以上城市典型维权案件的收集中,发现在公示阶段存在以下问题:①相关公示公告有几百到几千不等,但是明确涉及日照相关变更数据的公告较少;②大部分城市的公示期只有 1~2 个月,收集到的数据较少,得出的案件成因存在误差。

(2) 在日照权视角下,维护保障阶段的日照问题处理力度不大,在日照纠纷中,通常以经济赔偿的方式处理,但是实际上居民日照权益受到侵害后,所得到的经济补偿较少。需尽快制定符合地方现状的日照奖励与赔偿方法。

12.2.2　研究展望

(1) 土储阶段方案法定化是为了增加试行方案的重要性,利用何种日照评估模式才能让试行方案获得的日照时数与最佳用地条件相平衡,需研究者们进行进一步的研讨。

(2) 在日照权全生命周期视角下,不同阶段方案的日照分析结果能否完全做到可视化展示,信息公开,共同监督,急需相关部门尽快落实。

参 考 文 献

[1] 阳建强,陈月.1949—2019年中国城市更新的发展与回顾[J].城市规划,2020,44(02):9-19,31.

[2] 武汉地方志编纂委员会办公室.武汉年鉴:2018[M].武汉:武汉年鉴社,2018.

[3] 高原.大连地区高层住宅日照设计研究[D].大连:大连理工大学,2014.

[4] 姚雪松.基于微气候环境优化的哈尔滨市高层住区规划策略研究[D].哈尔滨:哈尔滨工业大学,2008.

[5] 张晓芳.基于气候适应性的西安住区户外环境日照分析方法研究[D].西安:西安建筑科技大学,2018.

[6] 王雪莲.居住区日照环境设计研究[D].天津:天津大学,2002.

[7] 曹立辉.中国北方居住小区日照环境设计与研究[D].天津:天津大学,2005.

[8] 王哲.自然采光在现代建筑中的优化设计策略[D].天津:天津大学,2014.

[9] 李京津.基于"日照适应性"的城市设计理论和方法[D].南京:东南大学,2018.

[10] 刘腾.基于日照环境的居住区优化研究[D].青岛:青岛理工大学,2013.

[11] 徐建和.城乡规划管理视野下的日照权保护问题研究[D].济南:山东大学,2014.

[12] 吴倩燕.规划许可背景下的日照权问题研究[D].重庆:西南政法大学,2017.

[13] 刘子畅.区分所有建筑物采光权司法保护的实证研究——基于近十年判决的分析[D].杭州:浙江大学,2018.

[14] 陈咏晗.相邻不动产日照采光权纠纷损害赔偿问题研究[D].福州:福建师范大学,2019.

[15] 宋小冬,沈天潭.建筑日照资源均衡利用的管理方法改进——先南后北建设时序[J].城市规划学刊,2015(04):43-47.

[16] 司鹏.物权视角下"日照权"探析及规划控制方法研究[D].济南:山东建筑大学,2016.

[17] 张洪恩,陈晓键.控规阶段高层住区相邻地块日照遮挡控制研究[J].城市规划,2016,40(1):25-31.

[18] 柴源.基于山东地区的建筑日照计算相关参数研究[D].济南:山东建筑大学,2019.

[19] 于洪伟,丁元宝.建筑日照分析[J].中国房地产,2011(3):287.

[20] 林晨.基于日照因素影响下的高密度住区设计研究——以北方寒冷地区为例[D].大连:大连理工大学,2011.

[21] 王利明.物权法研究[M].北京:中国人民大学出版社,2016.

[22] 尚正永.城市空间形态演变的多尺度研究——以江苏省淮安市为例[D].南京:南京师范大学,2011.

[23] 中华人民共和国住房和城乡建设部.城市居住区规划设计标准:GB 50180—2018[S].北京:中国建筑工业出版社,2018.

[24] 中华人民共和国住房和城乡建设部.中小学校设计规范:GB 50099—2011[S].北京:中国建筑工业出版社,2012.

[25] 中华人民共和国住房和城乡建设部.建筑日照计算参数标准:GB/T 50947—2014[S].北京:中国建筑工业出版社,2014.

[26] 中华人民共和国住房和城乡建设部.老年人照料设施建筑设计标准:JGJ 450—2018[S].北京:中国建筑工业出版社,2018.

[27] 中华人民共和国住房和城乡建设部.民用建筑设计统一标准:GB 50352—2019[S].北京:中国建筑工业出版社,2019.

[28] 中华人民共和国住房和城乡建设部.托儿所、幼儿园建筑设计规范(2019年版):JGJ 39—2016[S].北京:中国建筑工业出版社,2019.

[29] 刘婉虹.日照分析技术对建筑设计的影响[J].区域治理,2018(32):151-152.

[30] 戴倩东.建筑采光权侵害问题浅析[J].门窗,2017(7):52,55.

[31] 黄薇.中华人民共和国民法典物权编解读[M].北京:中国法制出版社,2020.

[32] 申文勇,陈洁,杨俊峰.历史建筑的文化价值及保护问题研究——以吉林市的历史建筑为视角[J].北华大学学报 (社会科学版),2017,18(4):44-48.

[33] 郭占恒.城市化发展进入新常态的基本特征和主要问题 ——新常态下城市转型发展路径研究之一[J].浙江经济, 2016(8):14-17.

[34] 蔡斯琴.建筑日照分析计算方法比较研究[J].城市建设理论研究(电子版),2012(20):1-6.

[35] 毛佳樑.探索解决居民日照矛盾的新途径——上海"三维五度"日照分析预评估规划管理办法[J].城市规划,2006 (05):70-72.

[36] 王江飞.关于居住区设计规范中日照问题的研究——以《天津市城市规划管理规定·建筑管理篇》修编为例[D]. 天津:天津大学,2007.

[37] 张景聪.中国地方政府行政层级体制的现状与趋势研究[D].福州:福建师范大学,2007.

[38] 孙琪.我国环境保护行政许可听证制度研究[D].大连:大连海事大学,2008.

[39] 竺效.环境保护行政许可证制度初探[J].甘肃社会科学,2005(5):80-82,106.

[40] 赵志军,张芳芳.日照分析在城市规划管理中的应用[J].建筑工程技术与设计,2016(20):37.

[41] 姜怀玉.建设工程规划许可中的采光权保护法律问题研究[D].南京:东南大学,2015.

[42] 中华人民共和国住房和城乡建设部.乡村建设规划许可实施意见[J].资源与人居环境,2014(2):22-23.

[43] 田辉.高层住区日照影响与布局优化研究——以济南为例[D].济南:山东大学,2010.

[44] 孟庆凯.山东地区高层住宅日照优化设计研究[D].济南:山东建筑大学,2016.

[45] 张雷,姜立,叶敏青,等.基于BIM技术的绿色建筑预评估系统研究[J].土木建筑工程信息技术,2011,3(01): 31-36.

[46] 肖波.刑事庭审调查制度的正当性研究[D].上海:复旦大学,2009.

[47] 许德标.日照分析在居住区规划和建筑设计中的问题探讨[J].城市建筑,2016(29):56.

[48] 陈晓勇,丁松庆.日照分析在城市规划中的推广与应用[C]//第二届中国国际数字城市建设技术研讨会论文集. [出版者不详],2006:401-405.

[49] 何明俊,张昱.城市规划实施管理中的产权保护与住宅日照标准[J].规划师,2006(9):5-7.

[50] 李宗华,魏正.多元对话省域城市建筑日照地方标准修订——剖析《湖北省建筑日照分析技术规范》编制理念 [C]//城市时代,协同规划——2013中国城市规划年会论文集(07—居住区规划与房地产).[出版者不详],2013: 572-579.

[51] 余维洪.浙江省日照分析技术规程应用过程中的困惑与思考[J].城市建设理论研究(电子版),2011(18):1-8.

[52] 王会一.建筑日照计算中遮挡影响范围的合理界定[J].土木建筑工程信息技术,2014,6(5):16-21.

[53] 牛炳玲,李纪伟,苏越怡.城市高密度建筑空间太阳能利用潜力研究[J].安徽建筑,2020,27(3):15,128.

[54] 范祥清,刘少文.人居环境[M].北京:中国轻工业出版社,2003.

[55] 丁素春.浅谈居住区绿化[J].科技资讯,2007(35):150.

[56] 王琨.南京市居住外环境日照设计研究[D].南京:南京林业大学,2009.

[57] 齐素霞,齐振浩.日照分析的测量方法及误差分析[J].邢台职业技术学院学报,2010,27(01):89-91.

[58] 韩孟臻.应用遗传算法生成多层板式住宅组团的行列式布局以优化居住单元的日照时数[C]//建筑数字流:从创 作到建造——2010年全国高等学校建筑院系建筑数字技术教学研讨会论文集.[出版者不详],2010:186- 191,291.